ENSEIGNEMENT scientifique 1re

PROGRAMME 2019

Coordination
Béatrice Salviat

Auteurs
Anne Chestier-Charlery
Christian-Jacques Cubells
Marie-Cécile Darmon
Alain Gaudard
Sébastien Gruat
Xavier Horgues

Les auteurs et les éditions MAGNARD remercient vivement :

- Michel Serres pour l'interview qu'il a bien voulu nous accorder.
- Valérie Landon, Annalisa Plaitano et Nicolas Rigaud pour la rédaction des pages « Sciences en perspective ».
- Les relectrices et relecteurs du manuel pour leurs remarques et leurs suggestions.
- L'ensemble des enseignant•e•s pour leur participation aux études menées sur ce manuel.

MAGNARD

Sommaire

Vidéo
Michel Serres
Pourquoi l'interdisciplinarité ?
Lienmini.fr/Ens-Sci1-02

7 Le bilan thermique du corps humain

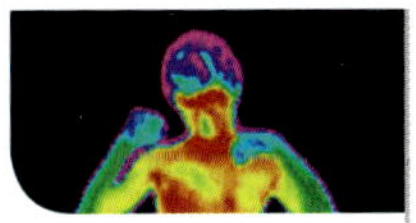

ACTIVITÉS

Thème 3 La Terre, un astre singulier

8 La forme de la Terre

ACTIVITÉS

9 Histoire de l'âge de la Terre

ACTIVITÉS

10 La Terre dans l'Univers

ACTIVITÉS

Thème 4 Son et musique, porteurs d'information

11 Le son, phénomène vibratoire

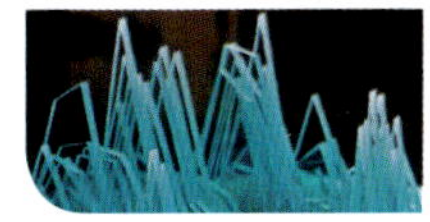

ACTIVITÉS

12 La musique ou l'art de faire entendre les nombres

ACTIVITÉS

13 Le son, une information à coder

ACTIVITÉS

14 Entendre la musique

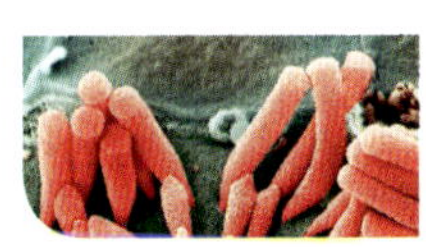

ACTIVITÉS

1

Contexte

NOUS VOULONS OPTIMISER LE CONFORT DANS LA SALLE DE CLASSE

2

Questions

QUELS SONT LES PARAMÈTRES IMPORTANTS ?

? CO_2, lumière, température, bruit ... ?

PROJET EX
ET NU

MISSION ACCOMPLIE ! D'AUTRES IDÉES ???

7

Apporter une solution concrète

MAINTENANT ON OUVRE LA FENÊTRE !

ON POURRAIT FABRIQUER UN DISPOSITIF D'ALERTE

6

Fabriquer un objet

DRIIING!

TROP DE CO_2 !

OH ! LA QUANTITÉ DE CO_2 AUGMENTE BEAUCOUP PENDANT LE COURS

Interprétation

Doc — Les différents types de capteurs
lienmini.fr/Ens-Sci1-03

3 Mesures avec capteurs

ÉTUDIONS LE CO_2 !

CHOISISSONS UN CAPTEUR ADAPTÉ

PÉRIMENTAL
MÉRIQUE

Doc — Pistes de projets
Ressource professeur

Doc — Acquérir des données
lienmini.fr/Ens-Sci1-04

4 Acquisition numérique de données

LE CAPTEUR EST CONNECTÉ À UN ORDINATEUR QUI ENREGISTRE TOUTES LES DONNÉES

Doc — Traiter des données
lienmini.fr/Ens-Sci1-05

5 Traitement mathématique

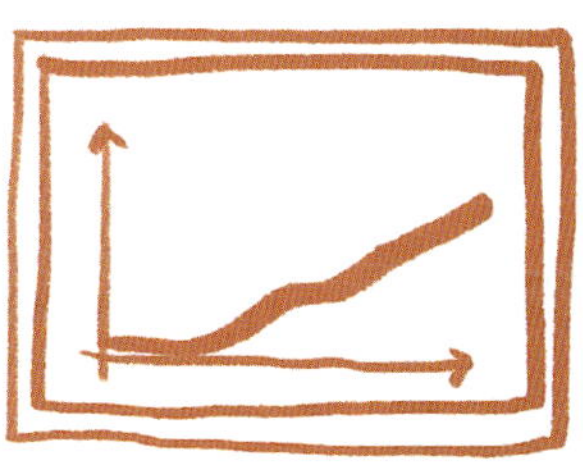

TRAÇONS LA COURBE D'ÉVOLUTION DE LA QUANTITÉ DE CO_2 AU COURS D'UNE SÉANCE DE CLASSE

Thème 1

Une longue histoire de la matière

Vidéo
Michel Serres : Pourquoi l'histoire des sciences ?
lienmini.fr/Ens-Sci1-07

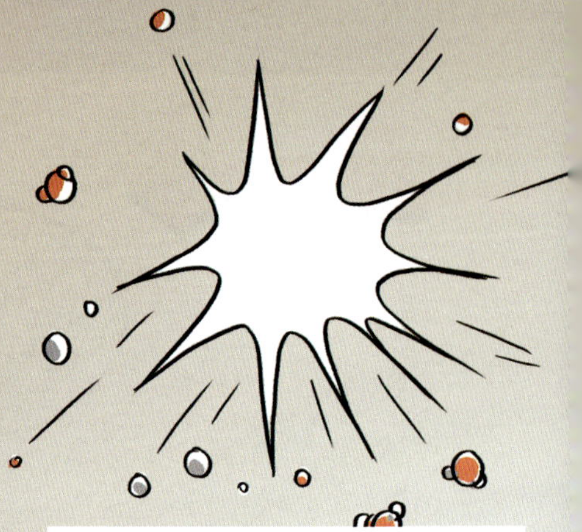

HISTOIRE, ENJEUX, DÉBATS

De Fraunhofer à Bethe : les éléments dans les étoiles → Chapitre 1, 2 11 et Sciences en perspective p. 20

HISTOIRE, ENJEUX, DÉBATS

Becquerel, Marie Curie : la découverte de la radioactivité, du radium. → Chapitre 1, 1, 2 et 4, Sciences en perspective p. 21

> 1898
Marie et Pierre Curie isolent le radium

HISTOIRE, ENJEUX, DÉBATS

Industrie des métaux et du verre. → Chapitre 2, 3 et 4, 17 et Sciences en perspective p. 40

> 1896, Henri Becquerel découvre la radioactivité.

> Début XIXe
Joseph von Fraunhofer observe des raies dans le spectre lumineux du Soleil

> 1939 Hans Bethe décrit un mécanisme de formation de l'hélium à partir de l'hydrogène dans les étoiles

> Une centaine d'éléments stables dans tout l'univers

> La matière est composée d'atomes et de molécules

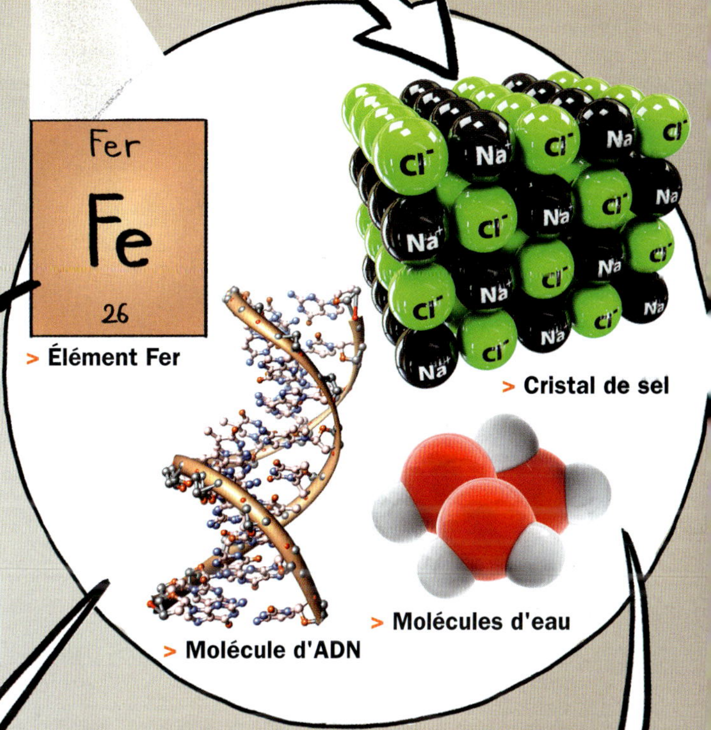

Vidéo
Michel Serres : La matière et l'atome
Lienmini.fr/Ens-Sci1-06

> Cellule végétale

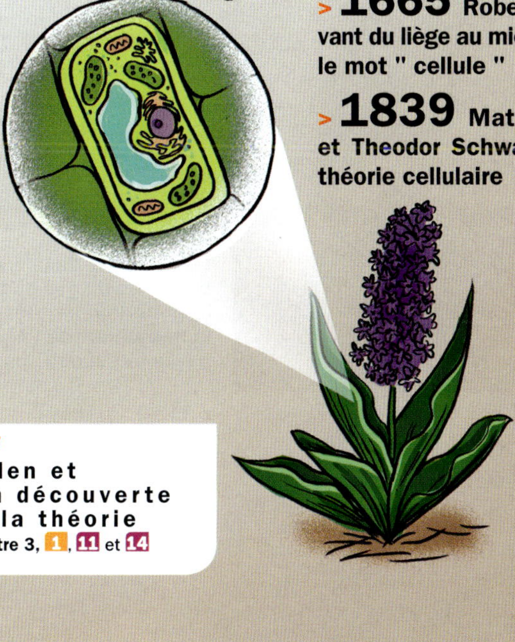

> 1665 Robert Hooke observant du liège au microscope emploie le mot " cellule "

> 1839 Matthias Schleiden et Theodor Schwann énoncent la théorie cellulaire

> Cellule animale

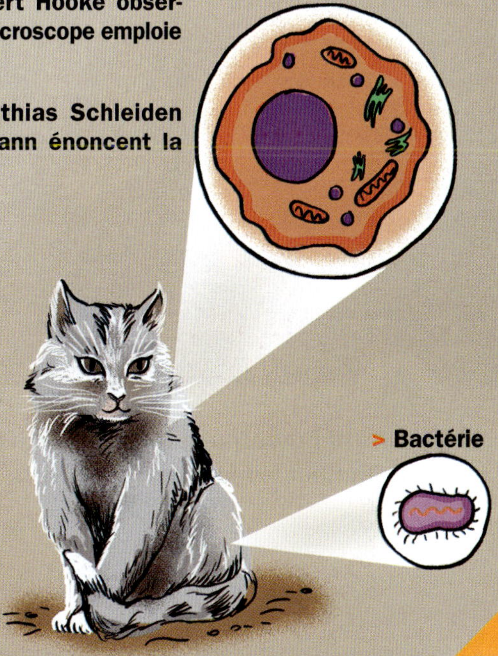

HISTOIRE, ENJEUX, V
Hooke, Schleiden et Schwann : de la découverte de la cellule à la théorie cellulaire. → Chapitre 3, 1, 11 et 14

1 Un niveau d'organisation : les éléments chimiques

Les « Piliers de la création », colonnes de gaz et de poussières interstellaires situés dans la nébuleuse de l'Aigle, vus par le télescope spatial *Hubble*.

Une nébuleuse est le siège de la création d'étoiles.
Comment la matière de l'Univers se forme-t-elle ?

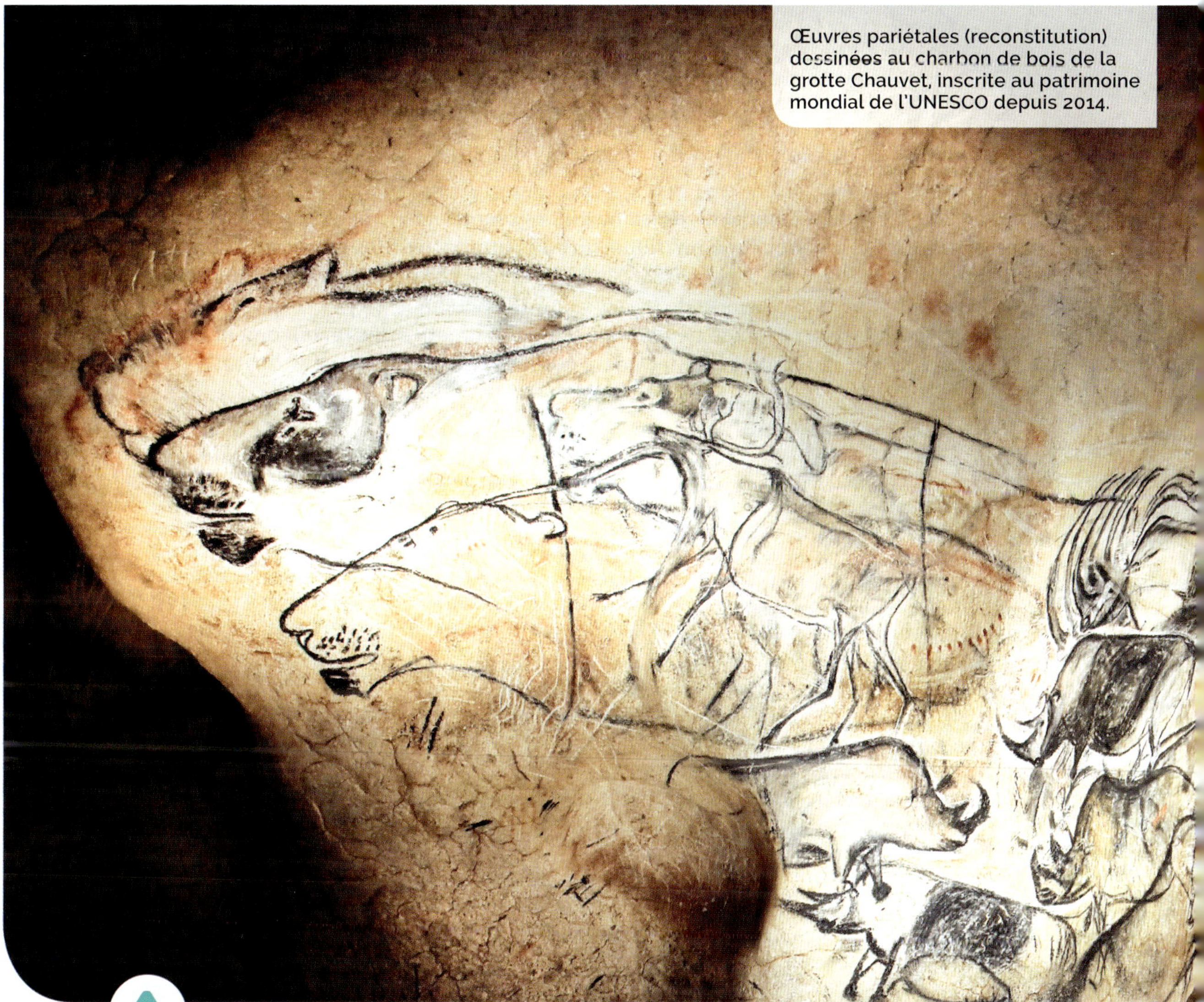

Œuvres pariétales (reconstitution) dessinées au charbon de bois de la grotte Chauvet, inscrite au patrimoine mondial de l'UNESCO depuis 2014.

Des peintures et gravures témoignent d'une intense activité artistique dans cette grotte ornée au paléolithique.
À quoi sert l'étude du carbone 14, un élément chimique contenu dans le charbon de bois ?

Attendus du programme	Activités	Parcours d'exercices
Interpréter des graphiques sur l'abondance des éléments chimiques	3	1 2 3 6 7 8 11 12 18
Distinguer les réactions nucléaires de fusion et de fission	2	4 5 6 7 13 14 18
Connaître l'évolution du nombre de noyaux radioactifs dans le temps	1 4	9 12 15 16 19
Effectuer une datation par décroissance radioactive	4	9 10 17 19

Activité documentaire

Objectif général de formation
Comprendre la nature du savoir scientifique et ses méthodes d'élaboration

1 La découverte de la radioactivité

À la fin du XIXe siècle, l'atome livre peu à peu ses secrets. Marie Sklodowska-Curie reçoit en 1903 le prix Nobel de physique, qu'elle partage avec les physiciens Henri Becquerel et Pierre Curie. Une extraordinaire aventure scientifique a déclenché la notoriété du trio : la découverte de la radioactivité spontanée.

Objectif Découvrir la propriété de certains atomes à émettre des rayonnements spontanément et comprendre la nature de ces rayonnements.

Doc. 1 Une tache surprenante

▸ Début 1896, Henri Becquerel est persuadé que les sels d'uranium sont capables d'émettre des rayons X après exposition à la lumière du Soleil. Ces rayons, récemment découverts par Röntgen, peuvent traverser certains matériaux opaques comme du carton noir.

Becquerel réalise donc une expérience : il dispose les sels d'uranium (composés ioniques contenant de l'uranium) sur des plaques photographiques enveloppées de carton noir et expose son dispositif à la lumière du Soleil. Après développement de la plaque, des taches noires apparaissent à l'endroit où étaient disposés les sels d'uranium.

Le 1er mars 1896, Becquerel développe des plaques dont les sels d'uranium n'ont pas pu être exposés à la lumière du Soleil pour des raisons météorologiques.

Il s'attend à observer des taches plus diffuses, mais le résultat est surprenant : elles sont aussi intenses que si les sels avaient été exposés au Soleil.

▸ Quels que soient les sels d'uranium utilisés ou même avec de l'uranium métallique, les résultats expérimentaux sont les mêmes. Les taches semblent plus intenses lorsque la teneur en uranium est plus grande, et les sels continuent à imprimer les plaques un an plus tard !

Premier dispositif de Becquerel : des sels d'uranium dans de petits tubes, posés sur des plaques photographiques enveloppées dans du carton noir

Cliché obtenu par Becquerel en intercalant un médaillon métallique entre les sels d'uranium et la plaque

Doc. 2 De nouveaux éléments découverts par leur activité

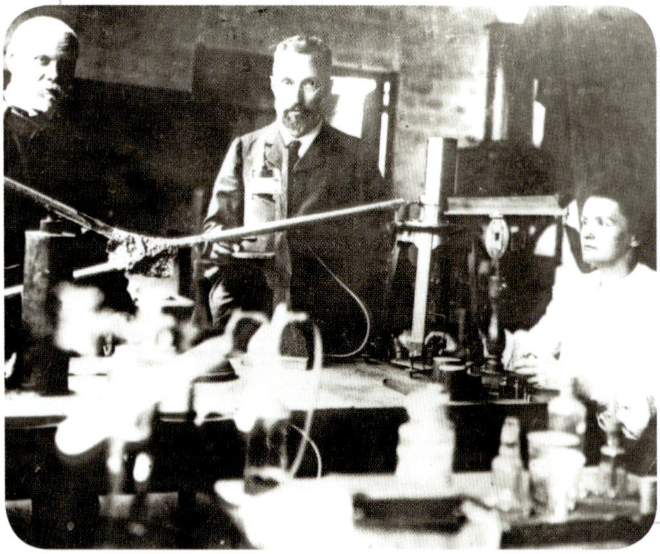

▸ Becquerel montre également que le rayonnement émis par l'uranium est capable de rendre l'air conducteur d'électricité. Or, Pierre Curie a construit un appareil capable de mesurer avec une grande précision cette propriété de l'air. Si cette propriété est intense, on dira que la substance étudiée est très active. Le travail de thèse de Marie Sklodowska-Curie consiste à mesurer l'activité de plusieurs minéraux contenant de l'uranium, dont la pechblende (minerai essentiellement composé de UO_2). Résultat inattendu : l'activité mesurée est plus grande que celle de l'uranium pur.

▸ En séparant les différents constituants des minéraux, Marie parvient à isoler deux nouveaux éléments chimiques plus radioactifs que l'uranium et jusqu'alors inconnus : le polonium, puis le radium en 1898. Pour ces travaux elle obtient un second prix Nobel, de chimie cette fois, en 1911 !

Doc. 3 L'analyse des rayonnements émis

- Les rayonnements émis sont de trois types :

> rayonnements facilement absorbables et chargés électriquement : ce sont des noyaux d'hélium 4 (composés de 2 neutrons et de 2 protons). Ces rayonnements sont nommés α ;

> rayonnements légèrement plus pénétrants que les rayonnements alpha : ce sont des électrons ayant une grande vitesse. Ils sont nommés rayonnements β (plus exactement β^- dans le cas des électrons et β^+ dans le cas des positons) ;

> rayonnements électromagnétiques, très pénétrants, d'une longueur d'onde inférieure à ceux des rayons X : ils sont nommés rayonnements γ.

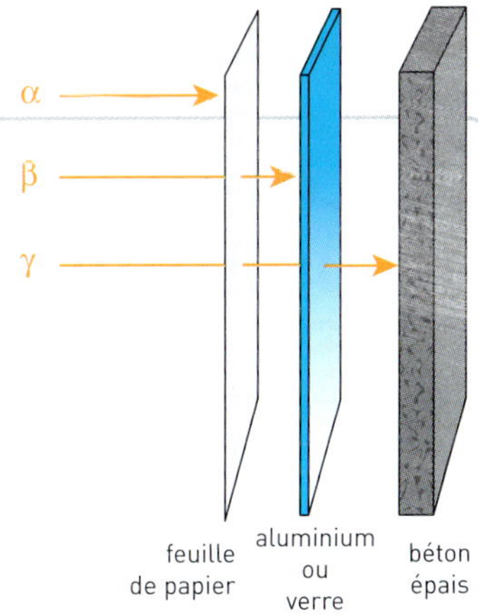

Comparaison du pouvoir de pénétration de différents rayonnements

Doc. 4 Origine des rayonnements

- En 1900, Henri Becquerel désire préparer de l'uranium pur. Lors de la séparation des différents constituants, il constate la présence de thorium 234, dont l'activité est intense alors que celle de l'uranium semble moins importante.
En 1903, le physicien Ernest Rutherford et le chimiste Frederick Soddy comprennent que l'uranium 238 s'est transformé spontanément en thorium 234. De même, ils analysent le thorium 234 et constatent qu'il se désintègre en protactinium 234.

- Les rayonnements émis sont liés à la transformation spontanée et aléatoire de certains atomes, dits radioactifs, en d'autres atomes qui peuvent être stables ou également radioactifs.

- Si la désintégration est aléatoire pour un atome donné, dans un échantillon pur comptant N_0 atomes radioactifs, il n'en reste plus que $N_0/2$ au bout d'un temps caractéristique appelé **demi-vie**. La décroissance du nombre d'atomes est dite exponentielle : il ne reste plus que $N_0/4$ atomes radioactifs au bout de 2 demi-vies, puis $N_0/8$ après 3 demi-vies, $N_0/16$ après 4 demi-vies, etc.

Atomes	Représentation symbolique	Demi-vie
Uranium 238	$^{238}_{92}U$	$4,47 \times 10^9$ années
Thorium 234	$^{234}_{90}Th$	24,1 jours
Protactinium 234	$^{234}_{91}Pa$	6,70 h

Guide de travail

1 Expliquer pourquoi Becquerel affirme que la radioactivité est un phénomène uniquement lié à l'atome d'uranium et non à son état physique, chimique ou à des conditions extérieures (doc. 1).

2 Préciser comment Pierre et Marie Curie ont enrichi la compréhension du phénomène de radioactivité (doc. 2).

3 Justifier pourquoi il est question de désintégration α pour l'uranium 238 et de désintégration β pour le thorium 234 (docs. 3 et 4).

4 Sachant que le rayonnement α est absorbé par du carton noir, expliquer à quoi est due l'apparition des taches sur les plaques photographiques de Henri Becquerel en 1896 (doc. 1).

5 Expliquer pourquoi le rayonnement détecté par Henri Becquerel est toujours aussi intense un an après (doc. 4).

Synthèse Décrire ce qui caractérise le phénomène de radioactivité.

Vocabulaire

Rayons X Rayonnements électromagnétiques dont la longueur d'onde dans le vide est comprise entre 10^{-8} m et 10^{-12} m. Les rayons X traversent différents matériaux comme la chair humaine, mais sont par exemple stoppés par les os.

Positon Particule de même masse que l'électron mais de charge électrique opposée (aussi appelée antiparticule de l'électron).

Désintégration radioactive Modification spontanée et aléatoire du noyau d'un atome en un autre noyau avec émission d'un rayonnement.

Activité ouverte

Objectif général de formation
Comprendre la nature du savoir scientifique et ses méthodes d'élaboration

2 Les étoiles, usines à éléments chimiques

Avant les années 1930, les physiciens penchaient encore pour un Univers stable et éternel. Les éléments devaient donc exister depuis toujours ! L'observation de l'expansion de l'Univers par Edwin Hubble et l'élaboration de la théorie du Big Bang ont tout bouleversé.

Consigne

Expliquer comment les noyaux des atomes de la centaine d'éléments chimiques stables résultent de réactions nucléaires qui se produisent au sein des étoiles à partir de l'hydrogène initial.

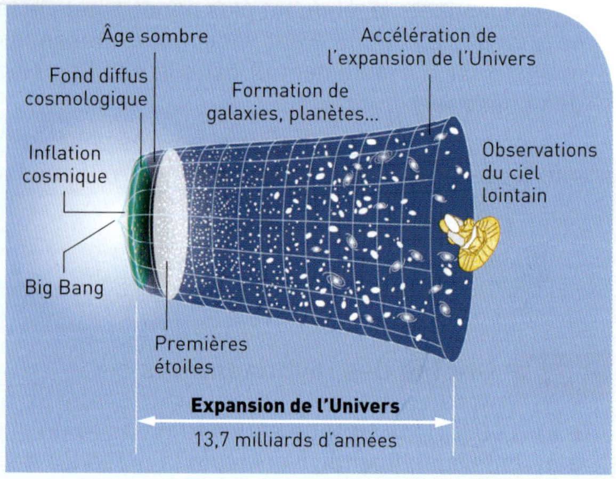

L'évolution de notre Univers depuis le Big Bang

Doc. 1 La nucléosynthèse des « petites » étoiles

La formation d'une étoile débute, grâce à la gravitation, par la contraction d'un nuage de gaz composé essentiellement d'hydrogène (H) et d'hélium (He). Du fait de la compression, le noyau de l'étoile est alors porté à des millions de degrés et devient le siège de réactions nucléaires. C'est donc au cœur des étoiles que la matière est élaborée, on parle de **nucléosynthèse stellaire.**

Une étoile assemble des noyaux d'hydrogène qui forment des noyaux d'hélium. Lorsqu'elle n'a plus d'énergie pour s'opposer à la gravitation, l'étoile s'effondre sur elle-même. C'est dans cette deuxième partie de leur vie que les étoiles forment des éléments déjà essentiels pour nous. L'hélium, qui constitue désormais le cœur surchauffé de l'étoile, fusionne pour former du carbone et de l'oxygène.

Pour les « petites étoiles », dont la masse est voisine ou inférieure à celle du Soleil, le processus s'arrête là. Elles deviennent des naines blanches. Cependant, avant que les couches extérieures de l'étoile soient éjectées, des captures de neutrons peuvent se produire, et des éléments plus lourds sont formés.

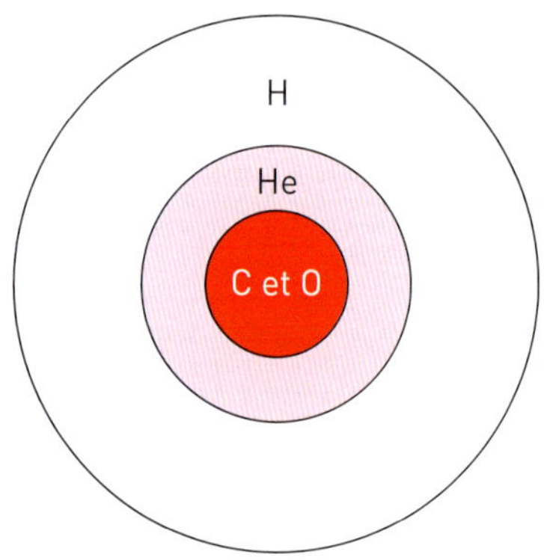

Structure du cœur d'une « petite étoile » en fin de vie

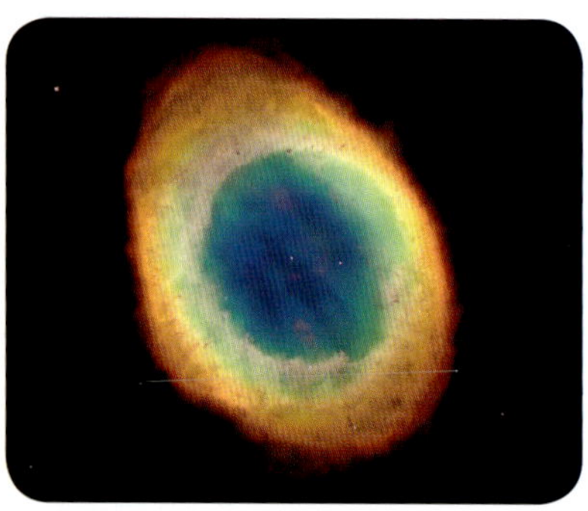

Une naine blanche se trouve au centre de la nébuleuse planétaire de l'Hélice, riche en hydrogène, azote et oxygène.

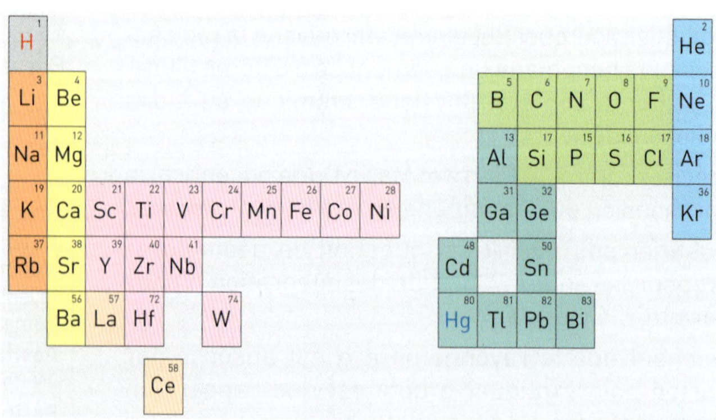

Les éléments formés après l'explosion d'une petite étoile, rangés dans la classification périodique (la version complète est donnée p. 14).

Doc. 2 La nucléosynthèse dans les étoiles super massives

▶ La fin de vie des étoiles plus massives ne suit pas le même processus. Dans les étoiles supermassives (à partir de huit fois la masse de notre Soleil) se produisent des réactions nucléaires transformant le carbone, l'oxygène et le néon en magnésium, silicium, soufre... jusqu'au fer. L'ensemble de ces réactions aboutit à un noyau de l'étoile constitué essentiellement de fer. Le fer est l'élément le plus stable de la nature, il ne peut pas donner lieu à des réactions nucléaires augmentant la température de l'étoile.

▶ Maintenant, les couches extérieures s'effondrent et rebondissent sur le cœur et sont éjectées dans un phénomène explosif gigantesque appelé supernova. La température y est colossale (de l'ordre du milliard de degrés) et il se produit une « fusion explosive » où les éléments plus lourds que le fer sont formés. Ces gaz sont expulsés et ensemencent l'Univers.

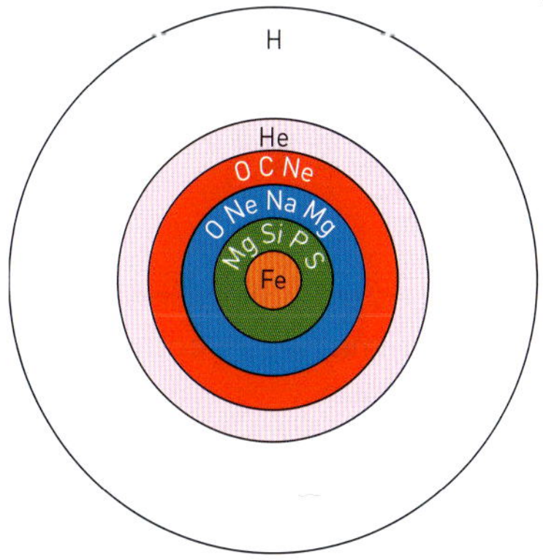

Structure du cœur d'une étoile massive en fin de vie

La nébuleuse du Crabe, un ensemble de matière éjecté lors d'une supernova

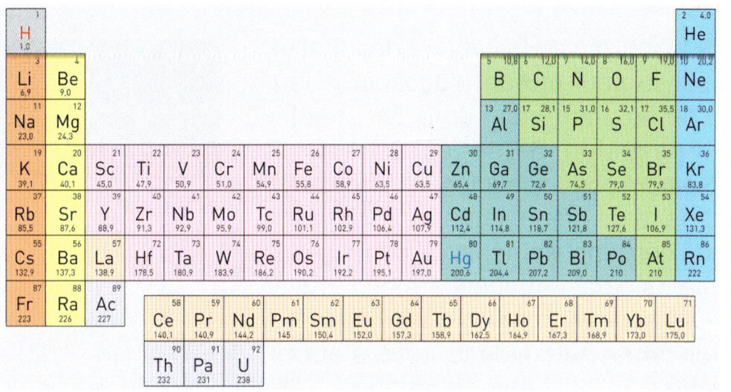

Les éléments produits après la supernova complètent la classification périodique.

Doc. 3 Réaction nucléaire de fission ou de fusion

▶ Dans une centrale nucléaire, lorsqu'un noyau atomique lourd est scindé en deux ou quelques noyaux plus légers, on parle de **fission nucléaire**. Par exemple, grâce à un neutron ($^{1}_{0}n$), le noyau d'uranium ($^{235}_{92}U$) fissionne en strontium ($^{94}_{38}Sr$), en xénon ($^{140}_{54}Xe$) et deux neutrons ($^{1}_{0}n$) :

$$^{1}_{0}n + ^{235}_{92}U \rightarrow ^{94}_{38}Sr + ^{140}_{54}Xe + 2\ ^{1}_{0}n$$

▶ Dans le cœur du Soleil, lorsque deux noyaux atomiques légers s'unissent pour former un seul noyau plus lourd, on parle de **fusion nucléaire**. Par exemple le tritium ($^{3}_{1}H$) et le deutérium ($^{2}_{1}H$) fusionnent pour former de l'hélium ($^{4}_{2}He$) et un neutron ($^{1}_{0}n$) :

$$^{3}_{1}H + ^{2}_{1}H \rightarrow ^{4}_{2}He + ^{1}_{0}n$$

▶ Les exemples cités ont la particularité de libérer plus d'énergie qu'il n'en faut pour activer la réaction.

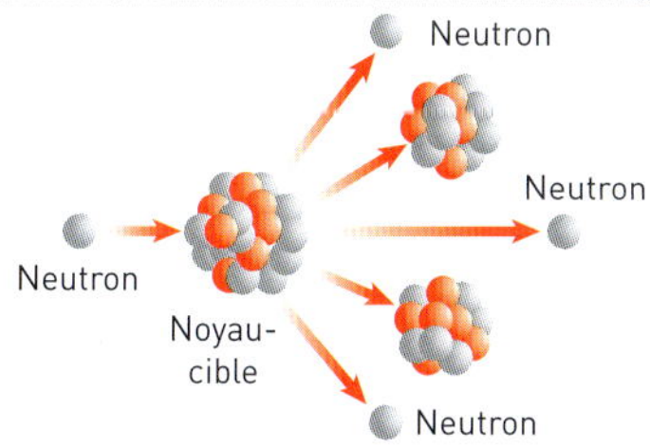

Fission

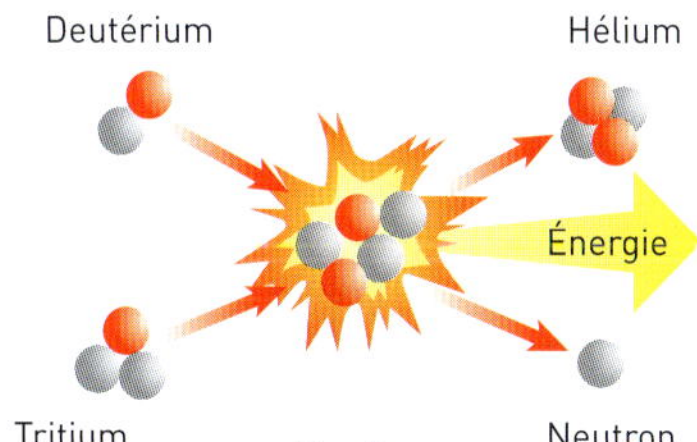

Fusion

Coups de pouce

1 Donner le lieu de formation des éléments chimiques et le nom de cette synthèse.

2 Donner le nom de l'élément chimique à partir duquel seront formés tous les autres.

3 Comparer les réactions nucléaires du doc. 3 à celle qui est responsable de la formation des éléments chimiques.

4 Donner le nom de la structure d'une étoile super massive à la suite des réactions nucléaires en son cœur et de celui de l'explosion de cette dernière.

Vocabulaire

Naine blanche Objet céleste de forte densité, issu de l'évolution d'une étoile de masse modérée après la phase au cours de laquelle se produisent des réactions thermonucléaires.

Deutérium et tritium Isotopes de l'hydrogène.

Activité documentaire

Objectif général de formation
Identifier et mettre en œuvre des pratiques scientifiques

3 Les éléments chimiques, des étoiles aux êtres vivants

Les astrophysiciens scrutent les amas d'étoiles pour faire l'inventaire des éléments chimiques, et comparer leurs résultats aux observations faites dans notre système solaire.
Objectif Comparer l'abondance des éléments chimiques dans l'Univers, le globe et les êtres vivants.

Doc. 1 L'abondance des éléments chimiques dans l'Univers

▸ L'analyse de la lumière des étoiles est le seul moyen d'accéder à leur composition chimique. Le spectre d'émission d'une étoile est un spectre continu sur lequel on observe des raies noires dues à l'absorption de certains éléments chimiques présents dans l'atmosphère de l'étoile. Les sondes *Cobe* et *WMAP*, placées en orbite autour de la Terre, s'affranchissent de l'absorption due à l'atmosphère terrestre et fournissent des spectres lumineux émis par des étoiles.

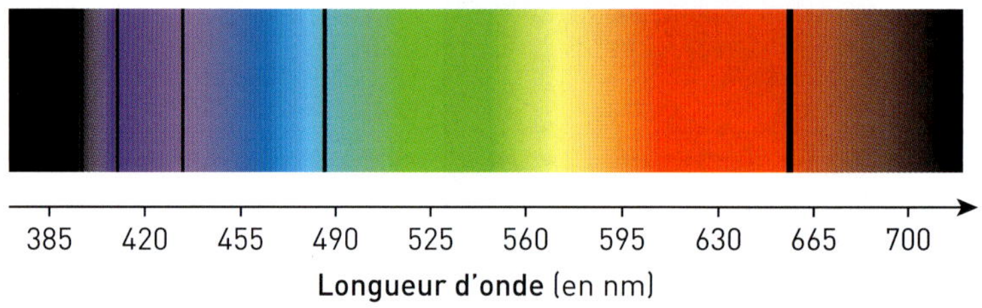

Quelques raies d'absorption caractéristiques de l'hydrogène.

▸ Ces spectres révèlent la composition massique de l'Univers : 74 % d'hydrogène, 24 % d'hélium, 1 % d'oxygène, 0,5 % de carbone et 0,5 % de tous les autres éléments connus (fer, azote, néon, etc.).

1 1,0 H Hydrogène																	2 4,0 He
3 6,9 Li Lithium	4 9,0 Be Bérillium											5 10,8 B Bore	6 12,0 C Carbone	7 14,0 N Azote	8 16,0 O Oxygène	9 19,0 F Fluor	10 20,2 Ne Néon
11 23,0 Na Sodium	12 24,3 Mg Magnésium											13 27,0 Al Aluminium	14 28,1 Si Silicium	15 31,0 P Phosphore	16 32,1 S Soufre	17 35,5 Cl Chlore	18 30,0 Ar Argon
19 39,1 K Potassium	20 40,1 Ca Calcium	21 45,0 Sc Scandium	22 47,9 Ti Titane	23 50,9 V Vanadium	24 51,0 Cr Chrome	25 54,9 Mn Manganèse	26 55,8 Fe Fer	27 58,9 Co Cobalt	28 63,5 Ni Nickel	29 63,5 Cu Cuivre	30 65,4 Zn Zinc	31 69,7 Ga Gallium	32 72,6 Ge Germanium	33 74,5 As Arsenic	34 79,0 Se Sélénium	35 79,9 Br Brome	36 83,8 Kr Krypton
37 85,5 Rb Rubidium	38 87,6 Sr Strontium	39 88,9 Y Yttrium	40 91,3 Zr Zirconium	41 92,9 Nb Niobium	42 95,9 Mo Molybdène	43 99,0 Tc Technétium	44 101,1 Ru Ruthénium	45 102,9 Rh Rhodium	46 106,4 Pd Palladium	47 107,9 Ag Argent	48 112,4 Cd Cadmium	49 114,8 In Indium	50 118,7 Sn Étain	51 121,8 Sb Antimoine	52 127,6 Te Tellure	53 106,9 I Iode	54 131,3 Xe Xénon
55 132,9 Cs Césium	56 137,3 Ba Baryum		72 178,5 Hf Hafnium	73 180,9 Ta Tantale	74 183,9 W Tungstène	75 186,2 Re Rhénium	76 190,2 Os Osmium	77 192,2 Ir Iridium	78 195,1 Pt Platine	79 197,0 Au Or	80 200,6 Hg Mercure	81 204,4 Tl Thallium	82 207,2 Pb Plomb	83 209,0 Bi Bismuth	84 210 Po Polonium	85 210 At Astate	86 222 Rn Radon
87 223 Fr Francium	88 226 Ra Radium		104 267 Rf Rutherfordium	105 268 Db Dubnium	106 271 Sg Seaborgium	107 272 Bh Bohrium	108 270 Hs Hassium	109 276 Mt Meitnerium	110 281 Ds Darmstadtium	111 280 Rg Roentgenium	112 285 Cn Ununbium	113 286 Nh Nihonium	114 289 Fl Flérovium	115 289 Mc Moscovium	116 293 Lv Livermorium	117 294 Ts Tennesse	118 294 Og Oganesson

57 138,9 La Lanthane	58 140,1 Ce Cérium	59 140,9 Pr Praséodyme	60 144,2 Nd Néodyme	61 145 Pm Prométhium	62 150,4 Sm Samarium	63 152,0 Eu Europium	64 157,3 Gd Gadolinium	65 158,9 Tb Terbium	66 162,5 Dy Dysprosium	67 164,9 Ho Holmium	68 167,3 Er Erbium	69 168,9 Tm Thilium	70 173,0 Yb Ytterbium	71 175,0 Lu Lutécium
89 227 Ac Actinium	90 232 Th Thorium	91 231 Pa Protactinium	92 238 U Uranium	93 237 Np Neptunium	94 244 Pu Plutonium	95 243 Am Américium	96 247 Cm Curium	97 247 Bk Berkélium	98 251 Cf Californium	99 254 Es Einsteinium	100 253 Fm Fermium	101 256 Md Mendélévium	102 254 No Nobélium	103 257 Lr Lawrencium

Classification périodique des éléments.
Elle rassemble les éléments formés par nucléosynthèse, par désintégration, et par des expériences au laboratoire.

Doc. 2 Composition du système solaire

▸ Le système solaire comprend une étoile, le Soleil, qui représente près de 99,9 % de la masse totale du système, et la matière qui gravite autour de lui, dont les huit planètes et leurs satellites.

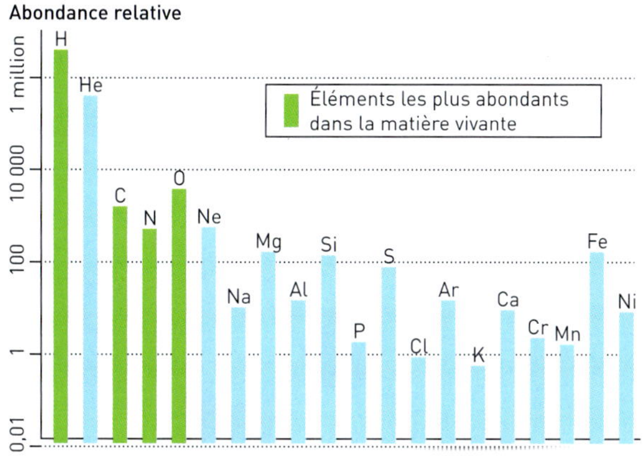

Les vingt éléments les plus abondants du système solaire (classés par masse croissante)

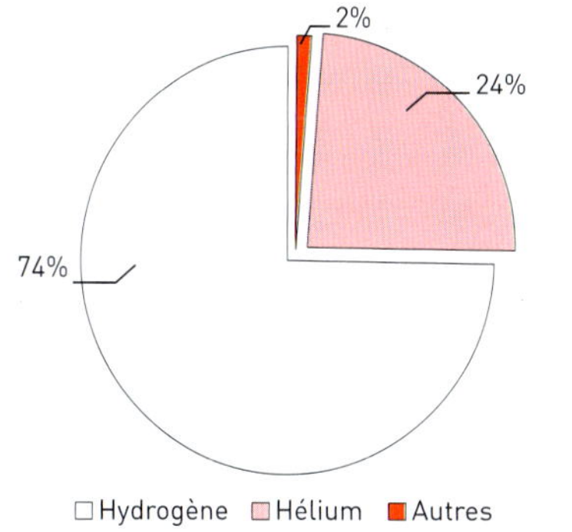

Répartition en masse des éléments chimiques du système solaire

Doc. 3 Abondance des éléments sur la planète et dans les êtres vivants

▸ D'après nos connaissances actuelles, la seule planète habitée dans l'Univers est la Terre. Certes, la liste des exoplanètes potentiellement habitables s'allonge, mais c'est bien sur notre planète que les êtres vivants sont constitués – entre autres – de matière organique.

	Terre
Fe	35
O	30
Si	15
Mg	13
Ni	2,4
S, Ca, Al	< 2 % chacun
C, H, N	traces

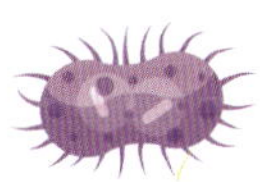

	Bactérie
C	50
H	8
O	20
N	14
P	3
K, S, Na	< 1 % chacun
Mg, Ca	traces

	Luzerne
C	11
H	9
O	77
N	0,8
P	0,1
K, S, Na	< 1 % chacun
Mg, Ca	traces

	Espèce animale
C	18
H	10
O	65
N	3
P	2
K, S, Na	< 1 % chacun
Mg, Ca	traces

Les éléments chimiques les plus abondants de la planète Terre, et dans des exemples d'êtres vivants (en pourcentage de leur masse sèche).

Guide de travail

1 Comparer la composition chimique de la matière visible dans l'Univers à celle du système solaire (docs. 1 et 2).

2 Expliquer le résultat précédent.

3 Indiquer la provenance des éléments chimiques de la Terre et des êtres vivants (docs. 1, 2 et 3).

4 Réaliser les diagrammes circulaires de la composition en masse des éléments chimiques sur Terre et dans les êtres vivants à partir des tableaux du doc. 3.

5 En déduire les principaux éléments constitutifs de la matière organique.

Synthèse Justifier la phrase, chère à Hubert Reeves, selon laquelle « nous sommes faits de poussières d'étoile ».

Vocabulaire

Luzerne Plante fourragère, c'est-à-dire plante prairiale herbacée.

Objectif général de formation
Identifier et mettre en œuvre des pratiques scientifiques

4 Instabilité des noyaux atomiques et radioactivité

Depuis la découverte de la radioactivité par Becquerel, les scientifiques ont trouvé de nombreuses applications exploitant les propriétés des noyaux atomiques instables. La datation en est une !

La datation au carbone 14 est la méthode la plus connue, car elle permet de dater les vestiges archéologiques et préhistoriques.

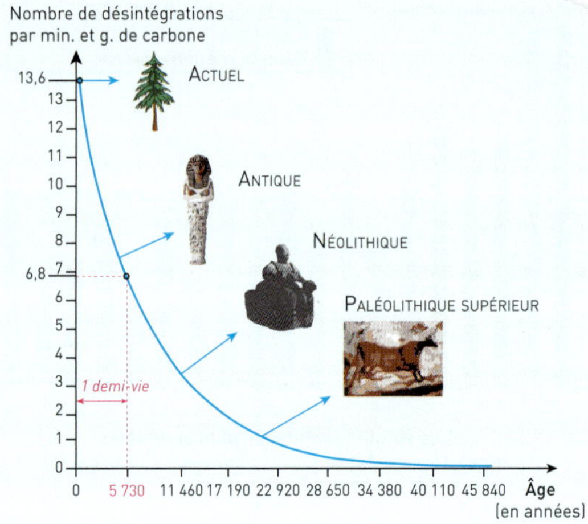

Consigne

Expliquer comment utiliser une décroissance radioactive pour effectuer une datation au carbone 14.

Doc. 1 Les isotopes et la vallée de stabilité

- Pour un même élément chimique (qui est caractérisé par Z, son numéro atomique ou nombre de protons), il existe plusieurs noyaux qualifiés d'isotopes qui se différencient par leur nombre de neutrons N, donc par leur nombre de masse A, puisque $A = N + Z$.
- La radioactivité se manifeste par l'émission de particules accompagnant la désintégration du noyau de l'atome. Ce phénomène provient de l'instabilité de certains isotopes, qui se désintègrent spontanément et donnent naissance à d'autres éléments qui sont à leur tour stables ou non. La représentation du nombre de neutrons en fonction du nombre de protons de tous les isotopes connus nous montre que les plus stables se regroupent autour d'une zone appelée vallée de stabilité, en noir sur la figure.

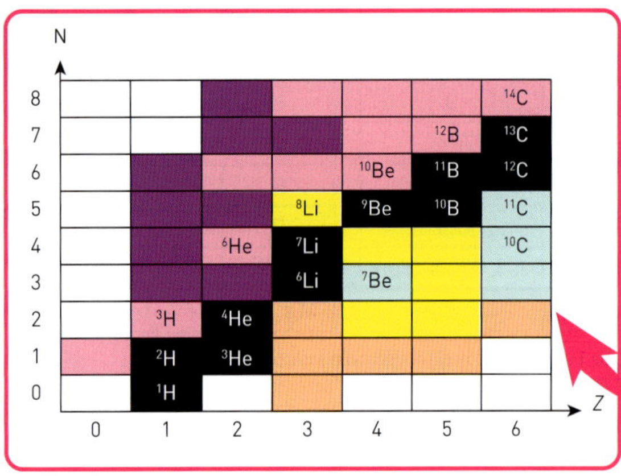

Les isotopes stables (en noir) : leur radioactivité n'est pas décelable.

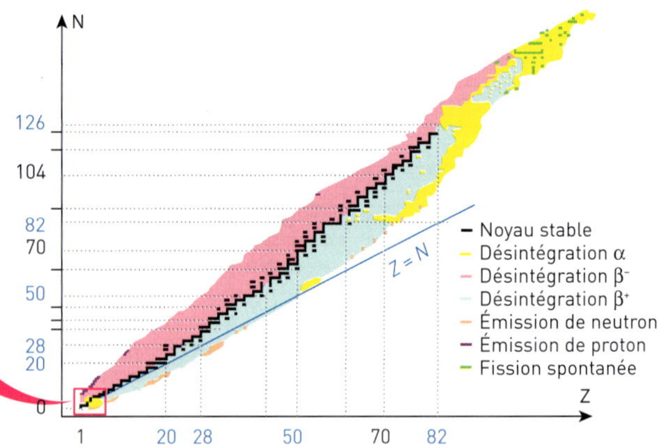

Vallée de stabilité : les noyaux correspondant aux chiffres en bleu sont particulièrement stables.

Doc. 2 La radioactivité du carbone 14

- Le noyau de carbone 14, isotope instable, se désintègre en un noyau d'azote 14.

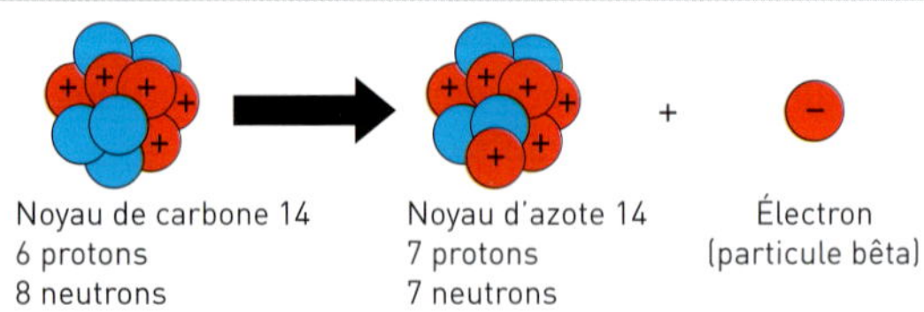

Doc. 3 Taux de carbone 14 chez les êtres vivants

▸ Suite aux collisions entre des éléments de la haute atmosphère et des rayons cosmiques, des neutrons sont constamment éjectés de la haute atmosphère. Capturés par des noyaux d'azote 14, les neutrons transforment ces noyaux en carbone 14. Puis, très vite, les atomes de carbone 14 s'unissent avec les atomes d'oxygène présents dans l'air pour former le dioxyde de carbone ($^{14}CO_2$) qui se répartit uniformément sur Terre.

▸ Il existe deux autres isotopes stables, le carbone 13 et le carbone 12. Ce dernier constitue l'essentiel du carbone présent dans l'atmosphère. Le taux moyen de présence du carbone 14 dans l'atmosphère vaut : $^{14}C/^{12}C = 1{,}2 \times 10^{-12}$.
Ce taux de ^{14}C se retrouve dans tous les êtres vivants puisque toute leur matière provient de la photosynthèse réalisée par les végétaux verts qui absorbent le CO_2 de l'atmosphère. En revanche, lorsque l'espèce vivante n'échange plus avec le milieu extérieur (à sa mort), le taux de carbone 14 ne fait que diminuer.

Doc. 4 La demi-vie du carbone 14

Animation — La datation au carbone 14 — Lienmini.fr/Ens-Sci1-24

▸ Quel que soit le type de radioactivité considéré, la quantité d'isotope instable initiale N_0 décroît en suivant une courbe caractéristique.
On définit la demi-vie, ou période radioactive, comme le temps $T_{1/2}$ au bout duquel la quantité initiale d'isotopes radioactifs a été divisée par 2 :

$$N(T_{1/2}) = \frac{N_0}{2}.$$

▸ Ainsi, au bout du temps $2T_{1/2}$, la quantité initiale d'isotopes radioactifs a été divisée par 4.
Plus généralement, au bout du temps $nT_{1/2}$, la quantité initiale d'isotopes radioactifs a été divisée par 2^n.

Décroissance radioactive du ^{14}C

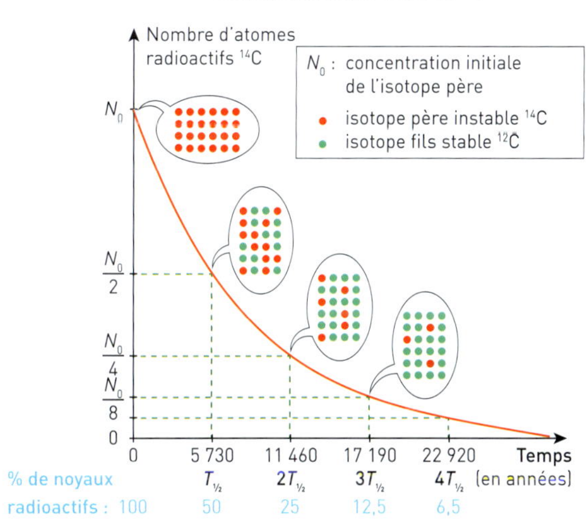

Coups de pouce

1 Définir le mot isotope (doc. 1).

2 Décrire le processus de désintégration du carbone 14 (doc. 2).

3 Expliquer pourquoi le taux de carbone 14 dans l'atmosphère est aussi celui mesuré chez les êtres vivants (doc. 3).

4 Proposer les étapes d'une méthode de datation au carbone 14, connaissant sa période radioactive et sa courbe de décroissance radioactive (docs. 3 et 4).

Vocabulaire

Désintégration Transformation spontanée d'un noyau atomique en un autre noyau par perte de masse.

Photosynthèse Processus par lequel les plantes vertes synthétisent des matières organiques grâce à l'énergie lumineuse, en absorbant le dioxyde de carbone de l'air et en rejetant du dioxygène.

Essentiel

1 Interpréter des graphiques sur l'abondance des éléments chimiques

L'abondance en masse des éléments chimiques dans l'Univers, la Terre ou les êtres vivants peut être représentée par des histogrammes ou diagrammes circulaires. Grâce à ces différentes représentations, les éléments majoritaires sont rapidement visualisés.

L'Univers et les étoiles sont essentiellement constitués d'**hydrogène** (à 75 %) et d'**hélium** (25 %).

La variété des éléments chimiques formés dans les étoiles se retrouve en proportions variables dans la Terre et dans les êtres vivants.

- Dans la croûte terrestre, les éléments majoritaires sont l'oxygène, le silicium, l'aluminium et le fer.
- Dans les êtres vivants, les éléments majoritaires sont l'oxygène, le carbone, l'hydrogène et l'azote.

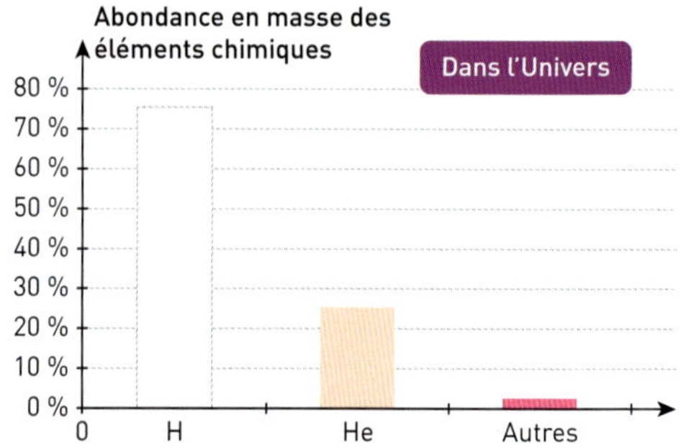

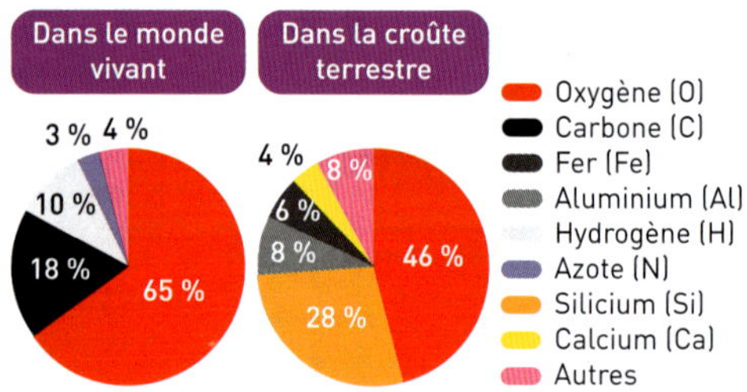

2 Distinguer les réactions nucléaires de fusion et de fission

Fusion

- Au sein d'une étoile, la pression et la température permettent aux noyaux positifs de l'hydrogène, ou plutôt à ses isotopes (un même nombre de protons pour un nombre de neutrons différents), le deutérium $^{2}_{1}H$ et le tritium $^{3}_{1}H$ de s'associer pour former de l'hélium $^{4}_{2}He$ en libérant un neutron $^{1}_{0}n$ selon la réaction de **fusion** nucléaire suivante :

$$^{3}_{1}H + ^{2}_{1}H \rightarrow ^{4}_{2}He + ^{1}_{0}n$$

- L'élément formé a donc un nombre de masse $A = Z + N$ supérieur à chacun des isotopes de l'hydrogène.

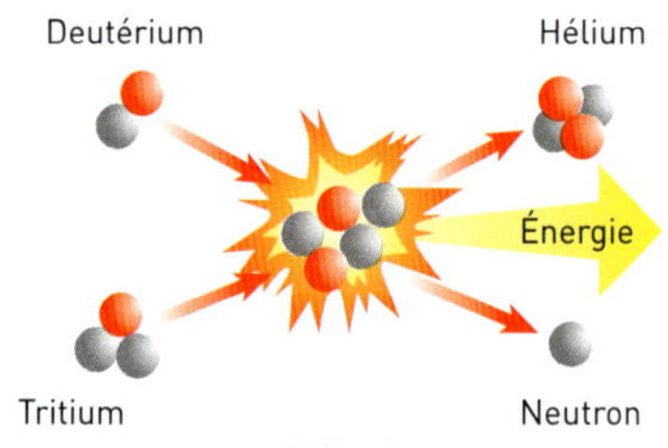

Fusion

Fission

- Il existe aussi des réactions nucléaires de **fission**, lors desquelles un noyau atomique lourd est scindé en plusieurs noyaux plus légers. C'est ce qui se produit dans une centrale nucléaire.

Ainsi, quand il est bombardé par un neutron, l'uranium 235 se désintègre selon le bilan suivant :

$$^{1}_{0}n + ^{235}_{92}U \rightarrow ^{94}_{38}Sr + ^{140}_{54}Xe + 2\,^{1}_{0}n$$

- Les éléments formés ont chacun un nombre de masse inférieur à celui du noyau dont ils sont issus.

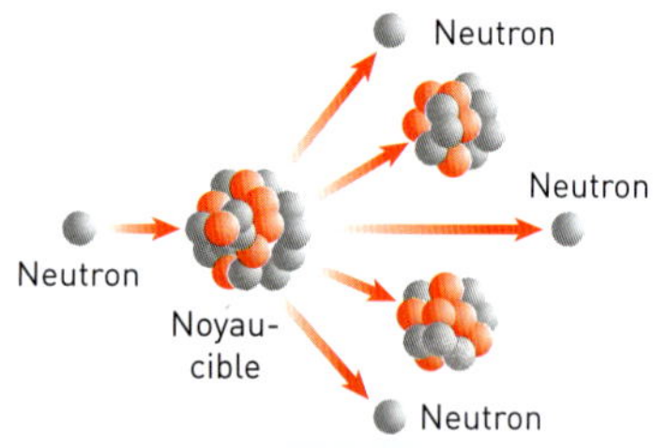

Fission

Quand tout l'hydrogène est consommé, l'étoile s'effondre sous l'effet de sa propre masse. La température augmente dans le cœur de l'étoile, provoquant des réactions de fusion qui conduisent à la formation d'éléments chimiques de plus en plus lourds, jusqu'au fer si l'étoile est suffisamment massive. Les gaz surchauffés (à plusieurs milliards de degrés !) sont ensuite expulsés lors d'une explosion gigantesque appelée **supernova**. D'autres éléments chimiques plus lourds se forment par **nucléosynthèse stellaire**.

3 Connaître l'évolution du nombre de noyaux radioactifs dans le temps

- Les isotopes formés lors des nucléosynthèses ne sont pas forcément stables. Cette instabilité se traduit par la désintégration du noyau de l'atome qui s'acompagne d'une émission de particules (électron, positon, noyau d'hélium 4, rayonnement gamma). Ce phénomène s'appelle la **radioactivité**.
- L'instant de désintégration d'un noyau radioactif individuel n'est pas prédictible : ce phénomène est en effet **aléatoire**.
- L'évolution pour un ensemble d'un nombre suffisamment grand N_0 d'un même isotope instable est connue. Ce nombre décroît en suivant une courbe caractéristique de la décroissance radioactive.

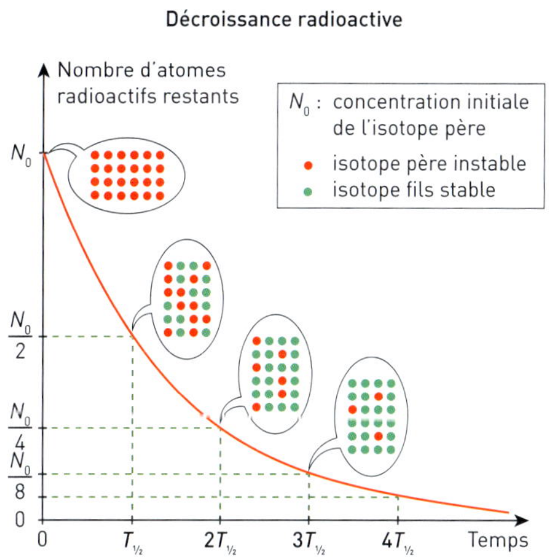

- La **demi-vie** correspond au temps $T_{1/2}$ au bout duquel la quantité initiale d'isotopes radioactifs a été divisée par 2 :

$$N(T_{1/2}) = \frac{N_0}{2}.$$

Au bout du temps $nT_{1/2}$, la quantité initiale d'isotopes radioactifs a été divisée par 2^n.

- Cette demi-vie est caractéristique du noyau radioactif.

Exemples

L'iode 123 (utilisé pour l'imagerie médicale) : $T_{1/2}$ = 13,2 heures.
Le radon 222 (qui représente la quasi-totalité du radon naturel) : $T_{1/2}$ = 3,83 jours.
L'uranium 238 (alimentant la fission dans des réacteurs nucléaires) : $T_{1/2}$ = 4 470 000 000 ans.

4 Effectuer une datation par décroissance radioactive

- Une **datation radiométrique** (dite « par radiochronologie ») est une méthode de datation qui utilise la décroissance et les demi-vies des isotopes radioactifs.
- Le carbone possède trois isotopes : ^{12}C, ^{13}C, et ^{14}C qui est le seul à être radioactif. La proportion de ce dernier est la même chez les êtres vivants et dans l'atmosphère, car il est intégré dans l'organisme via la chaîne alimentaire. À la mort de l'organisme, cette assimilation cesse, et la quantité de carbone 14 est figée à une quantité N_0. Sa proportion commence ensuite à diminuer au fur et à mesure qu'il se désintègre en azote 14.
- **Principe de la datation au carbone 14 :**

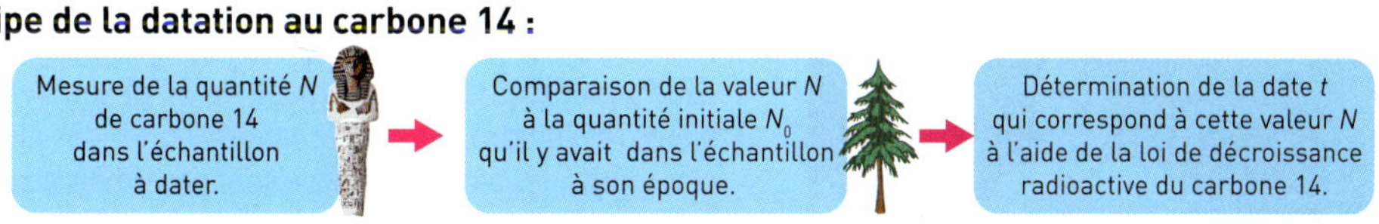

Exemple

Le charbon de bois de la grotte de Lascaux compte huit fois moins de ^{14}C qu'un même bois vivant.
On a donc $N = N_0/8 = N_0/2^3$. On en déduit que les morceaux de bois ont été brûlés il y a $3T_{1/2} = 3 \times 5\,730 = 17\,190$ ans.

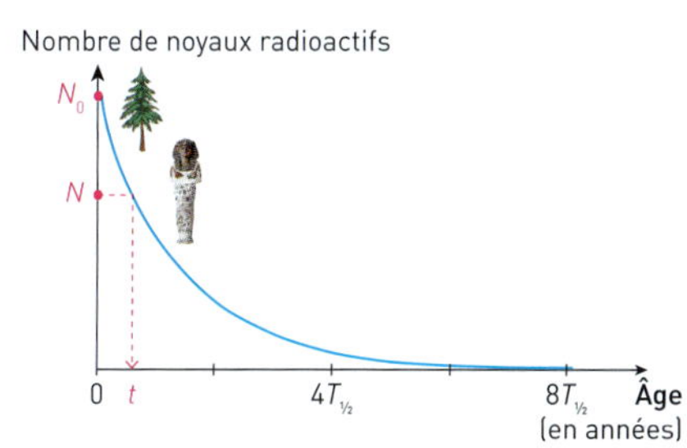

- Cette méthode de datation est utilisée pour dater des objets sur des périodes n'excédant pas 50 000 ans, soit environ huit demi-vies. Au-delà, la quantité de noyaux devient trop petite pour être mesurée et/ou l'approximation effectuée est trop grande.

Un trésor dans les étoiles !

Imaginez un nuage de milliards de tonnes de poudre d'or qui tomberait du ciel : c'est le filon extraordinaire qu'a découvert en 2013 l'astrophysicien Ego Berger... à 3,9 milliards d'années-lumière de la Terre ! La découverte, à défaut de faire sa fortune, soulève l'enthousiasme du milieu scientifique. Car le chercheur et son équipe sont les premiers à remonter jusqu'à la fabrique spatiale du métal précieux.

Une supernova

Tout a commencé avec un flash lumineux de deux dixièmes de seconde décelé par le satellite Swift de la NASA. Un feu bref, mais dont l'énergie fabuleuse correspond à celle émise par le Soleil pendant des millions d'années. Les chercheurs braquent alors les télescopes sur l'endroit de l'espace d'où a surgi le rayonnement, et là surprise ! L'explosion a laissé des braises qui émettent une lumière infrarouge d'une teinte très particulière qu'ils connaissent bien : elle signe la présence d'éléments lourds comme le platine et l'or.

Ce que les physiciens soupçonnaient déjà se confirme : les éléments chimiques les plus lourds que l'on trouve sur Terre, mais aussi dans l'Univers, naissent dans des brasiers cosmiques d'une énergie inouïe. Car c'est bien le jet d'énergie fabuleux qui a traversé le ciel en 2013 qui a laissé derrière lui la poussière précieuse. Et celui-ci vient, sans aucun doute, du cataclysme spatial le plus violent qui soit : la collision de deux étoiles à neutrons. Le voile est donc levé sur la dernière énigme de l'origine des éléments chimiques.

Avant eux, d'autres physiciens avaient déjà décrypté une grande partie de la genèse de la matière. En 1948, George Gamow suggère l'existence d'une cuisine initiale de l'Univers, au moment du Big Bang, où seraient apparus les atomes de toute la matière actuelle. Cette hypothèse a depuis été confirmée pour la naissance de l'hydrogène, l'élément le plus léger et le premier à apparaître avec l'Univers. La naissance de l'hélium et du lithium aurait suivi quelques minutes plus tard, issu de l'agitation des atomes d'hydrogène qui s'entrechoquent, se cassent et fusionnent dans l'extrême chaleur des débuts de l'Univers. Les autres éléments n'apparaîtraient que bien plus tard avec les galaxies et les étoiles.

En 1939 déjà, Hans Bethe montrait qu'au cœur des étoiles de véritables usines à éléments chimiques sont à l'œuvre. À partir de 1957, d'autres physiciens l'ont confirmé, mettant en évidence la fusion d'atomes de plus en plus lourds dans le chaudron de ces astres brûlants : carbone, oxygène, magnésium...

Mais une fois arrivée au fer, l'usine ne tourne plus. Le cœur de l'étoile devient une boule métallique et ne produit plus de chaleur. Pour expliquer alors la production d'atomes plus gros comme le nickel, le cuivre ou le zinc, on s'est tourné vers un phénomène spectaculaire : l'explosion de l'étoile ferreuse en supernova. Cela fut confirmé en 1987, lorsque les astrophysiciens retrouvèrent la trace de cobalt et de nickel dans la traîne de la supernova du Grand Nuage de Magellan. Avec les dernières révélations sur l'apparition de l'or et des éléments les plus lourds, les pièces du puzzle sont désormais au complet !

Le spectroscope de Fraunhofer

C'est l'invention du spectroscope par Joseph von Fraunhofer, au début du XIXe, qui permet d'analyser la composition des astres par l'analyse de leur lumière. Les savants ont alors pu observer que tous les éléments chimiques qui existaient sur Terre étaient également présents dans l'Univers.

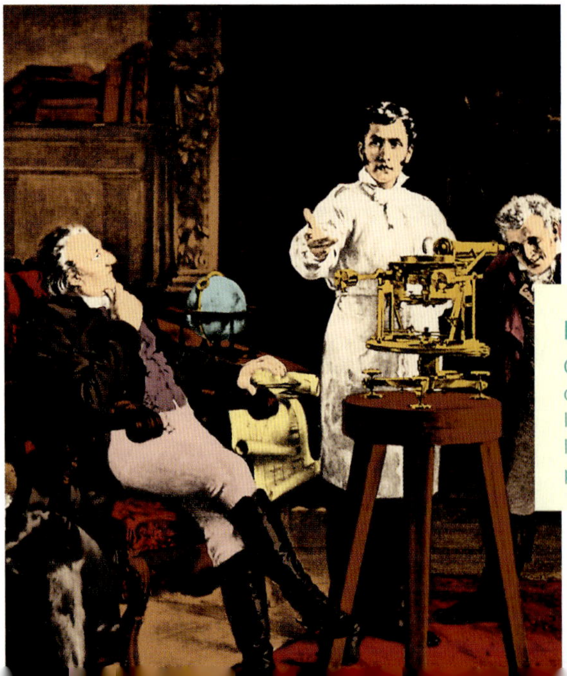

Fraunhofer présentant son invention, 1814

Marie Curie : un engagement scientifique et citoyen

Octobre 1914, sur les routes de l'Argonne, en pleine zone de combat. Une femme s'impatiente à bord de l'une de ces voitures de radiologie qu'on appelle les « petites Curies », et qui circulent sur les champs de bataille pour scruter aux rayons X les blessures des soldats. Son nom : Marie Curie.

Soudain, elle fait signe au chauffeur de s'arrêter devant un hôpital de campagne. Aussitôt des infirmiers s'affairent autour du véhicule pour y récupérer le matériel, et en une demi-heure la chambre de radiologie est installée derrière des rideaux noirs, alimentée par une dynamo qu'actionne le moteur de la voiture.

La physicienne qui, pour l'heure, se dévoue entièrement au service de santé des armées, est déjà une scientifique d'exception à qui on a attribué deux prix Nobel, en physique et en chimie. Le premier pour la découverte de la radioactivié avec Henri Becquerel et du radium avec son mari Pierre Curie, le second pour ses travaux sur cette matière radioactive. Au sommet de sa gloire, elle n'a pourtant pas hésité un seul instant à s'engager lors de la Première Guerre mondiale. Sa mission : mettre en place le premier réseau de radiologie mobile pour localiser balles et éclats d'obus, et ainsi améliorer les soins aux blessés de guerre.

Irène Joliot-Curie devant une petite Curie, 1916

Grâce à sa ténacité et aux dons de bienfaiteurs, elle a fait équiper en tubes de rayons X deux cent cinquante dispensaires ainsi que dix-huit véhicules qui sillonnent le front pendant les quatre ans du conflit. Puis elle forme quelques cent cinquante jeunes filles, dont sa fille aînée Irène, à la manipulation des plaques radiologiques. Plus d'un million d'examens radiologiques seront ainsi réalisés pendant la guerre, sauvant la vie de milliers d'hommes.

Cet épisode de la vie de Marie Curie est peu connu. Tout comme son renoncement, quelques années plus tôt, à une immense fortune, lorsqu'elle et son mari, Pierre Curie, décident de ne jamais déposer de brevet pour leur découverte du radium. Ils souhaitent que les bénéfices de cette avancée scientifique puissent être partagés par tous, pour le bien commun. Plus tard, toutes ces preuves de courage et de désintéressement amèneront le savant Albert Einstein à déclarer : « Marie Curie est, de tous les êtres célèbres, le seul que la gloire n'a pas corrompu. »

Les applications médicales de la radioactivité

Marie Curie paiera de sa vie ses découvertes. À force de manipuler des matières radioactives – on dit même qu'elle en conservait un échantillon comme veilleuse à côté de son lit – ses mains étaient couvertes de cloques et de brûlures, ses membres étaient endoloris, et elle souffrait d'une grande fatigue. Elle succombe le 4 juillet 1934, à 67 ans, à une leucémie au stade avancé, probablement provoquée par les rayonnements auxquels elle s'était longtemps exposée sans en connaître les dangers. Pourtant, ces mêmes rayonnements servent aujourd'hui dans le traitement des cancers. En 1905, déjà, les médecins avaient constaté que le radium pouvait brûler des tumeurs de la peau : la curiethérapie était née. Une technique qui s'applique encore, notamment pour des cancers génitaux. Cependant, c'est surtout la radiothérapie, qui part du même principe, mais avec les rayons X, qui est aujourd'hui un des piliers de la cancérologie. Environ 50 % des Français souffrant d'un cancer sont traités par radiothérapie au cours de leur maladie.

Publicité des années 1950

Exo Version interactive Lienmini.fr/Ens-Sci1-10

Apprendre à apprendre

1 **Formuler plusieurs phrases permettant d'expliquer la formation des éléments chimiques dans l'Univers à partir des mots suivants :**
nucléosynthèse ; fusion nucléaire ; supernova ; étoile.

2 **Expliquer par quels processus :**
1. sont obtenus des noyaux d'atomes de plus en plus lourds.
2. sont obtenus des noyaux d'atomes de plus en plus légers.

3 **Commenter les graphiques suivants et expliquer les différences observées.**

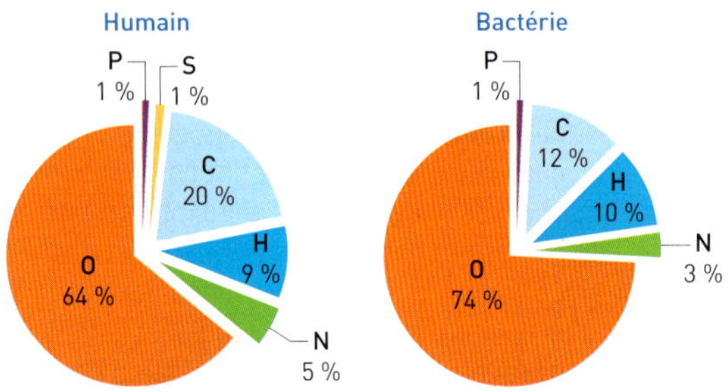

4 Devinette **Synthèse de noyaux**

Retrouver le terme ou l'expression correspondant à chaque définition.
1. Lors de réactions nucléaires, ils se scindent ou fusionnent.
2. Elles sont le siège de réactions nucléaires et les éléments chimiques en sont issus.
3. Cette explosion est créatrice de matière.
4. Ils ne sont pas stables et se désintègrent.
5. Il n'est pas stable et permet des datations allant jusqu'à 50 000 ans.
6. Elle caractérise la vitesse de décroissance radioactive d'un isotope.

5 QCM **Compositions diverses**

Indiquer la bonne réponse.
1. Les deux éléments chimiques majoritaires dans l'Univers sont :
a. le carbone et l'hydrogène.
b. l'hydrogène et l'hélium.
c. l'oxygène et l'hydrogène.
2. Cet objet est majoritairement composé d'hydrogène :
a. La Terre. b. Le Soleil. c. L'être humain.
3. Les éléments chimiques primordiaux sont :
a. tous les noyaux d'atomes radioactifs.
b. les noyaux d'atomes de fer.
c. les noyaux d'atomes d'hydrogène.
4. La croûte terrestre est surtout constituée de :
a. potassium. b. oxygène. c. carbone.

6 QCM **Nucléosynthèse**

Indiquer la bonne réponse.
1. Les éléments chimiques plus légers que le fer sont synthétisés :
a. dans le noyau des planètes.
b. dans le cœur des étoiles.
2. Les éléments chimiques plus lourds que le fer :
a. ont été synthétisés lors du Big Bang.
b. sont synthétisés au cœur des étoiles.
c. sont synthétisés lors d'explosions d'étoiles super massives appelées supernovas.

7 Vrai-faux **Fusion ou fission ?**

Répondre par vrai ou faux aux affirmations.
1. L'équation ${}^{3}_{1}H + {}^{2}_{1}H \rightarrow {}^{4}_{2}He + {}^{1}_{0}n$ correspond à une réaction de fission nucléaire.
2. L'équation ${}^{12}_{6}C + {}^{4}_{2}He \rightarrow {}^{16}_{8}O$ + énergie correspond à une réaction de fusion.
3. L'équation ${}^{235}_{92}U + {}^{1}_{0}n \rightarrow {}^{94}_{38}Sr + {}^{140}_{54}Xe + 2\,{}^{1}_{0}n$ correspond à une réaction de fission.

8 QCM **Demi-vie**

Indiquer la bonne réponse.
Au bout de deux demi-vies, la proportion des noyaux radioactifs qui se sont désintégrés dans un échantillon est de :
1. 100 %. 2. 50 %. 3. 75 %.

9 QCM **Datation radiochronologique**

Indiquer la bonne réponse.
Un échantillon datant de 20 000 ans contient un quart seulement de la quantité initiale N_0 d'un isotope radioactif.
1. La demi-vie de cet isotope est de :
a. 5 000 ans. b. 10 000 ans. c. 15 000 ans.
2. Dans 10 000 ans, la quantité restante d'isotope radioactif sera de :
a. $N_0/6$. b. $N_0/8$. c. $N_0/16$.
3. L'échantillon ne contiendra plus que $N_0/64$ noyaux de l'isotope radioactif au bout de :
a. 60 000 ans. b. 30 000 ans. c. 25 000 ans.

10 QCM **La chaîne alimentaire**

Indiquer la bonne réponse.
Le rapport de carbone 14 par rapport au carbone 12 dans la biosphère :
1. diminue au cours de la vie de l'individu.
2. est constant, même après la mort de l'individu.
3. est constant, uniquement durant la vie de l'individu.

Voir corrigés à la fin du manuel, p. 254

Abondance des éléments chimiques

11 Composition de l'Univers

On donne ci-dessous l'abondance en masse des éléments chimiques suite à la nucléosynthèse stellaire.

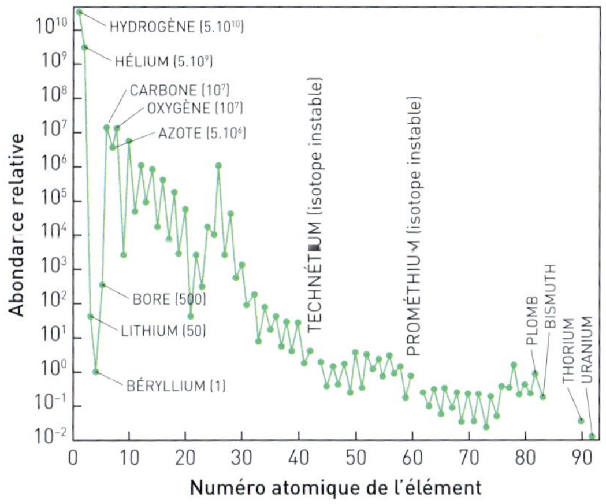

1. À l'aide d'un tableur-grapheur, réaliser un diagramme circulaire figurant la proportion, en nombre, des éléments chimiques jusqu'à $Z = 8$.
2. Déduire des résultats une composition simplifiée en éléments chimiques dans l'Univers.
3. Expliquer pourquoi cette composition est la même dans notre système solaire.

12 Matière inerte et matière du vivant

On considère les deux graphiques ci-dessous.

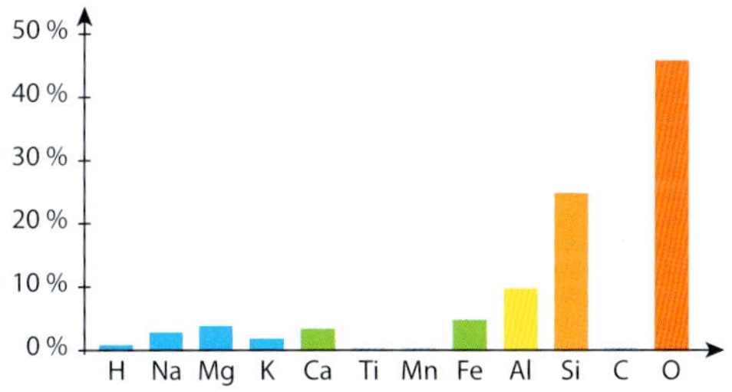

Abondance des éléments chimiques dans la croûte terrestre

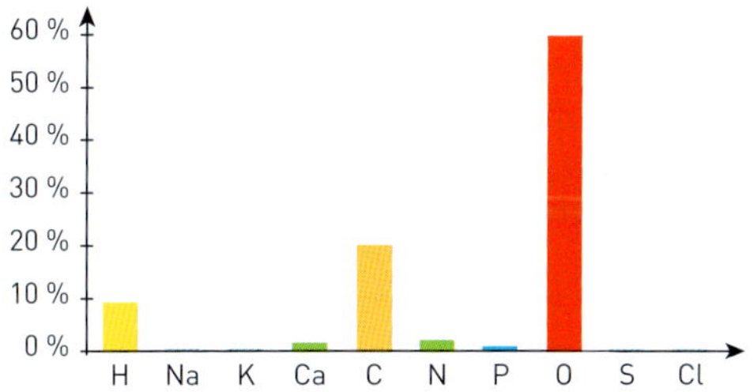

Abondance des éléments chimiques dans la matière vivante

1. Nommer l'élément le plus abondant sur Terre.
2. Lister les quatre éléments les plus abondants dans la matière du vivant.
3. Lister les quatre éléments majeurs dans la matière minérale.
4. Conclure quant à l'origine des éléments du vivant sur Terre.

Réaction nuclaire : fission ou fusion

13 Oganesson, le super lourd

Les éléments dits « super lourds » sont des éléments artificiels de numéro atomique $Z > 103$. Ils sont préparés par collision entre deux noyaux. Le plus lourd est le noyau cible fixe, le plus léger est accéléré pour lui procurer une énergie suffisante et permettre la réaction des deux noyaux.

À ce jour, le dernier élément chimique connu par numéro atomique croissant est l'élément $Z = 118$ (l'oganesson). Il est obtenu par la réaction entre le calcium Ca et le californium Cf :

$$^{48}_{20}\text{Ca} + ^{249}_{98}\text{Cf} \rightarrow ^{294}_{118}\text{Og} + 3\,^{1}_{0}\text{n}$$

La demi-vie de cet élément est de 0,89 ms. Il se désintègre en livermorium selon la réaction :

$$^{294}_{118}\text{Og} \rightarrow ^{290}_{116}\text{Lv} + ^{4}_{2}\text{He}$$

1. Reconnaître le type de réaction nucléaire permettant la création d'éléments super lourds.
2. Donner un ordre de grandeur du temps dont les chercheurs disposent pour détecter l'élément 118 formé.
3. Reconnaître le type de réaction nucléaire qui transforme l'oganesson en livermorium.

14 Bombardement de noyaux

À la veille de la seconde guerre mondiale, les scientifiques de tous pays comprennent que la réaction nucléaire résultant du bombardement de noyaux d'uranium 235 (0,7 % de l'uranium naturel) par des neutrons peut s'avérer très énergétique.

En 1939, Frédéric Joliot (époux d'Irène Curie) dépose un brevet sur des dispositifs de production d'énergie et d'explosion à partir de l'uranium 235.

Deux réactions nucléaires sont possibles :

Réaction A. $^{235}_{92}\text{U} + ^{1}_{0}\text{n} \rightarrow ^{93}_{36}\text{Kr} + ^{140}_{56}\text{Ba} + x\,^{1}_{0}\text{n}$

Réaction B. $^{235}_{92}\text{U} + ^{1}_{0}\text{n} \rightarrow ^{94}_{38}\text{Sr} + ^{140}_{54}\text{Xe} + z\,^{1}_{0}\text{n} + ^{0}_{0}\gamma$

1. Identifier le type de réaction qui correspond aux réactions A et B.
2. Lors des réactions nucléaires, le nombre de nucléons se conserve. Déterminer le nombre de neutrons (x et z) produits pour chacune des réactions.
3. Si chaque neutron produit bombarde un nouveau noyau d'uranium 235, que peut-il se produire ?

Proportion de noyaux restants et demi-vie

15 Bismuth 209

On trouve naturellement sur Terre les éléments de numéro atomique $Z < 93$, à l'exception du technétium $Z = 43$ et du prométhium $Z = 61$.
L'institut d'astrophysique spatiale d'Orsay a montré que le bismuth 209 ($^{209}_{83}Bi$), que l'on croyait stable, est un émetteur de particules alpha. Sa demi-vie a été évaluée à $1{,}9 \times 10^{19}$ ans. Il se désintègre en thallium 205 selon la réaction $^{209}_{83}Bi \rightarrow {}^{205}_{81}Tl + {}^{4}_{2}He$.

1. Donner la signification du nombre 209 ou 205 pour le bismuth ou le thallium.
2. À l'aide de l'énoncé et de la réaction de désintégration du bismuth 209, définir ce que représente une particule alpha.
3. Définir la demi-vie.
4. Expliquer pourquoi il est possible de trouver l'élément $^{209}_{83}Bi$ sur Terre alors qu'il est instable.

Un cristal oxydé de bismuth, aux reflets métalliques rougeâtres.

16 Découverte de la radioactivité artificielle

Le 11 janvier 1934, Irène Curie et Frédéric Joliot disposent une source de polonium 210 près d'une feuille d'aluminium. Cette source produit des rayonnements alpha (noyaux d'hélium 4). Lorsqu'ils retirent la source, ils constatent l'apparition de gouttes de phosphore radioactif.

1. Parmi les réactions suivantes, identifier celle qui correspond à la production de particules alpha par le polonium, celle qui correspond à la transformation de l'aluminium en phosphore, et celle qui correspond à la désintégration radioactive du phosphore.

(a) $^{30}_{15}P \rightarrow {}^{30}_{14}Si + {}^{0}_{1}e$

(b) $^{210}_{84}Po \rightarrow {}^{206}_{82}Pb + {}^{4}_{2}He$

(c) $^{27}_{13}Al + {}^{4}_{2}He \rightarrow {}^{30}_{15}P + {}^{1}_{0}n$

2. Justifier que l'on peut faire l'approximation que la quantité de noyaux de polonium 210 reste constante durant l'expérience.
3. On expose une feuille d'aluminium durant 13 minutes à une source de polonium 210 dont la masse vaut 1 gramme. Juste après le retrait de la source de polonium, la quantité de noyaux de phosphore formés vaut $N_0 = 6{,}45 \times 10^{15}$.
a. Calculer le nombre de noyaux de phosphore restants après 13 minutes d'attente.
b. Calculer le pourcentage de noyaux de phosphore restants au bout de 6 demi-vies.
4. Au bout de quelle durée peut-on être sûr d'avoir moins de 1 % de noyaux de phosphore radioactifs ?

Données
Demi-vie du polonium 210 : 138,4 jours.
Demi-vie du phosphore 30 : 3 min 15 s.

Décroissance radioactive et datation

17 Enquête sur un massacre

Sur le site de Nataruk, au Kenya, des chercheurs ont mis en évidence les restes humains de vingt-huit individus. Les analyses au carbone 14 révèlent que la proportion de $^{14}C/^{12}C$ présente dans les ossements constitue 30 % de la proportion de $^{14}C/^{12}C$ mesurée dans l'atmosphère.
La courbe ci-dessous présente la loi de décroissance du carbone 14 dans un échantillon : la proportion d'atomes de carbone 14 est donnée par rapport au nombre d'atomes du même isotope initialement présents.

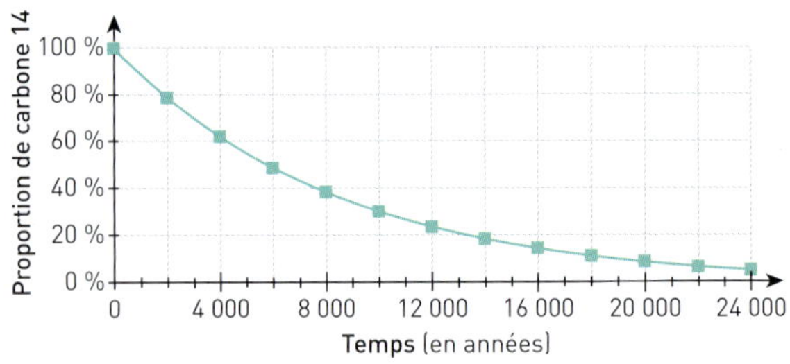

1. Expliquer pourquoi il est possible de considérer que la proportion d'atomes de carbone 14 présents dans les ossements est égale à la proportion d'atomes de carbone 14 présents dans l'atmosphère au moment du décès.
2. Évaluer la date du décès.
3. Évaluer la demi-vie du carbone 14 à l'aide du graphique.
4. Deux équations de réactions nucléaires sont données :

(a) $^{1}_{0}n + {}^{14}_{7}N \rightarrow {}^{14}_{6}C + {}^{1}_{1}H$

(b) $^{14}_{6}C \rightarrow {}^{14}_{7}N + {}^{0}_{-1}e$

Parmi ces deux équations, indiquer celle qui correspond à la désintégration du carbone 14, et celle qui correspond à la formation du carbone 14 dans l'atmosphère.
5. Justifier la nature des particules $^{1}_{0}n$ et $^{0}_{-1}e$.

Vers le BAC

18 La genèse des atomes

Argumenter — 15 min.

• Résumer les différentes étapes qui ont abouti à la formation des éléments chimiques présents actuellement sur Terre.

19 Volcan ou peau de léopard ?

Analyser — 20 min.

Datant du néolithique, les vestiges de Çatalhöyük, en Turquie, sont ceux de l'une des plus anciennes villes connues.

L'interprétation de la fresque ci-contre, large de trois mètres, fait l'objet d'une controverse. Selon certains chercheurs, il s'agirait d'une peau de léopard au-dessus de motifs géométriques. Pour d'autres, ce serait un volcan en éruption surplombant les maisons de la ville.

Reconstitution d'après A. K. Schmitt *et al, PLOS ONE*, 2014.

Doc. 1 Résultats de datations radiométriques d'échantillons volcaniques

La ville de Çatalhöyük se trouve à proximité d'un volcan, le Hasan Daği, dont les deux sommets culminent à 3 253 et 3 069 mètres. Des échantillons de laves témoignant d'une éruption volcanique y ont été prélevés, desquels ont été extraits des cristaux de zircon (silicate de zirconium). Les scientifiques ont utilisé une méthode de datation radiométrique par l'uranium et le thorium, non détaillée ici.

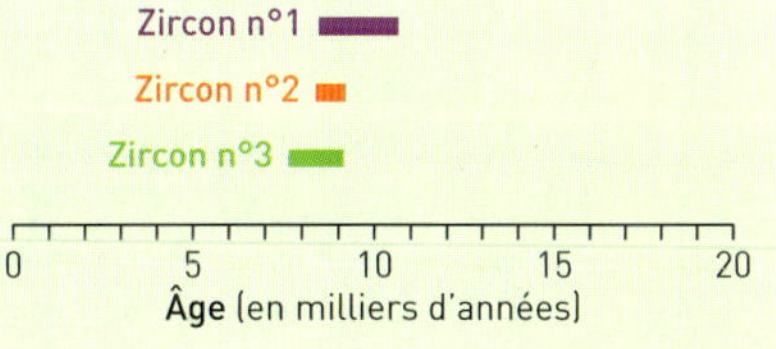

Doc. 2 Datation au carbone 14 de charbons de bois associés à la peinture murale de Çatalhöyük

Le nombre de désintégrations d'atomes de carbone 14 dans ces échantillons de charbon de bois est compris entre 4,2 et 4,8 (en unités arbitraires).

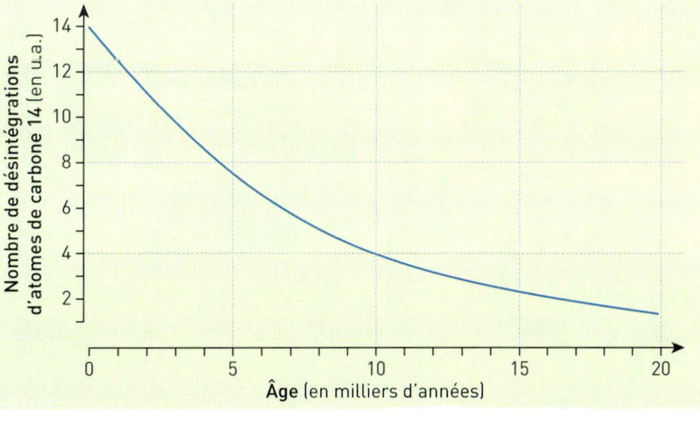

Doc. 3 Datation d'échantillons volcaniques par la méthode potassium-argon

Pour vérifier les résultats obtenus (doc. 1), une autre méthode de datation est utilisée. Les laves volcaniques contiennent aussi des cristaux de biotite, un mica de formule $K(Mg,Fe)_3(OH,F)_2(Si_3AlO_{10})$.

Une petite proportion du potassium est constituée de ^{40}K radioactif qui se désintègre en ^{40}Ar (argon).

Le rapport entre les nombres des noyaux de ^{40}Ar et ^{40}K présents dans chaque échantillon est mesuré.

L'âge T (en années) de l'échantillon est donné approximativement par l'équation :

$$T = 1,72 \times 10^{10}(^{40}Ar/^{40}K)$$

Les valeurs ($^{40}Ar/^{40}K$) mesurées pour trois échantillons de la même lave volcanique sont :

$x_1 = 4,942 \times 10^{-7}$ $x_2 = 5,349 \times 10^{-7}$ $x_3 = 5,814 \times 10^{-7}$

• À l'aide de l'exploitation des documents proposés et de vos connaissances, donner des arguments pour choisir entre les deux interprétations : volcan ou peau de léopard.

2 Des édifices ordonnés : les cristaux

Les os de ces animaux sont constitués de cristaux de phosphate de calcium (galerie de paléontologie et d'anatomie comparée, MNHN).

L'état cristallin est une forme d'organisation de la matière, qui revêt une importance majeure, tant pour la connaissance de la nature (minéraux et roches, squelettes, etc.) que pour ses applications techniques.
Précieux ou quelconques, comment les cristaux sont-ils structurés ?

Bloc de roche montrant deux cristaux de pyrite (FeS_2). La structure cristalline de la pyrite est cubique face centrée, ce qui s'observe dans la symétrie cubique de ses facettes cristallines naturelles.

La compréhension de l'organisation cristalline mobilise en premier lieu des connaissances sur la géométrie du cube.
En quoi l'affirmation de Galilée selon laquelle *Le Grand livre de la Nature* est écrit en langage mathématique trouve-t-elle ici matière à se vérifier ?

Attendus du programme	Activités	Parcours d'exercices
Distinguer maille, cristal, minéral, roche à l'aide de leur échelle et de leur organisation spatiale	1	4 5 8 9
Mettre en relation la structure d'une roche et les conditions de son refroidissement	1	3 7 10 11
Relier les différentes échelles d'études des cristaux	2	2 4 12 13 20
Expliquer la structure des réseaux cristallins cubique simple et cubique à face centrée	3 4	1 6 14 15 16 17 18 19
Calculer masse volumique et compacité d'un cristal	3 4	7 16 17 19

Activité documentaire

Objectif général de formation
Identifier et mettre en œuvre des pratiques scientifiques

1 La nature architecte

Les atomes s'assemblent de diverses manières pour former la matière de l'Univers. Assemblage observable au quotidien : du sel que nous mangeons... aux roches utilisées pour construire les murs de nos maisons.
Objectif Fabriquer des cristaux et identifier leurs conditions de formation.

Vidéo
Expérience : cristalliser un liquide
Lienmini.fr/Ens-Sci1-25

Doc. 1 Fabriquer des cristaux de sel

Dans les marais salants, le sel cristallise par évaporation de l'eau de mer. On peut observer ce phénomène à l'aide d'un protocole simple.

Protocole

- Dans un récipient contenant de l'eau, verser du sel jusqu'à saturation (aux alentours de 360 g · L^{-1}). Il reste donc du sel solide dans la solution.
- Y faire tremper une ficelle suspendue à un bâton posé sur le récipient (la ficelle ne doit pas toucher les bords du récipient).
- Attendre quelques jours le temps qu'au moins une partie de l'eau s'évapore (attention aux dépôts de poussières et à la stabilité du dispositif).
- Observer les cristaux formés (à l'œil nu et à la loupe binoculaire).

Doc. 2 Faire cristalliser un liquide en fusion

Afin de modéliser la cristallisation d'un magma, on utilise de l'éthyl-vanilline en poudre. La température de fusion de ce composé chimique utilisé en pâtisserie est peu élevée (environ 80°C).

Protocole

Matériel Lunettes, gants et masque de protection

- Déposer très peu de poudre de vanilline sur une lame.
- Recouvrir d'une lamelle.
- En tenant la lame avec une pince en bois, faire fondre la poudre au-dessus d'un chauffage (retirer la lame dès la fusion).
- Déposer la lame sur une surface à température ambiante.
- Observer la cristallisation au microscope.
- Recommencer les trois première étapes du protocole avec une nouvelle préparation mais en changeant les conditions de refroidissement (lent au-dessus d'un bain marie, rapide sur de la glace).

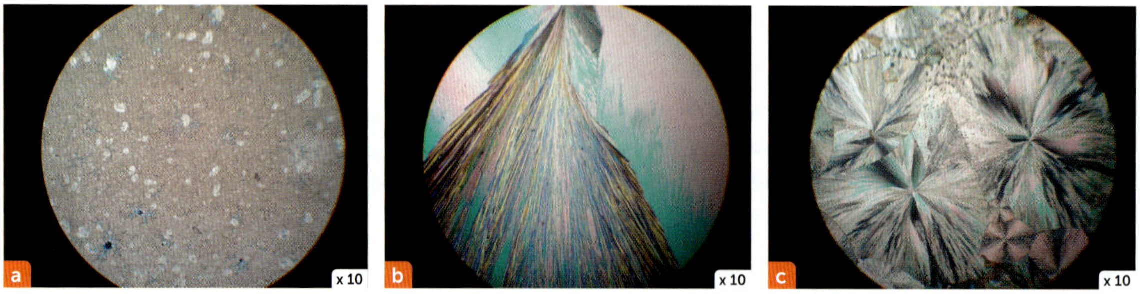

Exemple d'une lame de vanilline fondue : a. refroidie à température ambiante (20 °C) et observée immédiatement ; b. maintenue à 40 °C sur une plaque chauffante pendant 10 minutes ; c. maintenue à 70 °C sur une plaque chauffante pendant 10 minutes.

Doc. 3 Refroidir vite ou lentement

Toutes ces roches sont issues d'un magma ayant la même composition chimique. Seul a varié le temps de refroidissement.

	Observation à l'œil nu	Observation au microscope optique polarisant (x 40)
Obsidienne (structure vitreuse)		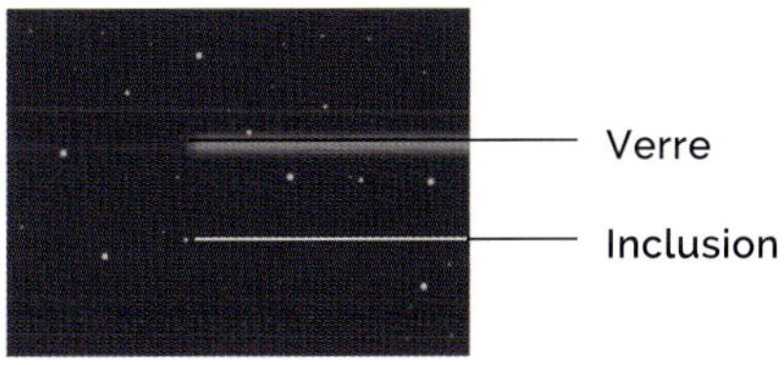
Rhyolite (structure microlithique)		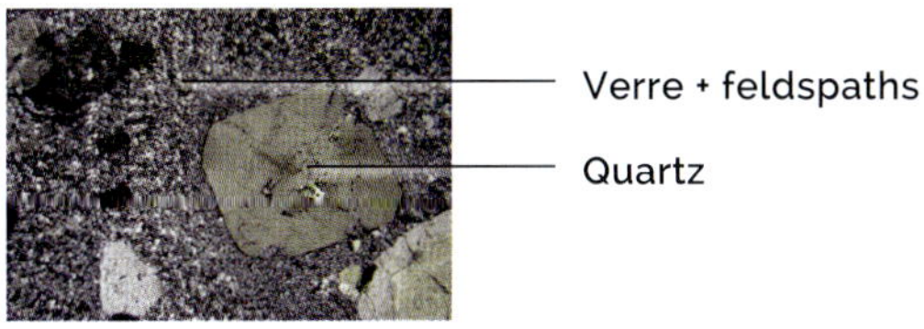
Granite (structure grenue)		

Doc. 4 De la roche à l'atome

Les roches sont constituées d'un assemblage de minéraux, définis par leur composition chimique et l'agencement de leurs atomes suivant une maille élémentaire. Quand la maille élémentaire est répétée de façon ordonnée, il se forme un cristal. En l'absence d'ordre à moyenne et grande échelles, il se forme un verre.

Les roches de la croûte terrestre sont en grande majorité (à plus de 90 %) constituées de silicates, tétraèdres de silicium et d'oxygène $(SiO_4)^{4-}$.

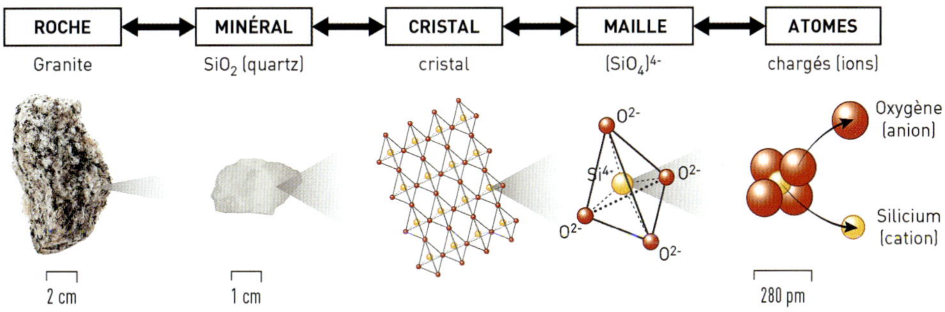

Guide de travail

1 Décrire les modalités d'obtention des cristaux de sel et dessiner leur aspect (doc. 1).

2 Déterminer la condition de refroidissement du magma qui a donné naissance à chacune des roches listées dans le tableau (docs. 2 et 3).

3 Décrire, à l'aide d'un texte court, les relations entre les structures à différentes échelles depuis les atomes jusqu'à la roche (doc. 4).

Synthèse Récapituler, sur un schéma, les origines possibles de la structure cristalline des roches.

Vocabulaire

Saturation (d'une solution) Concentration au-delà de laquelle un soluté ne peut plus être solubilisé.

Verre Matériau solide non cristallin, à l'organisation microscopique semblable à celle d'un liquide qu'on aurait « figé ».

Activité ouverte

Objectif général de formation
Comprendre la nature du savoir scientifique et ses méthodes d'élaboration

2 La géométrie des cristaux

La structure des cristaux est longtemps restée aussi fascinante que mystérieuse. Pourquoi les flocons de neige ont-ils toujours six angles ? L'astronome allemand Johannes Kepler (1571-1630), dont les travaux sont repris par les scientifiques contemporains, avait-il raison de penser que les cristaux étaient constitués de l'assemblage de petites structures toutes identiques ?

Les cristaux de neige présentent une symétrie hexagonale.

Consigne

Relier l'organisation de la maille au niveau microscopique à la structure du cristal au niveau macroscopique.

Animation — L'expérience de Haüy — Lienmini.fr/Ens-Sci1-26

Doc. 1 Expérience de Haüy

- Dans son livre *Essai d'une théorie sur la structure des cristaux* (1784) l'abbé René-Just Haüy (1743-1822) relate une expérience qui fait date dans l'histoire de la cristallographie.
Il a l'heureuse maladresse de laisser tomber un minéral de spath d'Islande cristallisé en prismes. À sa grande surprise, il constate que chaque éclat conserve la même topologie (faces, inclinaisons, angles) que le spath de départ. La répétition de cette opération conduit aux mêmes conclusions.
- En extrapolant, Haüy énonce le concept de « molécules intégrantes » (aussi appelées mailles) qui seraient des structures microscopiques identiques dont l'empilement tridimensionnel crée le cristal à l'échelle macroscopique.

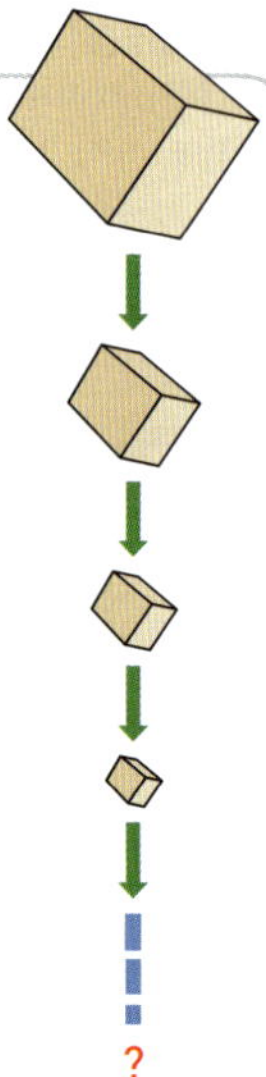

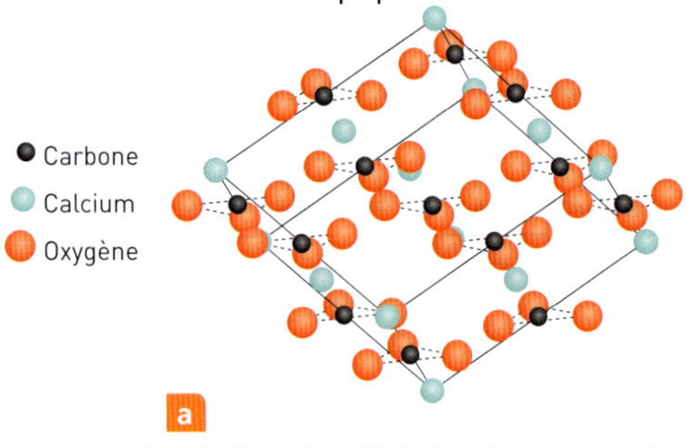

Spath d'Islande à l'échelle microscopique (a) et macroscopique (b)

Doc. 2 Clivage d'un carnet de timbre

- Un carnet de timbre est découpé. Lors de l'opération, la découpe suit les perforations selon une direction privilégiée. On a réalisé une opération de clivage. Ce clivage se fait au niveau des régions de moindre résistance, c'est-à-dire celui des perforations. Répéter cette opération aboutit à l'obtention d'un rectangle irréductible, un timbre unique, qui représente la maille élémentaire.
- Une plaque de timbres est constituée d'un timbre, maille élémentaire rectangulaire, qui se répète périodiquement dans deux directions : il s'agit d'un réseau à deux dimensions.

Clivage d'un carnet de timbres

Doc. 3 Cristaux dans la nature

Des cristaux formés à partir de divers éléments chimiques révèlent de belles couleurs et formes géométriques.

Cristaux de quartz (SiO_2)

Cristaux de pyrite (FeS_2)

Cristaux de sel (NaCl)

Doc. 4 Représentation de mailles élémentaires

L'agencement géométrique des cristaux que l'on observe à l'échelle macroscopique (c'est-à-dire à notre échelle) s'explique par une organisation particulière des entités chimiques (atomes, ions, molécules) dans l'espace. L'organisation microscopique est représentée par une maille élémentaire dont les paramètres indiquent les dimensions.

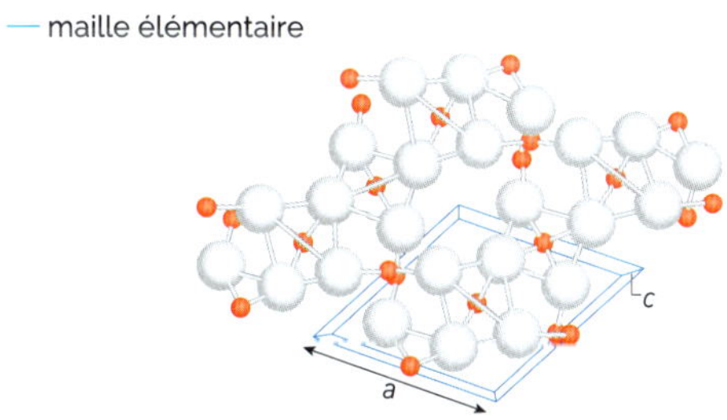

Structure du quartz
Si^{4+} O^{2-}

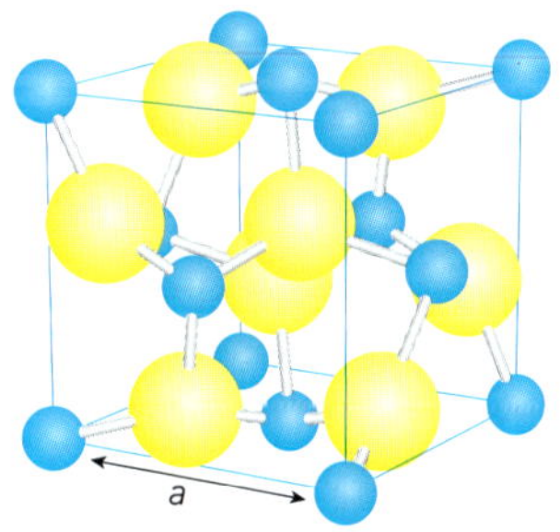

Structure de la pyrite
S^{-} Fe^{2+}

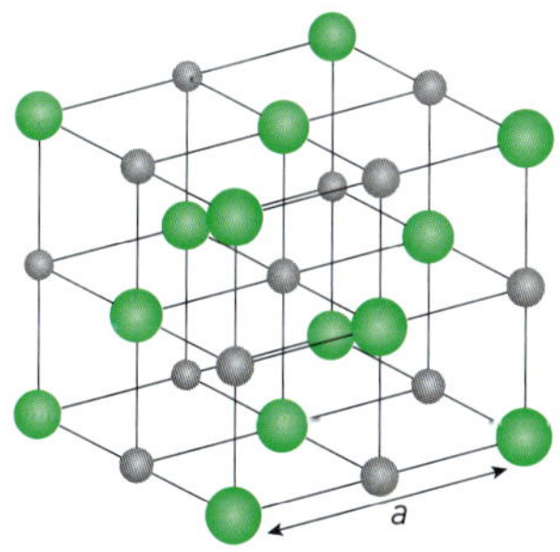

Structure du sel
Cl^{-} Na^{+}

	Quartz	Pyrite	Chlorure de sodium
Système cristallin	hexagonal	cubique à faces centrées	cubique à faces centrées
Paramètre de maille	a = 491,3 pm et c = 540,5 pm	a = 541,6 pm	a = 564,0 pm
Masse volumique (à 20 °C)	2,65 g · cm^{-3}	5,02 g · cm^{-3}	2,16 g · cm^{-3}

Coups de pouce

1 Relier l'expérience de Haüy à celle de la découpe d'une plaque de timbres.

2 Définir un cristal et une maille.

3 Relier les formes des différents cristaux à la géométrie de leurs mailles élémentaires.

Vocabulaire

Tridimensionnel Avec trois dimensions spatiales.
Extrapoler Tirer des conclusions à partir de données partielles.

Activité ouverte

Objectif général de formation
Identifier et mettre en œuvre des pratiques scientifiques

3 Recyclage de l'argent des radiographies

Selon l'USCS (United States Geological Survey), l'extraction de l'argent pourrait connaître un pic à l'horizon 2030. En effet, les applications de l'argent dans l'industrie en font un métal très prisé : électricité, électronique, brasures, soudures, et autres alliages. Il est donc essentiel de bien gérer les ressources de ce métal.

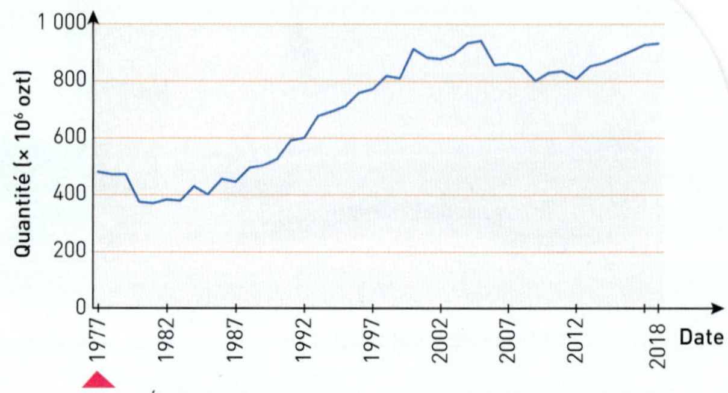

Évolution de la demande de fabrication de produits à partir du métal argent (1 once troy (ozt) ≈ 31,1 grammes).

Consigne

Étudier le cristal argent, afin de calculer le rendement de la filière de recyclage de l'argent présent dans les radiographies.

Doc. 1 Recyclage de l'argent dans les radiographies

- Les radiographies sont des déchets dangereux : elles contiennent des sels d'argent (20 g d'argent pour 1 kg de radiographie) qui ne peuvent être gérés par les installations de traitement des ordures ménagères. En l'absence de recyclage, ces sels d'argent sont libérés dans la nature. Polluant les eaux et les sols, ils risquent de s'accumuler dans les maillons de la chaîne alimentaire.
- Les radiographies argentiques sont broyées dans une solution active. Elles sont ensuite électrolysées. Le recyclage d'une tonne de clichés aboutit à la récupération d'un lingot de volume $v = 0{,}95$ L.

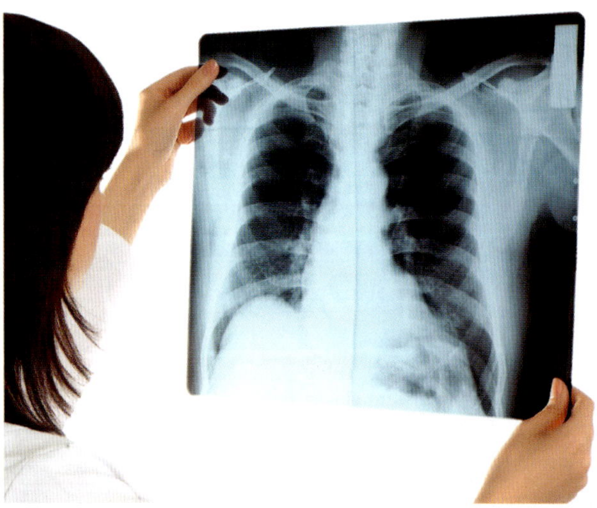

Doc. 2 Informations sur l'argent

- L'argent est l'élément chimique de numéro atomique 47, de symbole Ag.
- La masse molaire de l'argent est $M_{Ag} = 108\ g \cdot mol^{-1}$, donc un atome d'argent a une masse $m_{Ag} = 1{,}79 \times 10^{-22}$ g.
- L'étude cristallographique par diffraction des rayons X montre que l'argent métallique a une structure cubique à faces centrées, de paramètre de maille $a = 0{,}408\ 53$ nm, dont le motif est un atome d'argent. Le paramètre de maille est la longueur de l'arête du cube.

Cristal d'argent obtenu à la suite d'une électrolyse.

Doc. 3 Réseau cubique face centrée

- La maille d'un réseau cubique à faces centrées est un cube dont les motifs sont placés sur les coins du cube et aux centres de ses faces.
- Les motifs placés sur les coins sont partagés avec les 8 mailles qui l'entourent : ils ne comptent que pour 1/8 dans la maille. Les motifs placés au centre des faces sont partagés avec les 2 mailles qui l'entourent : ils ne comptent que pour 1/2 dans la maille.

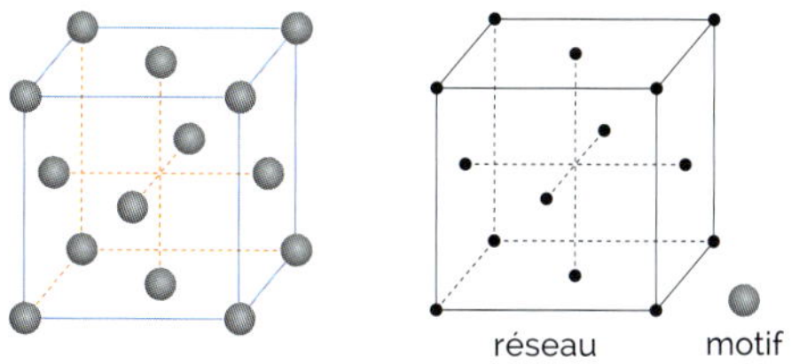

La maille d'un réseau cubique à faces centrées, en perspective cavalière.

Dénombrer les atomes par maille :

L'atome de la face est partagé par 2 mailles, il compte pour 1/2.

L'atome du coin est partagé par 8 mailles, il compte pour 1/8.

Doc. 4 L'empilement de sphères le plus dense

- Au XVIe siècle, Johannes Kepler fait la conjecture que l'empilement de sphères (identiques) le plus dense est celui qui est utilisé, par exemple, pour empiler les oranges sur les étals des marchands de fruits. Deux empilements sont possibles, selon la façon de positionner la troisième couche sur les deux premières : cubique à faces centrées ou hexagonal compact. Des matériaux de masse volumique assez élevée, comme les métaux, ont souvent des atomes arrangés selon ces empilements. D'autres arrangements moins denses existent aussi.
- L'un des empilements réguliers les moins denses est le simple empilement cubique où les atomes sont situés aux sommets de cubes. Un seul cristal métallique présente cette configuration d'atomes : le polonium, un métal radioactif.

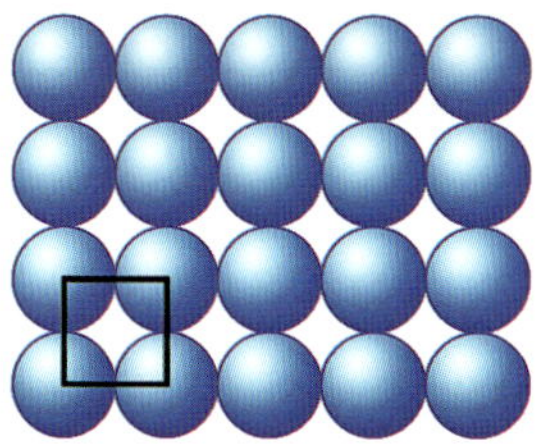

Empilement de type cubique simple

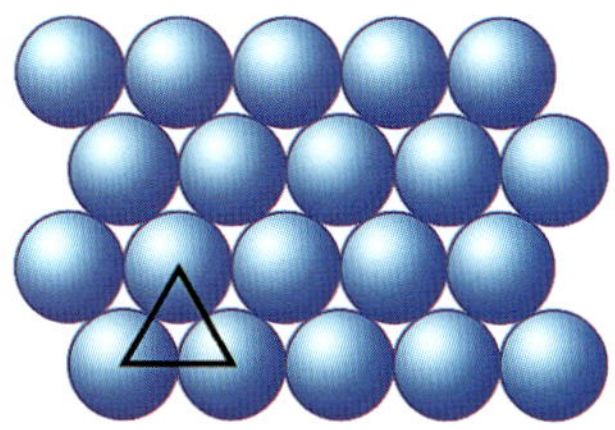

Empilement de compacité maximale

- La conjecture de Kepler, à première vue, semble évidente… cependant la démonstration rigoureuse l'est beaucoup moins ! La conjecture n'a été démontrée qu'en 1998 par Thomas Hales, et les détails de la preuve publiés en 2006.

Coups de pouce

1 Représenter la maille du cristal d'argent en prenant des objets sphériques pour modéliser son agencement.

2 Dénombrer les atomes d'argent effectivement présents dans la maille.

3 Déterminer la masse volumique du cristal d'argent, c'est-à-dire le rapport entre la masse des atomes d'argent présents dans la maille et du volume de la maille.

4 Déterminer le rendement de la filière du recyclage des radiographies donné par $\eta = \frac{\text{masse d'argent récupéré}}{\text{masse d'argent récupérable}}$. Commenter cette valeur.

Vocabulaire

Cube En géométrie euclidienne, un cube est un prisme dont toutes les faces sont carrées, donc égales et superposables. Il a 6 faces, 12 arêtes et 8 sommets. Il est aussi appelé « hexaèdre régulier ».

Activité documentaire

Objectif général de formation
Identifier et mettre en œuvre des pratiques scientifiques

4 Stockage du dihydrogène

Dans le futur, le dihydrogène, élément très abondant sur notre planète, devrait apporter des contributions majeures à la transition énergétique et écologique. Associé à la pile à combustible, il est un formidable vecteur d'énergie propre, puisqu'il permet de produire de l'électricité directement à bord des véhicules, avec de l'eau comme seul déchet.
Objectif Montrer en quoi l'utilisation de cristaux sous forme solide est une solution intéressante pour stocker l'hydrogène.

Doc. 1 Différentes solutions de stockage du dihydrogène

- Le dihydrogène a une densité d'énergie massique très élevée, mais son stockage et son transport constituent un véritable défi.
Il s'agit tout d'abord de réduire le volume que le dihydrogène occupe. Les méthodes de stockage « classiques » sont basées sur la compression et la liquéfaction. Ces méthodes sont bien établies et ont un bon rendement, mais elles posent des problématiques de sécurité et de coût associées à la compression et au refroidissement du dihydrogène.
- Différentes méthodes de stockage :
  > Stockage sous pression : le dihydrogène est comprimé à 700 bars. À cette pression, 5 kg de dihydrogène peuvent être stockés dans un réservoir de 125 L.
  > Stockage sous forme liquide : le dihydrogène gazeux est liquéfié en le refroidissant à très basse température (inférieure à –252,87 °C). Dans ces conditions, 5 kg de dihydrogène peuvent être stockés dans un réservoir de 75 L.
  > Stockage sous forme solide : le dihydrogène est conservé sous forme d'hydrogène atomique au sein d'un autre matériau, comme certains alliages métalliques (FeTi). Cette méthode met en jeu des mécanismes d'absorption de l'hydrogène par le matériau.

Stockage sous pression du dihydrogène.

Doc. 2 Voiture à dihydrogène

- Une voiture à dihydrogène (H_2) est une voiture qui consomme du dihydrogène comme carburant.
- Cette voiture utilise une pile à combustible associée à une motorisation électrique. La pile à combustible est le siège de l'oxydation du dihydrogène contenu dans le réservoir par le dioxygène de l'air, produisant ainsi de l'électricité et de la vapeur d'eau. Une voiture à dihydrogène est donc une voiture électrique qui produit sa propre électricité. Avec un stock de 5 kg de dihydrogène, ces voitures ont une autonomie d'environ 500 km.

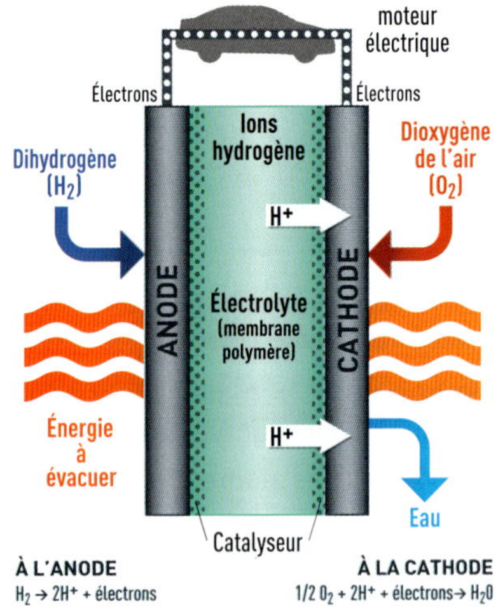

Le principe de fonctionnement d'une pile à combustible.

Doc. 3 Réseau cubique simple

- La maille d'un réseau cubique simple est un cube dont les motifs sont placés sur les coins du cube.
- Les motifs placés sur les coins sont partagés avec les 8 mailles qui l'entourent, ils ne comptent que pour 1/8 dans la maille.

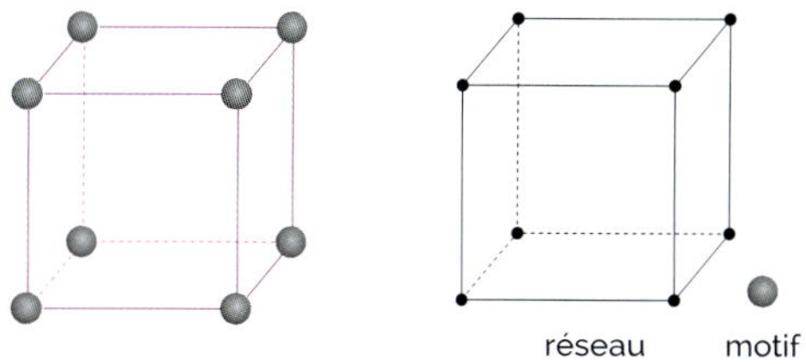

La maille d'un réseau cubique simple, en perspective cavalière.

Doc. 4 Cristal de FeTi

- Le cristal FeTi a une maille cubique simple de paramètre de maille (côté du cube) a = 298 pm. Cette maille comporte un atome de titane (rouge) à chaque sommet du cube et un atome de fer (bleu) au centre du cube. Le motif est donc un atome de fer (Fe) et un atome de titane (Ti).
- Le cristal FeTi peut être utilisé pour stocker du dihydrogène. En effet, il absorbe ce gaz de la même manière qu'une éponge absorbe de l'eau ! Au niveau de la maille, les atomes d'hydrogène viennent se loger au centre de chaque face ; ils sont alors partagés sur deux mailles. On dit que l'hydrogène est stocké sous forme d'hydrure.
- Les rayons des atomes considérés valent :

$$r_H = 25 \text{ pm} ;$$
$$r_{Fe} = 124 \text{ pm}$$
$$\text{et } r_{Ti} = 132 \text{ pm}.$$

Les masses des atomes considérées sont :

$$m_H = 1{,}6 \times 10^{-27} \text{ kg} ;$$
$$m_{Fe} = 9{,}3 \times 10^{-26} \text{ kg}$$
$$\text{et } m_{Ti} = 7{,}9 \times 10^{-26} \text{ kg}.$$

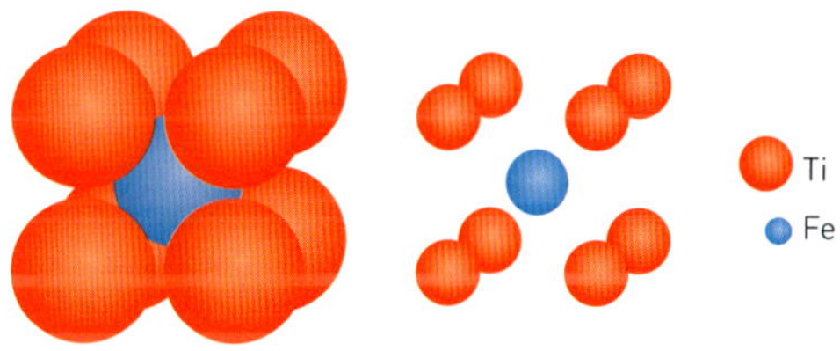

Représentations compacte et éclatée de la maille du cristal FeTi.

Guide de travail

1 Expliquer l'intérêt de la représentation éclatée d'une maille (doc. 4).

2 Dénombrer les atomes de fer et de titane dans la maille. Calculer le volume qu'ils occupent (docs. 3 et 4).

3 Déterminer la compacité de ce cristal, c'est-à-dire le rapport entre le volume que les atomes occupent dans la maille et du volume de la maille (docs. 3 et 4).

4 Expliquer pourquoi ce cristal peut accueillir des atomes d'hydrogène au centre des faces du cube. Pour cela, s'appuyer sur la réponse à question précédente et sur la valeur du rayon des atomes (docs. 3 et 4).

5 Représenter la maille de FeTi en rajoutant les atomes d'hydrogène. Indiquer le nombre d'atomes d'hydrogène dans une maille.

Synthèse Déterminer la masse d'hydrogène stockée dans une maille, puis le volume nécessaire pour stocker 5 kg d'hydrogène.
Conclure sur l'intérêt de cette méthode de stockage.

Vocabulaire

Liquéfaction Changement d'état qui voit passer un système de l'état gazeux à l'état liquide.

Essentiel

1 Distinguer maille, cristal, minéral et roche à l'aide de leur échelle et de leur organisation spatiale

- Une **roche** est un assemblage de minéraux et/ou de verre. Les **minéraux** sont constitués de cristaux qui sont arrangés selon une maille élémentaire dont la répétition dans l'espace dessine le **réseau cristallin**.
- Dans le cas des solides amorphes, l'empilement d'entités se fait sans ordre géométrique. C'est le cas du **verre**, dont la structure ressemble à celle d'un liquide qui aurait été « figé ».
- Lorsqu'un **cristal** peut se développer sans « entraves », il prend naturellement une forme polyédrique (exemple : le cube dans le cas du chlorure de sodium).

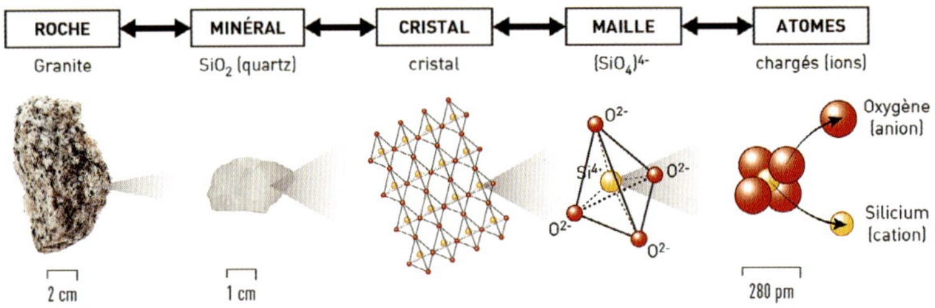

2 Mettre en relation la structure d'une roche et les conditions de son refroidissement

- Les roches magmatiques sont issues du refroidissement d'un magma. Selon les conditions de refroidissement, les roches d'une même nature vont avoir des structures différentes : plus le refroidissement est lent (ce qui est le cas quand la roche se trouve à plusieurs kilomètres de profondeur sous terre), plus les cristaux, donc les minéraux, seront gros. Réciproquement, plus le refroidissement est rapide, plus ils sont petits, voire inexistants.
- Certaines roches volcaniques contiennent donc du verre, issu de la solidification très rapide d'une lave.

Exemple

La péridotite est une roche magmatique constituant le manteau supérieur de la Terre. Les cristaux sont de grande taille (cliché en lumière polarisée ci-dessous : les minéraux opaques sont des oxydes de fer ; les minéraux de couleurs vives des olivines ; les autres, clivés grossièrement, des pyroxènes).

3 Relier les différentes échelles d'étude des cristaux

- **À l'échelle macroscopique**, l'observation d'un cristal révèle sa structure géométrique. Certains cristaux ont la propriété de se séparer en plusieurs autres par un phénomène de clivage. Chaque fraction conserve la même géométrie que le cristal de départ. L'organisation géométrique se retrouve au niveau des atomes, **à l'échelle microscopique**.
- Les cristaux sont constitués d'un **empilement régulier et périodique** d'atomes, d'ions ou de molécules.

Exemple

Cristal de chlorure de sodium NaCl, à deux échelles :

À l'échelle macroscopique

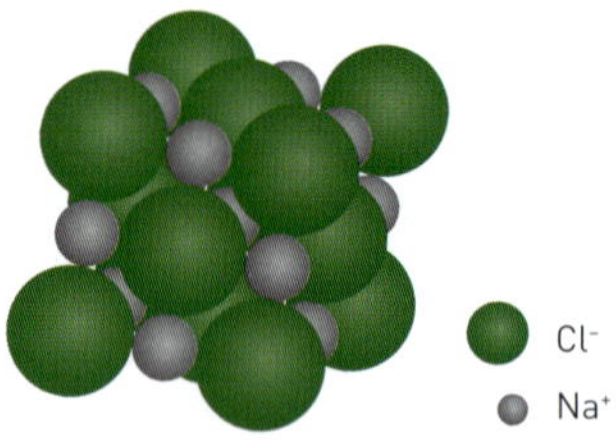

À l'échelle microscopique

4 Expliquer la structure des réseaux cristallins cubique simple et cubique à faces centrées

L'organisation microscopique d'un cristal est décrite par la donnée de son **réseau cristallin** (notion purement géométrique) et de son **motif** (atomes, ions ou molécules).

Cristal = Réseau + Motif

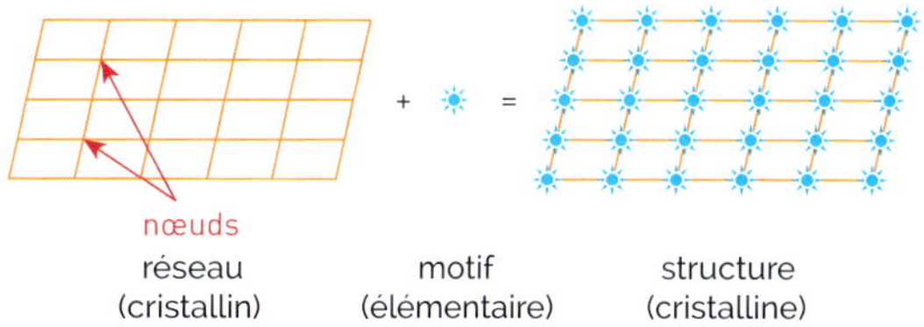

La géométrie cubique est la plus simple des géométries selon lesquelles les cristaux sont organisés. La structure cristalline est définie par la donnée d'une maille qui se répète périodiquement.

Pour le réseau :

> **cubique simple** : les motifs sont sur les coins du cube ;

> **cubique à faces centrées** : les motifs sont les coins du cube et aux centres de ses faces.

Le paramètre de maille *a* correspond à la longueur de l'arête du cube.

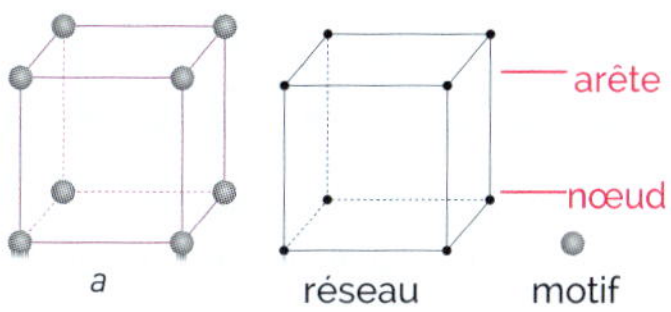

Maille d'un cristal en réseau cubique simple

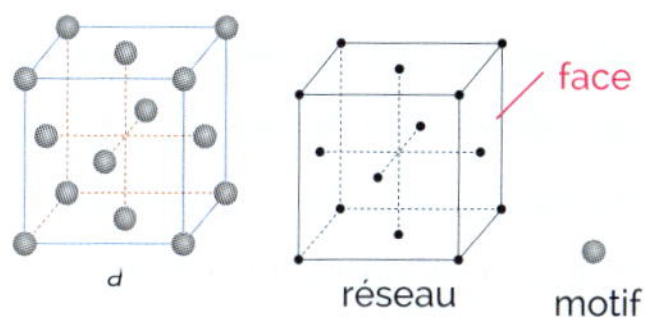

Maille d'un cristal en réseau cubique à faces centrées

En réalité, les atomes s'organisent de façon que les plus proches voisins soient tangents, c'est-à-dire qu'ils se touchent. Cependant, afin de faciliter la représentation des mailles, les atomes sont souvent représentés avec des rayons apparents plus petits.

5 Calculer la masse volumique d'un cristal

Lorsque l'on représente une maille, les atomes qui y figurent peuvent être partagés avec les mailles voisines. Pour la géométrie cubique, quatre cas se présentent :

L'atome dans le cube compte pour 1. — L'atome de la face est partagé par 2 mailles, il compte pour 1/2. — L'atome de l'arête est partagé par 4 mailles, il compte pour 1/4. — L'atome du coin est partagé par 8 mailles, il compte pour 1/8.

Pour un cristal en réseau cubique simple :	nombre de motifs par maille =	$8 \times \frac{1}{8} = 1$
Pour un cristal en réseau cubique faces centrées :	nombre de motifs par maille =	$8 \times \frac{1}{8} + 6 \times \frac{1}{2} = 4$

Une fois les atomes présents dans la maille dénombrés, on peut calculer le volume total qu'ils occupent dans une maille, puis déterminer la **compacité du cristal** :

$$\text{Compacité } c = \frac{\text{Volume occupé par les atomes dans une maille}}{\text{Volume de la maille}}$$

On peut également calculer la **masse volumique du cristal**, une propriété macroscopique qui est conditionnée par sa structure microscopique :

$$\text{Masse volumique } \rho = \frac{\text{Masse des atomes dans une maille}}{\text{Volume de la maille}}$$

Exemple

L'or cristallise en réseau cubique à faces centrées : une maille contient donc 4 atomes d'or.

On calcule $c = \frac{4 \times V_{\text{atome or}}}{V_{\text{maille}}} = \frac{4 \times \frac{4}{3}\pi R_{\text{or}}^3}{a^3} = 0{,}74$ et $\rho_{\text{or}} = \frac{4 m_{\text{atome or}}}{V_{\text{maille}}} = 19{,}3 \cdot 10^3\ \text{kg} \cdot \text{m}^{-3}$.

Le premier cliché de l'ADN

La 51e photographie aux rayons X que Rosalind Franklin extrait de son laboratoire du Kings College, à Londres, un soir de mai 1952, ne ressemble à pas grand chose : on y distingue vaguement des taches noires qui forment un X. Pourtant ce cliché est à l'origine d'une des plus grandes découvertes du XXe siècle : la structure de l'ADN !

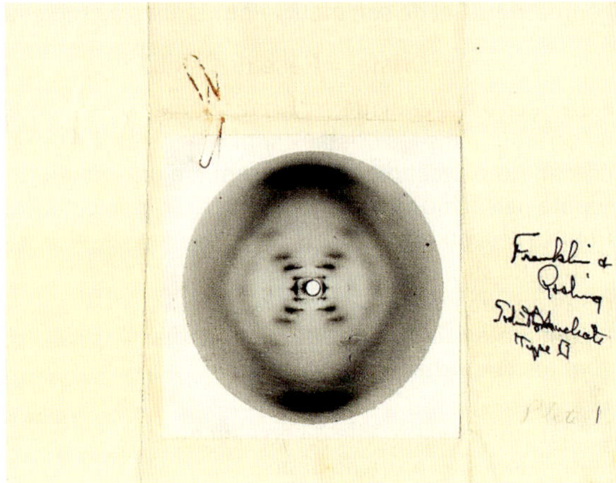

Photographie prise aux rayons X par Rosalind Franklin, mai 1952

Rosalind Franklin fait partie des nombreux chercheurs qui se sont lancés dans la course pour dévoiler la structure de cette molécule fondamentale du vivant, l'ADN. Physicienne et chimiste hors-pair, elle sait se servir de la diffraction aux rayons X pour rentrer dans l'intimité atomique des cristaux, et elle compte bien s'en servir pour découvrir la forme des filaments d'ADN.

Depuis sa mise au point au début du XXe siècle par les Bragg père et fils, cette technique a permis de dévoiler l'agencement des atomes ou des molécules de toutes sortes de matières. Elle s'appuie sur une propriété des longueurs d'onde des rayons X qui sont suffisamment petites pour être sensibles aux détails à l'échelle atomique d'une structure cristalline. Ainsi, lorsqu'ils sont projetés sur un échantillon, les rayons X se heurtent au maillage d'atomes ou de molécules, se diffractent et forment sur l'écran une figure géométrique révélant la structure de la matière.

Dès 1913, les Bragg publient la structure cubique du sel de cuisine (le chlorure de sodium) et du diamant. Puis, en même temps qu'ils poursuivent leurs travaux sur de nombreux métaux, ils forment d'autres physiciens à la cristallographie aux rayons X. Des structures de plus en plus compliquées comme celles des molécules du vivant sont alors explorées.

La recherche est si fructueuse qu'au moins vingt-trois prix Nobel ont été décernés jusqu'ici pour des recherches en lien avec la cristallographie ! Et si Rosalind Franklin n'en fait pas partie, c'est par un fâcheux concours de circonstances. Alors qu'elle déduit de sa photographie 51 la structure hélicoïdale de l'ADN, elle doit changer de laboratoire et suspendre ses travaux. À son insu, son collègue Maurice Wilkins confie ses résultats à l'équipe concurrente dont le laboratoire se trouve à quelques kilomètres. C'est le déclic pour James Watson et Francis Crick qui butaient jusque-là sur des modèles théoriques d'ADN. Ils vont, dès lors, imaginer et construire précisément la fameuse structure en double hélice. Cela vaudra aux trois hommes le prix Nobel en 1962. Rosalind Franklin, dont on sait aujourd'hui qu'elle le méritait tout autant, est morte, elle, quatre ans plus tôt d'un cancer des ovaires alors qu'elle avait seulement 38 ans.

Plus de 100 000 protéines en 3D

Dès les années 1930, les scientifiques ont l'intuition que l'architecture d'une protéine peut expliquer son fonctionnement au cœur du vivant. La cristallographie aux rayons X leur offre le moyen de parvenir à leurs fins et c'est ainsi que sont progressivement révélées la structure de l'hémoglobine (Max Perutz en 1953), de l'insuline (Dorothy Hodgkin en 1969) et de bien d'autres molécules indispensables à la santé humaine. Aujourd'hui, l'anatomie en 3D de dizaines de milliers de protéines est à la disposition de la recherche médicale via, notamment, le site de la Protein Data Bank.

Extrait de la Protein Data Bank

Le graphène, une révolution industrielle ?

Tout commence en 2004, lorsque deux physiciens de l'université de Manchester s'amusent à décoller des morceaux de graphite avec du ruban adhésif. En analysant la fine lame de matière qu'ils prélèvent, ils s'aperçoivent qu'ils ont en main une anomalie de la matière qui va bousculer la physique des matériaux. Ils baptisent l'échantillon « graphène ».

Juno, dévoilé en 2018, drone entièrement recouvert du graphène

Ce matériau, qui se présente sous la forme d'un feuillet 200 000 fois plus fin qu'un cheveu, est constitué d'un grillage d'atomes de carbone organisés en mailles hexagonales. Un cristal plat, en somme, dont les laboratoires vont aussitôt s'emparer pour tester ses capacités. Et les résultats sont surprenants !

Le matériau ultra fin se révèle aussi ultra solide : il résiste à un poids de deux tonnes exercé sur une surface d'un millimètre ! Il est également très léger, parfaitement étanche à l'eau et aux gaz, et trente fois plus conducteur que le silicium. De quoi faire rêver aussi bien l'industrie des produits électroniques que celle de l'aéronautique.

Des centaines d'usage du graphène sont alors imaginés et étudiés, allant de panneaux solaires ultraperformants aux implants médicaux, en passant par toutes sortes de nouveaux nanomatériaux. Reste à maîtriser la fabrication de ce feuillet extraordinaire à l'échelle industrielle : les procédés actuels ne sont ni satisfaisants du point de vue de la qualité, ni rentables.

Ces contre-performances n'ont, toutefois, pas entamé l'enthousiasme de la recherche industrielle et universitaire. En 2013, les nombreuses promesses d'innovation ont amené la Commission européenne à investir un milliard d'euros de budget sur dix ans pour financer les laboratoires européens, publics et privés, qui travaillent sur ce nouveau matériau. L'objectif du projet appelé Graphen Flagship est de créer les premières filières industrielles du graphène avec, à la clé, une importante manne économique et des emplois.

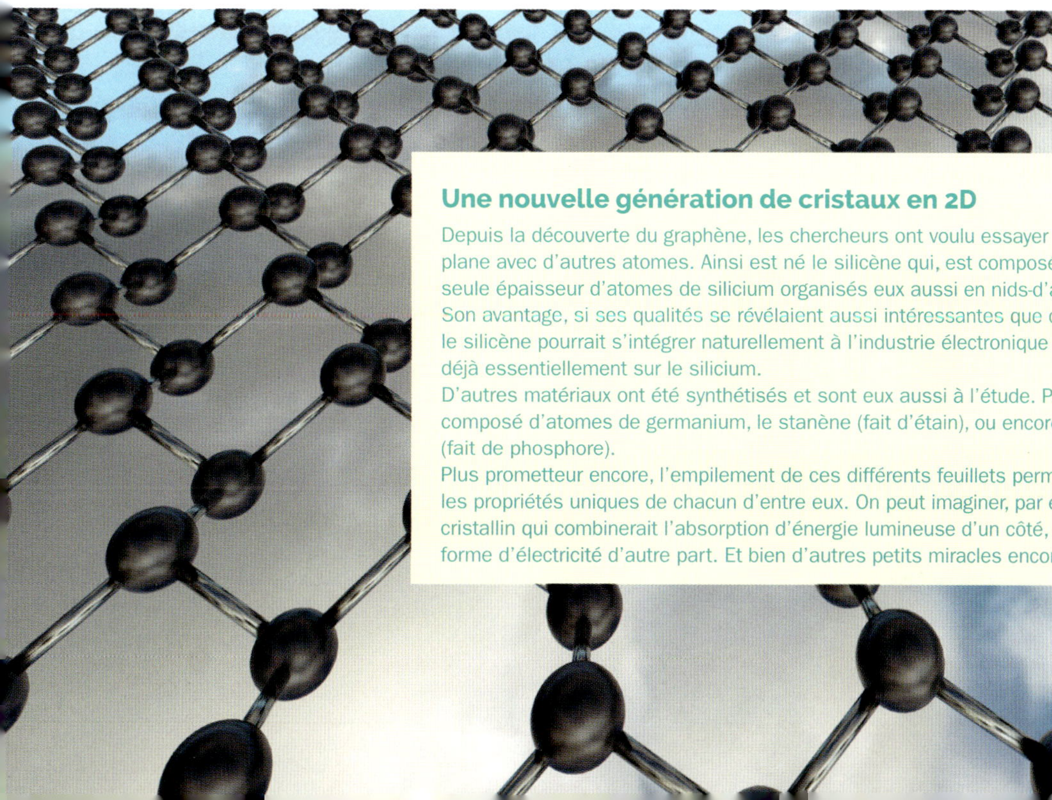

Une nouvelle génération de cristaux en 2D

Depuis la découverte du graphène, les chercheurs ont voulu essayer la même configuration plane avec d'autres atomes. Ainsi est né le silicène qui, est composé d'un feuillet d'une seule épaisseur d'atomes de silicium organisés eux aussi en nids-d'abeilles.
Son avantage, si ses qualités se révélaient aussi intéressantes que celles du graphène : le silicène pourrait s'intégrer naturellement à l'industrie électronique existante, qui repose déjà essentiellement sur le silicium.
D'autres matériaux ont été synthétisés et sont eux aussi à l'étude. Parmis eux, le germanène, composé d'atomes de germanium, le stanène (fait d'étain), ou encore le phosphorène (fait de phosphore).
Plus prometteur encore, l'empilement de ces différents feuillets permettrait d'additionner les propriétés uniques de chacun d'entre eux. On peut imaginer, par exemple, un sandwich cristallin qui combinerait l'absorption d'énergie lumineuse d'un côté, et son transfert sous forme d'électricité d'autre part. Et bien d'autres petits miracles encore !

Le stamène, composé d'atomes d'étain

Exercices Se tester

Version interactive
Lienmini.fr/Ens-Sci1-11

Apprendre à apprendre

1 **Fabriquer deux cubes à 3 dimensions à l'aide d'une feuille de papier et de colle. Placer sur chacun de ces deux cubes les atomes dans le cas des réseaux cristallins cubique simple et cubique à face centrée. Dénombrer les atomes.**

2 Au cours d'une expérience, Haüy laisse tomber un minéral de spath d'Islande cristallisé en prismes. Il constate que chaque éclat conserve la même topologie (faces, inclinaisons, angles) que le spath de départ. La répétition de cette opération conduit aux mêmes conclusions.

• **Justifier que la structure microscopique du cristal correspond à la géométrique observée à l'échelle macroscopique en schématisant la situation et en l'extrapolant de nombreuses fois.**

3 La silice SiO_2 peut cristalliser suivant différentes structures.

1. **Reproduire le schéma suivant et compléter les légendes avec les termes : solide amorphe, solide cristallin, verre, quartz, ordre, désordre.**

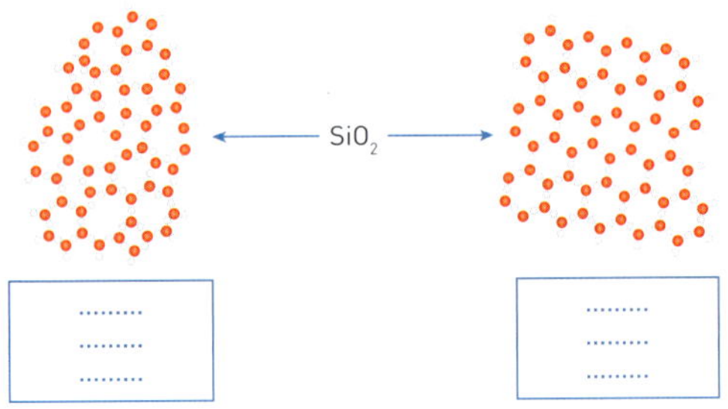

2. **Réaliser une chorégraphie avec des camarades de classe pour mimer une structure cristalline.** Utiliser éventuellement de la craie pour marquer des emplacements au sol.

4 Classer les images — Le sel de table

Classer les images suivantes de l'échelle microscopique à l'échelle macroscopique.

1.

2.

3.
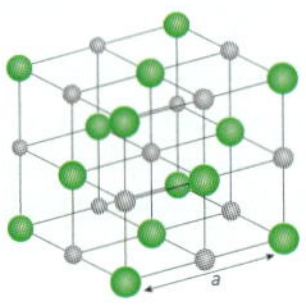

4.

5.

5 QCM — Structure du cristal de sel

Indiquer la bonne réponse.

1. Quel est le motif du cristal de sel représenté ?

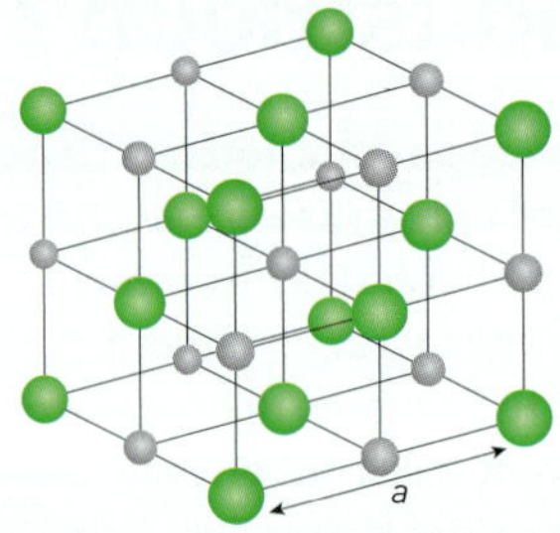

a. Na^+ et Cl^- ; b. Na^+ ; c. Cl^-.

2. Combien d'ions Na^+ compte la maille ?

a. 4 ; b. 14 ; c. 27.

6 Classer les images — Cubique simple ou cubique à faces centrées

Classer les six éléments suivants en deux colonnes : cubique faces centrées et cubique simple.

1.
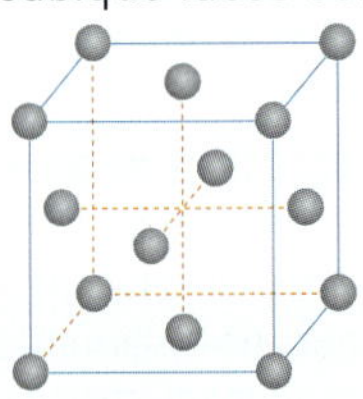

2.
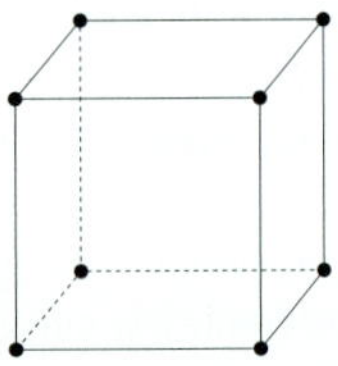

3. 4 motifs par maille.
4. 1 motif par maille.
5. Motifs sur les coins du cube uniquement.
6. Motifs présents sur les faces du cube.

7 Vrai-faux — Propriétés physiques d'un cristal

Indiquer si les affirmations suivantes sont vraies ou fausses.

1. Plus le refroidissement d'un cristal est lent, plus sa taille est importante.
2. La compacité est le nombre d'atomes présents dans une maille.
3. La compacité dépend de la taille d'un cristal.
4. La compacité d'un cristal s'exprime en m^3.
5. La masse volumique d'un cristal s'exprime en $kg \cdot m^{-3}$.
6. Les cristaux s'organisent de façon géométrique à l'échelle microscopique.

Voir corrigés à la fin du manuel, p. 254

Maille, cristal, minéral et roche

8 Une même composition chimique

Un matériau ne correspond pas simplement à un composé, ni à une composition chimique. En effet, la silice, de composition chimique SiO_2, est le constituant principal du sable, des cristaux de quartz, du verre à vitre, et de l'élégante frustule protectrice des diatomées, micro-algues unicellulaires abondantes dans le plancton.

• Donner une explication aux propriétés différentes de ces matériaux de même composition chimique, en utilisant vos connaissances.

9 Des cristaux dans le rein

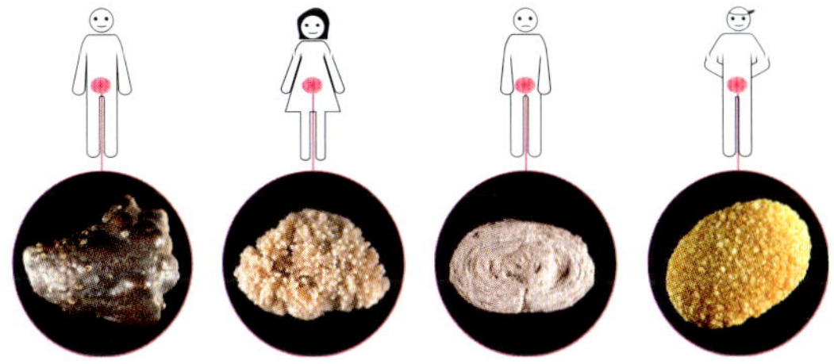

La cristallisation de sels minéraux ou d'acides présents en trop forte concentration dans l'urine entraîne la formation de calculs rénaux (du latin *calculus*, « caillou ») qui provoquent des douleurs.

1. Décrire la structure macroscopique des cristaux prélevés sur différents patients.
2. La *whewellite* est un cristal formé d'oxalate de calcium monohydraté. À partir de ses caractéristiques microscopiques, justifier que la maille n'a pas une structure cubique.

Données

Paramètres de maille :
$a = 0{,}625$ nm
$b = 1{,}44$ nm
$c = 1{,}01$ nm

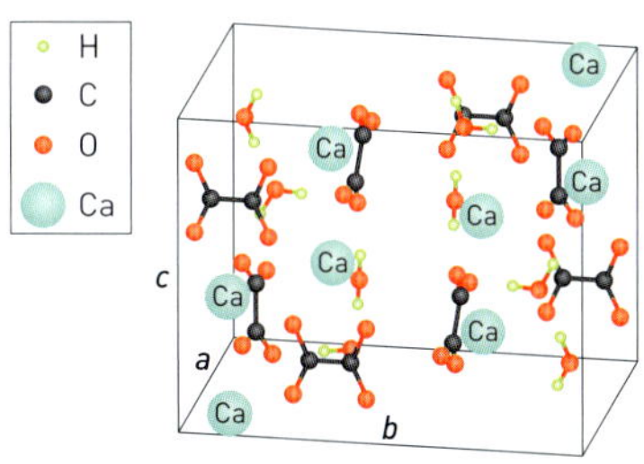

Représentation de la structure cristalline de la whewellite, $Ca(C_2O_4) - H_2O$

Structure d'une roche et refroidissement

10 Volcanique ou plutonique ?

Le basalte et le gabbro sont deux roches d'aspects différents, issues d'un magma identique. L'une s'est solidifiée en surface et est volcanique ; l'autre s'est solidifiée en profondeur et est dite plutonique. Des lames minces de ces deux roches (a) et (b) sont observées au microscope optique en lumière analysée polarisée.

On donne ci-après la composition minéralogique des roches volcaniques et plutoniques.

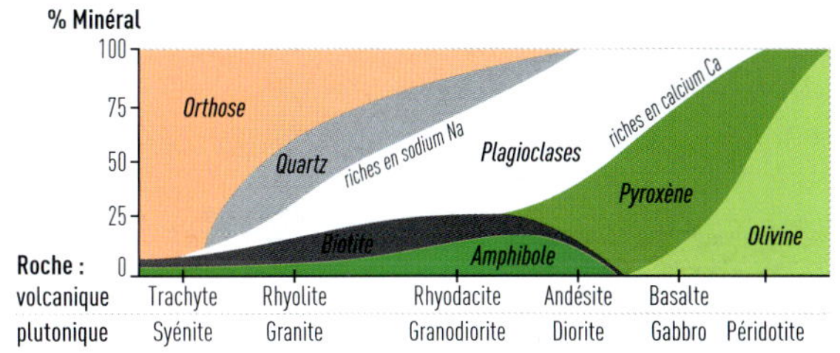

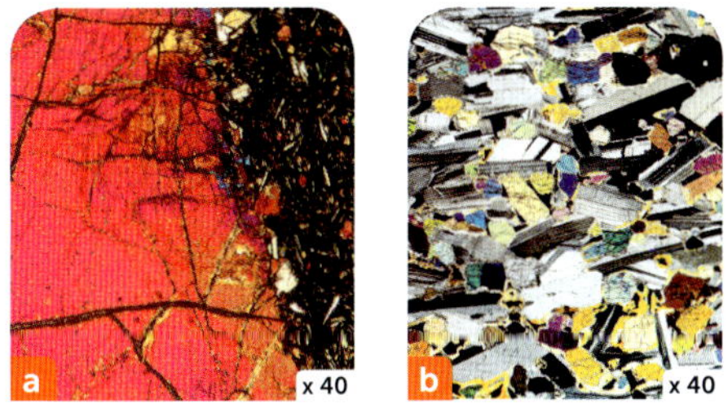

1. En utilisant le graphique, indiquer quels minéraux sont constitutifs du basalte et du gabbro.
2. Pour chacune des deux roches, faire un dessin d'observation représentant la taille et la répartition des minéraux visibles sur les lames minces.
3. Expliquer l'origine des différences de structure observées, en mobilisant vos connaissances sur les conditions de refroidissement des roches magmatiques. En déduire le nom des roches (a) et (b).

11 Refroidissement du soufre fondu

On fait refroidir du soufre fondu par différentes méthodes, puis on observe le résultat.

• Classer les images suivantes en fonction de la vitesse de refroidissement, de la plus rapide à la plus lente, en justifiant votre réponse.

Échelles d'étude des cristaux

12 Du graphite au diamant

Le graphite et le diamant sont tous deux composés uniquement de carbone.

Le graphite est un solide noir de faible dureté, qui s'effrite facilement. Il est composé de feuillets parallèles d'atomes de carbone liés par des liaisons covalentes. Ces liaisons sont beaucoup plus fortes que celles qui relient les feuillets superposés entre eux.

Le diamant, quant à lui, est un solide brillant très dur qui résiste bien aux chocs. Il cristallise en une forme dérivée du cristal cubique à faces centrées, où chaque atome est lié par des liaisons covalentes à quatre de ses voisins.

1. Relier les propriétés physiques du diamant et du graphite à leurs structures microscopiques.
2. Donner un exemple de la vie quotidienne où l'on utilise le graphite et sa propriété de friabilité.
3. Donner un exemple d'exploitation de la dureté du diamant.

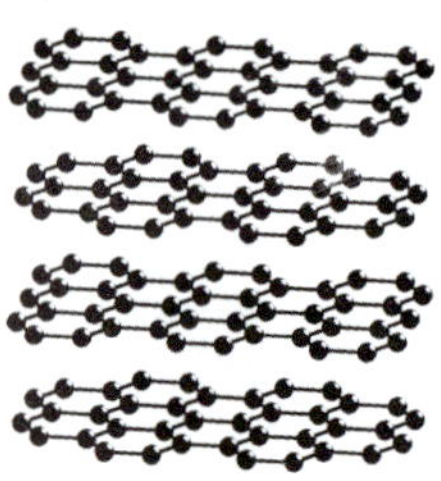
Graphite

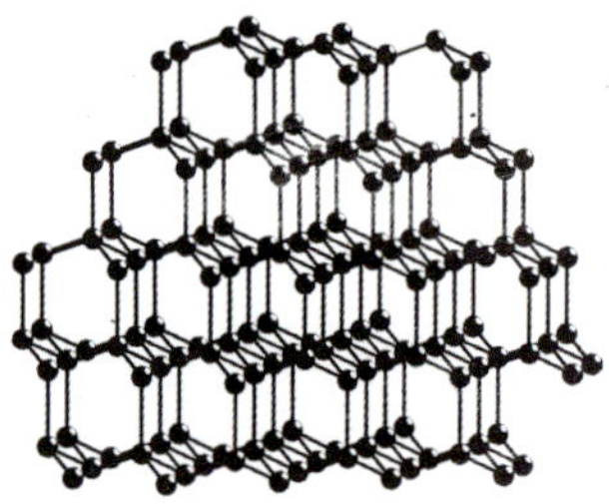
Diamant

13 Une belle collection de minéraux

La collection des minéraux de Jussieu est constituée de milliers de cristaux rassemblés depuis plus d'un siècle. On présente ici les images d'une staurolite (1) et d'un béryl (2).

• Relier les structures cristallines (a) et (b) qui précédent à chacun des minéraux en apportant des justifications géométriques.

Structures cristallines cubiques

14 Chlorure de césium

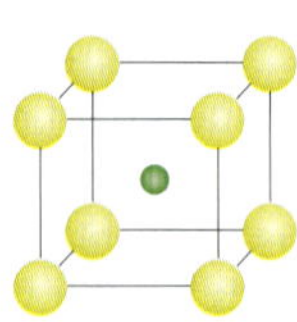

Le chlorure de césium cristallise dans un système cubique simple de paramètre de maille a = 412 pm. Des ions Cs^+ sont présents sur chaque sommet du cube et un ion Cl^- au centre.
On donne les rayons R_{Cs^+} = 167 pm et R_{Cl^-} = 181 pm.

1. Préciser le sens du terme « paramètre de maille ».
2. Déterminer le motif de ce cristal et expliquer pourquoi il s'agit d'une structure cubique simple.
3. Indiquer si les ions situés sur la diagonale du cube (Cs^+, Cl^- et Cs^+) sont tangents.

15 Argon solide

L'argon solide permet d'étudier les molécules très instables en les immobilisant à très basse température dans une matrice solide qui empêche les contacts et les réactions de décomposition. L'argon appartient à la famille des gaz nobles. Il cristallise à une température inférieure à 83,9 kelvins en structure cubique faces centrées de paramètre de maille a = 543 pm.

1. Représenter la maille du cristal d'argon, sachant que le motif de la structure cristalline est un atome d'argon.
2. En considérant que les atomes voisins sont tangents, déterminer le rayon des atomes d'argon dans le cristal.

Masse volumique et compacité

16 Le cristal de polonium

Le polonium cristallise en un réseau cubique simple où les atomes d'une maille cubique se trouvent sur chaque sommet de la maille.

Données

Paramètre de maille a = 335,2 pm.
Rayon et masse d'un atome de polonium :
$R_{polonium}$ = 167,6 pm,
$m_{polonium} = 3{,}4 \times 10^{-25}$ kg.

Pechblende, minéral contenant des cristaux de polonium

1. Décrire le motif du cristal de polonium.
2. Déterminer le nombre d'atomes de polonium effectivement présents dans la maille.
3. Indiquer le volume et la masse de ces atomes présents dans la maille.
4. Calculer le volume de la maille et la compacité du cristal de polonium.
5. Donner la masse volumique du polonium. Comparer votre résultat à la valeur tabulée $\rho_{tab} = 9{,}22 \times 10^3\ kg \cdot m^{-3}$.

17 Oxyde de magnésium dans le verre

L'oxyde de magnésium MgO est utilisé dans la production d'écran LCD résistants pour smartphones. Il cristallise en réseau cubique face centrée de paramètre de maille a = 421 pm. Les ions O^{2-} se trouvent sur les sommets du cube et au centre des faces du cube ; les ions Mg^{2+} se trouvent au centre du cube et au centre des arêtes du cube.

1. Représenter la maille du cristal de MgO.
2. En déduire le motif du réseau cubique faces centrées.
3. Déterminer la compacité du cristal.
4. Déterminer la masse volumique du cristal.

Données

$R_{O^{2-}}$ = 140 pm et $R_{Mg^{2+}}$ = 65 pm
$M_O = 16{,}0\ g \cdot mol^{-1}$ et $M_{Mg} = 24{,}3\ g \cdot mol^{-1}$
Nombre d'Avogadro : $N_A = 6{,}02 \cdot 10^{23}\ mol^{-1}$

Vers le BAC

18 Maille du cristal d'aluminium

Argumenter

15 min.

- Commenter le schéma ci-contre dans lequel chaque sphère représente un atome d'aluminium.

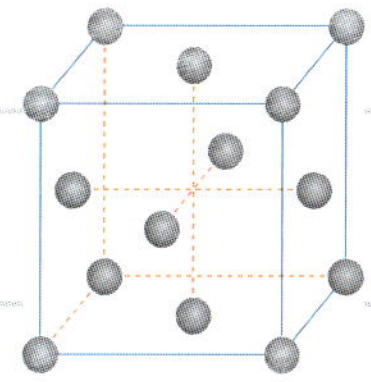

19 Sel et rayons atomiques

Calculer

20 min.

Le sel (NaCl) cristallise en réseau cubique faces centrées de paramètre de maille *a*, longueur de l'arête du cube, avec :

> les ions Cl^- (de rayon R_{Cl^-} = 181 pm) placés sur les sommets et au centre des faces du cube ;

> les ions Na^+ (de rayon R_{Na^+} = 95 pm) placés au centre du cube et au centre de ses arêtes.

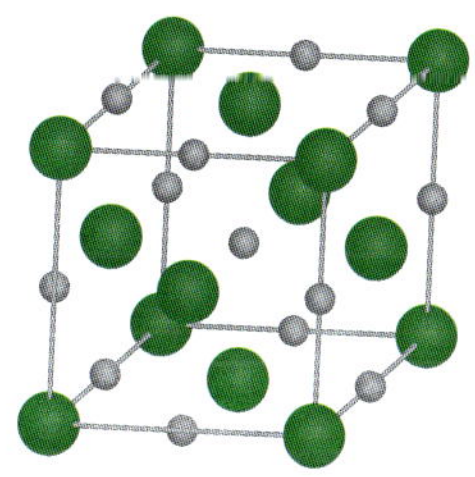

1. Dénombrer les ions présents dans la maille.
2. Les ions d'une arête étant tangents, on a $\frac{a}{2} = R_{Cl^-} + R_{Na^+}$. Justifier la formule.
3. Calculer le paramètre de maille et la compacité.

20 La formation des cristaux de neige

Analyser

25 min.

Doc. 1 La croissance du cristal

« Si un point du cristal (par exemple l'une des pointes d'une plaquette hexagonale) est légèrement plus saillant, alors les molécules d'eau venant de l'air vont de préférence s'adsorber en ce point... Comme elle reçoit un peu plus de matière, cette pointe va croître un peu plus rapidement, ce qui à son tour va faire davantage ressortir la pointe. Le résultat est un renforcement de l'effet par rétroaction positive, de telle sorte que de grandes branches finissent par pousser à partir des six arêtes d'un cristal de neige hexagonal. »

Croissance d'un flocon de neige au laboratoire dans un air froid saturé d'humidité (× 10 environ).

Extrait de « La formation des cristaux de neige », *Pour la Science* n° 352, février 2007

Doc. 2 Morphologie des cristaux de neige

Voici les diverses morphologies des cristaux de neige en fonction de la température et de la sursaturation (excès d'eau dans l'air lorsque l'humidité dépasse 100 %) :

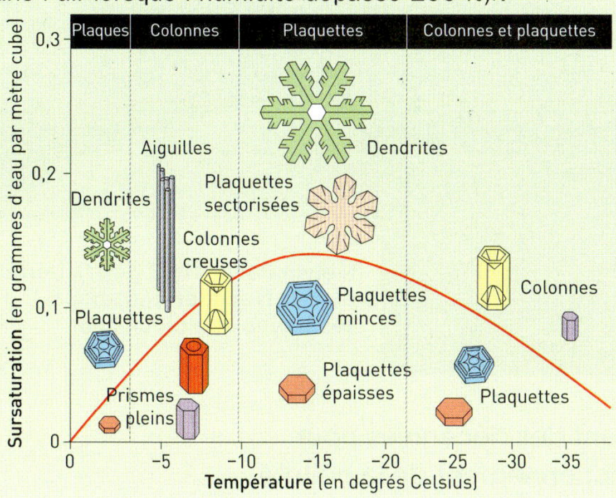

Doc. 3 Structure de la glace

Le réseau cristallin de la glace est hexagonal.

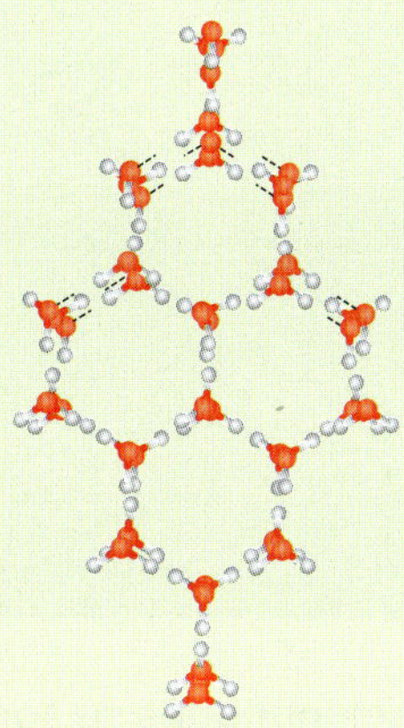

- Expliquer l'origine des différences et des points communs observés dans les flocons de neige.

3 Une structure complexe, la cellule

Melvin Calvin (1911-1997), lauréat du prix Nobel en 1961 pour ses travaux de biochimie

Les scientifiques se sont succédé pendant des décennies pour mieux comprendre la structure et le fonctionnement de la cellule. Qu'ont-ils trouvé en explorant ce qui était invisible à l'œil nu ? Et par quelles techniques ?

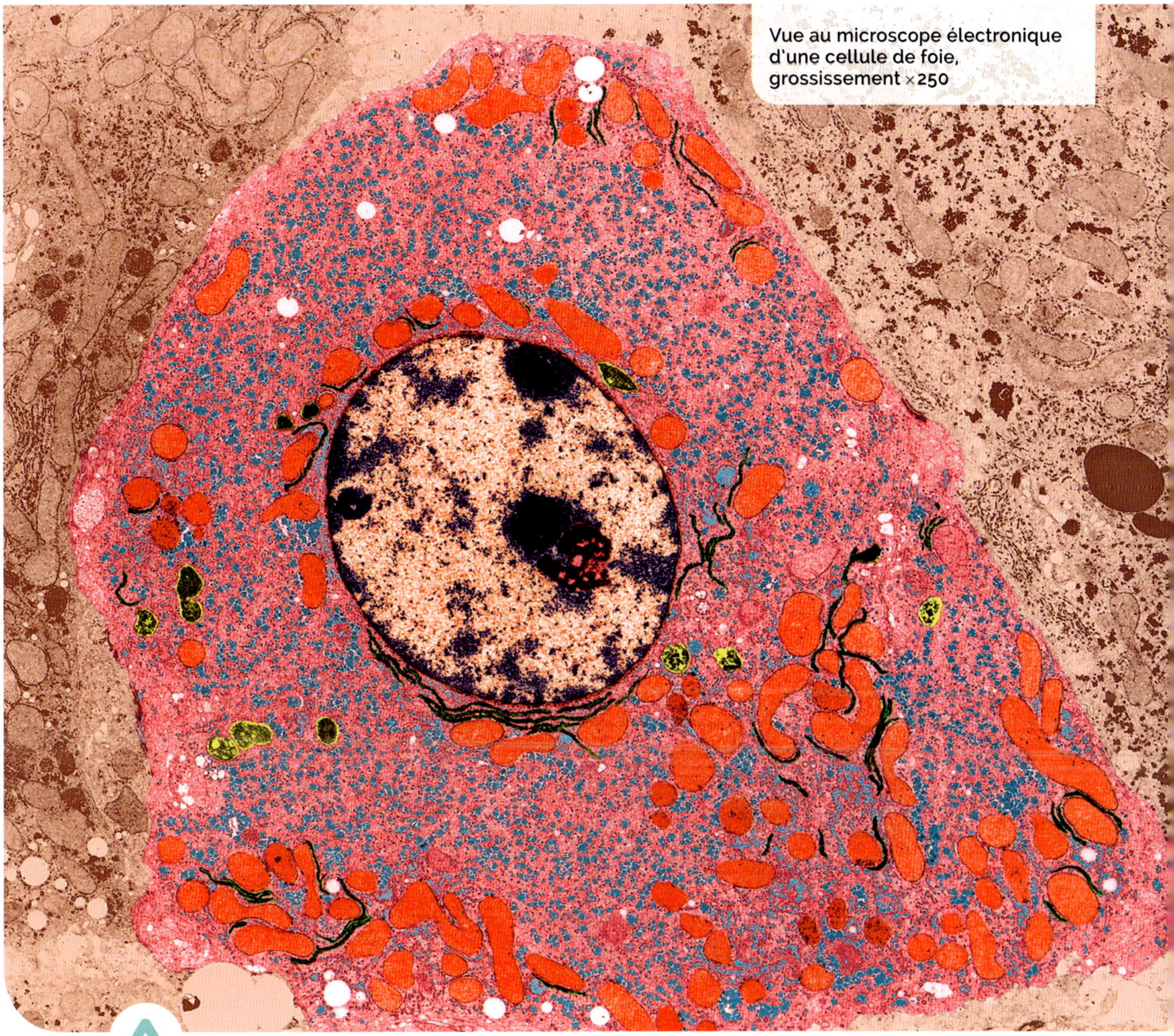

Vue au microscope électronique d'une cellule de foie, grossissement ×250

Les progrès techniques ont conduit à mieux observer et comprendre le rôle des organites de la cellule, par des confrontations répétées entre les idées des chercheurs et les faits constatés ! La membrane est à la fois une frontière et une enveloppe.
De quoi est-elle faite ?

Attendus du programme	Activités	Parcours d'exercices
Comprendre le concept de cellule vivante et son élaboration historique	1	1 6 9 11 14 15 16
Faire le lien entre échelles cellulaire et moléculaire	2 3	2 7 8 10 12 17 18 19 20 24
Connaître la structure de la membrane plasmique	4	3 4 5 13 21 22 23 25

Activité documentaire

Objectif général de formation
Comprendre la nature du savoir scientifique et ses méthodes d'élaboration

1 Construction de la théorie cellulaire

Dans la hiérarchie de l'organisation biologique, la cellule est le premier niveau capable de vie, or la vie à l'échelon cellulaire naît d'un ordre structural.
Comment ce concept a-t-il émergé dans l'histoire ?
Objectif Analyser et interpréter des documents historiques relatifs à la théorie cellulaire.

Doc. 1 Le détournement d'un outil de drapier

Portait d'Antoni van Leeuwenhoek

▸ Le néerlandais Antoni van Leeuwenhoek (1632-1723) n'est pas scientifique à ses débuts. Il exerce la profession de drapier à Delft et examine les fibres des textiles qu'il vend. Il n'est, au départ, qu'un artisan habile dans la fabrication de lentilles.
En 1660, il construit un microscope qui grossit de 50 à 300 fois. En l'utilisant, il découvre tout un univers vivant invisible à l'œil nu dont personne ne soupçonnait l'existence. Il fait part de ses observations à la Royal Society de Londres et passe du statut d'inventeur à celui de savant.

▸ Dans ce microscope, la bille, sertie dans une lame métallique, reste immobile, tandis que l'échantillon est fixé à l'extrémité d'une pointe que l'on déplace à l'aide de deux vis. Il suffit alors de coller l'appareil contre l'œil face à la lumière.

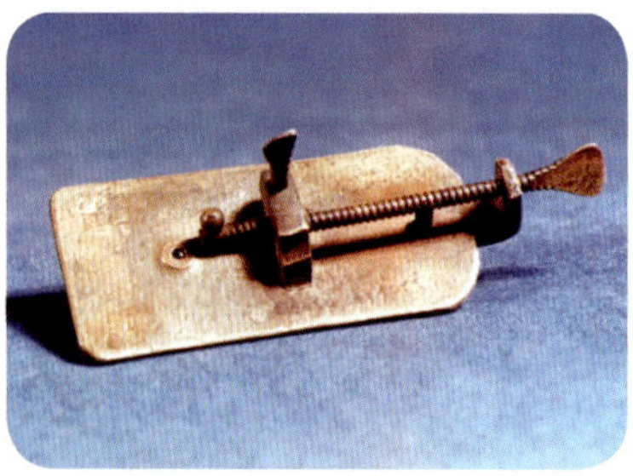
Microscope construit par van Leeuwenhoek

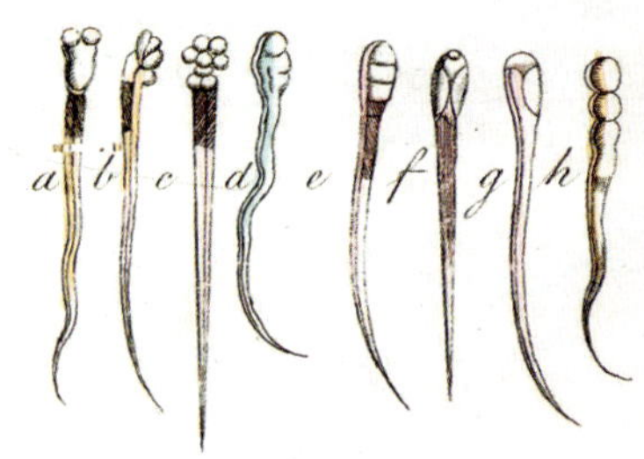

Dessins d'observations (spermatozoïdes d'animaux appelés « animalcules »)

Doc. 2 L'emprunt du mot cellule

Portrait de Robert Hooke

▸ En 1665 l'érudit anglais Robert Hooke (1635-1703) vient au secours de Van Leeuwenhoek pour témoigner de l'existence d'organismes très petits. Dans son ouvrage *Micrographia*, il publie les premiers dessins de protozoaires de l'histoire. Sur un fragment de liège, observé avec un microscope de sa fabrication grossissant 30 fois, il voit une série de petites loges cloisonnées.

▸ Pour les qualifier, il utilise le terme « cellules », en référence aux chambres des moines. Il décrit des structures similaires dans des échantillons provenant d'autres végétaux.

Microscope de Robert Hooke

Dessin de ses observations (cellule d'écorce d'arbres)

Doc. 3 L'unification structurelle du monde vivant

▸ Matthias Schleiden (1804-1881) est un botaniste allemand. Avec les progrès de la microscopie, et en s'inspirant des travaux de son collègue écossais Robert Brown (1773-1858), il confirme la présence et le rôle du noyau dans les cellules végétales. La difficulté d'élaboration d'une théorie unificatrice vient du monde animal. Pendant plus d'un siècle, tâtonnements et échecs se succèdent. Sont successivement abandonnées la thèse des zoonites (inspirée des coraux), la théorie fibrillaire (qui nous a légué les notions de fibres nerveuses et musculaires) et la théorie globulaire.
En 1838, le zoologiste allemand Theodor Schwann (1820-1882) rapporte l'anecdote qui conduisit à la naissance de la théorie cellulaire : « Un jour que je dinais avec Schleiden, cet illustre botaniste me signala le rôle important que joue le noyau dans le développement des cellules végétales. Je me rappelai tout de suite avoir vu un organe pareil dans les cellules de la corde dorsale du têtard. »

▸ Schwann montre alors ses préparations microscopiques à Schleiden, qui confirme la présence du noyau dans les tissus animaux. Les deux biologistes concluent que tous les organismes sont constitués de cellules pourvues d'un noyau.

Portrait de Matthias Schleiden

Portrait de Theodor Schwann

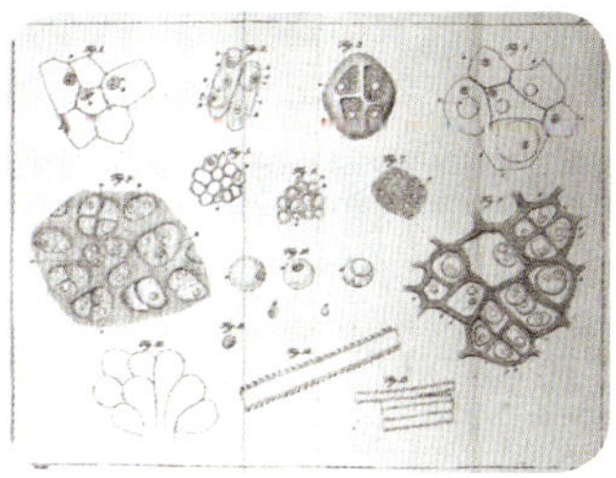
Dessins des observations de Schwann

Microscope d'époque

Doc. 4 L'origine partagée des cellules

▸ Schwann et Schleiden concrétisent un rêve d'unification du monde vivant mais ils pensent que tout le vivant provient d'un « fluide primordial ».
C'est en 1858, après avoir observé des cellules en division, que le physicien allemand Rudolph Virchow (1821-1902) suggère que toute cellule provient d'une autre cellule « *omni cellula e cellula* ». En 1861, Louis Pasteur confirme cette hypothèse en réfutant la théorie de la génération spontanée.

▸ Des ballons stériles à col de cygne sont encore conservés intacts au Musée Pasteur.

Portrait de Rudolph Virchow

Portrait de Louis Pasteur

Microscope d'époque

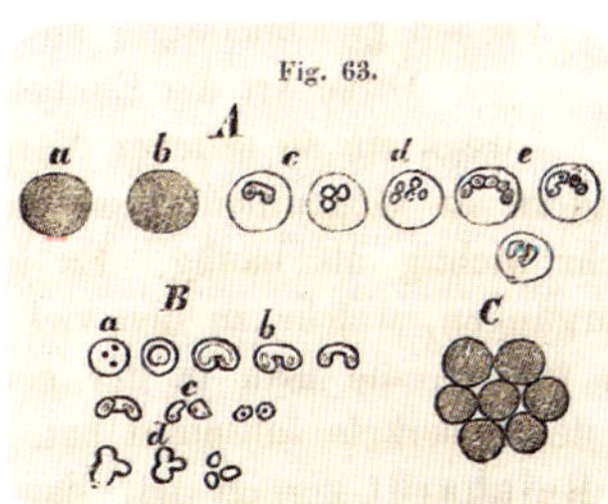

Dessins des observations de Virchow

Guide de travail

1 Construire un tableau en indiquant pour chaque savant son nom, la nature et la date de sa découverte (docs. 1 à 4).

2 Justifier cette affirmation : « les structures observées par Hooke ne sont que des parois cellulaires » (doc. 2).

3 Comparer entre eux les dessins historiques et leur évolution (docs. 1 à 4).

Synthèse Résumer, à l'aide d'un schéma, les principales étapes d'élaboration de la théorie cellulaire.

Vocabulaire

Animalcules Terme utilisé par Leeuwenhoek pour désigner les spermatozoïdes.

Activité documentaire

Objectif général de formation
Comprendre la nature du savoir scientifique et ses méthodes d'élaboration

2 La cellule à différentes échelles

L'exploration de la cellule est corrélée à des avancées techniques permettant de visualiser des objets très petits. Quelles sont ces avancées techniques et qu'ont-elles permis de découvrir ?

Objectif Relier les progrès techniques au développement de la théorie cellulaire pour situer les ordres de grandeur de taille (atome, molécule, organite, cellule, organisme).

Doc. 1 Échelles d'observation

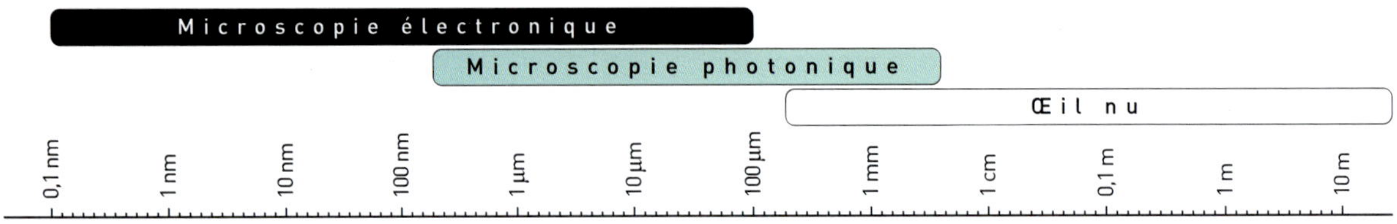

Doc. 2 Des cellules observables à l'œil nu

- On pense souvent que les cellules sont de taille imperceptible pour nos yeux. Ce n'est pas le cas de l'acétabulaire : une algue verte unicellulaire de quelques centimètres, endémique des côtes méditerranéennes. Elle se présente en trois parties : un pied contenant le noyau, une hampe et un chapeau dont la forme dépend de la variété.
- Certaines cellules, comme les œufs, peuvent être également observées à l'œil nu.

Acétabulaires, mer Adriatique

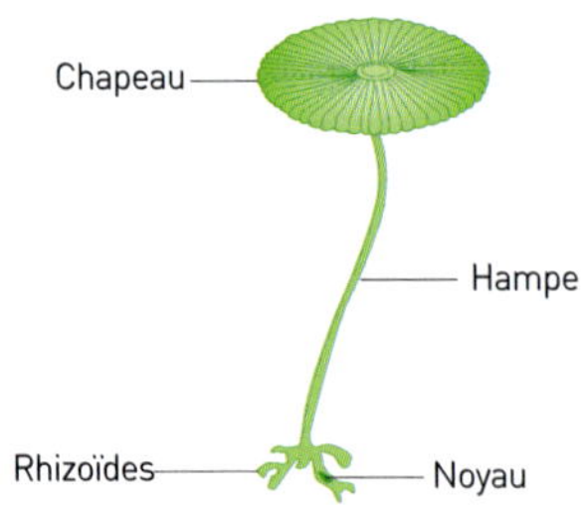

Schéma d'interprétation (taille du chapeau 1 cm)

Œufs de crapaud (taille 1 mm)

Doc. 3 Un premier niveau d'observation au microscope

- Avec le microscope photonique ou optique (MO), fondé sur le même principe que les microscopes de la Renaissance, de la lumière passe à travers la préparation ainsi qu'au travers de loupes (objectifs et oculaires) pour un grossissement de $\times 40$ à $\times 1\,000$.
- Les préparations doivent être fines (pour laisser passer la lumière) elles peuvent être colorées ou non, vivantes ou fixées.

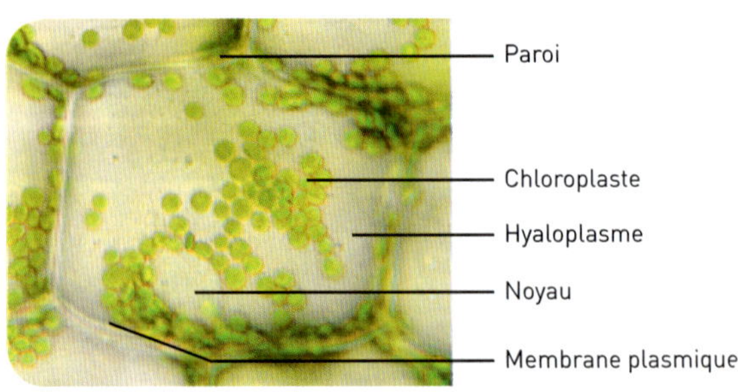

Observation de cellules de feuilles d'élodée, montées dans de l'eau

Doc. 4 Les apports du microscope électronique

La plupart des organites cellulaires sont invisibles au microscope photonique. L'invention du microscope électronique dans les années 1950 permet d'observer l'ultrastructure cellulaire mais sur des tissus morts. Un faisceau d'électrons est utilisé à la place de la lumière. Le pouvoir de résolution est 100 fois plus grand !

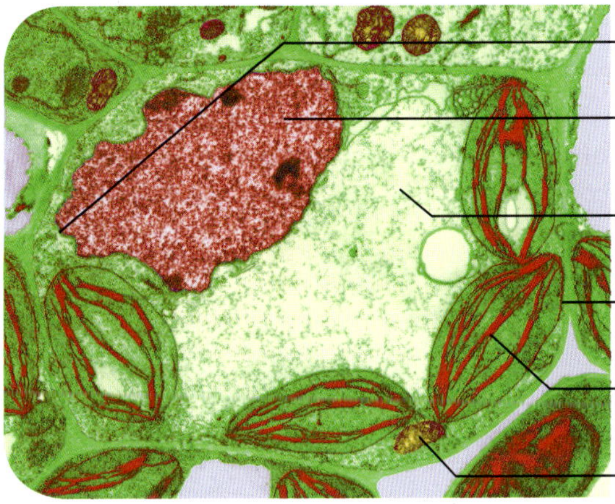

Observation d'une cellule végétale chlorophyllienne au microscope à transmission (MET)

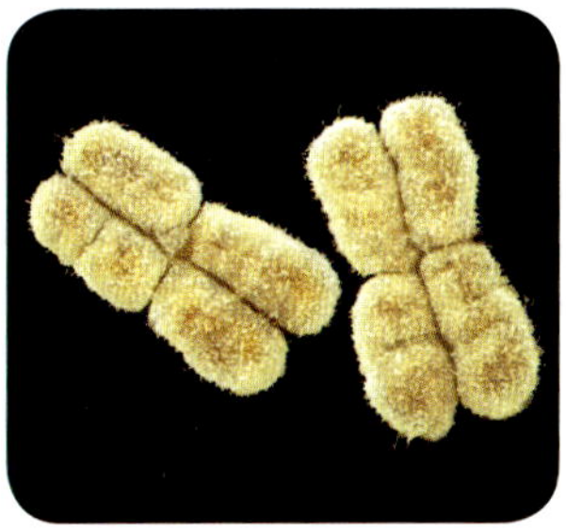

Observation de la paire de chromosome 3 au microscope électronique à balayage (MEB)

Doc. 5 Observer des atomes

Le microscope à force atomique (AFM) permet de visualiser la topologie de la surface d'un échantillon biologique. La mesure des forces d'interaction (attraction/répulsion) s'opère entre les atomes d'une pointe mobile extrêmement fine (de l'ordre du nanomètre) et ceux de la surface à analyser pour observer des zones allant du nanomètre au micromètre.

Le microscope à effet tunnel (STM : Scanning Tunneling Microscopy) permet de visualiser les atomes et d'obtenir des images à l'échelle atomique.

Il mesure le courant « tunnel » passant entre une pointe extrêmement fine (terminée par quelques atomes, voire un seul) se déplaçant à 0,5 nm d'une surface et permet de cartographier celle-ci avec une précision de l'ordre de l'atome, c'est-à-dire 0,1 nm. Le vivant est formé de matière carbonée avec C, H, O et N comme principaux atomes.

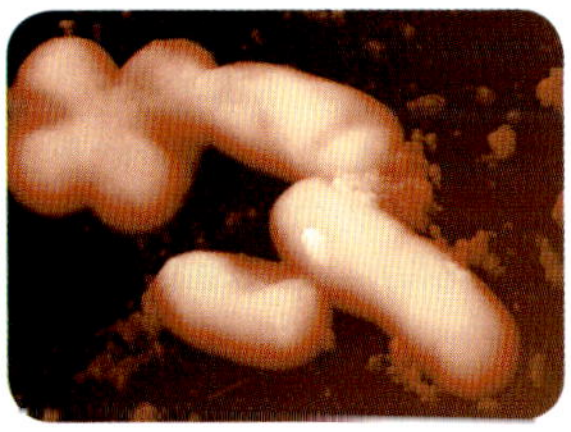

Observation de cellules bactériennes d'*Escherichia coli* au microscope à force atomique (AFM)

Chaîne d'atomes d'or sur une surface de silicium observés au microscope à effet tunnel

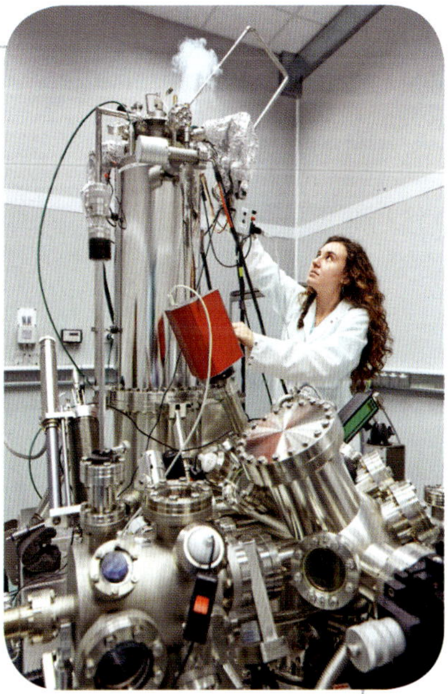

Microscope à effet tunnel

Guide de travail

1 Indiquer dans un tableau le principe, les grossissements et les observations possibles pour chaque type de microscope (docs. 1 à 5).

2 Dessiner les schémas d'interprétation pour les cellules observées au microscope optique et au microscope électronique (docs. 3 et 4).

Synthèse Construire un schéma présentant les niveaux d'organisation du vivant (atome, molécule, organite, cellule, organisme) avec les ordres de grandeur et le type de microscopie associée (doc. 1).

Vocabulaire

Grossissement Rapport entre la dimension apparente de l'image et les dimensions réelles de l'objet.

Hyaloplasme Contenu cellulaire transparent, cytoplasme privé des organites.

Pouvoir de résolution Distance minimale à laquelle deux points n'apparaissent plus comme distincts.

Ultrastructure Expression désignant l'anatomie de la cellule, visible en microscopie électronique.

Objectif général de formation
Comprendre la nature du savoir scientifique et ses méthodes d'élaboration

3 La composition de la membrane plasmique

Une caractéristique commune à toutes les cellules est la présence d'une membrane plasmique qui délimite la cellule et sépare de façon différentielle le cytoplasme du milieu extérieur. Comment mettre en évidence cette membrane et étudier sa composition chimique ?

Objectif Mettre en évidence la composition de la membrane plasmique.

Doc. 1 Obtention de fantômes d'hématie

Les hématies (globules rouges) sont des cellules très différenciées qui ont perdu tous leurs organites et dont la seule membrane présente dans ces « sacs à hémoglobine » est la membrane plasmique. Ces cellules constituent donc un matériel de choix pour déterminer la composition de la membrane plasmique.

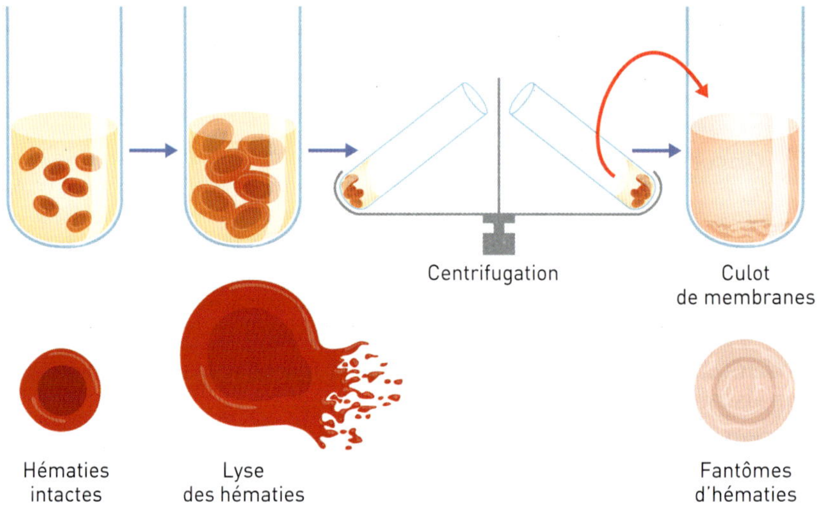

L'obtention d'un culot de membranes se fait par éclatement des cellules trempées dans l'eau pure, puis centrifugation. L'analyse chimique des membranes plasmiques montre qu'elles sont constituées de lipides et protéines : (40 % de lipides et 60 % de protéines ou glycoprotéines pour les hématies). Comme la masse molaire des lipides est en moyenne moins importante que celle des protéines, il y a donc à peu près cinquante fois plus de molécules de lipides que de protéines. Les protéines sont nombreuses et très diversifiées, donc beaucoup plus difficiles à isoler et caractériser que les lipides. Elles sont amphiphiles avec des domaines hydrophobes et hydrophiles.

Doc. 2 Auto-assemblage des lipides membranaires

Les lipides s'organisent de façon spontanée ; il s'agit d'un auto-assemblage. Expérimentalement, des phospholipides en solution aqueuse forment des micelles : parties hydrophiles dirigées vers la solution et parties hydrophobes regroupées entre elles. Quand une bicouche lipidique se forme, on parle de liposome.

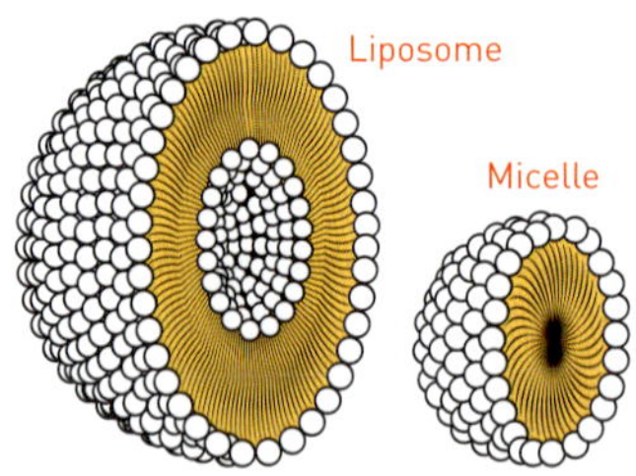

Doc. 3 Les principaux lipides membranaires

▸ La composition lipidique des membranes est bien mieux connue que celle en protéines, car l'extraction (à l'aide de solvants) et l'analyse (par chromatographie) des lipides est beaucoup plus facile.

▸ Toutes les membranes plasmiques contiennent les mêmes types de molécules lipidiques amphiphiles dans des proportions variables :

> Des phospholipides (phosphatidylcholine : lécithine)

> Des shingolipides

> Des stéroïdes (cholestérol, 15 % à 50 % du total des lipides)

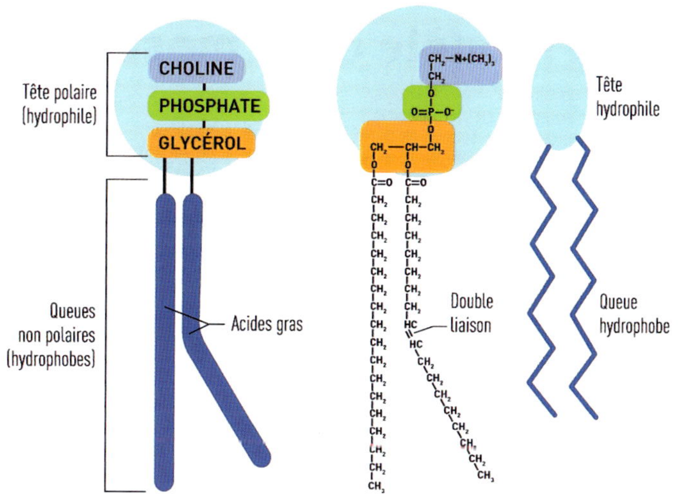

Doc. 4 Les protéines membranaires

▸ Les protéines membranaires peuvent interagir de différentes façons avec les lipides membranaires. On distingue deux catégories :

> Les protéines extrinsèques périphériques, rattachées à la membrane par des liaisons faibles.

> Les protéines intrinsèques transmembranaires, amphiphiles avec un ou plusieurs domaines hydrophobes d'une vingtaine d'acides aminés.

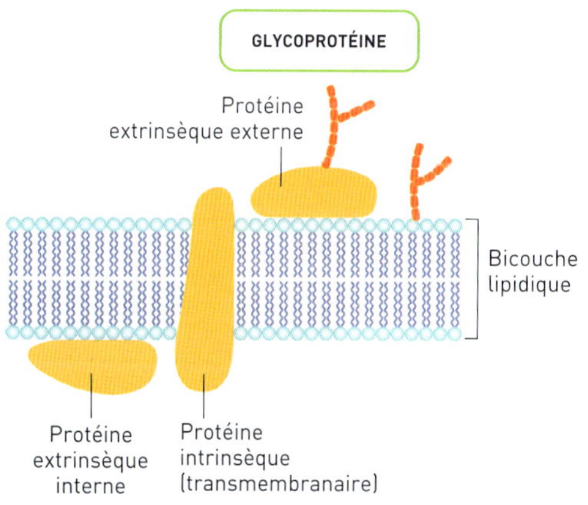

Interaction protéines/lipides dans la membrane

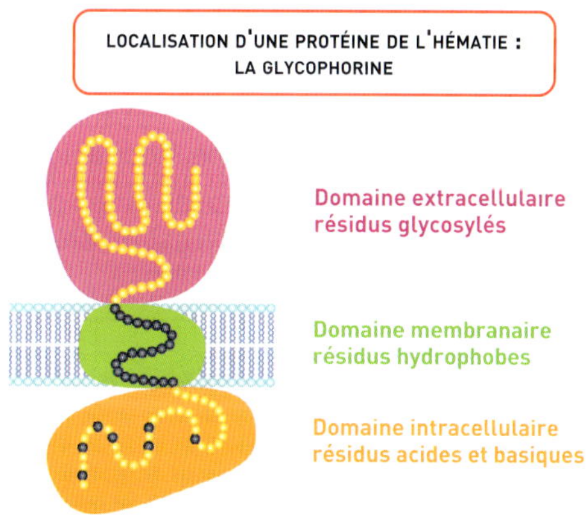

Localisation membranaire d'une protéine de l'hématie : la glycophorine

Guide de travail

1 Expliquer l'intérêt de choisir des hématies pour l'étude de la composition des membranes (doc. 1).

2 Détailler la composition de la membrane (doc. 1).

3 Représenter simplement la bicouche lipidique du liposome (doc. 2).

4 Rechercher sur internet la structure de la molécule de cholestérol et schématiser en indiquant les parties hydrophile et hydrophobe, sur le même modèle que le phospholipide (doc. 3).

5 Expliquer d'où vient le caractère amphiphile des protéines (doc. 4).

Synthèse Résumer les caractéristiques moléculaires de la membrane plasmique.

Vocabulaire

Amphiphile Molécule qui possède à la fois un groupe hydrophile et un groupe hydrophobe.

Centrifugation Séparation des composés d'un mélange en fonction de leur différence de densité.

Hydrophile Qui a une forte affinité pour l'eau.

Hydrophobe Qui repousse ou est repoussé par l'eau.

Objectif général de formation
Comprendre la nature du savoir scientifique et ses méthodes d'élaboration

4 Le modèle de la mosaïque fluide

Les scientifiques ont commencé à élaborer des modèles moléculaires de la membrane bien avant que le microscope électronique ne permette de l'observer. Quel modèle permet d'organiser et d'expliquer l'ensemble des observations réalisées par les scientifiques ?

Objectif Schématiser la structure moléculaire de la membrane plasmique.

Doc. 1 Membrane multicouche

- Le microscope électronique à transmission (MET) donne des informations sur la structure tripartite de la membrane. Son épaisseur moyenne est 8,5 nm.

Observation de l'aspect tri laminaire de membrane plasmique au microscope électronique à transmission à fort grossissement (× 300 000)

Doc. 2 Des protéines dans les membranes

- Les cellules sont congelées très rapidement à l'azote liquide. Le tissu glacé est ensuite cassé avec un objet métallique. On couvre le plan de cassure avec une couche de carbone et la réplique métallique de la cassure est observée au microscope électronique.
- Une autre technique consiste à observer les protéines membranaires sur des cellules vivantes. À l'aide de marqueurs fluorescents, leur position est repérée : on s'aperçoit que leur position change au cours du temps.

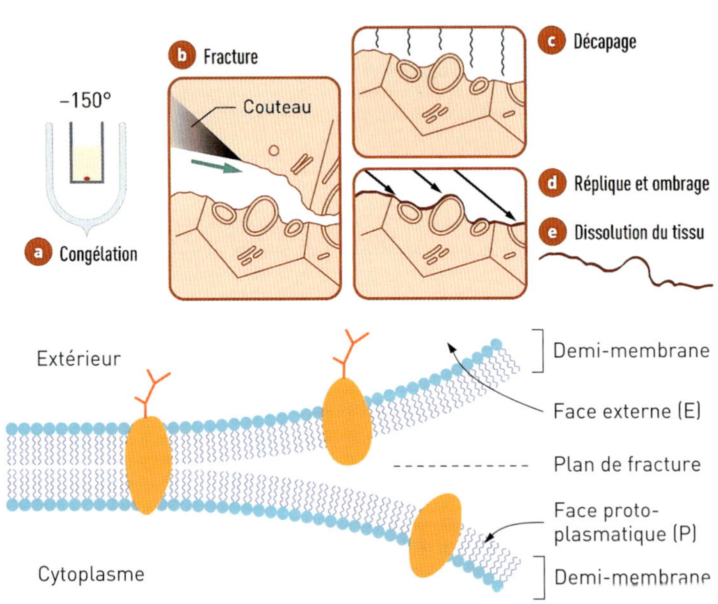

Cryofracture et cryodécapage
(on fait sublimer la glace superficielle à basse température et sous vide)
Cette technique permet de séparer les deux couches de la membrane plasmique.

Protéines transmembranaires sur la face externe de la membrane. Leur nombre peut dépasser 3 000 par μm², avec un diamètre de 10 nm

Doc. 3 Évolution des modèles de l'architecture moléculaire de la membrane plasmique

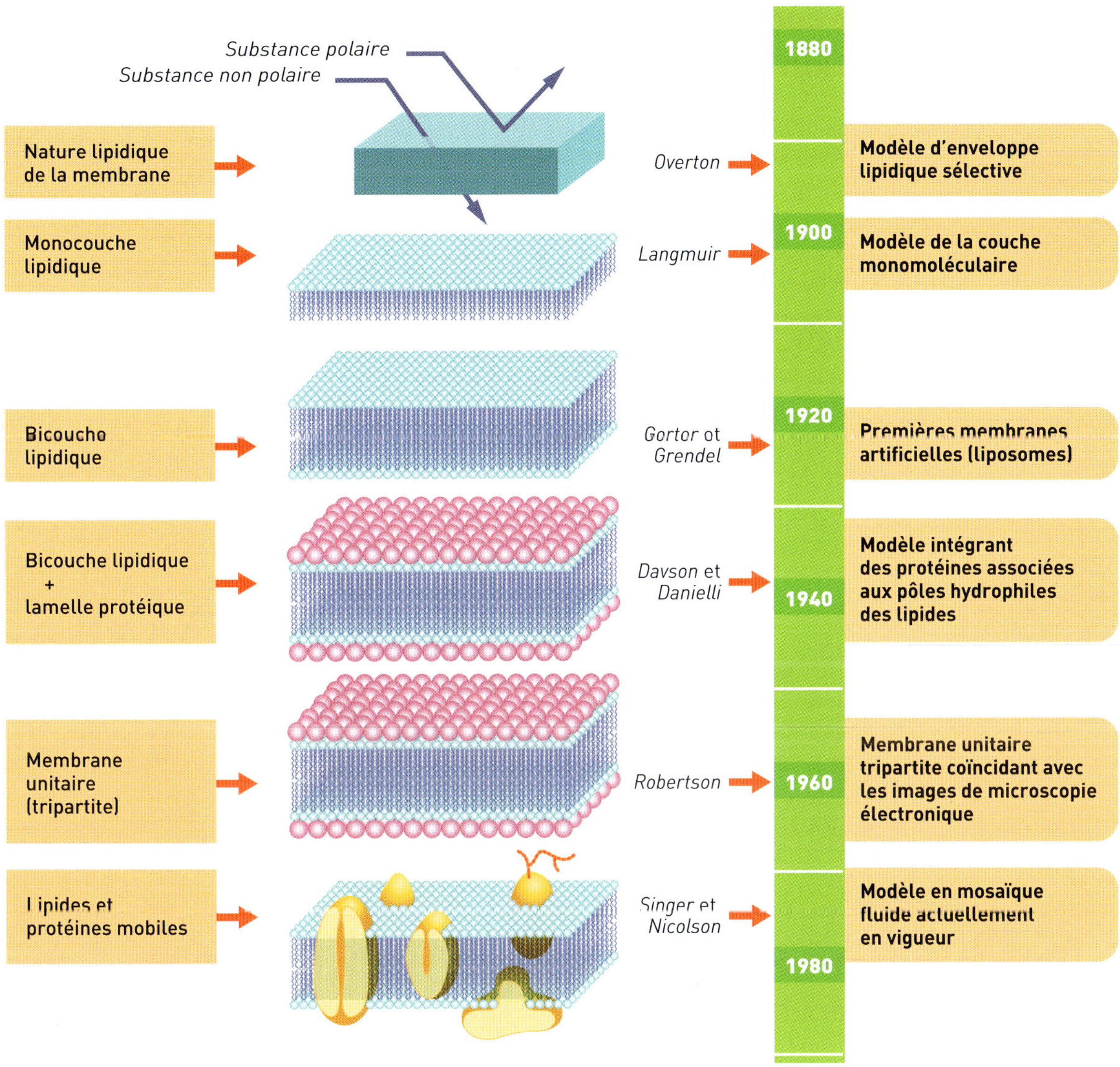

Guide de travail

1 Repérer le nombre de couches de molécules pour la membrane et la disposition des phospholipides (doc. 1).

2 Indiquer l'intérêt de la technique de cryofracture et la position des protéines (doc. 2).

3 Rédiger un texte décrivant l'évolution des représentations de la membrane plasmique entre 1880 et 1980.

Synthèse Construire un modèle de membrane plasmique en utilisant des matériaux de votre choix (carton ondulé, ballons gonflables, etc.).

Vocabulaire

Mosaïque Fragments assemblés pour former des motifs ou des figures.

Essentiel

1 Comprendre le concept de cellule vivante et son élaboration historique

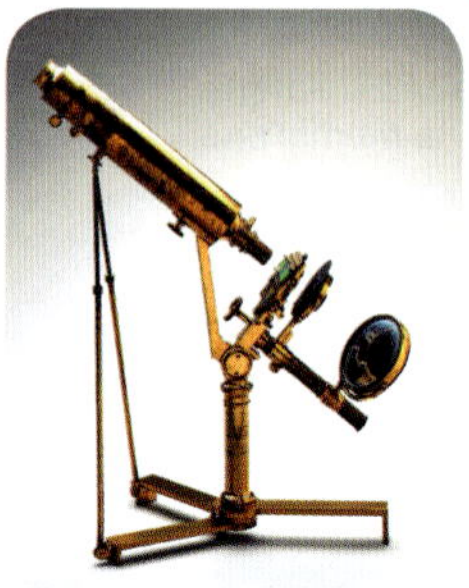

- La découverte de l'unité cellulaire est liée à l'invention du microscope optique qui utilise des lentilles en verre pour focaliser la lumière sur (ou au travers de) l'échantillon pour former une image.
- L'observation de structures semblables dans de très nombreux organismes a conduit à énoncer le concept général de cellule : plus petite unité vivante dont le cytoplasme est séparé du milieu extérieur par une membrane et contient un noyau.
- Au XVIIe siècle, Van Leeuwenhoek et Hooke sont les premiers à observer et utiliser le terme de cellule. Deux siècles plus tard, les travaux de Schleiden et Schwann, Virchow et Pasteur, permettent d'énoncer la théorie cellulaire.

Elle comporte les trois principes suivants :

- la cellule est l'unité fondamentale d'organisation du vivant ;
- tout organisme se compose de cellules ;
- les nouvelles cellules sont produites à partir de cellules préexistantes.

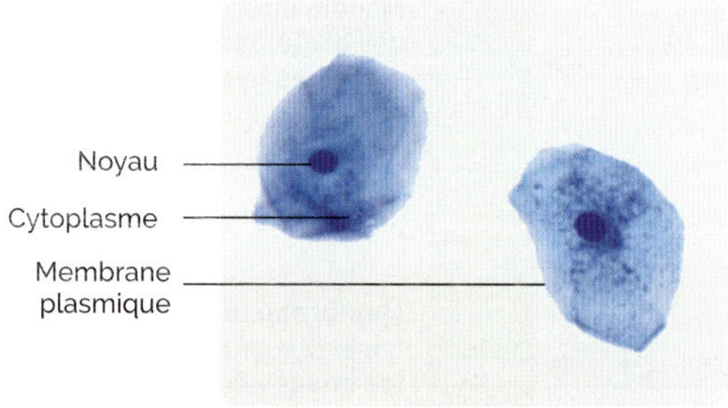

Cellule animale (muqueuse buccale humaine), grossissement × 600

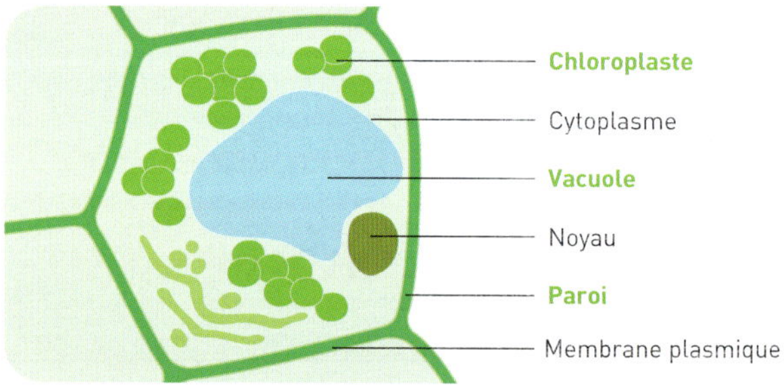

Schéma d'interprétation d'une cellule végétale observée au microscope optique ou électronique, grossissement X 100

2 Faire le lien entre échelle cellulaire et échelle moléculaire

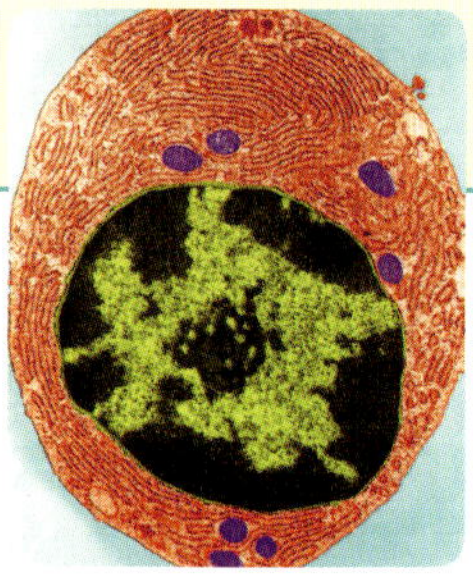

- Au XXe siècle, l'invention du microscope électronique, qui utilise un faisceau d'électrons pour illuminer un échantillon et en créer une image très agrandie, a permis l'exploration de l'intérieur de la cellule et la compréhension du lien entre échelle cellulaire et moléculaire.

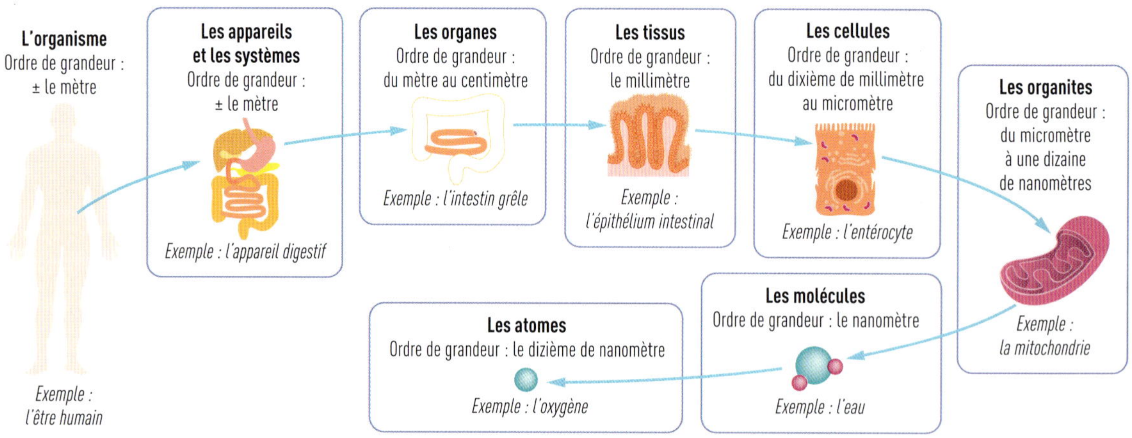

3 Connaître la structure de la membrane plasmique

- La cellule, unité structurale et fonctionnelle du vivant, est constituée d'une membrane entourant un cytoplasme dans lequel se trouvent le hyaloplasme et des organites (mitochondries, etc.).

- Cette membrane plasmique, épaisse de quelques nanomètres, sépare le milieu intracellulaire du milieu extracellulaire grâce à sa structure particulière.

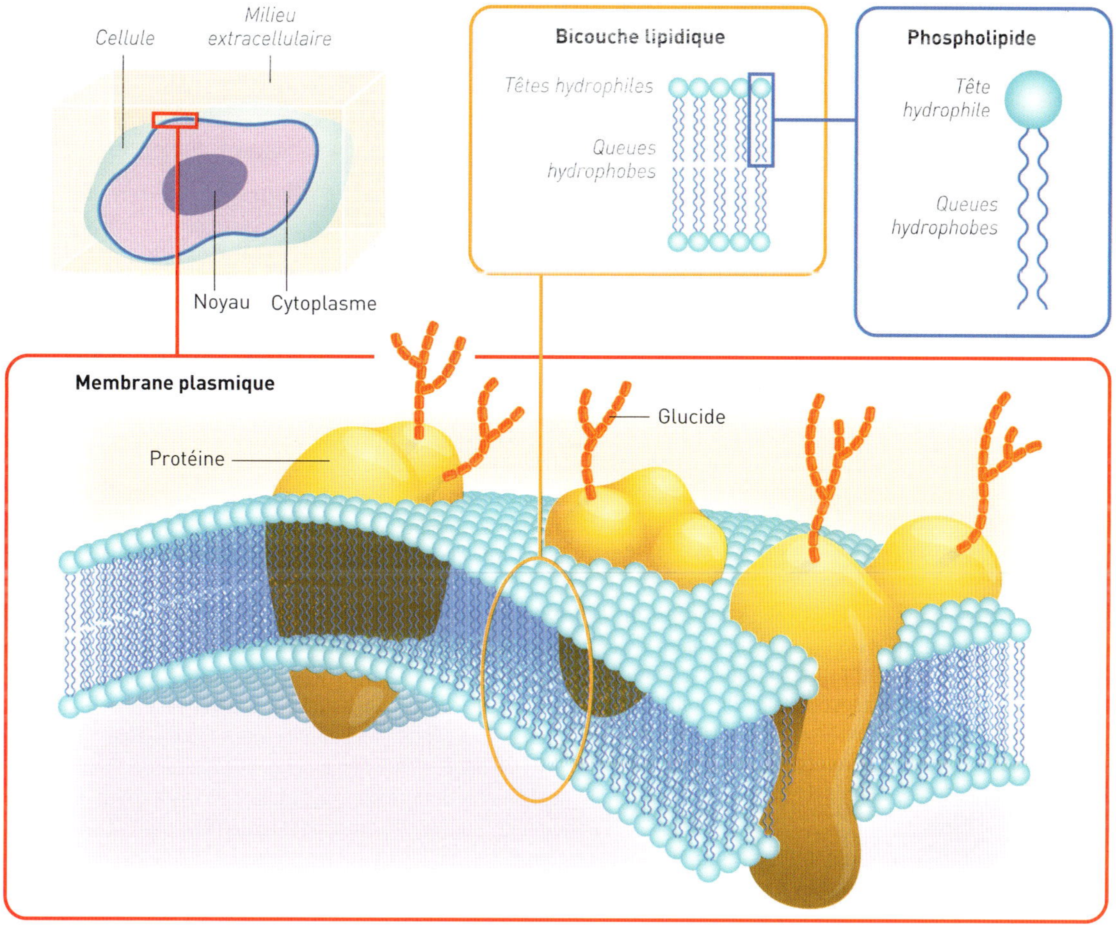

- Dans un environnement aqueux, elle est stabilisée par les propriétés hydrophiles et lipophiles des molécules qui la composent : principalement des lipides et des protéines.

- Les phospholipides, lipides majoritaires, sont amphiphiles : ils possèdent une partie hydrophile (tête) et une partie lipophile (queue) conduisant à la formation d'une bicouche lipidique. Les parties hydrophiles sont tournées vers les milieux intracellulaire et extracellulaire tandis que les queues hydrophobes se regroupent et forment une région lipophile intermédiaire, ce qui donne un aspect tripartite, visible au microscope électronique.

- Des protéines sont associées à cette bicouche lipidique. Leurs régions transmembranaires sont lipophiles. Celles situées en dehors de la membrane sont hydrophiles.

- L'ensemble forme une structure stable mais dynamique, dans laquelle des molécules peuvent se déplacer. Dans cette membrane fluide, des échanges limités s'effectuent entre l'espace intracellulaire et l'extérieur, ce qui garantit l'intégrité et la spécificité du contenu cellulaire.

Les cellules immortelles d'Henrietta Lacks

Alors que les cellules humaines sont programmées pour mourir après un certain nombre de divisions, les cellules HeLa se multiplient depuis près de 70 ans ! Cette particularité incroyable en fait une lignée cellulaire idéale pour la recherche médicale. Son origine ? Une femme, dont on sait aujourd'hui qu'elle s'appelait Henrietta Lacks.

Portrait d'Henrietta Lacks, vers 1950

Nous sommes en février 1951 quand on prélève les cellules d'Henrietta Lacks à l'hôpital John Hopkins de Baltimore. Cette jeune Afro-Américaine, dont le nom est longtemps resté caché sous le code HeLa, vient d'accoucher de son cinquième enfant et se plaint d'un « nœud » dans son vagin. Le « nœud » est en réalité une tumeur. Le médecin qui la soigne en prélève un fragment et l'envoie au laboratoire de recherche où travaille le docteur George Gey.

Le docteur Gey s'acharne depuis quelques années à mettre en culture des cellules humaines qu'il essaie de maintenir en vie pour pouvoir tester des remèdes. Sans succès jusque-là : après une quarantaine de divisions, les lignées cellulaires finissent toujours par s'éteindre. À sa stupéfaction, les cellules d'Henrietta, elles, continuent de se diviser indéfiniment. Une génération nouvelle apparaît toutes les 24 heures. Et elles n'ont jamais cessé de se multiplier depuis.

Tandis que la malheureuse Henrietta est emportée en quelques mois par ce cancer fulgurant, le docteur Gey comprend que ses cellules, qu'il baptise HeLa, vont permettre des avancées spectaculaires en médecine. Il en envoie plus de 600 000 échantillons aux laboratoires du monde entier, et les retombées ne tardent pas à arriver. Les cellules HeLa ont contribué, et contribuent encore, à l'étude de toutes sortes de maladies (cancers, Sida, maladie de Parkinson, herpès, et bien d'autres encore) et à la mise au point d'innombrables vaccins et médicaments.

Pourtant, si la science honore aujourd'hui la mémoire d'Henrietta Lacks, cette histoire soulève quelques questions éthiques. À l'époque à laquelle les cellules ont été prélevées, les chercheurs n'étaient pas obligés de demander l'autorisation à Henrietta pour pouvoir les utiliser en laboratoire. Ainsi, ses enfants n'ont appris que vingt ans après sa mort l'usage qu'on faisait des cellules de leur mère ! Et ils n'ont bénéficié d'aucune compensation financière pour toutes les découvertes qu'elles ont permises...

Étude de cellules Hela infectées par la Listeria (institut Pasteur)

Pourquoi les cellules HeLa se multiplient-elles à l'infini ?

C'est le virus à l'origine du cancer d'Henrietta qui a déclenché le phénomène. En effet, le papillomavirus possède un gène cancérigène qui, une fois injecté dans une cellule, la transforme en cellule cancéreuse. Celle-ci se multiplie alors de façon incontrôlée. Dans le cas d'Henrietta, ce gène est venu s'insérer au côté d'un oncogène cellulaire, c'est-à-dire un gène de la cellule capable lui aussi de déclencher un cancer. Placés côte à côte, les deux gènes se sont alors stimulés l'un l'autre pour amplifier la capacité de division cellulaire de la tumeur.

Comment la première cellule est-elle apparue sur Terre ?

Un matin de septembre 1969, dans le ciel australien, apparaît soudain une boule de feu qui s'écrase au sol avec fracas tout près de la petite ville de Murchison. Il s'agit d'une météorite de plus de 100 kg dont les fragments étudiés par les laboratoires du monde entier vont amener les scientifiques à s'interroger sur l'origine de la vie sur Terre. Et si les molécules organiques qui ont formé les premières cellules vivantes venaient de l'espace ?

En effet, l'analyse des fragments révèle la présence au cœur de ces pierres venues du ciel de milliers de molécules organiques, comme des acides gras, des acides aminés ou des bases azotées. Autrement dit, les briques élémentaires qui sont à la base des lipides, des protéines et de l'ADN. Et comme les astéroïdes datent de la naissance des planètes du système solaire, il est possible que les premières molécules organiques, qui se sont ensuite agencées en cellules, aient été apportées par ces cailloux.

À quoi ressemblerait cette première cellule ? On l'ignore, bien entendu, mais trois ingrédients semblent indispensables : il faut une coque protectrice qui peut se diviser, une molécule capable de se répliquer et enfin un métabolisme, c'est-à-dire un ensemble de réactions chimiques entretenues par des molécules complexes avec de la matière et de l'énergie venant de l'extérieur.

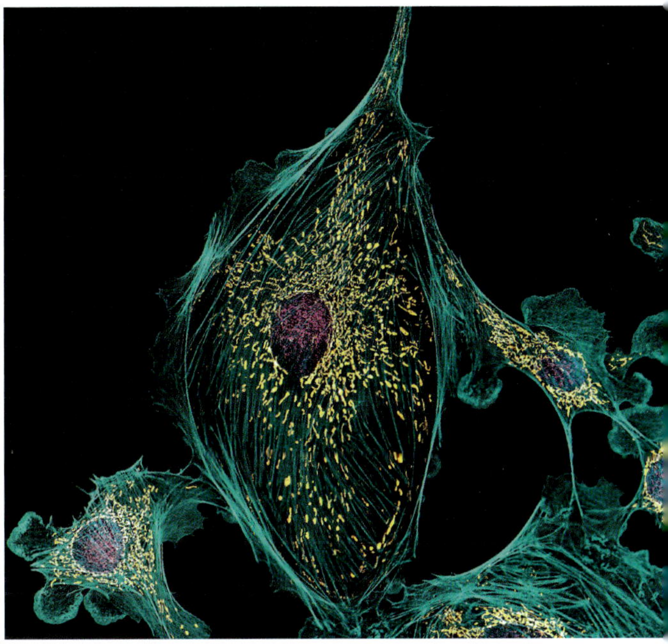

Cellule avec noyau visible

On peut imaginer que la coque protectrice était d'abord constituée de simples acides gras puisque ces molécules ont tendance, en milieu aqueux, à s'accrocher entre elles pour former une bulle. C'est d'ailleurs ce qu'ont fait spontanément les acides gras de la météorite de Murchison quand ils ont été plongés dans l'eau. Il est plus difficile de dire quelle était la première molécule capable de se répliquer à l'identique, et donc de porter l'information génétique qui se transmet aux cellules filles lors de la division cellulaire. Mais il est probable qu'elle contenait des bases azotées, comme l'ADN, associées à des protéines.

On ne sait rien en revanche du métabolisme de la première cellule. Comment se nourrissait-elle ? Carburait-elle à l'énergie lumineuse ou pas ? On ne sait pas ; pas plus que la date d'apparition de ces premières cellules. Une certitude : tout cela s'est mis en place il y a plus de 3,5 milliards d'années, puisque nous avons retrouvé des traces fossiles de cellules rudimentaires dans des roches australiennes qui datent de cette période.

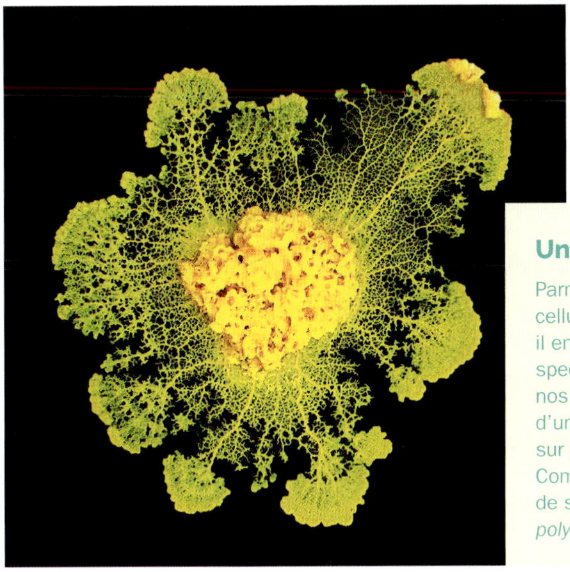

Un blob

Une cellule monstre

Parmi les milliards de formes de cellules qui se sont développées, il en est une particulièrement spectaculaire. Elle vit dans nos forêts et prend l'aspect d'une éponge qui peut s'étendre sur plusieurs mètres carrés ! Communément appelée blob, de son vrai nom *physarum polycephalum*, cette forme de vie rudimentaire, ni animal ni végétal, rampe sur les troncs d'arbres et déploie des excroissances pour se nourrir de champignons et de bactéries. Plus impressionnant encore : les biologistes qui étudient cette cellule géante ont montré qu'elle avait même une certaine capacité d'apprentissage !

Exercices Se tester

Exo — Version interactive Lienmini.fr/Ens-Sci1-12

Apprendre à apprendre

1 **Construire une frise chronologique en indiquant le nom des savants et leur contribution à la théorie cellulaire.**

2 **Mimer avec des camarades la bicouche des lipides membranaires.**

3 **Schématiser la membrane plasmique à l'échelle cellulaire, puis à l'échelle moléculaire.**

4 **Construire un microscope miniature avec un smartphone.**

5 Relier les termes — Toutes les échelles

Relier chaque élément à l'ordre de grandeur qui lui correspond.

Mitochondrie •	• Micromètre
Cœur •	• Mètre
Oxygène •	• Centimètre
Femme •	• Angström
Glucose •	• Nanomètre
Cellule-œuf •	• Millimètre

6 QCM — Théorie cellulaire

Indiquer la bonne réponse.

La théorie cellulaire permet de dire que :
1. toutes les cellules ont des chloroplastes.
2. toutes les cellules sont limitées par une membrane.
3. toutes les cellules sont de taille microscopique.
4. toutes les cellules ont la même forme : c'est l'unité structurale.

7 QCM — Taille du chloroplaste

Indiquer la bonne réponse.

Le chloroplaste est un organite présent dans les cellules végétales chlorophylliennes.
Sa taille est de l'ordre du :
1. centimètre. 2. millimètre. 3. micromètre.

8 QCM — Taille du phospholipide

Indiquer la bonne réponse.

Le phospholipide est le constituant de toutes les membranes cellulaires. Sa taille est de l'ordre du :
1. millimètre. 2. micromètre. 3. nanomètre.

9 QCM — Le microscope optique

Indiquer la bonne réponse.

Le microscope optique permet d'observer :
1. les cellules et leur noyau.
2. les phospholipides de la membrane plasmique.
3. les mitochondries dans le cytoplasme.
4. les protéines transmembranaires amphiphiles.

10 Trouver le bon mot — Cellules et microscope

Choisir les termes qui conviennent pour compléter les phrases suivantes.

1. L'observation des cellules au microscope (*optique/électronique*) a permis de mettre en évidence (*l'exastructure/l'ultrastructure*) cellulaire.
2. Les (*organismes/organites*) sont présents à l'intérieur des cellules et sont tous visibles grâce au microscope (*électronique/optique*).

11 Vrai-faux — Inventions

Répondre par vrai ou faux aux affirmations suivantes.

1. L'invention du microscope a contribué à la construction de la théorie cellulaire.
2. La théorie cellulaire a été élaborée uniquement par Schleiden et Schwann.
3. Le premier organite mis en évidence dans la cellule est le noyau.

12 Vrai-faux — Ordres de grandeur

Répondre par vrai ou faux aux affirmations suivantes.

1. Les atomes de glucose permettent de réaliser des réactions à l'intérieur des cellules.
2. Le glucose est une molécule constituée d'atomes d'oxygène, de carbone et d'hydrogène.
3. Il existe de nombreux organismes à l'intérieur des cellules dont les fonctions sont variées.

13 Vrai-faux — De l'atome à la cellule

Répondre par vrai ou faux aux affirmations.

1. Les molécules s'organisent en atomes pour constituer le vivant.
2. Les protéines sont des molécules qui peuvent avoir des propriétés amphiphiles.
3. La membrane plasmique est contituée d'une tri-couche de lipides et de protéines.

Voir corrigés à la fin du manuel, p. 254

Le concept de cellule vivante

14 Animalculistes

En 1694, un collaborateur de Van Leeuwenhoek, Nicolas Hartsoecker, observe des animalcules dans des échantillons de sperme. Il élabore une théorie selon laquelle l'embryon est préformé dans le spermatozoïde. En effet, il croit y distinguer un petit homme en miniature. Les savants de l'époque qui pensaient que l'homme avait un rôle primordial dans la reproduction sont aujourd'hui appelés des « animalculistes ».

1. Préciser en quoi les idées de Hartsoecher sont en partie en désaccord avec la théorie cellulaire.
2. Identifier une contrainte de l'époque empêchant de mieux identifier l'intérieur d'une cellule.

15 Comparaison cellules animale et végétale

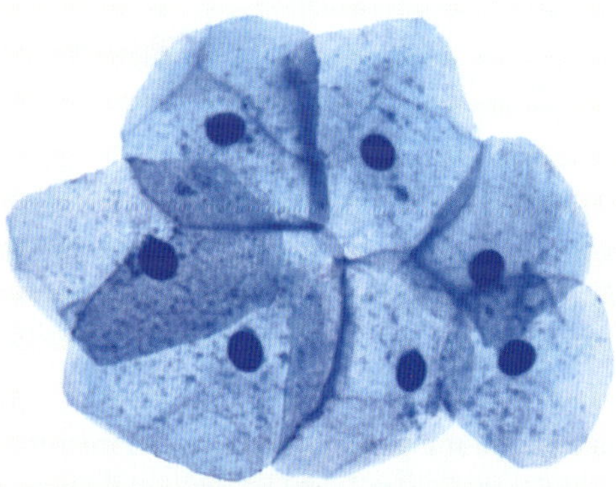

Cellule A colorée au bleu de méthylène et observée au MO (microscope optique) grossissement × 600

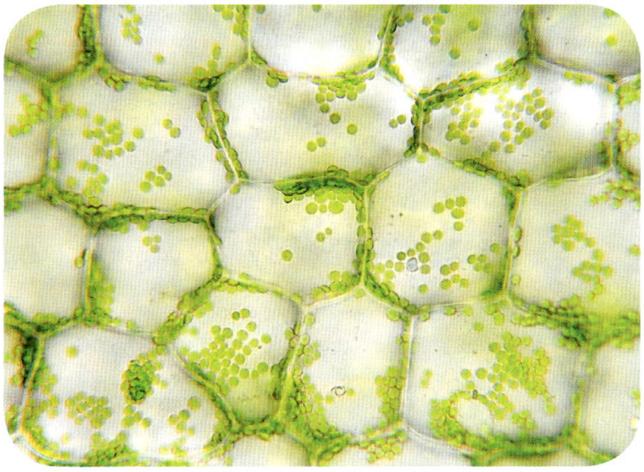

Cellule B observée au MO (microscope optique) grossissement × 400

1. Indiquer les légendes associées à chacune de ces photographies.
2. Expliquer pourquoi ces photographies sont en accord avec la théorie cellulaire.
3. Distinguer la cellule animale de la cellule végétale en justifiant votre réponse.

16 Last Universal Common Ancestor

Des arguments génétiques et phylogénétiques sur la parenté entre les ADN des chloroplastes et des mitochondries et ceux de bactéries ont permis d'établir l'origine de ces organites comme résultant d'une symbiose entre des ancêtres eucaryotes et des eubactéries capables pour les unes d'oxyder la matière organique avec le dioxygène et, pour les autres, de réaliser la photosynthèse.

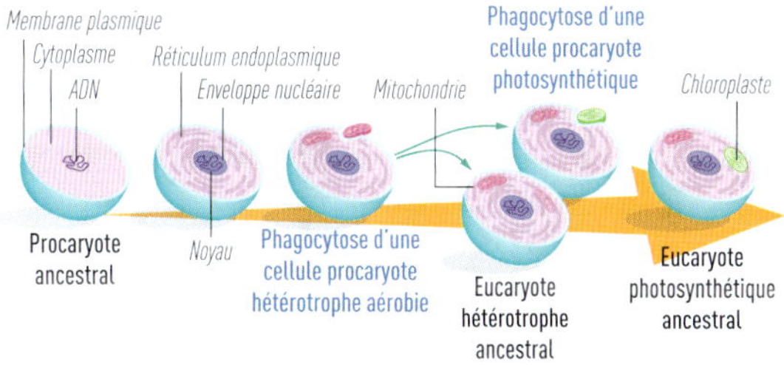

1. Indiquer l'origine ancestrale de la mitochondrie et du chloroplaste.
2. Expliquer le schéma évolutif d'intégration d'une cellule procaryote photosynthétique dans une cellule eucaryote.

Échelles cellulaire et moléculaire

17 Calcul d'échelle

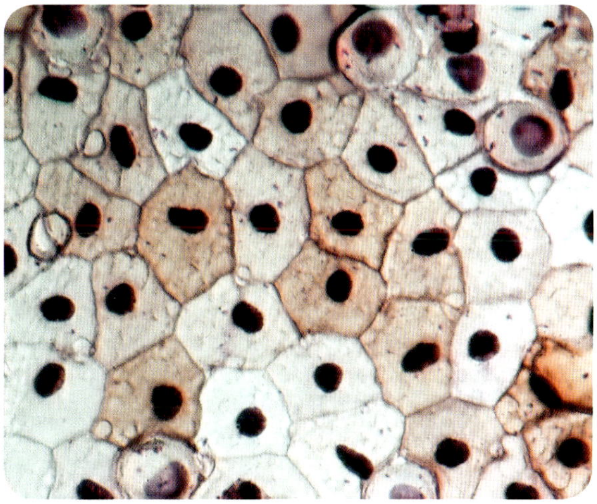

Cellules de peau de grenouille observée au MO (microscope optique), grossissement × 100

1. Faire un schéma légendé d'une cellule vue au microscope optique.
2. Calculer la taille réelle d'une cellule et de son noyau.
3. Déduire le rapport nucléo-cytoplasmique (rapport du volume du noyau à celui du cytoplasme).

18 Les cellules prennent vie

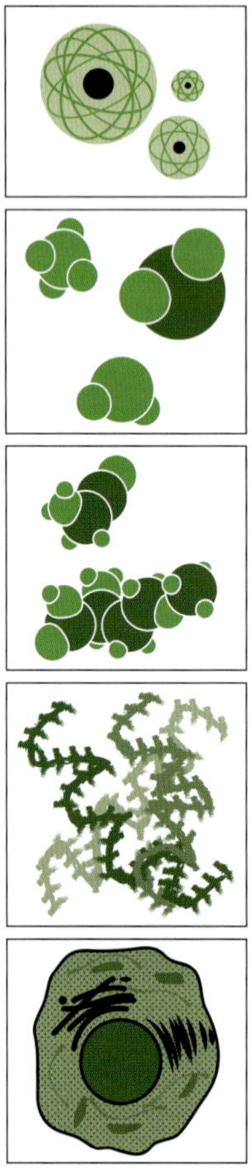

1. Donner les ordres de grandeur d'un atome et d'une cellule.
2. Expliquer l'évolution possible de la matière depuis les premiers atomes jusqu'à l'apparition de la vie sur Terre.

19 Du coq à l'œuf !

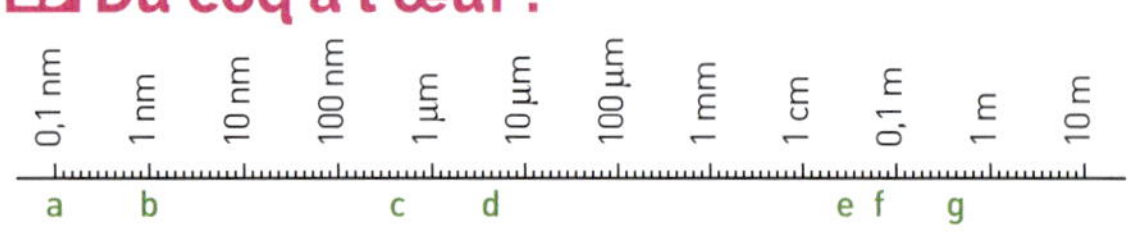

• Associer les éléments suivants aux bons emplacements sur l'échelle logarithmique : coq, œuf, spermatozoïde, poussin, hydrogène, mitochondrie, protéine albumine (préciser le moyen d'observation).

20 MEB ou MET

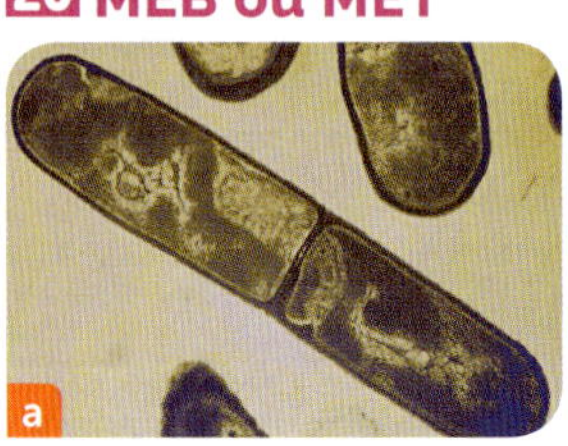

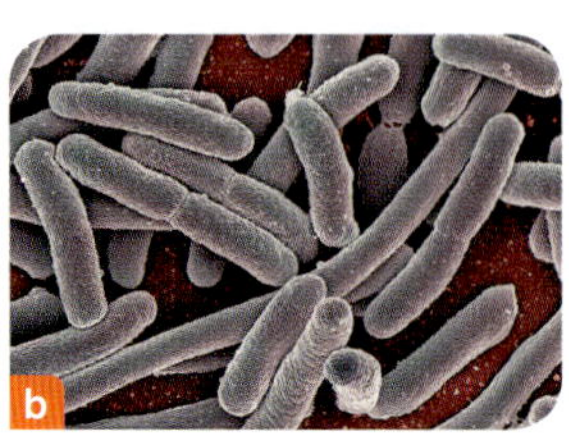

Il existe différentes variantes de microscope électronique, notamment le Microscope Électronique à Transmission (MET), doc. a, et le Microscope Électronique à Balayage (MEB), doc. b.

1. Indiquer les apports de chaque type de microscopie à l'observation de ces bactéries.
2. Préciser s'il est possible d'observer des échantillons vivants.

Rôle et structure de la membrane plasmique

21 Mosaïque fluide

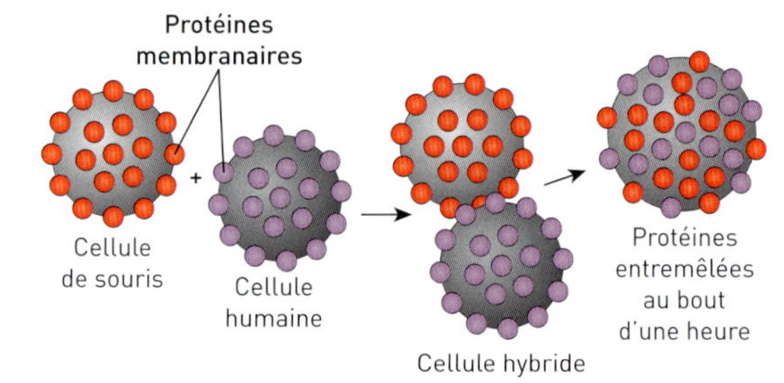

1. Expliquer comment se répartissent les protéines au niveau de la cellule hybride.
2. Indiquer une propriété de la membrane plasmique mise en évidence par cette expérience.

22 Liposome et structure de la membrane

Dans cette expérience, les scientifiques forment des liposomes (petites vésicules délimitées par une bicouche lipidique) avec ou sans ajout de protéines et observent la membrane au microscope après cryofracture. Cette technique permet de séparer les deux couches de la membrane et d'observer au microscope électronique l'ultrastructure de chacune d'elles.

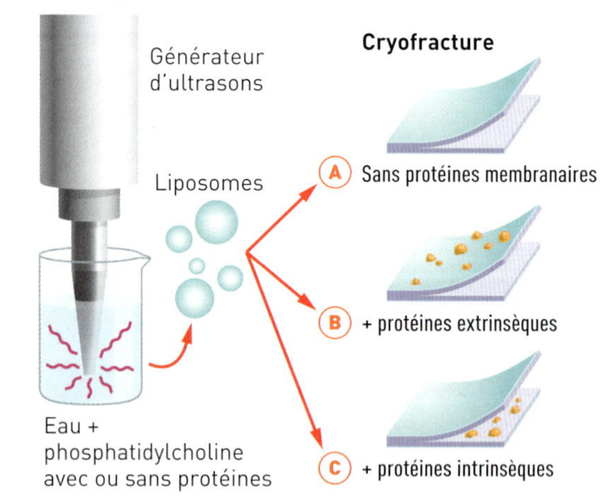

1. Indiquer sous la forme d'un tableau les résultats de cette expérience.
2. Proposer dans chaque cas un schéma d'interprétation de la membrane plasmique.

Vers le BAC

23 De la molécule à la cellule

Argumenter — 25 min.

- Expliquer le lien entre échelle moléculaire et échelle cellulaire, à partir de l'exemple de la membrane plasmique.

24 Une zone productrice de cellules

Calculer — 20 min.

Le méristème est un tissu cellulaire spécialisé dans la croissance, dont les cellules indifférenciées se divisent (mitoses) puis se différencient en acquérant une structure et une fonction.

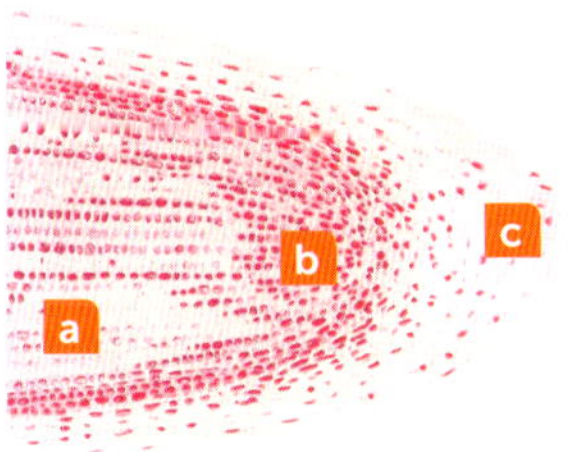

Extrémité terminale d'une racine d'oignon

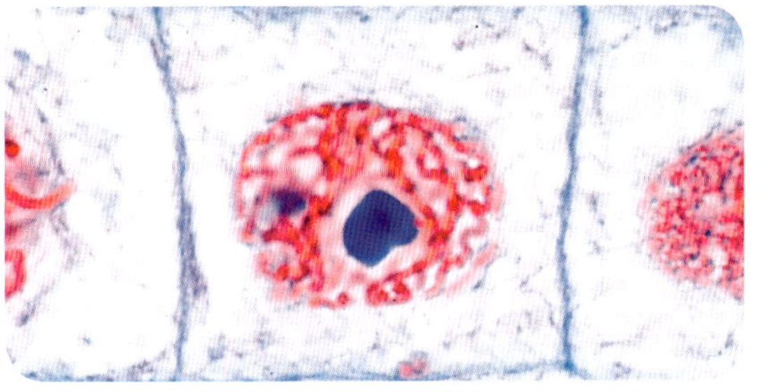

Cellule du méristème de racine d'oignon en prophase. MO, coloration Feulgen, × 600

1. Repérer sur le schéma le numéro correspondant à la zone méristématique.
2. Calculer la taille réelle d'une cellule méristématique et celle de son noyau.
3. En déduire le rapport nucléo-cytoplasmique (taille du noyau par rapport au cytoplasme) et le comparer à celui d'une cellule différenciée qui fait en moyenne 0,12.

25 Des médicaments bien transportés

Analyser — 35 min.

Doc. 1 Liposome et Micelle

Un liposome est une vésicule lipidique artificielle plus stable que le micelle, de 20 à 1 000 nm de diamètre, qui s'obtient en agitant vigoureusement un mélange d'eau et de phospholipides. Des marqueurs protéiques appropriés peuvent être rajoutés dans leur enveloppe.

Lors des traitements classiques, seule une petite partie des médicaments ingérés est efficace et atteint l'organe malade occasionnant de nombreux effets secondaires. Pour limiter ces effets, il faudrait baisser la quantité de médicaments donnée au patient sans perdre en efficacité, et donc que le médicament cible les organes malades.

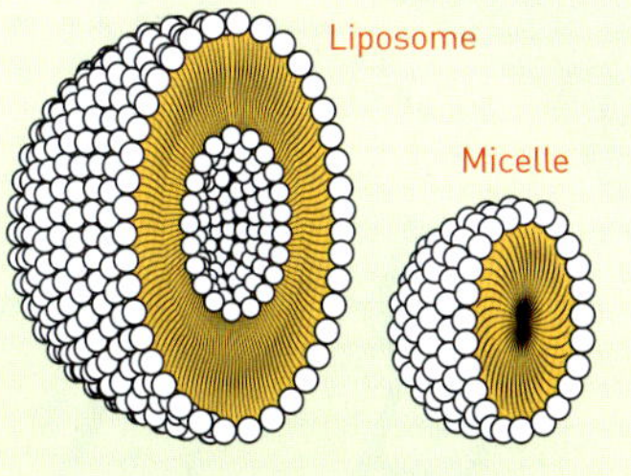

Deux structures limitées par des membranes

Doc. 2 Bénéfices de la nanotechnologie dans le domaine de la santé

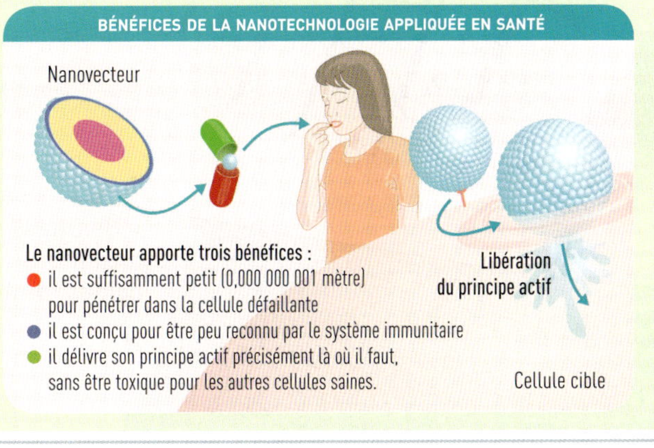

- Choisir le vecteur lipidique le plus pertinent pour transporter de la pénicilline molécule hydrosoluble. Justifiez votre réponse.

Thème 2

Le Soleil, notre source d'énergie

> **Milieu XIXe**, Joseph Stefan établit une loi pour calculer la température à la surface du Soleil

> **5435 °C**

HISTOIRE, ENJEUX, DÉBATS

Repères historiques sur l'étude du rayonnement thermique (Stefan, Boltzmann, Planck, Einstein

→ Chapitre 4, 2 et Sciences en perspective p. 76

> **1900** Max Planck émet l'hypothèse des quanta d'énergie

> **1905** Albert Einstein donne une interprétation particulaire de la lumière

HISTOIRE, ENJEUX, DÉBATS

L'albédo terrestre : un paramètre climatique majeur.

→ Chapitre 5, 1 et 2, 7, 8 et 15

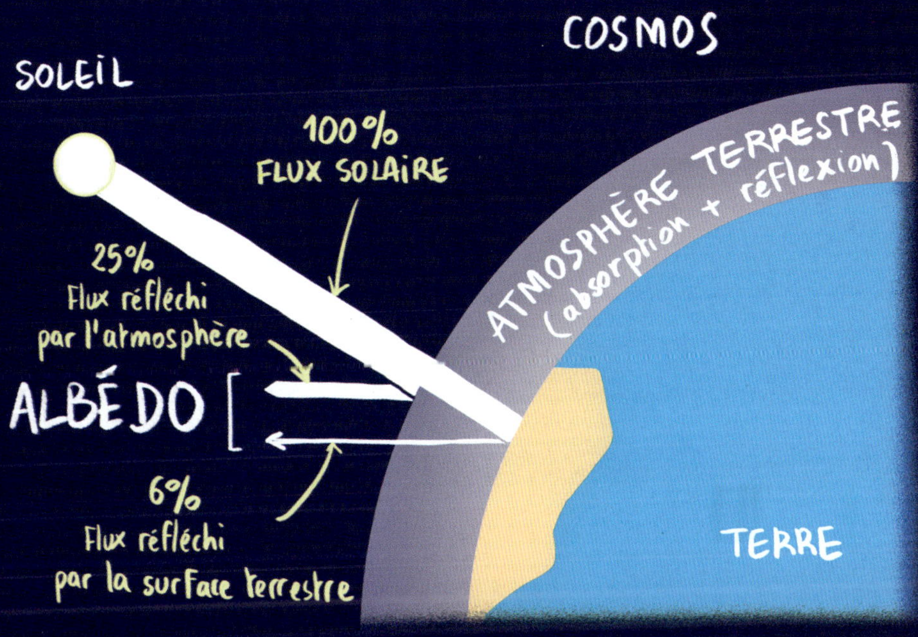

HISTOIRE, ENJEUX, DÉBATS

Le discours sur l'énergie dans la société : analyse critique du vocabulaire d'usage courant (énergie fossile, énergie renouvelable, etc.)

→ Chapitre 6, 1, 14 et Sciences en perspective p. 112

HISTOIRE, ENJEUX, DÉBATS

Distinction météorologie/climatologie. → Chapitre 5, 4, 19 et Sciences en perspective p. 94-95

4 Le rayonnement solaire

Éruption solaire, due à la forte activité du Soleil, observée par la sonde *Soho*.

Le Soleil produit chaque seconde une grande quantité d'énergie. D'où vient-elle ?

Coucher du « soleil de midi » dans un paysage polaire.

Sur Terre, certaines zones géographiques connaissent un froid intense, tandis que d'autres subissent des chaleurs extrêmes.
Comment expliquer les différences de climat en fonction de la latitude ?

Attendus du programme	Activités	Parcours d'exercices
Exploiter la relation d'équivalence entre masse et énergie	1	1 4 11 12 21
Calculer la température de surface d'une étoile	2	1 5 6 13 14 21
Traiter statistiquement des données de température	3 4	7 15 16 22
Interpréter les variations de la puissance reçue du Soleil	3 4	2 3 8 9 10 17 18 19 20 22

Activité documentaire

Objectif général de formation
Identifier et mettre en œuvre des pratiques scientifiques

1 L'énergie des étoiles

Sans les rayons du Soleil, la vie terrestre serait tout simplement impossible. Conscientes de ce rôle, de nombreuses civilisations ont divinisé le Soleil. Mais quel est le « moteur » d'une étoile ?

Objectif Déterminer la masse solaire transformée chaque seconde en énergie, à partir de la donnée de la puissance rayonnée par le Soleil.

Doc. 1 L'équivalence masse-énergie

Avant qu'Albert Einstein ne développe la physique relativiste, on considérait que la matière et l'énergie constituaient deux domaines bien séparés. Aujourd'hui, on sait que la matière se transforme, dans certaines conditions, en énergie !
C'est ce que dévoile l'équation $\boldsymbol{E = mc^2}$. Par cette célèbre formule, Einstein a montré que la masse est le résultat des interactions entre les constituants de la matière. Quand on modifie l'énergie E d'un corps, on modifie sa masse m et réciproquement. Masse et énergie sont liées : on parle d'**équivalence masse-énergie**.

Dans cette formule, la constante c correspond à la vitesse de la lumière dans le vide, qui est très élevée. On voit donc qu'une très faible quantité de matière peut potentiellement libérer une énorme quantité d'énergie !

Doc. 2 Libération d'énergie au cours d'une réaction nucléaire

La « transformation » de masse en énergie se manifeste notamment au cours des réactions nucléaires. Au cours d'une réaction nucléaire, le nombre de nucléons se conserve (voir >Chapitre 1), mais la masse des produits obtenus est inférieure à la masse des réactifs. La masse manquante $|\Delta m|$ est appelée « **défaut de masse** ». Elle est liée à l'énergie libérée par l'égalité suivante.

$$|\Delta m| = \frac{E_{\text{libérée}}}{c^2}$$

où l'énergie libérée s'exprime en joule (J) ; la perte de masse en kg ; et la vitesse de la lumière dans le vide c en $m \cdot s^{-1}$.

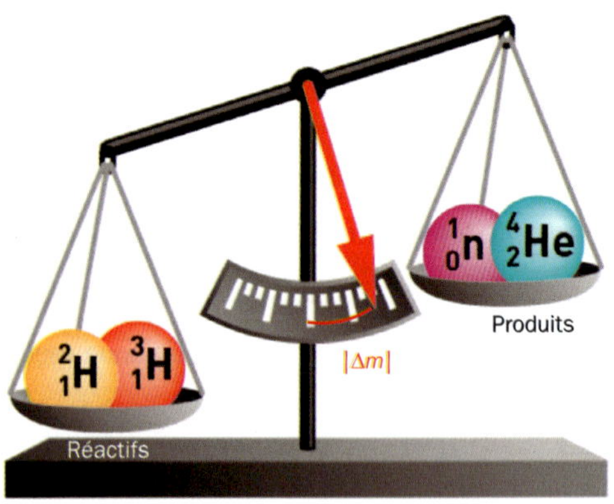

Doc. 3 Le Soleil, un réacteur nucléaire

▸ Les scientifiques s'interrogèrent pendant plusieurs siècles sur la source d'énergie qui permettait aux étoiles de briller si longtemps. La solution fut trouvée au début des années 1930 : notre étoile est le siège de réactions de **fusion nucléaire** qui consomment de l'hydrogène pour former de l'hélium.

▸ C'est l'astronome américain Charles Critchfield qui proposa le détail du processus, qui met en jeu une succession de plusieurs réactions nucléaires. On peut les résumer selon le bilan :

$$^{2}_{1}H + ^{3}_{1}H \rightarrow ^{4}_{2}He + ^{1}_{0}n$$

Ces réactions de fusion, qui se déroulent dans le cœur de l'étoile, s'accompagnent de l'émission de photons. Du fait de l'extrême densité du Soleil, ces derniers mettent plusieurs millions d'années pour atteindre la surface du Soleil, appelée photosphère. C'est la photosphère qui est la partie « visible » de l'étoile. La température du cœur, occupant environ un quart du rayon de l'étoile, est de l'ordre de 15 millions de degrés.

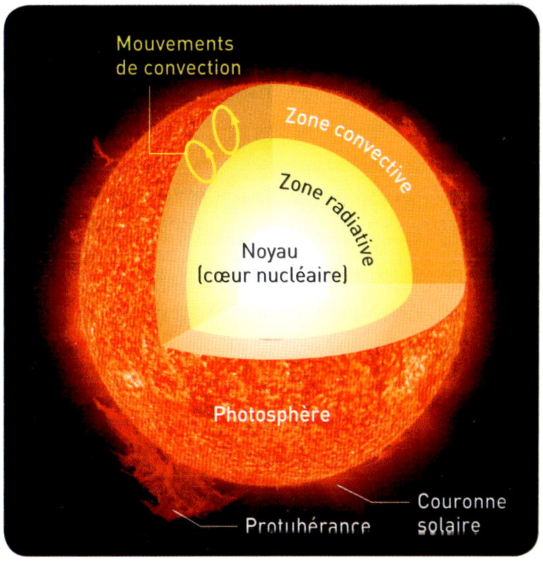

Structure interne du Soleil, en coupe

Doc. 4 La luminosité du Soleil

▸ Quelle est la puissance totale rayonnée par le Soleil ? Pour l'estimer, les scientifiques ont effectué des mesures.
Ils ont ainsi déterminé que la puissance reçue par une surface de 1 m^2 placée perpendiculairement au rayonnement solaire, au-dessus de l'atmosphère terrestre, est à peu près constante : c'est la « **constante solaire** », notée K, qui vaut 1 361 $W \cdot m^{-2}$.

▸ À partir de cette dernière, on calcule la **puissance totale rayonnée** par le Soleil en considérant une gigantesque sphère imaginaire centrée sur le Soleil, et dont le rayon correspond à la distance moyenne Terre-Soleil. En notant S la surface totale de cette sphère, on trouve :

$$P = K \cdot S$$
soit $P = 3{,}84 \cdot 10^{26}$ W.

En réalité, la constante solaire varie légèrement au cours du temps. Des satellites surveillent donc son évolution afin de mieux comprendre les relations entre l'activité solaire et le climat terrestre.

Le satellite *SoHO* mesure la constante solaire à l'aide de son radiomètre VIRGO.

Guide de travail

1 Sachant que la Terre est située à environ 150 millions de kilomètres du Soleil, calculer la surface S de la sphère imaginaire centrée sur le Soleil (doc. 4).

2 Vérifier la valeur de la puissance totale rayonnée par le Soleil (doc. 4).

3 En déduire la valeur de la masse perdue par le Soleil chaque seconde (docs. 1, 2 et 4).

4 Expliquer pourquoi la masse du Soleil est en constante diminution (docs. 2 et 3).

Synthèse Expliquer d'où le Soleil tire son énergie, et comment ce phénomène induit une perte de masse quantifiable.

Vocabulaire

Photon « Quantum » d'énergie associé aux ondes électromagnétiques.

Puissance Cette grandeur en watts (W), représente l'énergie reçue en joules (J) chaque seconde.

Zone radiative Zone située autour du noyau du Soleil dans laquelle les photons se propagent du cœur vers la surface.

Zone convective Dernière couche, située à l'intérieur du Soleil, où la matière chaude monte vers la surface et la matière froide descend.

Activité documentaire

Objectif général de formation
Identifier et mettre en œuvre des pratiques scientifiques

2 La température des étoiles

La lumière qui nous parvient des étoiles fournit de nombreuses informations aux astronomes : la température de surface de l'astre, la composition chimique de son atmosphère, et même sa vitesse de déplacement par rapport à la Terre ! Comment décrypter les messages de la lumière ?
Objectif Appliquer la loi de Wien pour déterminer la température de surface d'une étoile.

Doc. 1 Rayonnement du corps noir

C'est en étudiant les caractéristiques de la lumière émise par un corps chauffé que les physiciens en vinrent à imaginer un corps « idéal » qui absorbe totalement les rayonnements à toute longueur d'onde. Ils appelèrent ce corps théorique un « corps noir ».

Lorsqu'il est chauffé, un corps noir émet un **rayonnement d'origine thermique** dont le spectre est continu, et qui ne dépend que de sa température. Ce rayonnement a été décrit pour la première fois par Max Planck, un physicien allemand, en 1900.

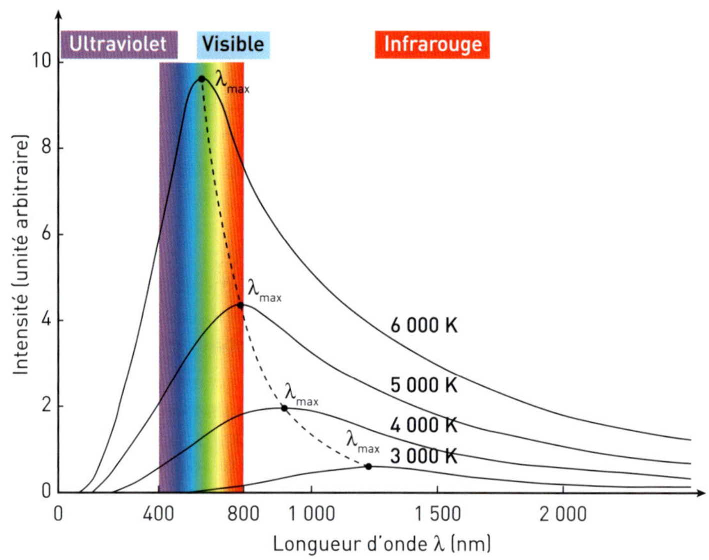

Représentation de l'intensité lumineuse émise par un corps noir en fonction de la longueur d'onde, pour différentes températures

Doc. 2 Loi de Wien

En 1896, Wilhelm Wien, un autre physicien allemand, a publié une étude sur la répartition de l'intensité du rayonnement du corps noir en fonction de sa longueur d'onde et de la température du corps noir. De façon empirique, il remarque que cette répartition passe par un maximum pour une valeur donnée de longueur d'onde notée λ_{max}.

La température T (en kelvin) de ce corps noir est reliée à la longueur d'onde λ_{max} (en nanomètre) par la relation :

$$T = \frac{2{,}89 \cdot 10^6}{\lambda_{max}}$$

On passe de la température T, en kelvin, à une température θ, en degré celsius, par la relation $T = \theta + 273{,}15$.

Plus un métal incandescent est chaud, plus la longueur d'onde du maximum d'émission est petite. Le métal passe du rouge à l'orange, au jaune, puis au blanc.

Doc. 3 Courbe spectrale du rayonnement émis par le Soleil

On représente ci-contre l'intensité lumineuse en fonction de la longueur d'onde pour :

> le rayonnement émis par un corps noir de température 5 900 K ;

> le rayonnement solaire, observé en dehors de l'atmosphère terrestre ;

> et le rayonnement solaire reçu à la surface de la Terre.

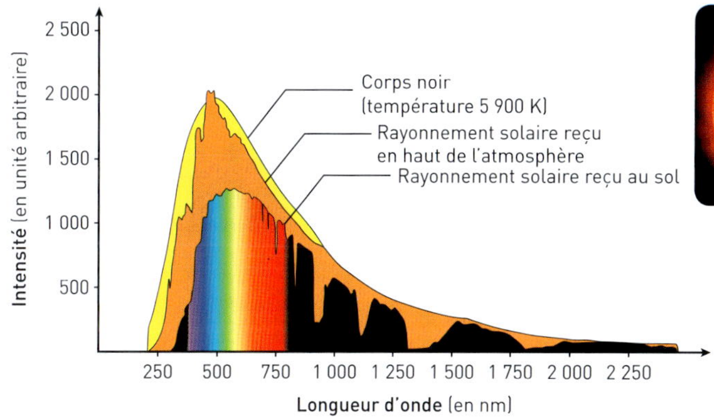

Doc. 4 Des étoiles très lumineuses

- Aldébaran est l'étoile la plus brillante de la constellation du Taureau. Cette géante a un diamètre 45 fois plus grand que celui du Soleil, et est 520 fois plus brillante que ce dernier.
- L'étoile Rigel, quant à elle, est une supergéante bleue située dans la constellation d'Orion. Elle est à peu près 40 000 fois plus lumineuse et 80 fois plus grande que le Soleil.

On donne ci-dessous les représentations graphiques du spectre de leur rayonnement.

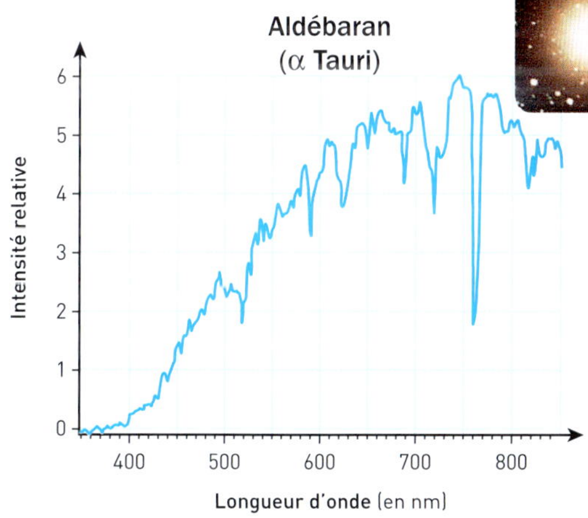

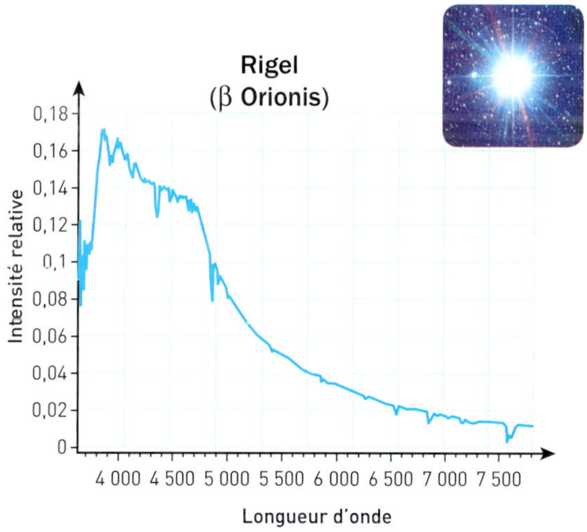

Guide de travail

1 Commenter les différences entre les trois courbes spectrales tracées dans le doc. 3.

2 Expliquer pourquoi le Soleil peut être considéré comme un corps noir dont la température de surface est de 5 627 °C (docs. 1 à 3).

3 D'après la loi de Wien (doc. 2), préciser comment évolue la longueur d'onde d'émission maximale λ_{max} quand la température diminue.

4 Déterminer la longueur d'onde d'émission maximale pour les étoiles Aldébaran et Rigel (doc. 4).

5 Appliquer la loi de Wien pour en déduire la température de la surface de ces étoiles.

6 Relier la température de surface des étoiles à leur couleur apparente.

Synthèse Expliquer comment déterminer la température de surface d'une étoile.

Vocabulaire

Spectre continu (Par opposition à spectre discret) spectre d'un rayonnement pour lequel l'ensemble des longueurs d'onde sont émises.

Supergéante Type d'étoile très massive, d'environ 10 à 70 masses solaires.

Activité ouverte

Objectif général de formation

Comprendre la nature du savoir scientifique et ses méthodes d'élaboration

3 La puissance solaire reçue en différents endroits du globe

Plusieurs facteurs influent sur le climat d'un point du globe. Certaines variations sont dues à l'altitude, ou encore au voisinage ou non de courants marins. Mais de manière globale, pourquoi observe-t-on des températures différentes à l'équateur et aux pôles ?

Consigne

Expliquer comment la température moyenne d'un lieu évolue en fonction de la latitude, et quelle en est la cause principale.

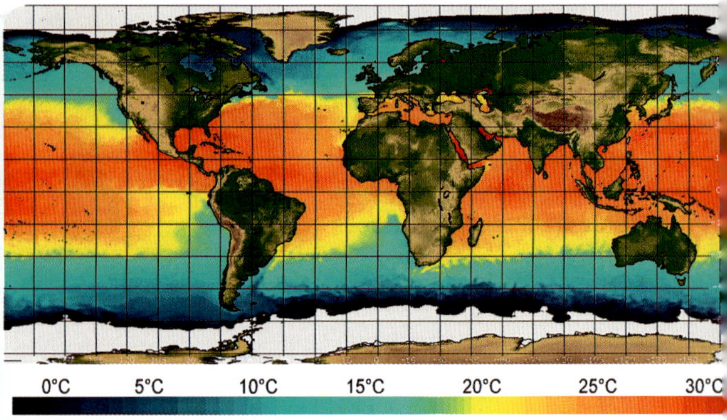

Température moyenne à la surface des océans, le 23 septembre 2018.

Doc. 1 Les variations de température à la surface du globe

Les graphiques ci-contre présentent les variations de température moyenne mensuelle au cours de l'année dans trois villes de l'hémisphère nord :

> à Copenhague (Danemark), située à environ 55° de latitude Nord et 14 m d'altitude ;

> à Nuuk (Groënland), située à environ 64° de latitude Nord et à 1 m d'altitude ;

> à Dakar (Sénégal), située à environ 14° de latitude Nord et à 12 m d'altitude.

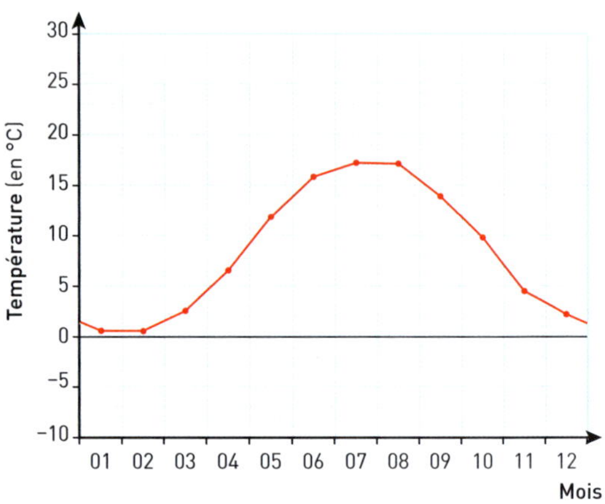

Variations de température moyenne à Copenhague au cours de l'année

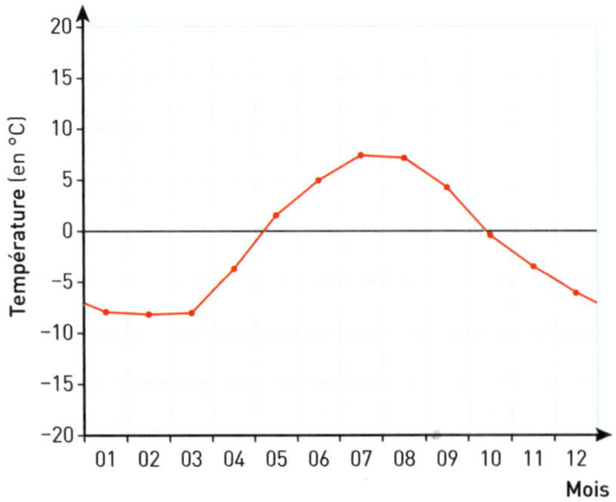

Variations de température moyenne à Nuuk au cours de l'année

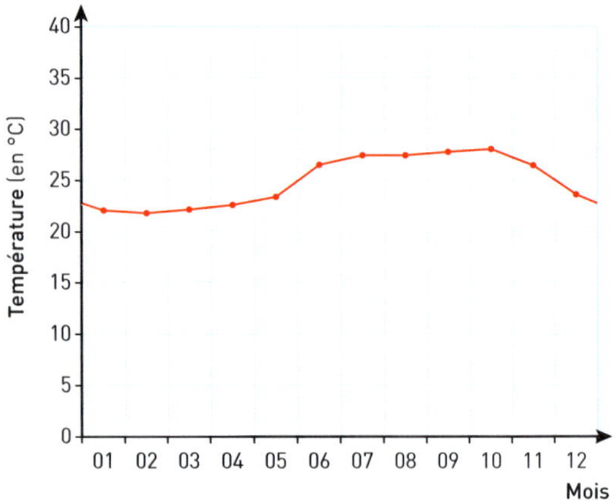

Variations de température moyenne à Dakar au cours de l'année

Doc. 2 Inclinaison des faisceaux lumineux à la surface de la Terre

- Le Soleil est une source de lumière très éloignée de la Terre : on peut considérer que ses rayons arrivent tous parallèlement entre eux à la surface de la Terre.
- Sur le schéma ci-contre, la Terre est représentée à l'équinoxe de printemps. À cette date, les rayons du Soleil arrivent verticalement à l'équateur lorsqu'il est midi, heure solaire locale. La puissance solaire reçue par unité de surface vaut alors 1000 W · m^{-2} environ.

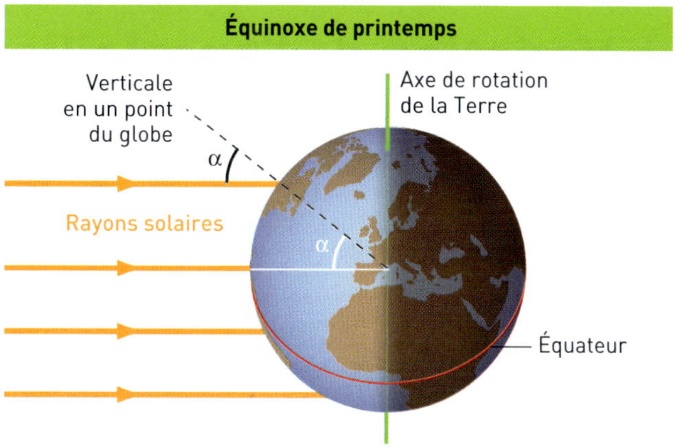

Doc. 3 Inclinaison des faisceaux lumineux et surface éclairée

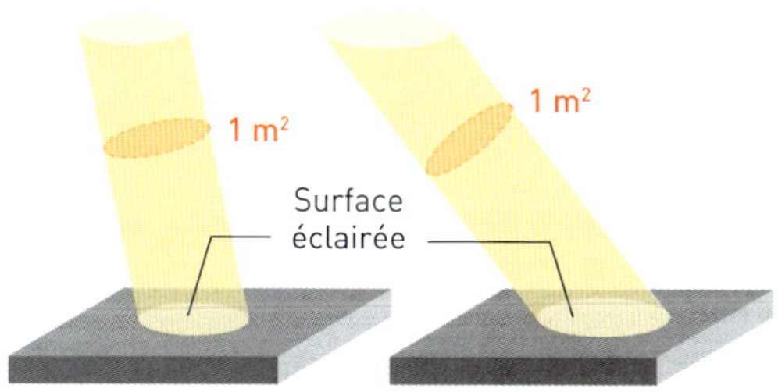

Comment évolue la surface éclairée par un faisceau lumineux en fonction de l'angle d'inclinaison ?
Pour répondre à cette question, on réalise une expérience : un faisceau lumineux avec une section de 1 m^2 est dirigé vers un plan. On fait varier l'inclinaison du faisceau et on mesure l'aire de la surface éclairée en fonction de l'angle formé avec la perpendiculaire.

Angle entre le faisceau lumineux et la perpendiculaire	Aire de la surface éclairée sur le plan (en m^2)
14°	1,03
55°	1,74
64°	2,28

Les panneaux solaires sont installés inclinés, de manière à concentrer les rayons solaires incidents sur une faible surface. L'angle optimal dépend de la latitude, de l'orientation du panneau et de la saison.

Coups de pouce

1 Au regard des variations de températures dans les trois lieux (doc. 1), peut-on affirmer que la température est toujours plus élevée vers l'équateur que vers les pôles ?

2 Évaluer les températures moyennes à Dakar, à Copenhague et à Nuuk au cours de l'année à partir de la température maximale et de la température minimale :

$$T_{moy} = \frac{T_{min} + T_{max}}{2}.$$

3 Préciser comment varie la température moyenne à la surface terrestre lorsqu'on se déplace de l'équateur vers les pôles.

4 On se place à la date de l'équinoxe de printemps, à midi heure solaire. Déterminer l'angle formé entre un faisceau lumineux issu du Soleil et la verticale à Dakar, Copenhague et Nuuk (docs. 1 et 2).

5 **a.** Calculer la puissance solaire reçue par mètre carré dans chacune des trois villes au même moment.

b. Faire le lien avec la température moyenne mesurée dans chacune des villes (doc. 3).

Vocabulaire

Latitude Angle formé entre la verticale du lieu et l'équateur.

Équinoxe Date à laquelle la durée du jour est égale à celle de la nuit, soit 12 h, partout sur Terre. Il se produit deux équinoxes dans l'année, à l'automne et au printemps.

Puissance solaire reçue Elle représente l'énergie solaire reçue sur chaque mètre carré en une seconde, et s'exprime en W · m^{-2}.

Activité documentaire

Objectif général de formation
Comprendre la nature du savoir scientifique et ses méthodes d'élaboration

4 Variation de l'ensoleillement au cours du temps

Une grande partie de la population pense que les saisons sont dues à la variation de la distance Terre-Soleil. Or l'orbite de la Terre autour du Soleil est assez proche d'un cercle ; en outre, cette hypothèse est incompatible avec le fait que les saisons soient « inversées » entre l'hémisphère Nord et Sud. Le rythme des saisons a donc une autre origine !

Objectif Comprendre l'origine des variations de températures au cours de l'année et de la journée.

Doc. 1 Mouvement de révolution de la Terre autour du Soleil

Pour comprendre le phénomène de saisons, il est nécessaire de prendre en compte l'inclinaison de l'axe de rotation de la Terre. Cet axe est incliné de 23,5° par rapport à la perpendiculaire au plan orbital de la Terre (l'écliptique). Lors de la révolution de la Terre autour du Soleil, cet axe reste parallèle à lui-même.

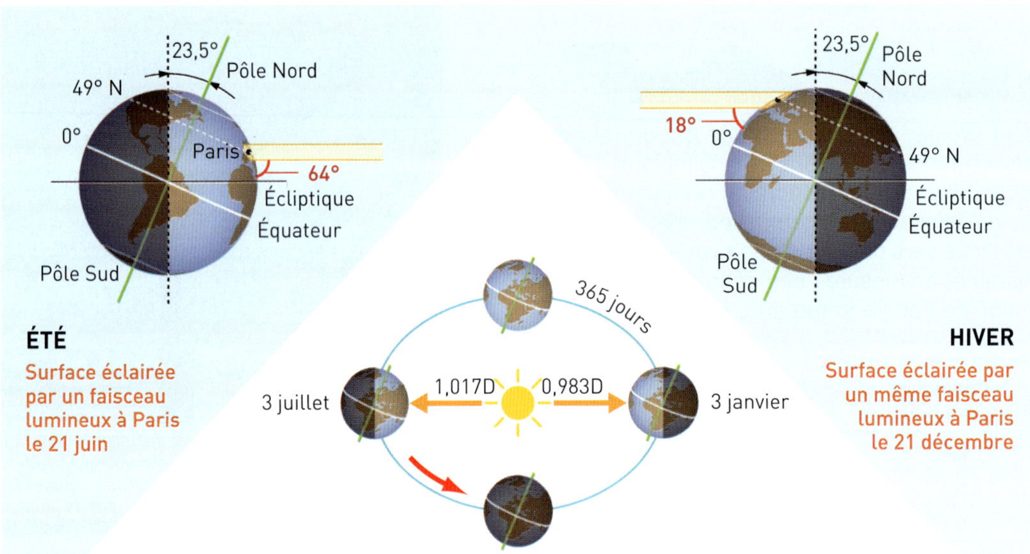

Mouvement de révolution de la Terre autour du Soleil (D = 1 unité astronomique)

Ainsi, un faisceau lumineux arrivant sur Paris se répartit sur une plus grande surface lors du solstice d'hiver que lors du solstice d'été. La situation serait inversée dans l'hémisphère sud.

Doc. 2 Variation de la durée de la journée au cours de l'année

Au cours de l'année, les durées du jour et de la nuit varient.
Dans l'hémisphère Nord, le 20 ou 21 juin correspond au solstice d'été : c'est le jour le plus long, et la nuit la plus courte. Le Soleil nous réchauffe donc plus longtemps cette journée-là !
La durée du jour diminue ensuite pour atteindre son minimum le 21 ou 22 décembre, puis croît à nouveau.

Date	Durée du jour à Paris
22 décembre 2019	8 heures 14 minutes
20 mars 2020	12 heures
20 juin 2020	16 heures 10 minutes

Doc. 3 Variation de la température au cours de la journée

Quels que soient la date et le lieu, au cours de la journée, on observe en moyenne une augmentation de la température jusque vers midi (heure solaire locale), puis une diminution de la température. Dans une journée, la température maximale correspond approximativement au moment où le Soleil est le plus haut dans le ciel.

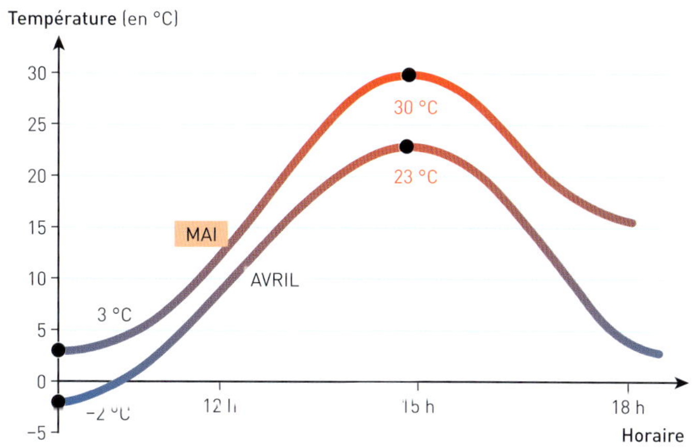

Évolution de la température moyenne en fonction de l'heure légale (2 h d'avance sur le Soleil) à Mont-de-Marsan

Doc. 4 La course du Soleil dans le ciel

Chaque jour, nous voyons le Soleil se lever vers l'est, monter dans le ciel jusque vers midi heure solaire, puis redescendre pour se coucher vers l'ouest. En perçant un petit trou dans une boîte renfermant un film photographique et en le laissant à l'air libre pendant plusieurs jours, on obtient une image de cette course qu'effectue le Soleil chaque journée dans le ciel : un solargraphe.
On remarque que la courbe que décrit le Soleil au-dessus de l'horizon est au plus bas au solstice d'hiver, et au plus haut au solstice d'été.

Solargraphe relevé entre le solstice d'été et le solstice d'hiver en 2011, au nord de Londres. Les pointillés sombres traduisent un ciel couvert.

Guide de travail

1 Comparer qualitativement la puissance solaire reçue par mètre carré à Paris lors du solstice d'hiver et lors du solstice d'été (doc. 1).

2 Représenter approximativement les faisceaux lumineux arrivant à Dunedin (Nouvelle-Zélande), de latitude 46° sud, le 21 juin et le 21 décembre (doc. 1).

3 Indiquer la saison à Paris et Dunedin lorsque la Terre est à sa position la plus proche du Soleil.

Même question lorsque la Terre est à sa position la plus éloignée (doc. 1).

4 Expliquer comment varient les durées du jour et de la nuit au cours de l'année à Paris, et comment ces variations influent sur la température moyenne (docs. 1 et 2).

5 Schématiser (sans souci de précision) les faisceaux lumineux arrivant à 8 h du matin et à midi (heure solaire) en France métropolitaine sur la surface terrestre. En déduire une relation entre la hauteur du Soleil et la température mesurée (docs. 3 et 4).

Synthèse Expliquer comment l'ensoleillement influe sur la température mesurée sur Terre, au cours de la journée et au cours de l'année.

Vocabulaire

Solstice Le solstice d'été correspond à la date pour laquelle la durée du jour est maximale (20/21 juin), tandis que le solstice d'hiver est la date à laquelle la durée du jour est minimale (21/22 décembre dans l'hémisphère nord).

Essentiel

1 Exploiter la relation d'équivalence entre masse et énergie

- Au cœur des étoiles, les températures sont de l'ordre de 15 millions de degrés. Dans ces conditions extrêmes, des noyaux d'atomes d'hydrogène peuvent alors **fusionner** pour former des noyaux d'hélium.
- Pour les réactions nucléaires qui s'effectuent dans les étoiles, la masse des produits obtenus est inférieure à celle des réactifs.
La masse manquante est appelée **défaut de masse** $|\Delta m|$.
Cette diminution se traduit par une libération d'énergie E, selon la **relation d'Einstein** :

$$E = |\Delta m| \cdot c^2$$

où E est en J, $|\Delta m|$ en kg, et c la vitesse de la lumière dans le vide en $m \cdot s^{-1}$.
- Cette énergie est perdue par les étoiles sous forme d'un rayonnement électromagnétique qui se propage à travers l'espace.

Défaut de masse lors de la réaction de fusion :

$${}^{2}_{1}H + {}^{3}_{1}H \rightarrow {}^{1}_{0}n + {}^{4}_{2}He$$

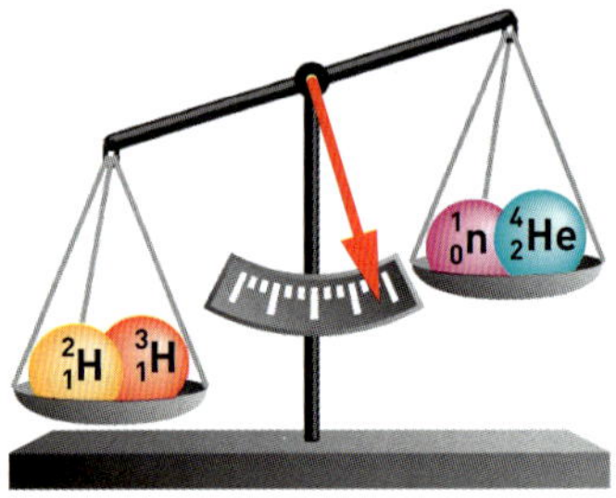

2 Calculer la température de surface d'une étoile

- Comme tous les corps matériels, du fait de leur température, les étoiles et le Soleil **émettent un rayonnement d'origine thermique**.
- Le **spectre du rayonnement** émis par la surface est un spectre **continu**. Il dépend uniquement de la température de surface de l'étoile.
- D'après la loi de Wien, **la longueur d'onde d'émission maximale est inversement proportionnelle à la température, exprimée en kelvin, de la surface de l'étoile.**

Exemples

Rigel : λ_{max} = 260 nm, T = 11 000 K ;
Bételgeuse : λ_{max} = 810 nm, T = 3 600 K.

- Le maximum du rayonnement solaire se situe à λ_{max} = 500 nm, dans le vert. Sa température de surface est de l'ordre de 5 800 K.

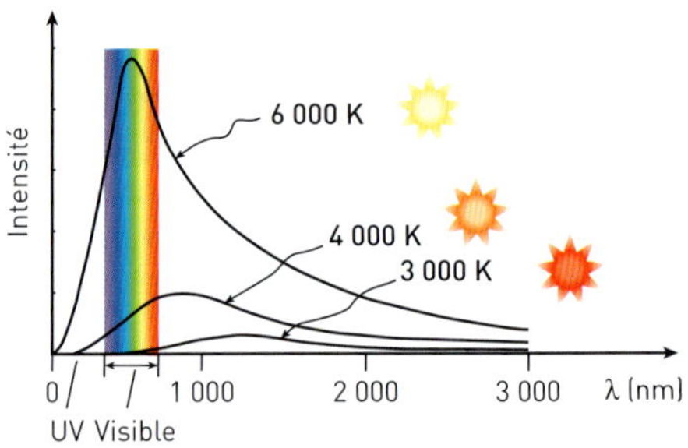

Spectres et couleurs du rayonnement émis par un corps noir à différentes températures

3 Traiter statistiquement des données de température

- L'évolution de la température en un lieu au cours d'une journée comporte un fort caractère aléatoire, lié aux **conditions météorologiques**. Le **climat** d'un lieu s'étudie donc à partir de l'analyse de **moyennes temporelles de températures**.
- Plusieurs moyennes peuvent être calculées : la température moyenne quotidienne, à partir des températures maximale et minimale du jour ; ou encore la température moyenne mensuelle ou annuelle, à partir des températures moyennes quotidiennes.

Évolution de la température à Tours au cours de l'année

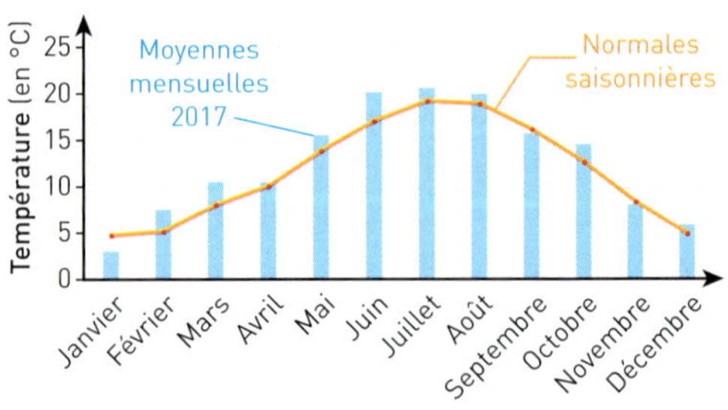

Exemple

Les **normales climatiques** sont des moyennes calculées sur des périodes de trente ans.
Les valeurs actuelles de référence ont été calculées sur la période 1981-2010.

4 Interpréter les variations de la puissance reçue du Soleil

Variations selon la configuration

• Des rayons du Soleil qui arrivent perpendiculairement à la surface de la Terre peuvent fournir une puissance de **1 000 watts par mètre carré** ($W \cdot m^{-2}$) environ. En général, ils arrivent avec un certain angle par rapport à la perpendiculaire du lieu.

• Sur une surface plane horizontale, la **puissance solaire reçue par mètre carré** est maximale quand les rayons parviennent à la verticale. Plus les rayons sont rasants, plus la puissance reçue est faible.

• La puissance solaire totale reçue est proportionnelle à la **surface éclairée**. Pour une surface S, la puissance solaire P_{tot} reçue est :

$$P_{tot} = p \cdot S$$

où P_{tot} est en W, p est la puissance reçue par mètre carré en $W \cdot m^{-2}$, et S est en m².

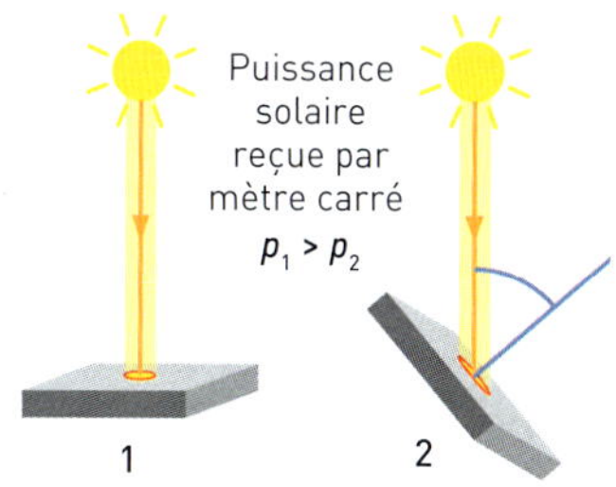

Variations géographiques et temporelles

La puissance solaire reçue par unité de surface terrestre dépend de l'**heure**, du **moment de l'année** et de la **latitude** du lieu.

• **Zonation climatique**
Vers l'équateur, les rayons du Soleil sont presque perpendiculaires à la surface. Vers les pôles, ils sont rasants.

La puissance solaire reçue par mètre carré est donc maximale vers l'équateur, et diminue en se dirigeant vers les pôles.

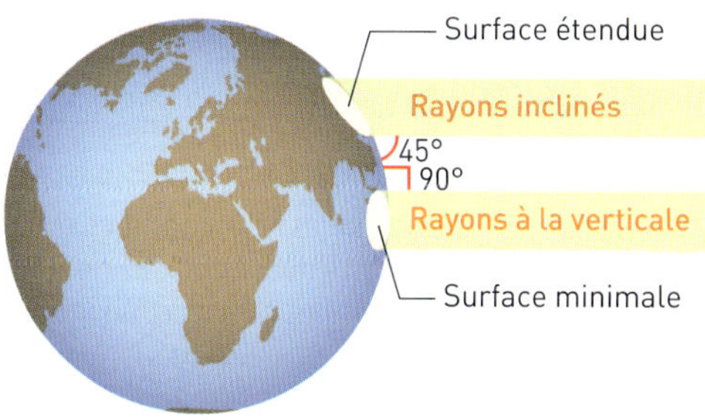

• **Variation diurne**
Au cours de la journée, la hauteur du Soleil dans le ciel varie. La puissance solaire reçue par mètre carré augmente donc du lever du Soleil jusqu'à midi heure solaire, puis diminue jusqu'au coucher du Soleil.

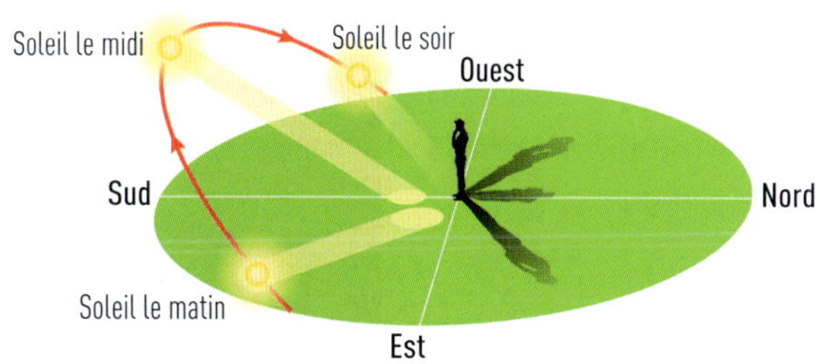

• **Variation saisonnière**
Au cours de l'année, la Terre se déplace sur son orbite avec un axe de rotation toujours parallèle à lui-même. Selon la position de la Terre sur son orbite, pour un même point du globe, les faisceaux lumineux n'arrivent donc pas toujours avec la même inclinaison.

Ainsi, dans l'hémisphère nord, la puissance solaire reçue par mètre carré est plus grande lorsque le pôle Nord est orienté vers le Soleil (c'est alors l'**été**), et plus faible lorsque c'est le pôle Sud qui est orienté vers le Soleil (c'est alors l'**hiver**).

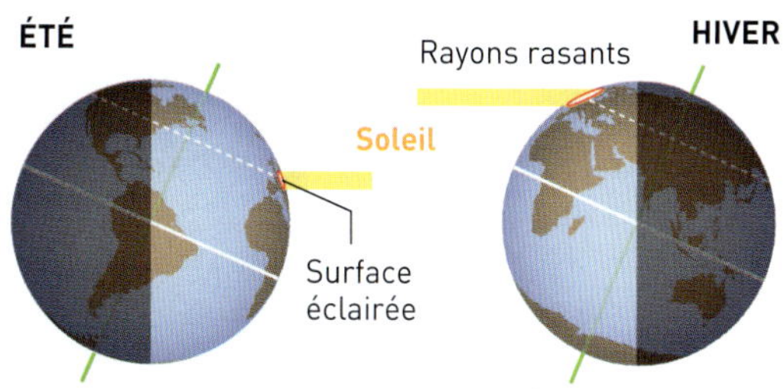

De la lumière au laser

Dans certaines conditions, la matière rayonne. Elle émet des particules de lumière, les photons, qu'elle a initialement absorbés. En 1917, Albert Einstein imagine comment multiplier ces photons pour amplifier le rayonnement. Il décrit ainsi le fonctionnement du laser, quarante-trois ans avant son invention !

Albert Einstein dans les années 1920

Il faut revenir à l'interaction des atomes avec la lumière pour comprendre le principe du laser. Exposé à la lumière, un atome de matière n'est sensible qu'à une certaine longueur d'onde, autrement dit il n'absorbe que le photon de la couleur correspondante. L'énergie absorbée le fait alors passer de son état normal à un état « excité ». Lorsque l'atome revient à son état initial, il relâche un photon de même nature que celui qu'il avait absorbé.

C'est là qu'intervient la proposition d'Einstein. Selon lui, en exposant un atome « excité » à un photon, toujours de la même longueur d'onde, un deuxième photon exactement identique est alors libéré par l'atome. On a donc multiplié le rayonnement par deux, et le phénomène s'amplifie au fil des atomes.

Pourtant, il fallut attendre 1960 pour que les physiciens mettent en pratique cette théorie. D'abord parce que, dans l'article de 1917, Einstein s'intéressait essentiellement à l'aspect énergétique et non pas à la production de lumière par la matière. Les physiciens de l'époque ne pouvaient, en plus, pas imaginer la forme particulière que prendrait cette multiplication des photons. Les chercheurs comprirent bien plus tard que les photons libérés lors de cette forme d'activation de la matière sont non seulement d'une seule et même couleur, mais suivent exactement la même trajectoire. Le faisceau à l'énergie amplifiée est donc un fin pinceau unidirectionnel, ce qui lui confère des propriétés inédites.

Très vite après sa mise au point dans les années 1960, les chercheurs ont trouvé au rayon laser des applications dans les laboratoires, en industrie pour découper des métaux, ou en chirurgie comme bistouri de précision. Aujourd'hui, son principal usage consiste à transporter les flux d'informations dans les centaines de millions de fibres optiques qui sillonnent océans et continents pour les besoins des réseaux mondiaux de télécommunications.

Une étoile miniature créée par laser

Quand on réunit 192 rayons lasers sur une cible de la taille d'une pointe de crayon, on peut la chauffer à plus de 100 millions de degrés Celsius et l'amener à des pressions extrêmes. C'est ainsi que les chercheurs du laboratoire Lawrence Livermore en Californie tentent régulièrement d'allumer une mini étoile à partir d'un peu d'hydrogène dans leur laser géant. Et ça marche !
Pendant une fraction de seconde l'hydrogène fusionne comme au cœur du Soleil, les physiciens en profitent pour étudier le phénomène en laboratoire faute de pouvoir l'observer sur le terrain !

Le laboratoire Lawrence Livermore et son laser géant

Gare aux éruptions solaires !

Il était 3 heures du matin quand une lumière étrange vint réveiller les campeurs dans les montagnes Rocheuses. Au même moment de violents courants électriques traversaient les lignes télégraphiques déclenchant des feux dans certains bureaux de poste. C'était en 1859. Une gigantesque éruption solaire venait de provoquer sur Terre le plus gros orage magnétique jamais répertorié.

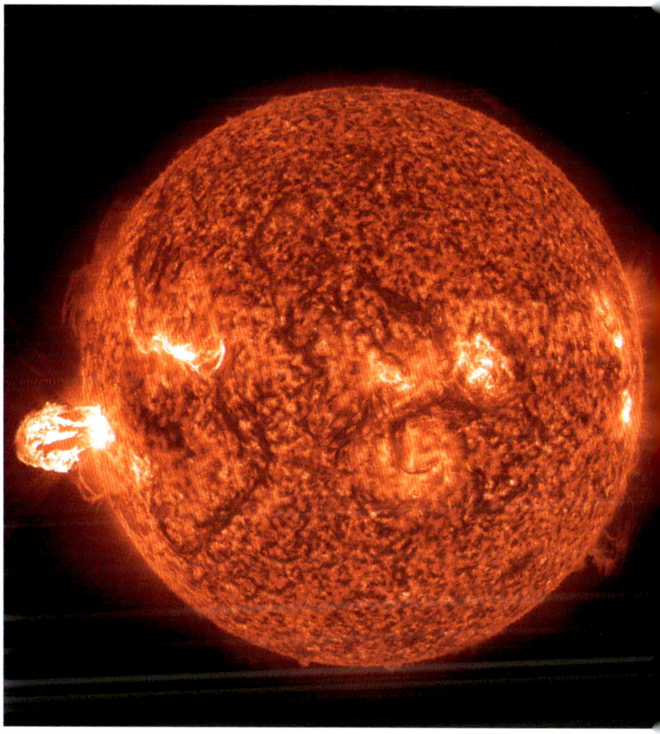

Une éruption solaire

Plus proche de nous, le 13 mars 1989, le même phénomène déclenchait une panne générale d'électricité au Québec, plongeant 6 millions de personnes dans le noir pendant 9 heures ! Et aujourd'hui encore on redoute ces spectaculaires évènements solaires qui pourraient semer le chaos en détruisant nos réseaux et appareils électroniques.

Certaines éruptions solaires envoient dans l'espace 2 000 milliards de tonnes de matière qui filent à la vitesse de 1,5 million de km·h-1 ! Fort heureusement, ce flux ionisé se heurte d'abord aux lignes de champ magnétique qui entourent et protègent notre planète. Celles-ci vont dévier les particules solaires vers les pôles provoquant de magnifiques aurores boréales au passage. Mais les particules peuvent également rentrer en collision avec des satellites qu'elles détériorent. Et parfois, le souffle magnétique de l'éruption solaire est si fort qu'il déforme le champ terrestre et déclenche au sol des courants électriques violents !

Pour s'en protéger, les astrophysiciens surveillent de près l'activité du Soleil et notamment les boucles magnétiques qui se forment à la surface de la boule de feu. C'est en effet dans le secret de ces boucles, dont certaines finissent par exploser en expulsant dans l'espace de longues traînées de matière brûlante et ionisée, que l'on trouvera le moyen de prévoir ces gigantesques éruptions solaires.

Grâce à ces observations, on sait aujourd'hui alerter 48 minutes avant l'arrivée d'un orage magnétique. Avec la nouvelle sonde Parker Solar Probe, envoyée tout près de la couronne solaire, les chercheurs espèrent améliorer les prévisions de manière à avoir un ou deux jours de délai pour mettre à l'abri nos satellites GPS, réseaux électriques et Internet.

Les aurores boréales sont des signes de la violence solaire

Quand des particules solaires s'infiltrent par les pôles dans notre atmosphère, le spectacle est saisissant. Des voiles de lumière rouge, jaune ou verte embrasent le ciel en pleine nuit. Ce sont les aurores boréales qui n'ont rien à voir avec la lumière du petit matin. Ces apparitions mouvantes sont la manifestation du choc entre les particules solaires et notre atmosphère. Les particules qui sont chargées excitent les atomes d'oxygène et d'azote de l'air ce qui déclenche un festival de fluorescence.

Une aurore boréale en Scandinavie

Exo Version interactive Lienmini.fr/Ens-Sci1-13

Apprendre à apprendre

1 Recenser les idées fausses les plus répandues selon soi sur les thèmes :
- Conservation de la masse lors des réactions ;
- Couleur des étoiles et température ;
- Puissance solaire et surface éclairée ;
- Les saisons.

2 Schématiser deux faisceaux lumineux de même puissance, l'un presque perpendiculaire à la surface éclairée et l'autre rasant.
Pour chaque schéma, citer des exemples de situations correspondantes au cours de la journée ou de l'année, en précisant le lieu au besoin.

3 Fabriquer des flashcards et indiquer sur le recto les grandeurs suivantes, et sur le verso les unités couramment associées. Puis, en tirer au sort et tenter de deviner un côté en fonction de l'autre.
→ *énergie, dans le système international ; énergie, pour une consommation électrique ; puissance solaire reçue ; puissance solaire reçue par unité de surface ; température absolue ; longueur d'onde d'une radiation ; température dans les relevés météo.*

4 Vrai-faux Origine de l'énergie des étoiles

Répondre par vrai ou faux aux affirmations.
1. L'énergie des étoiles est issue de réactions chimiques entre des atomes d'hydrogène.
2. Les étoiles tirent leur énergie de réactions nucléaires entre des noyaux d'atomes d'hydrogène.
3. L'origine de l'énergie des étoiles se trouve dans des réactions de combustion de carbone.

5 QCM Couleurs des étoiles

Indiquer la bonne réponse.
1. Les étoiles les plus chaudes sont de couleur :
a. bleue. b. rouge. c. blanche.
2. Une étoile rouge comme Bételgeuse émet principalement :
a. dans l'UV. b. dans l'IR. c. dans le visible.

6 QCM Température d'une étoile

Indiquer la bonne réponse.
Comment déterminer simplement la température de surface d'une étoile ?
1. En identifiant la longueur d'onde à laquelle l'intensité lumineuse maximale est émise.
2. En repérant, dans son spectre, la longueur d'onde maximale parmi les radiations émises.
3. En observant, dans son spectre, les radiations absorbées.

7 Vrai-faux Relevés de température

Répondre par vrai ou faux aux affirmations.
1. La température enregistrée à un endroit donné est toujours maximale à midi (heure solaire).
2. La température enregistrée à Orléans est toujours minimale la nuit du solstice d'hiver.
3. La moyenne des températures enregistrées sur trente ans à Édimbourg est inférieure à la moyenne des températures sur trente ans à Marrakech.

8 Vrai-faux Énergie et puissance

Répondre par vrai ou faux aux affirmations.
Si une surface de 2 m² reçoit une puissance solaire de 500 $W \cdot m^{-2}$ pendant 1 h, alors :
1. la puissance solaire totale reçue vaut 1 000 W.
2. la puissance solaire totale reçue vaut 250 W.
3. l'énergie reçue vaut 1 kWh.
4. l'énergie reçue vaut $3{,}6 \times 10^6$ J.

9 QCM Puissance solaire au cours de la journée

Indiquer la bonne réponse.
En un lieu donné, la puissance solaire reçue par mètre carré est généralement maximale :
1. à minuit. 2. à midi (heure officielle).
3. à midi (heure solaire).
4. au milieu de l'après-midi.

10 Puissance solaire reçue au cours de l'année

Indiquer, pour chaque situation ci-dessous, la position correspondante de la Terre (a, b, c ou d) :

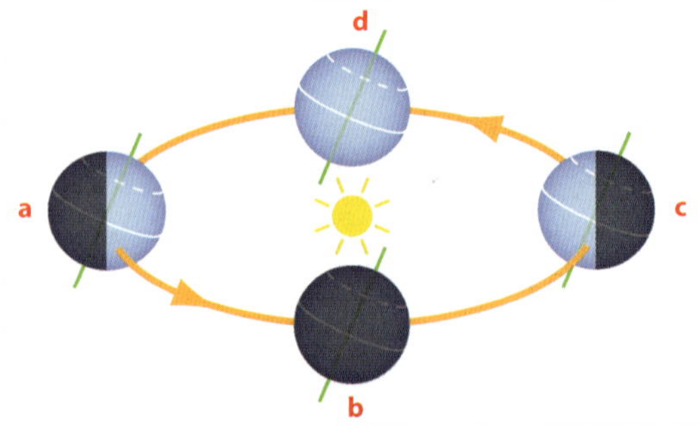

1. La puissance solaire reçue par mètre carré est maximale en France métropolitaine.
2. La puissance solaire reçue par mètre carré est maximale en Nouvelle-Zélande.
3. La durée du jour est égale à la durée de la nuit partout sur Terre.

Voir corrigés à la fin du manuel, p. 254

Équivalence entre masse et énergie

Données

Puissance rayonnée par le Soleil : $3{,}84 \cdot 10^{26}$ W.

$$E = |\Delta m| \cdot c^2$$

Équivalence masse-énergie (relation d'Einstein) : où E est l'énergie en J, $|\Delta m|$ la masse en kg, et c la vitesse de la lumière dans le vide en $m \cdot s^{-1}$.

11 Masse perdue par le Soleil

1. Calculer l'énergie rayonnée par le Soleil en une seconde, puis en un jour.
2. En déduire la masse perdue par le Soleil chaque seconde, puis chaque jour.

12 Réaction de fusion au sein du Soleil

Dans les étoiles, la fusion des noyaux d'hydrogène en hélium s'effectue selon un cycle de réactions que l'on peut résumer par l'équation suivante :

$$4\,{}^{1}_{1}H \rightarrow {}^{4}_{2}He + 2\,{}^{0}_{1}e + {}^{0}_{0}\gamma \text{ (photon)}$$

1. Calculer la variation de masse entre les produits et les réactifs de cette réaction de fusion.
2. En déduire l'énergie libérée par la fusion de quatre noyaux d'hydrogène à l'aide de la relation d'Einstein.
3. On admet que chaque seconde, le Soleil transforme environ 720 millions de tonnes d'hydrogène en hélium. Quelle quantité d'énergie le Soleil produit-il chaque seconde ?

Données

Masses : $m({}^{1}_{1}H) = 1{,}672\,7 \cdot 10^{-27}$ kg ;
$m({}^{4}_{2}He) = 6{,}646\,5 \cdot 10^{-27}$ kg ; $m({}^{0}_{1}e) = 9{,}963 \cdot 10^{-31}$ kg.

Température de surface d'une étoile

Données

D'après la loi de Wien, la température T (en kelvin) d'un corps noir est reliée à la longueur d'onde λ_{max} (en nanomètre) par la formule : $T = \dfrac{2{,}89 \cdot 10^6}{\lambda_{max}}$.

On passe de la température T en K à la température θ en °C par la relation : $T = \theta + 273{,}15$.

13 Lave d'un volcan

Pour mesurer la température de la lave, les vulcanologues utilisent des pyromètres optiques. Ces appareils captent le rayonnement infrarouge émis par un corps et fournissent une estimation de sa température de surface, sans entrer en contact avec celui-ci.

1. La température de la lave éjectée par un volcan est comprise entre 600 °C et 1 300 °C environ. Déterminer l'intervalle de longueurs d'onde dans laquelle se produit l'émission maximale.
2. Expliquer l'intérêt du pyromètre pour les vulcanologues.

14 Couleur des étoiles

Le Soleil présente un maximum d'émission à une longueur d'onde $\lambda_{max\,1} = 500$ nm, Sirius à $\lambda_{max\,2} = 290$ nm, et Antarès à $\lambda_{max\,3} = 810$ nm.

1. Sur un même graphique, tracer les allures des spectres des rayonnements émis par chaque étoile.
2. En déduire la couleur de chaque étoile dans le ciel nocturne sachant qu'une apparaît blanche, une autre rouge, et l'autre bleue.
3. Classer ces étoiles par températures croissantes.

Traitement statistique de températures

15 De la France à l'Australie

Les moyennes mensuelles des températures à Paris et à Melbourne sont données ci-dessous.

Températures moyennes à Paris (48 °N)

Mois	Janv.	Fév.	Mars	Avril	Mai	Juin
Temp. (en °C)	5,2	7,3	10,8	15,2	19	22,4
Mois	**Juil.**	**Août**	**Sept.**	**Oct.**	**Nov.**	**Déc.**
Temp. (en °C)	24,2	23,9	20,7	14,8	9,7	6

Températures moyennes à Melbourne (37 °S)

Mois	Janv.	Fév.	Mars	Avril	Mai	Juin
Temp. (en °C)	21	21,3	19,5	16,4	13,7	11,4
Mois	**Juil.**	**Août**	**Sept.**	**Oct.**	**Nov.**	**Déc.**
Temp. (en °C)	10,7	11,8	13,5	15,4	17	19,3

1. a. Représenter, sur un même graphique, l'évolution de la température au cours de l'année dans chaque ville.
b. Comparer les deux graphiques : pourquoi les courbes sont-elles décalées ?

2. Calculer la valeur moyenne de la température, au cours de l'année, dans chaque ville.
3. Expliquer la différence de température moyenne entre les deux villes.

16 Relevés horaires de température

Voici le relevé de températures dans la ville de Saint-Quentin-Roupy, heure par heure, le 15 novembre 2018 :

Heure	1h	2h	3h	4h	5h	6h	7h	8h
Temp. (en °C)	5,9	5,8	5,4	5,5	5,8	5,7	5,5	5,4
Heure	9h	10h	11h	12h	13h	14h	15h	16h
Temp. (en °C)	5,4	5,5	5,8	5,6	6,1	6,1	6,4	6,5
Heure	17h	18h	19h	20h	21h	22h	23h	0h
Temp. (en °C)	6,7	7,1	7,4	7,5	7,5	7,4	7,0	6,9

1. Calculer la température moyenne relevée à Saint-Quentin-Roupy le 15 novembre 2018.
2. Les météorologues calculent plutôt la « température moyenne quotidienne » en faisant la demi-somme de la température maximale et de la température minimale. Comparer les deux méthodes.
3. La normale saisonnière calculée sur la période 1981–2001 vaut 6,5 °C en novembre. Calculer l'écart à cette normale le 15 novembre 2018.

Variations de la puissance reçue du Soleil

Donnée

Sur une surface plane éclairée par des rayons solaires formant un angle α avec la perpendiculaire, la puissance solaire reçue par mètre carré vaut : $p = p(\text{incident}) \times \cos \alpha$.
p et $p(\text{incident})$ sont en $W \cdot m^{-2}$.

17 Vin et soleil

Pour arriver à maturité, le raisin a besoin de lumière ; un bon ensoleillement assure le développement des sucres du raisin. On obtient un vin plus onctueux et moins acide, avec un titrage en alcool plus élevé. L'exposition de la vigne est donc un facteur essentiel. Pour capter plus de lumière, l'exposition optimale est l'orientation sud. De nombreux vignobles sont également installés sur des pentes.

• Expliquer pourquoi il est intéressant de planter des vignes en pente à nos latitudes.

On donne la hauteur du Soleil à Paris au-dessus de l'horizon :

Date	solst. d'été	équinoxes	solst. d'hiver
Hauteur	64°	41°	18°

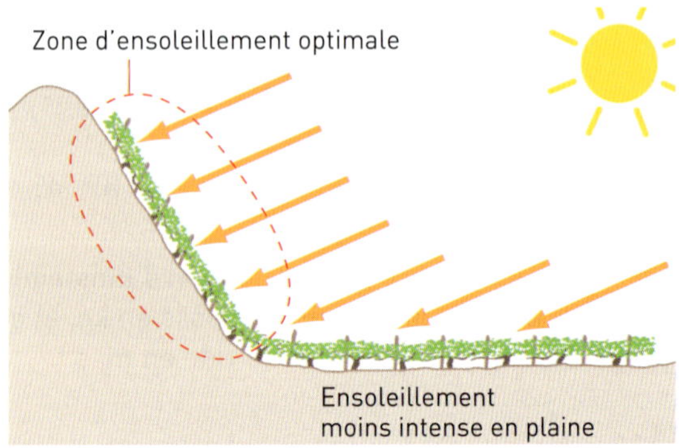

18 Du matin au soir

Le 21 juin à Toulouse, la hauteur du Soleil prend les valeurs suivantes :
– Vers 11 h 10, 50° au-dessus de l'horizon ;
– Vers 14 h 10, 70° au-dessus de l'horizon ;
– Vers 19 h 30, 20° au-dessus de l'horizon.

1. Considérons un faisceau de rayons solaires de section 1 m^2. Calculer la surface horizontale éclairée par un tel faisceau à Toulouse aux trois instants cités.
2. On admet que le faisceau lumineux a une puissance de 1 000 W. Calculer la puissance reçue par mètre carré aux trois instants précédents.
3. Décrire comment évolue la puissance solaire reçue par m^2 sur une surface horizontale au cours de la journée.

19 Hauteur du Soleil à Nice

Le graphique ci-dessous montre la variation de la déclinaison du Soleil (à midi heure solaire) en fonction de l'année dans l'hémisphère Nord.

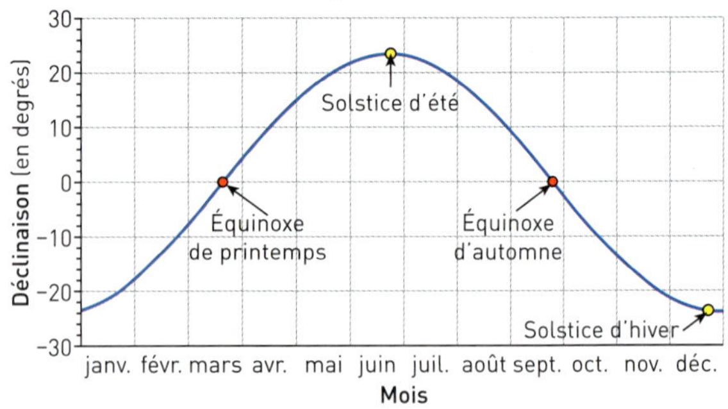

Pour calculer la hauteur h du Soleil au-dessus de l'horizon en un lieu donné, il faut faire le calcul suivant :

$$h = 90° + \textbf{déclinaison} - \textbf{latitude du lieu}$$

1. Sachant que la latitude de Nice vaut 43,7°, calculer la hauteur du Soleil à Nice à midi (heure solaire) lors des équinoxes et des solstices.
2. Calculer la puissance solaire reçue par m^2 sur une surface horizontale éclairée par un faisceau de rayons solaires de section 1 m^2, de puissance 1 000 W, lors des quatre dates précédentes.
3. Décrire comment évolue la puissance solaire reçue par mètre carré sur une surface horizontale au cours de l'année.

20 Souvent la température varie

Argumenter — 30 min.

• Décrire, en la justifiant, la variation des températures moyennes sur Terre en fonction de la latitude, en fonction de l'heure et du moment de l'année.

21 Cure d'amaigrissement pour le Soleil

Calculer — 30 min.

La lumière solaire présente un maximum d'intensité à la longueur d'onde λ_{max} = 504 nm. La puissance rayonnée par unité de surface par un corps à la température T (en kelvin) est donnée par la loi de Stefan-Boltzmann : $P = \sigma \cdot T^4$ (avec P en $W \cdot m^{-2}$, T en K et $\sigma = 5{,}67 \cdot 10^{-8}\ W \cdot m^{-2} \cdot K^{-4}$).

Rappel

Loi de Wien : $T = \dfrac{2{,}89 \cdot 10^6}{\lambda_{max}}$ où T est en K (on a T (K) = θ (°C) + 273,15) et λ_{max} est en nm.

1. Le diamètre du Soleil vaut $d = 1{,}39 \cdot 10^6$ km. Calculer la puissance du rayonnement émis par le Soleil.
2. À l'aide de la relation d'Einstein, calculer la durée nécessaire (en années) pour que le Soleil perde une masse égale à celle de la Terre, qui vaut $5{,}97 \cdot 10^{24}$ kg.

22 Variation de la température au cours de l'année

Analyser — 30 min.

Doc. 1 Lien entre température et énergie lumineuse

Le graphique ci-contre présente l'évolution de la température moyenne au cours de l'année en un endroit du globe, en fonction de l'irradiation globale. Cette grandeur correspond à l'énergie lumineuse reçue par mètre carré, chaque jour, sur une surface horizontale au sol.

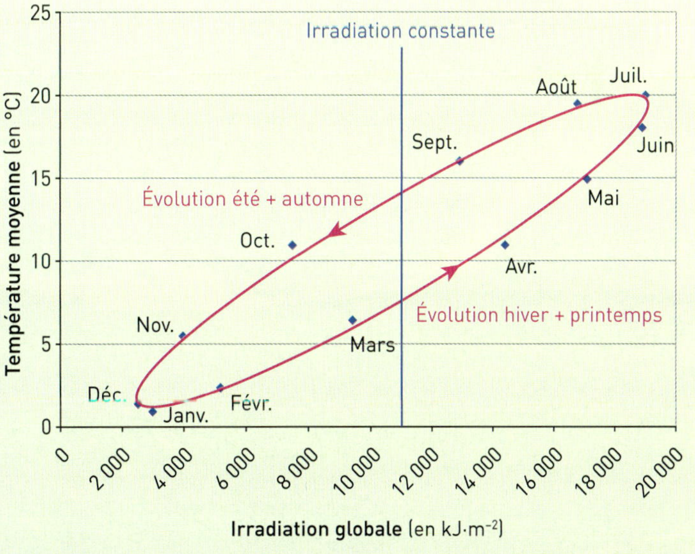

Doc. 2 L'inertie thermique

Lorsqu'un changement de température extérieure se produit, un matériau met un certain temps avant de revenir à l'équilibre thermique : il va restituer plus ou moins lentement la chaleur qu'il a emmagasinée (et réciproquement, l'emmagasiner plus ou moins vite). Cette résistance au changement de température est appelée « inertie thermique ». Le sol et les océans constituent ainsi d'immenses réservoirs de chaleur.

À partir des documents donnés :

1. Expliquer dans quelle région du globe terrestre ont été pris les relevés de température du doc. 1.
2. Indiquer les mois les plus chauds et les mois les plus froids de l'année. Correspondent-ils aux solstices d'été ou aux solstices d'hiver ?
3. Proposer une explication à la forme de la courbe des relevés de température (doc. 1).

5 Le bilan radiatif terrestre

Le champ de panneaux photovoltaïques de la centrale solaire la plus puissante de France, à Toul-Rosières (en Lorraine) capte le rayonnement solaire.

Les panneaux photovoltaïques convertissent une partie de l'énergie lumineuse du Soleil en énergie électrique sous forme de courant continu stockable dans des batteries ou transformable en courant alternatif.
Quelle est la puissance émise par le Soleil qui atteint la Terre ?

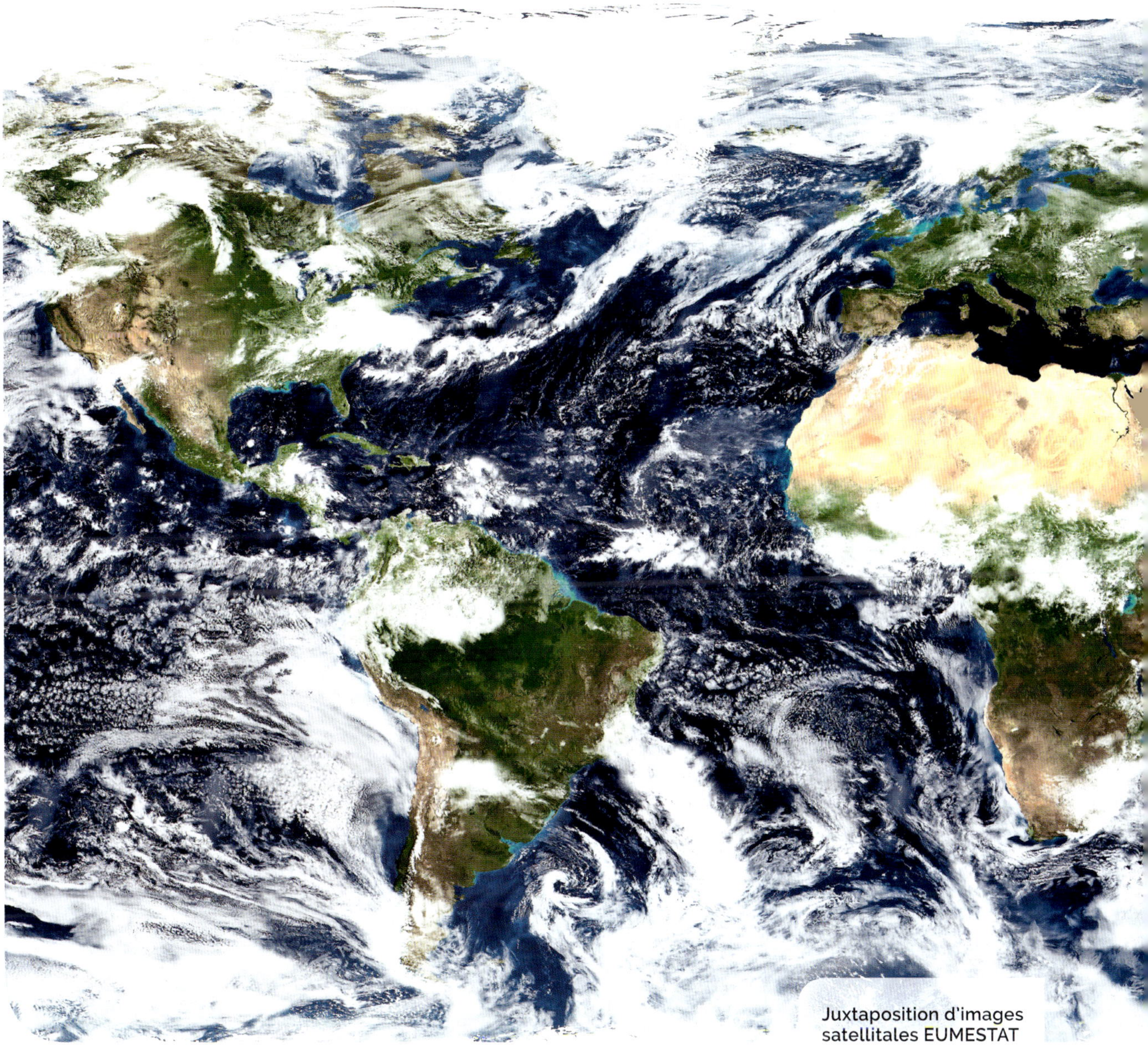

Juxtaposition d'images satellitales EUMESTAT

La Terre est enveloppée d'une atmosphère dans laquelle se matérialisent des nuages.
Quel rôle joue cette atmosphère dans le maintien d'une température terrestre propice à la vie ?

Attendus du programme	Activités	Parcours d'exercices
Quantifier la puissance solaire reçue hors atmosphère	1 2	5 6 12 13 20
Déterminer l'influence de l'albédo sur la puissance solaire reçue	2	7 8 14 15
Analyser la courbe d'absorption de l'atmosphère terrestre	3	2 9 16 17
Représenter les rayonnements reçus et émis par le sol	2 3 4	3 4 10 11 18 19 21

Objectif général de formation
Identifier et mettre en œuvre des pratiques scientifiques

1 La température des planètes en fonction de leur distance au Soleil

Il semble assez intuitif de penser que, plus une planète est éloignée du Soleil, plus sa température diminue. Cette observation générale est cependant à nuancer. Comment expliquer que Vénus, qui n'est pas la planète la plus proche du Soleil, est la plus chaude du système solaire ?

Objectif Comprendre l'évolution de la température des planètes en fonction de leur distance au Soleil.

Doc. 1 Températures des planètes et distance au Soleil

Planète	Température moyenne de surface (en °C)	Distance au Soleil (en km)
Mercure	169	58 000 000
Vénus	470	108 000 000
Terre	15	150 000 000
Mars	−63	228 000 000
Jupiter	−163	778 000 000
Saturne	−189	1 430 000 000
Uranus	−220	2 870 000 000
Neptune	−218	4 500 000 000

Doc. 2 Puissance solaire émise par le Soleil

- L'énergie émise par le Soleil chaque seconde est considérable : $3{,}84 \times 10^{26}$ J ! Cette énergie se répartit sur une sphère de surface $4\pi r^2$ qui augmente au fur et à mesure que le rayonnement se propage à travers l'espace. Plus on s'éloigne du Soleil, plus la puissance solaire reçue par mètre carré diminue.
- Par exemple, elle atteint 1 361 $W \cdot m^{-2}$ au niveau de la Terre hors atmosphère. C'est ce que l'on appelle la constante solaire. >Chapitre 4

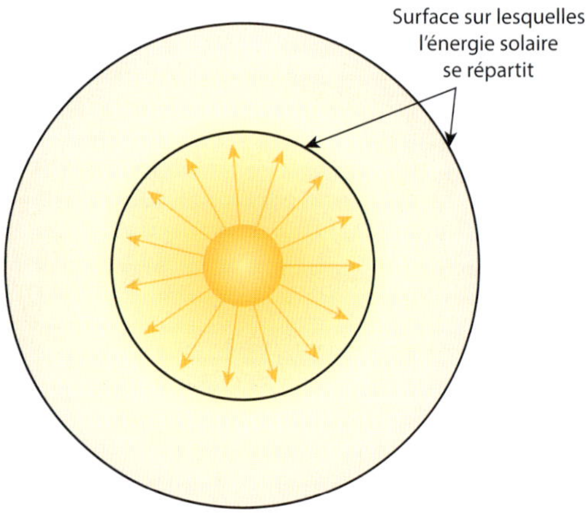

Répartition de l'énergie rayonnée, en fonction de l'éloignement de la source

Doc. 3 L'ordre des planètes dans le système solaire

Représentation du système solaire avec des distances non proportionnelles à la réalité

Doc. 4 Modélisation de la puissance reçue

On modélise le Soleil par une source lumineuse, par exemple une lampe de bureau.

Protocole expérimental

- Dans une pièce obscure, placer un luxmètre (capteur) à différentes distances d'une source lumineuse sphérique.
- Enregistrer les mesures.
- Tracer le graphique de l'évolution de l'éclairement lumineux mesuré en fonction de la distance à la source.

Remarque On fera l'approximation que 100 lux équivalent à 1 W · m^{-2} pour la lumière blanche, dans le spectre visible.

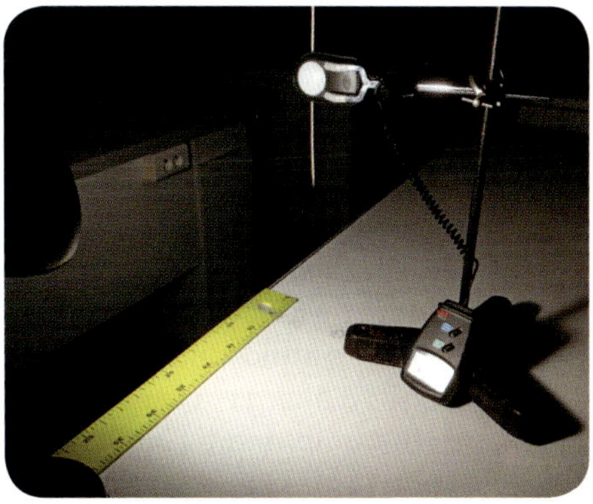

Exemple de dispositif expérimental

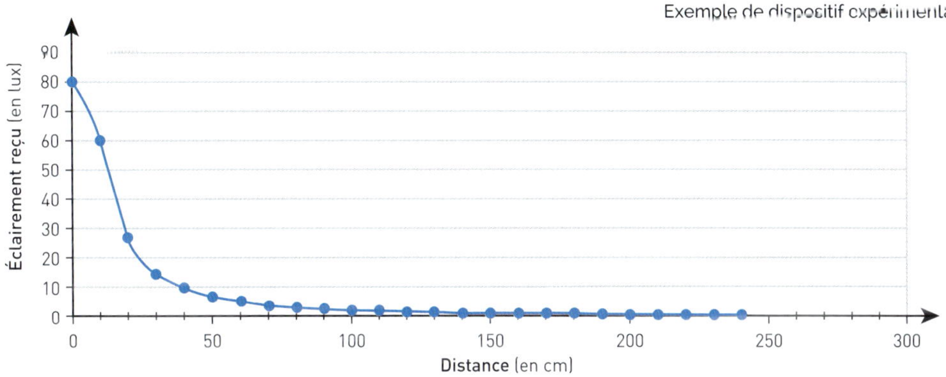

Courbe d'évolution de l'éclairement reçu par un luxmètre en fonction de la distance d'une source lumineuse

Doc. 5 Puissance solaire reçue par une planète

La température de surface d'une planète n'est pas uniquement due à la puissance solaire reçue par mètre carré, mais plusieurs paramètres entrent en jeu :

> La présence ou non d'une atmosphère permet de limiter les écarts de température entre le jour et la nuit. Par exemple, Mercure qui ne dispose que d'une très faible atmosphère présente une température de 427 °C maximum à l'équateur le jour et –173 °C la nuit !

> Une fraction du rayonnement reçu au niveau de la surface de la planète peut être réémis vers l'espace, c'est ce que l'on appelle l'albédo.

> Certains gaz présents dans l'atmosphère absorbent davantage le rayonnement réfléchi par la surface. C'est par exemple le cas du dioxyde de carbone, de la vapeur d'eau, du méthane, etc.

Guide de travail

1 Calculer la puissance solaire reçue par mètre carré hors atmosphère au niveau de Mercure, de Vénus et de la Terre (docs. 1 et 2).

2 Tracer l'évolution de l'éclairement en W · m^{-2} en fonction de $1/d^2$ pour les 2e, 3e, 4e, 5e et 6e valeurs mesurées (doc. 3).

3 Déduire de la question précédente la relation générale liant la puissance reçue par mètre carré hors atmosphère à la distance au Soleil (docs. 2 et 5).

4 Comparer l'évolution de la température moyenne de surface des planètes à celle de la puissance solaire reçue. Proposer une hypothèse pour expliquer pourquoi ces grandeurs n'évoluent pas toujours de la même façon (docs. 3 et 5).

Synthèse Expliquer, sous forme d'un schéma commenté ou un autre support de votre choix, comment différents facteurs influencent la température de surface d'une planète.

Vocabulaire

Luxmètre Capteur permettant de mesurer l'éclairement dans le domaine du spectre visible. L'unité « lux » tient compte de la sensibilité de l'œil dans les différentes longueurs d'onde. Pour la lumière blanche, on fera l'approximation que 100 lux équivalent à 1 W · m^{-2}.

Activité documentaire

Objectif général de formation

Comprendre la nature du savoir scientifique et ses méthodes d'élaboration

2 Puissance solaire reçue et émise entre la Terre et la Lune

Quelle que soit la position de la Lune autour de la Terre, la distance Terre-Lune est très petite devant la distance Terre-Soleil. La puissance solaire reçue par unité de surface hors atmosphère vaut donc 1 361 $W \cdot m^{-2}$ dans les deux cas. Pourtant, les échanges d'énergie à la surface des deux astres sont très différents.

Objectif Comprendre l'influence de la taille d'un astre et de l'albédo sur les échanges entre l'énergie solaire reçue et l'énergie émise par un astre qui n'a pas d'atmosphère.

Doc. 1 Puissance solaire totale reçue hors atmosphère

- La distance Terre-Soleil est approximativement égale à la distance Lune-Soleil. Ainsi, au niveau de la Lune et de la Terre, la puissance rayonnée par le Soleil ($P_{Soleil} = 3,84 \times 10^{26}$ W) se répartit sur une sphère dont la surface vaut : $S' = 4\pi d^2_{Terre\text{-}Soleil} = 2,8 \times 10^{23}$ m².
- Une fraction de cette puissance émise est captée par la Terre ou la Lune. Pour la calculer, il faut imaginer un disque de même rayon que l'astre. Par exemple, pour la Terre, la surface de ce disque serait : $S = \pi R_{Terre}^{\ 2} = 1,3 \times 10^{14}$ m².
La proportion de puissance solaire parvenant au niveau d'un astre vaut alors : $f = \dfrac{S}{S'}$.
- En multipliant cette fraction par la puissance émise par le Soleil, la puissance totale reçue hors atmosphère par un astre peut être calculée.
Pour la Terre, le calcul donne :

$$P_{reçue} = \frac{S}{S'} \times P_{Soleil} = \frac{1,3 \times 10^{14}}{2,8 \times 10^{23}} \times 3,84 \times 10^{26} = 1,8 \times 10^{17} \text{ W}.$$

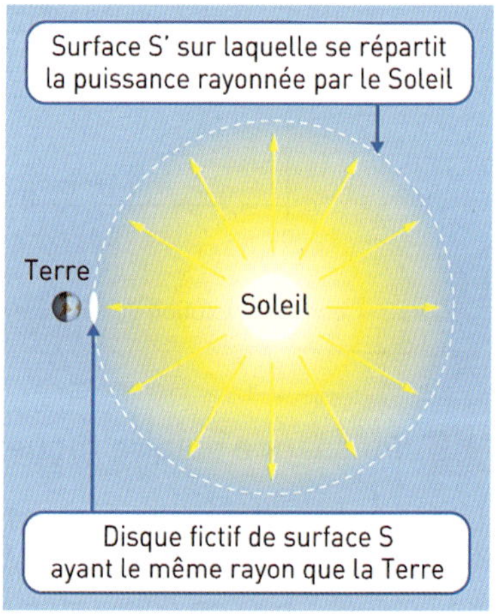

Énergie solaire captée par la Terre

Doc. 2 Puissance solaire moyenne reçue hors atmosphère

Afin de comprendre les échanges d'énergie qui s'opèrent à la surface d'un astre, il faut s'intéresser non pas à la puissance totale reçue par l'astre mais à la puissance moyenne reçue par mètre carré, ce qui inclut les alternances jour-nuit. Pour la calculer, il faut diviser la puissance totale reçue par la surface de l'astre : $S = 4\pi R^2$ (pour une sphère).

$$P_{moyenne} = \frac{P_{reçue}}{4\pi R_{Terre}^{\ 2}} = 342 \ W \cdot m^{-2}.$$

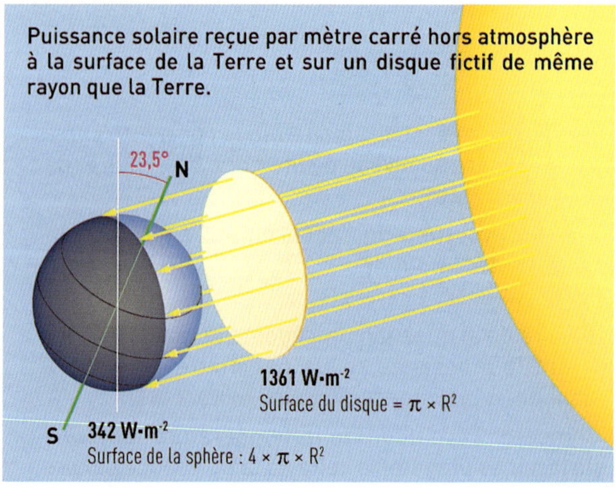

Doc. 3 Influence de l'albédo sur le rayonnement

◗ La Lune est le satellite naturel de la Terre. Son rayon vaut 1 737 km. La faible gravitation qui en découle n'a pas permis à la Lune de conserver une atmosphère. La température à la surface de la Lune peut atteindre jusqu'à +150 °C sur sa partie éclairée et jusqu'à −175 °C sur des zones sombres. La température moyenne peut être déduite des échanges d'énergie qui s'opèrent à sa surface.

◗ Lorsque le rayonnement solaire atteint la surface de la Lune, une partie de ce rayonnement (puissance reçue P_r) est diffusée (puissance diffusée P_{diff}) sous forme de rayonnement et une autre partie est convertie en énergie thermique (puissance absorbée P_a). Cette conversion peut être traduite par l'expression :

$$P_r = P_{diff} + P_a$$

◗ La puissance diffusée est liée aux caractéristiques de la surface et en particulier à l'albédo noté A :

$$A = \frac{P_{diff}}{P_r}$$

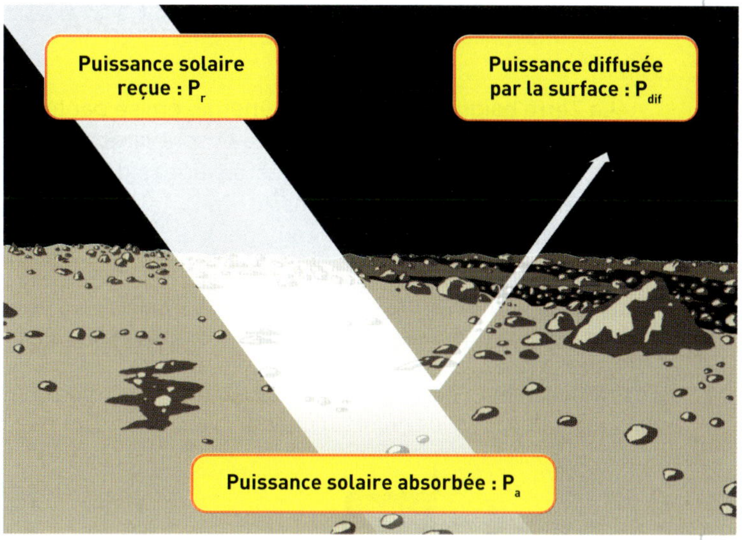

A vaut 0,07 pour la surface de la Lune, ce qui traduit une forte absorption du sol et A vaut 0,31 dans le cas de la surface terrestre.

◗ L'énergie absorbée est convertie en énergie thermique. Or, un corps porté à une température T, émet à son tour un rayonnement qui sera dans l'infrarouge pour la Lune. La puissance absorbée par unité de surface est égale à la puissance réémise par unité de surface. Elle est donnée par la loi de Stefan :

$P_a = \sigma T^4$ où σ est la constante de Stefan-Boltzmann $\sigma = 5{,}67 \times 10^{-8}\ W \cdot m^{-2} \cdot K^{-4}$.
et T est la température en K.

◗ La valeur de l'albédo à la surface de la Lune permet de déduire la température moyenne de surface (légèrement inférieure à 0 °C).

Guide de travail

1 Montrer que la puissance solaire totale reçue par la Lune vaut environ $1{,}31 \times 10^{16}$ W en faisant l'approximation que la distance Soleil-Lune est voisine de la distance Terre-Soleil (docs. 1 et 3).

2 Calculer la puissance solaire reçue par mètre carré au niveau de la Lune et commenter le résultat (doc. 2).

3 Calculer la puissance solaire diffusée par mètre carré par la surface terrestre (doc. 3).

4 En déduire que si la Terre ne possédait pas d'atmosphère, sa température avoisinererait −15°C (doc. 3).

5 Expliquer l'impact de l'atmosphère terrestre sur la température moyenne (doc. 3).

Synthèse Expliquer quels facteurs influencent la puissance totale reçue et la puissance totale émise par un astre qui n'aurait pas d'atmosphère.

Vocabulaire

Albédo Fraction de rayonnement réfléchi ou diffusé par une surface. Les surfaces ayant un albédo proche de 0 sont très absorbantes et celles dont l'albédo est proche de 1 sont très réfléchissantes.

Activité documentaire

Objectif général de formation
Comprendre la nature du savoir scientifique et ses méthodes d'élaboration

3 L'absorption des rayons par l'atmosphère terrestre

La Terre baigne dans un flux d'énergie émise par le Soleil. Ces rayonnements arrivent à la surface de la planète et sont directement réfléchis, diffusés ou absorbés. Quelles sont les caractéristiques de l'atmosphère expliquant ces différents types d'interactions ?

Objectif Comprendre les interactions entre l'atmosphère et les rayonnements reçus.

Doc. 1 Courbe d'absorption de l'atmosphère terrestre

Les rayonnements qui traversent l'atmosphère sont plus ou moins absorbés (aires colorées) par les gaz atmosphériques. Les longueurs d'onde du visible ne sont pas absorbées.

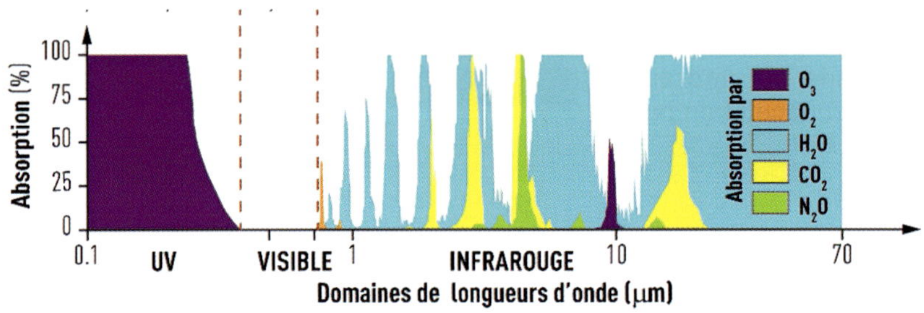

Doc. 2 Émission d'infrarouges par la surface terrestre

La surface terrestre absorbe une partie du rayonnement solaire qui lui parvient. Cette absorption permet de la réchauffer. L'énergie absorbée ne s'emmagasine pas à l'infini mais est réémise sous forme de rayonnement infrarouge selon le modèle du corps noir.

La longueur d'onde (en mètres) à laquelle l'intensité du rayonnement émis est maximale, est reliée à la température par la loi de Wien :

$$\lambda_{max} = \frac{2{,}90 \times 10^{-3}}{T}$$ où T est la température du corps noir en K. >Chapitre 4

Ainsi, le rayonnement infrarouge reçu par l'atmosphère ne provient pas seulement du Soleil, mais aussi du sol terrestre.

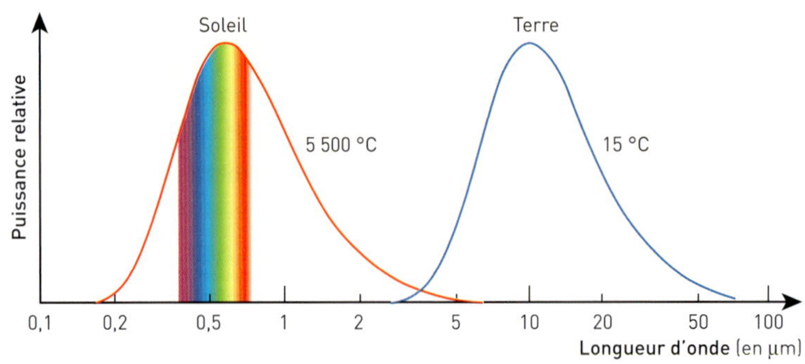

Spectres d'émissions comparés du Soleil et de la Terre (modèle du corps noir)

Doc. 3 Composition et structure de l'atmosphère

Dans les cent premiers kilomètres de l'atmosphère terrestre, il y a une homogénéisation des gaz « permanents » grâce aux mouvements atmosphériques.
Les autres gaz, dont la vapeur d'eau, peuvent avoir des proportions variables d'un endroit à l'autre.

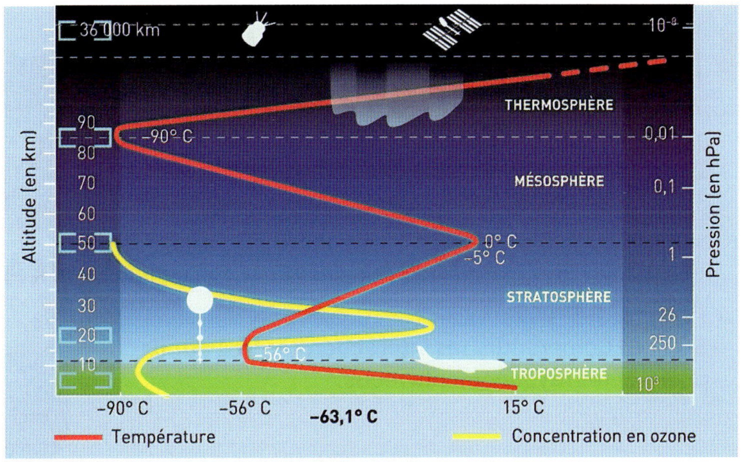

			Gaz constituants	Formule chimique	Concentration volumique (en % par volume d'air sec)
Gaz permanents	Gaz principaux	Air sec	Diazote	N_2	78,09
			Dioxygène	O_2	20,95
			Argon	Ar	0,93
Gaz variables			Dioxyde de carbone	CO_2	0,041
	Gaz traces		Néon	Ne	$1{,}8 \times 10^{-3}$
			Hélium	He	$5{,}24 \times 10^{-4}$
			Méthane	CH_4	$1{,}7 \times 10^{-4}$
			Krypton	Kr	$1{,}0 \times 10^{-4}$
			Dihydrogène	H_2	$5{,}0 \times 10^{-5}$
			Xénon	Xe	$8{,}0 \times 10^{-6}$
			Ozone	O_3	$1{,}0 \times 10^{-6}$
			Oxyde nitreux	NO_2	$3{,}1 \times 10^{-8}$
			Radon	Rn	$6{,}0 \times 10^{-18}$
	Vapeur d'eau			H_2O	0 à 4

Guide de travail

1 Identifier les principaux rayonnements fortement absorbés par l'atmosphère (doc. 1).

2 Préciser les principaux gaz qui absorbent les infrarouges et identifier celui qui en absorbe le plus (doc. 1).

3 D'après la loi de Wien, calculer que la longueur d'onde d'émission maximale de la surface terrestre se situe bien dans l'infrarouge (doc. 2).

4 Représenter sur un diagramme circulaire les proportions des quatre gaz principaux constituant l'atmosphère.

5 Identifier le principal gaz qui absorbe les ultraviolets ainsi que l'altitude où l'absorption est maximale (docs. 1 et 3).

Synthèse À l'aide d'un schéma, résumer l'origine des différents rayonnements absorbés par l'atmosphère, en précisant le rôle des principaux gaz.

Vocabulaire

Méthane Gaz incolore de formule CH_4 ayant un impact sur l'effet de serre.

Activité documentaire

Objectif général de formation
Identifier et comprendre les effets de la science sur les sociétés et sur l'environnement

4 L'équilibre dynamique des échanges d'énergie

L'effet de serre, tout le monde en parle, dans les meilleurs ou les pires termes. Mais de quoi s'agit-il ? Pourquoi est-il utile ? Quels sont les dangers provoqués par son augmentation ?

Objectif **Comprendre les interactions entre l'atmosphère et les rayonnements reçus.**

Marche pour le climat, Strasbourg, 13 octobre 2018

Doc. 1 Notion d'effet de serre

Chauffé par les rayons solaires, le sol terrestre émet un rayonnement électromagnétique dont les longueurs d'onde sont d'environ 10 µm (infrarouges). Ces rayonnements sont fortement absorbés par les gaz à effet de serre atmosphériques qui réémettent à leur tour un rayonnement infrarouge dans une direction aléatoire. Ainsi, dans le cas d'une atmosphère « mince » (comme la Terre), environ la moitié du rayonnement infrarouge émis par le sol repart dans l'espace, et l'autre moitié retourne à la surface. La puissance reçue par le sol en un lieu donné est donc égale à la somme de la puissance reçue par le Soleil et celle reçue par l'atmosphère.

a. Planète sans atmosphère

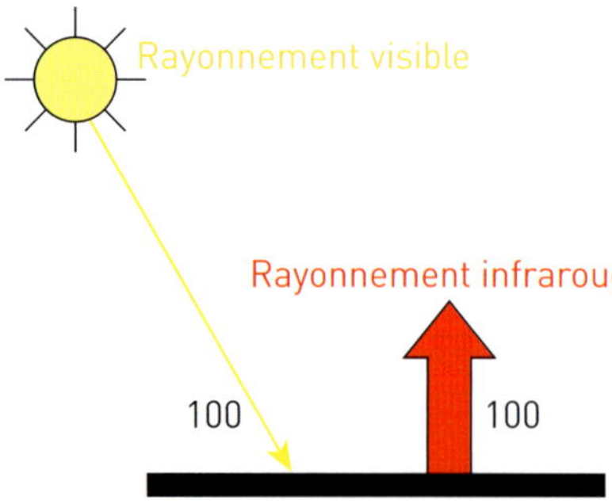

b. Planète avec atmosphère mince

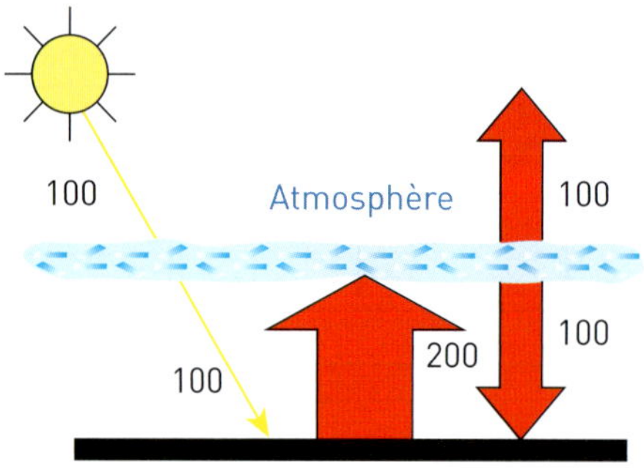

Les valeurs sont données pour un rayonnement solaire de 100 $W \cdot m^{-2}$

Doc. 2 Effet de serre et température

Dans le doc. 1, la puissance du rayonnement infrarouge émis par le sol d'une planète avec atmosphère (b.) est deux fois plus élevée que celle d'une planète sans atmosphère (a.) :

$$P_b = 2\,P_a$$

Ce qui donne, selon la loi de Stefan :

$\sigma T_b^{\,4} = 2\sigma\, T_a^{\,4}$ (σ est la constante de Stefan-Boltzmann et les températures sont exprimées en K)

d'où : $T_b = 1{,}2\ T_a$

La température de la planète b. serait donc 20 % plus élevée que celle de la planète a.

La température moyenne terrestre sans effet de serre serait de –15 °C.

Jožef Stefan

Doc. 3 Échanges entre l'atmosphère, la surface terrestre et l'espace

Le système global terrestre est en équilibre dynamique : le sol reçoit une puissance moyenne égale à celle qu'il émet.

Rayonnements de... / Vers...	Espace	Atmosphère Gaz atmosphériques	Surface terrestre (océans et continents)
Soleil		67 $W \cdot m^{-2}$ (absorption)	168 $W \cdot m^{-2}$ (absorption)
Atmosphère	107 $W \cdot m^{-2}$ (albédo) 195 $W \cdot m^{-2}$ (infrarouges)		324 $W \cdot m^{-2}$ (effet de serre)
Surface terrestre (océans et continents)	40 $W \cdot m^{-2}$ (infrarouges)	350 $W \cdot m^{-2}$ (infrarouges) 78 $W \cdot m^{-2}$ (évaporation de l'eau) 24 $W \cdot m^{-2}$ (convection de l'air)	

Doc. 4 Bilan thermique et milieu de vie

À l'échelle de la planète, l'inégale répartition du rayonnement solaire entraîne des flux d'énergie et de matière (déplacement de masses d'air, cycle de l'eau) et une répartition zonale des espèces vivantes, de l'équateur aux pôles. Une augmentation de la température moyenne, due à une augmentation des gaz à effet de serre, a des répercussions sur la faune et la flore.

a. Répartition du hêtre en France (actuellement et prévision pour 2100)

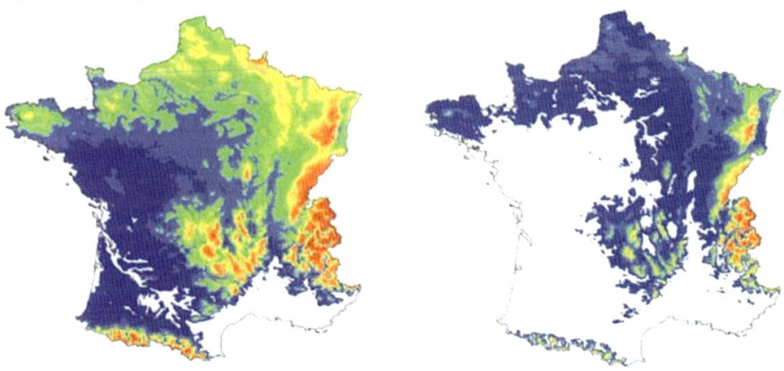

Climat actuel — Climat de 2100

Probabilités de présence du hêtre
0,1 0,2 0,3 0,4 0,5 0,6 0,7 0,8 0,9 1,0

b. Impacts sur les milieux de vie

Des oiseaux et des papillons qui migrent vers le nord à la recherche de températures plus fraîches [...]. Des coraux qui blanchissent et dépérissent sous l'effet d'une mer plus chaude et plus acide. Les effets, nombreux et complexes, du changement climatique sur la biodiversité sont de plus en plus documentés. Mais les scientifiques ne comprennent toujours pas l'intégralité des mécanismes biologiques qui déclenchent, ou pas, l'adaptation des espèces. Il en va pourtant de leur survie et également de celle des êtres humains.

« Pourquoi certaines espèces s'adaptent au changement climatique et d'autres non », *Le Monde*, 25 septembre 2017

Guide de travail

1 Calculer le rapport entre la puissance émise par le sol de la planète théorique avec atmosphère et la puissance émise sans atmosphère (doc. 1).

2 Déterminer le pourcentage d'augmentation de la température par l'effet de serre terrestre (doc. 2).

3 Montrer que la Terre est en équilibre dynamique (doc. 3).

4 Expliquer les causes du réchauffement climatique et indiquer deux conséquences possibles sur la répartition des espèces vivantes (doc. 4).

Synthèse Construire un schéma représentant les différents échanges d'énergie, avec des flèches dont l'épaisseur est représentative de la puissance du rayonnement par mètre carré.

Vocabulaire

Corail Animal caractérisé par un squelette calcaire et vivant en colonie.

Essentiel

1 Quantifier la proportion de la puissance solaire reçue hors atmosphère

- La puissance solaire (rayonnée par le Soleil) vaut environ $3{,}84 \times 10^{26}$ W. L'énergie rayonnée se répartit sur une sphère de plus en plus grande au fur et à mesure qu'elle s'éloigne du Soleil.
La surface de cette sphère vaut $S' = 4\pi r^2$ où r est la distance au Soleil en m.

- Pour connaître la proportion de puissance solaire reçue par la planète, il faut l'asssimiler à un disque de même rayon. La surface de ce disque vaut donc :

$$S = \pi R^2_{Terre} \quad \text{où } R_{Terre} \text{ est le rayon de la Terre en m.}$$

- La proportion de la puissance solaire reçue par la Terre vaut $\frac{S}{S'}$.

La puissance totale reçue par la Terre (hors atmosphère) est de $1{,}77 \times 10^{17}$ W.
La proportion de rayonnement reçu est d'autant plus grande que la planète est proche du Soleil et que son rayon est grand.

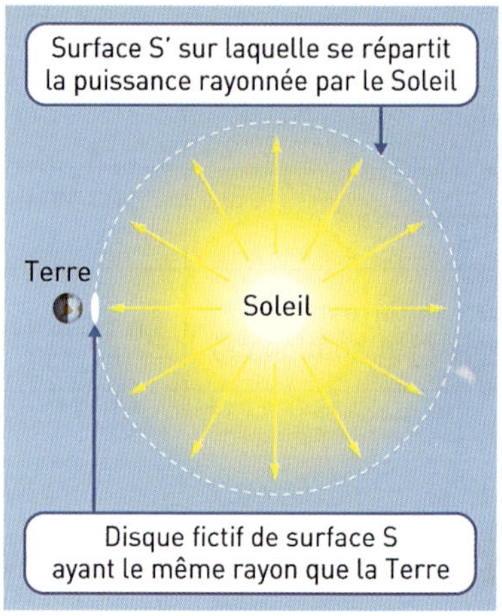

2 Déterminer l'influence de l'albédo sur la puissance solaire reçue

- La puissance solaire moyenne reçue par unité de surface est obtenue en divisant la puissance totale reçue par la surface de la planète. Sur Terre, elle vaut environ 342 W · m^{-2} (hors atmosphère).
Ce rayonnement est en partie réfléchi ou diffusé par l'atmosphère et la surface terrestre (continents et océans). La proportion de rayonnement réfléchi ou diffusé est appelée albédo.

Exemple

Pour la Terre, l'albédo dû à l'atmosphère et à la surface terrestre vaut environ 31 % ce qui représente 107 W · m^{-2} diffusés vers l'espace.

- Une autre partie du rayonnement incident est absorbée par l'atmosphère, ce qui représente 67 W · m^{-2}.
La puissance solaire reçue par mètre carré sur Terre vaut donc P = 342 – 107 – 67 = 168 W · m^{-2}.

- Si l'albédo diminue, ce qui est le cas lorsque la banquise fond et laisse place aux océans, la partie de rayonnement solaire diffusé par la surface terrestre diminuera au profit du rayonnement absorbé par la surface, ce qui entraînera une augmentation de la température.

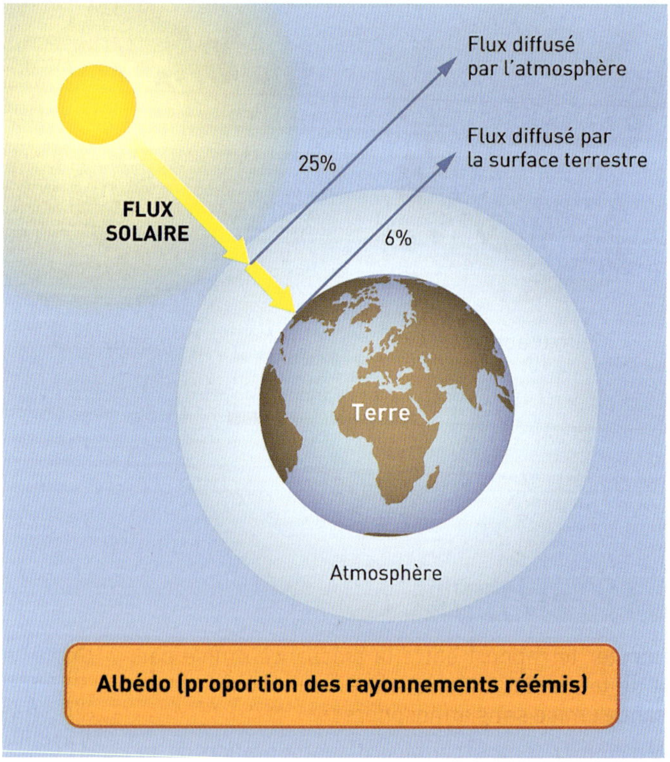

3 Analyser la courbe d'absorption de l'atmosphère terrestre

- La composition de l'atmosphère lui permet d'absorber une partie du rayonnement solaire : les rayonnements ultraviolets et certains rayonnements infrarouges. Le domaine visible est très peu absorbé.
- Les principales molécules responsables de l'absorption des UV sont l'ozone O_3 et le dioxygène O_2.
- Celles qui sont responsables de l'absorption des infrarouges sont CO_2, H_2O, CH_4 et O_3.

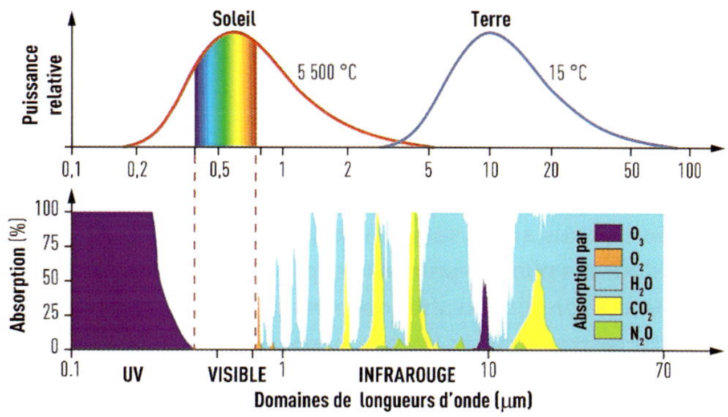

4 Représenter les rayonnements reçus et émis par le sol

- L'atmosphère ne reçoit pas uniquement un rayonnement d'origine solaire mais également un rayonnement provenant de la surface terrestre.
En appliquant la loi de Wien à la Terre, il est possible de calculer qu'elle émet un rayonnement infrarouge dont la longueur d'onde d'émission maximale vaut environ 10 µm. >Chapitre 4
- Ce rayonnement est en partie absorbé par l'atmosphère qui, à son tour, réémet une partie de son rayonnement vers la surface terrestre (l'effet de serre) et l'autre partie vers l'espace.
La température moyenne de la surface terrestre vaut 15 °C.

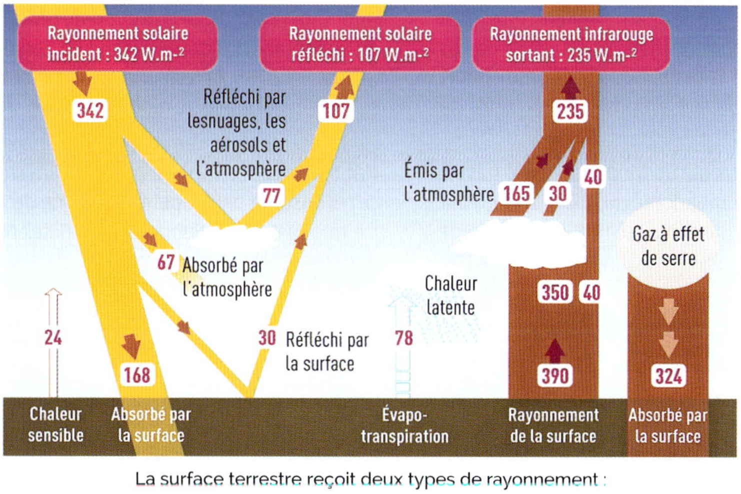

La surface terrestre reçoit deux types de rayonnement :
Un rayonnement en provenance du Soleil (environ 168 $W \cdot m^{-2}$).
Un rayonnement infrarouge en provenance de l'atmosphère (324 $W \cdot m^{-2}$). Ce phénomène est appelé « effet de serre ».
Sans ce rayonnement reçu, la température de la Terre serait beaucoup plus faible, environ −15 °C.

- La puissance reçue par la surface terrestre est donc égale à la somme de la puissance reçue du Soleil et de la puissance reçue de l'atmosphère : $324 + 168 = 492\ W \cdot m^{-2}$.
Un équilibre qualifié de dynamique est atteint lorsque le sol reçoit au total une puissance égale à celle qu'il émet. La température moyenne du sol est alors constante.
- Si la concentration en gaz à effet de serre augmente dans l'atmosphère, le rayonnement infrarouge réémis vers la surface terrestre sera plus important, entraînant la hausse de la température.
- Le milieu de vie, qui dépend de cet équilibre, peut être perturbé si l'effet de serre et/ou l'albédo sont modifiés.

Le jour où l'humanité a sauvé la Terre

On en entend peu parler mais l'année 1987 a été un tournant pour la planète Terre et ses habitants. Car cette année-là, nous avons sauvé la couche d'ozone, qui entoure la planète entre dix-sept et cinquante-deux kilomètres d'altitude, et sans laquelle la vie terrestre aurait en grande partie grillé sous le feu du Soleil.

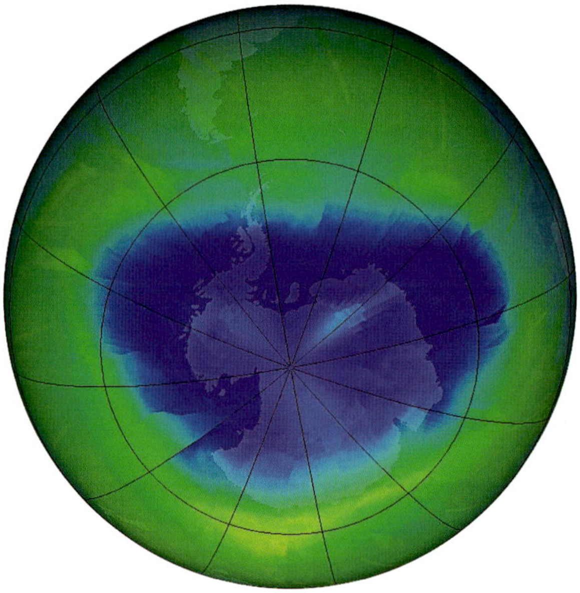

Trou dans la couche d'ozone au-dessus de l'Antarctique

L'ozone dans l'atmosphère est un véritable bouclier naturel qui nous protège des rayonnements ultra-violets (UV) les plus nocifs. Ce gaz constitué de molécules à trois atomes d'oxygène absorbe l'intégralité des UVC qui sont tellement puissants qu'ils pourraient stériliser la Terre. Il filtre aussi en grande partie les UVB qui sont responsables des coups de soleil, abîment les yeux, et endommagent l'ADN des cellules de notre peau jusqu'à provoquer des cancers.

La première alerte a été donnée dès le début des années 1970, quand des chimistes ont découvert que certains gaz appelés CFC, que l'on utilisait dans les aérosols, les climatiseurs et les réfrigérateurs, détruisaient l'ozone de l'atmosphère. Puis, c'est la découverte en 1985 d'un important déficit d'ozone au-dessus de l'Antarctique qui a poussé la plupart des pays producteurs de ces gaz à en bannir l'usage et à proposer des produits de remplacement.

Ce plan d'action, appelé protocole de Montréal, a été mis en place le 16 septembre 1987, puis adopté au fil des années par 196 pays ! On le présente aujourd'hui comme un modèle de gouvernance mondiale en matière d'écologie – ce qui a très certainement permis à l'humanité d'éviter un scénario catastrophe.

Les climatologues ont cherché à savoir ce qu'aurait été notre futur sans le protocole de Montréal, cela grâce à la modélisation du grignotage de l'ozone par les CFC. Les résultats font froid dans le dos. En 2065, la teneur en ozone aurait diminué de moitié sur toute la surface du globe !

Heureusement, le dernier rapport d'experts mandatés par les Nations unies se montre plutôt optimiste. La couche d'ozone se reconstitue petit à petit au rythme de 1 à 3 % par décennie. De quoi espérer revenir au niveau des années 1980 dans les années 2060.

Le bon côté des UVB

Le rayonnement UVB n'a pas que de mauvais effets. Lorsqu'il est absorbé par la peau, il déclenche la formation de vitamine D à partir d'un dérivé du cholestérol. Or, cette vitamine a un rôle crucial dans l'organisme : elle accroît l'absorption du calcium et du phosphore présents dans les aliments, et joue un rôle décisif dans le développement du squelette. Il ne fait aucun doute qu'un peu de lumière solaire est bonne pour la santé ! Mais cinq à quinze minutes d'exposition solaire occasionnelle des mains, du visage et des bras, deux ou trois fois par semaine au cours des mois d'été, suffisent pour conserver des concentrations de vitamine D élevées.

Quand les volcans perturbent le climat...

Mary Shelley se souviendra longtemps de l'été 1816. Alors qu'elle est en vacances dans les Alpes pour profiter du grand air, le froid et la pluie l'obligent à rester calfeutrée dans un chalet. Un mal pour un bien puisque c'est là qu'elle écrit, pour combattre l'ennui, son célèbre *Frankenstein* ! Un chef d'œuvre dont elle ne saura jamais qu'elle le doit en partie au volcan indonésien Tambora.

L'éruption du volcan Puyehue au Chili, 2012

Un an plus tôt, en effet, l'explosion de cette montagne de plus de quatre mille mètres envoie dans la stratosphère des tonnes de dioxyde de soufre, qui restent sous forme d'aérosols sulfatés et enveloppent progressivement une partie de l'hémisphère Nord. Or, ces aérosols sulfatés ont la particularité de réfléchir une partie du rayonnement solaire – une sorte de parasol sous lequel les températures se rafraîchissent.

Après l'éruption spectaculaire du Tambora en Indonésie en 1815, la température moyenne en Europe chute de 3 degrés Celsius tout au long de l'année 1816. C'est l'« année sans été » qui va inspirer Mary Shelley. Mais c'est aussi une vague de froid et de précipitations qui ruine les cultures. Le prix des céréales double entre 1815 et 1817, et la famine fait des dizaines de milliers de victimes en Europe. Cet effet volcanique n'aura duré que deux ans mais les conséquences sont considérables.

Certains paléo-climatologues attribuent également au volcanisme d'autres perturbations climatiques beaucoup plus longues, comme celle du « petit âge glaciaire » qui s'étend de la fin du XIIIe au XVIIIe siècle. Selon eux, cette période particulièrement froide a notamment été déclenchée par un demi-siècle d'activité volcanique intense qui a commencé vers 1250. Puis, le changement climatique aurait perduré au fil des siècles, amplifié par une modification des courants marins due à l'extension de la banquise.

Voici comment ils expliquent le phénomène : la vague de froid augmente la quantité de glace le long des côtes du Groenland ; celle-ci finit par fondre quand elle rejoint l'Atlantique, ce qui entraîne une diminution de la densité des eaux de surface qui ne se mélangent plus avec les eaux profondes plus chaudes. C'est ce courant froid de surface qui repart en Arctique et vers les côtes est de l'Atlantique, prolongeant le petit âge glaciaire bien après la disparition des aérosols volcaniques.

La couleur des champs, ça compte aussi !

À la surface de la Terre, les grandes zones claires comme la banquise agissent comme des miroirs qui réfléchissent le rayonnement solaire vers l'espace. Cet effet, c'est l'albédo, qui peut atteindre 80 % sur des surfaces claires et descendre jusqu'à 10 % sur une zone forestière, ce qui veut dire 90 % des rayons reçus qui réchauffent l'atmosphère. C'est la raison pour laquelle certains climatologues proposent d'éclaircir la Terre en jouant sur les nuances des variétés de céréales pour augmenter leur albédo. Comme les zones de culture céréalière représentent 11 % des terres émergées, cela aiderait, selon eux, à freiner le réchauffement climatique...

Champs cultivés

Exo Version interactive Lienmini.fr/Ens-Sci1-14

Apprendre à apprendre

1 **Montrer le lien entre l'albédo et les murs blancs dans les régions ensoleillées.**

2 **Expliquer pourquoi très peu de rayons UV arrivent au niveau du sol.**

3 **Critiquer le schéma suivant en focalisant votre attention sur l'épaisseur des flèches, puis dessiner un schéma correct.**

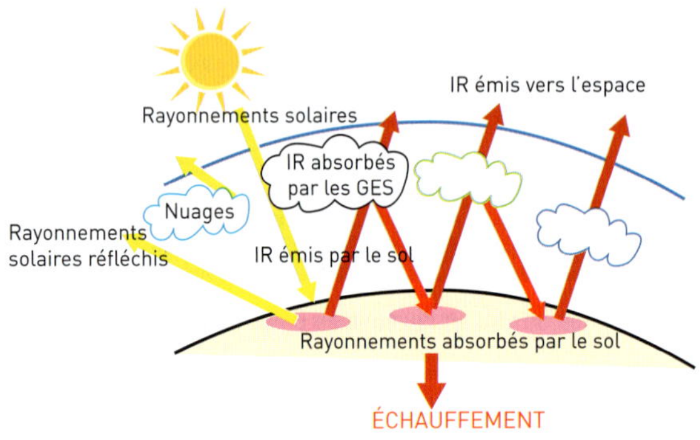

4 **Schématiser les rayons incidents et les rayons émis par le sol terrestre.**

5 Vrai-faux Puissance solaire

Répondre par vrai ou faux aux affirmations et corriger celles qui sont fausses.

1. Plus la planète est proche du Soleil, plus la proportion de la puissance solaire reçue est élevée.
2. Mercure reçoit une proportion de la puissance solaire plus élevée que Vénus.
3. La proportion de puissance solaire qui atteint la Terre est d'environ 0,000 000 45‰ de la puissance solaire totale.
4. La puissance totale solaire atteignant une planète dépend uniquement de sa distance au Soleil.

6 QCM Paramètres

Indiquer la ou les bonnes réponses.

La puissance totale solaire atteignant une planète dépend :

1. uniquement de son rayon.
2. uniquement de sa distance au Soleil.
3. à la fois de sa distance au Soleil et de son rayon.

7 Trouver le bon mot Températures

Choisir les termes qui conviennent pour compléter les phrases suivantes :

1. Si l'albédo augmente la température (*augmente/diminue*).
2. Si la concentration en gaz à effet de serre augmente, la température (*augmente/diminue*).

8 Trouver le bon mot Albédo terrestre

Choisir les termes qui conviennent pour compléter les phrases suivantes :

1. L'albédo est la fraction de la puissance solaire atteignant la Terre qui est (*diffusée/absorbée*) par la planète vers l'espace.
2. Pour un albédo de 0,3, on peut dire que (*30 %/70 %*) des rayons sont directement réfléchis vers l'espace et (*30 %/70 %*) sont absorbés par l'atmosphère et le sol terrestre.
3. L'albédo d'une surface claire comme la glace est (*élevé/faible*) et celui des forêts est (*élevé/faible*).

9 Vrai-faux Absorption atmosphérique

Répondre par vrai ou faux aux affirmations et corriger celles qui sont fausses.

1. L'atmosphère est quasiment opaque aux rayons UV.
2. Les rayons infrarouges sont absorbés et émis par l'atmosphère.
3. La « couche » d'ozone est responsable de l'effet de serre.
4. La vapeur d'eau est l'un des principaux gaz à effet de serre.

10 Vrai-faux Rayonnements du sol

Répondre par vrai ou faux aux affirmations et corriger celles qui sont fausses.

1. Le sol terrestre émet un rayonnement d'une longueur d'onde d'environ 100 μm.
2. En un lieu donné, la puissance reçue par le sol est égale à la puissance reçue du Soleil moins celle reçue de l'atmosphère.
3. Les émissions infrarouges du sol participent à l'effet de serre.

11 Relier Équilibre dynamique

Recopier le schéma et indiquer au niveau des flèches la nature des rayonnements émis (solaires ou infrarouges seuls).

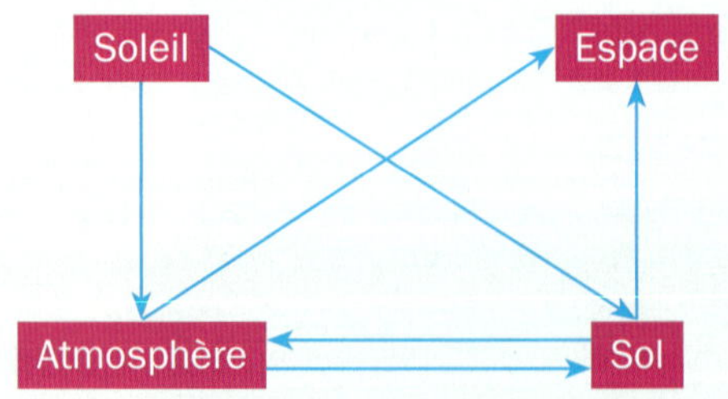

Voir corrigés à la fin du manuel, p. 254

Puissance solaire reçue hors atmosphère

12 Énergie reçue par la Terre

La Terre est située à 150 millions de km du Soleil. Son rayon vaut environ 6 400 km. La puissance rayonnée par le Soleil se répartit sur une sphère de plus en plus grande au fur et à mesure que l'énergie se propage à travers l'espace. Cette puissance vaut $3{,}84 \times 10^{26}$ W.

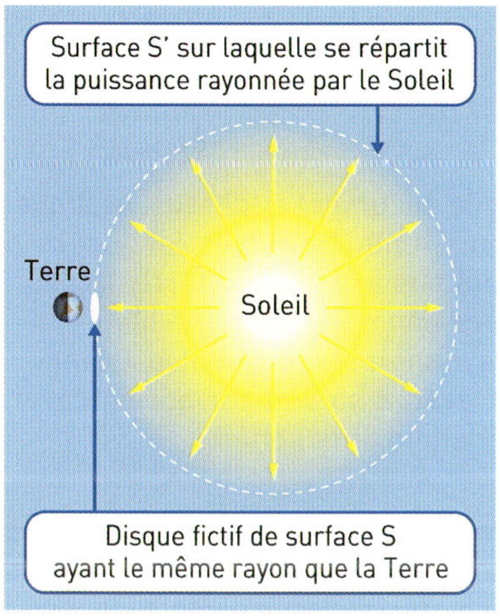

1. Calculer la surface S' sur laquelle se répartit l'énergie solaire émise au niveau de la Terre.
2. Calculer la surface S du disque de même rayon que la Terre.
3. En déduire la puissance totale reçue par la Terre et l'énergie reçue en une seconde.
4. Sachant qu'1 kg de glace à 0°C nécessite une énergie de 333,55 kJ pour fondre, calculer la masse de glace que l'on pourrait faire fondre chaque seconde avec toute l'énergie solaire reçue par la Terre.

13 Des panneaux solaires dans l'espace

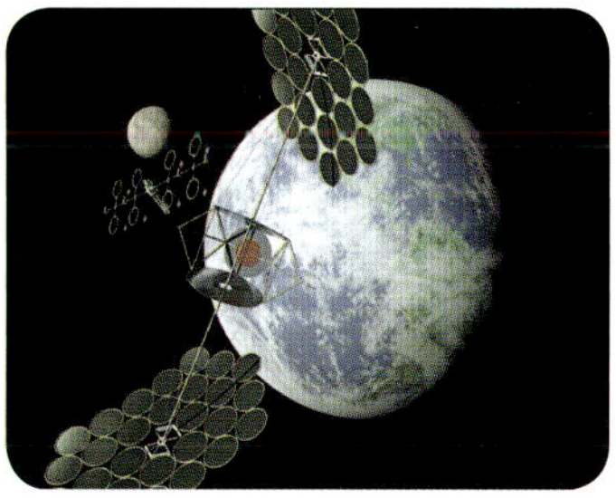

Le projet Space Solar Power Initiative consiste à envoyer une flotte de 2 500 satellites dans l'espace afin de capter l'énergie solaire par des panneaux solaires et de l'envoyer ensuite vers la Terre.

La surface totale des panneaux solaires mis en orbite vaudrait environ 9 km².

La distance entre les satellites et le Soleil est estimée proche de la distance Terre-Soleil soit 150 millions de km. La puissance solaire émise par le Soleil vaut $3{,}84 \times 10^{26}$ W.

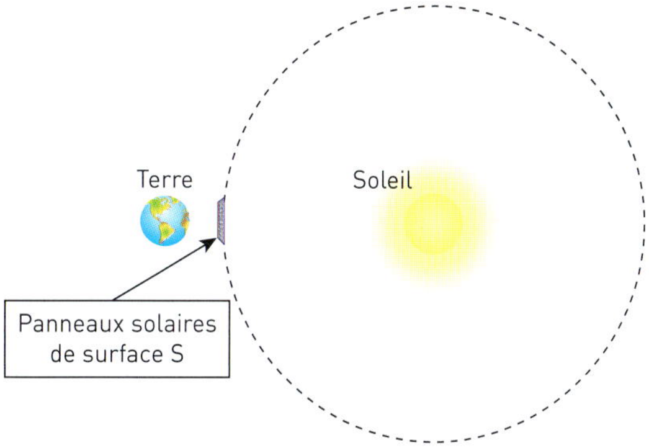

1. Calculer la surface de la sphère sur laquelle se répartit l'énergie solaire rayonnée au niveau de la Terre.
2. Calculer la puissance totale reçue par les panneaux solaires, en considérant qu'ils sont tout le temps éclairés et perpendiculaires aux rayons du Soleil.
3. Si ces panneaux solaires ont un rendement de 20 %, calculer la puissance électrique qu'ils peuvent fournir en une année (365 jours).
4. Comparer à la consommation électrique de la France : 474 TWh en 2017 (1 TWh = 10^{12} Wh).

Albédo et puissance solaire reçue sur le sol

14 Le sol de Mercure

Mercure, planète la plus proche du Soleil, reçoit une puissance solaire de 3 075 $W \cdot m^{-2}$.

Elle possède un sol constitué de roches sombres. L'albédo est de 6 %. Son atmosphère est quasi inexistante (et ne contribue donc pas à l'albédo).

1. Rappeler ce qu'est l'albédo.
2. Schématiser par des flèches les rayonnements solaires reçus par le sol et les rayonnements émis par le sol, en précisant leur puissance.

15 Albédos de différents types de surfaces terrestres

La puissance solaire reçue par mètre carré hors atmosphère vaut environ 342 $W \cdot m^{-2}$. L'atmosphère en absorbe environ 67 $W \cdot m^{-2}$ et en diffuse environ 77 $W \cdot m^{-2}$ vers l'espace.

Le rayonnement solaire qui parvient à la surface terrestre est plus ou moins absorbé selon la valeur de l'albédo : les océans ont un albédo de 7 %, le sable 32 % et la neige 90 %.

1. Calculer la puissance solaire reçue par mètre carré à la surface de la Terre après traversée de l'atmosphère.
2. Calculer la puissance solaire absorbée par mètre carré au niveau des océans, au niveau d'une surface sableuse et au niveau d'une surface neigeuse.

Absorption de l'atmosphère terrestre

16 Atmosphère terrestre et opacité

On représente ci-dessous l'opacité atmosphérique selon les rayonnements.

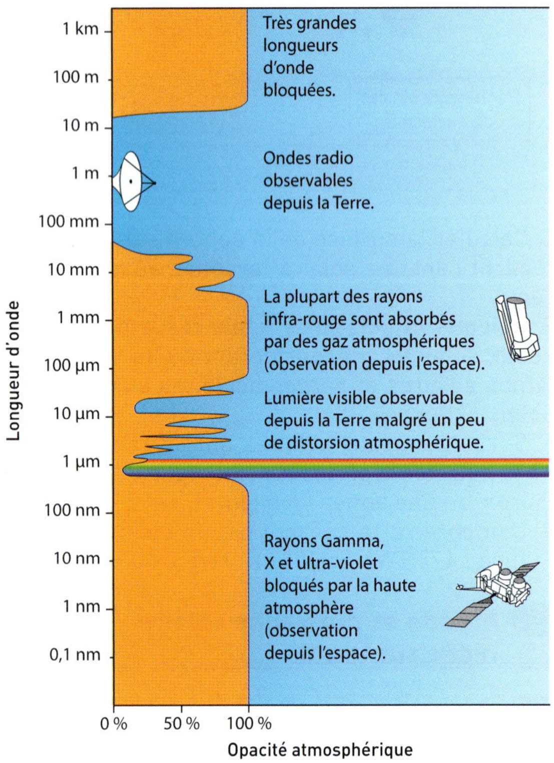

1. Expliquer le rôle de l'atmosphère sur les rayonnements qui n'arrivent pas à la surface terrestre.
2. Quelle serait la conséquence d'une opacité à 100 % dans un domaine de longueurs d'onde compris entre 400 et 800 nm ?
3. Les radiations de petites longueurs d'onde présentent un danger pour la vie. Nommer les radiations émises par le Soleil dont l'atmosphère nous protège.
4. Les signaux utilisés dans le GPS ont une longueur d'onde voisine de 20 cm. Expliquer pourquoi ce choix de longueur d'onde est pertinent.

17 Diffusion de Rayleigh

Lorsque le rayonnement solaire interagit avec des molécules de l'atmosphère (O_2, N_2, H_2O, CO_2) dont la taille est inférieure à la longueur d'onde du rayonnement incident, une grande partie du rayonnement est diffusé c'est-à-dire qu'il est renvoyé dans toutes les directions. La partie du rayonnement diffusé est d'autant plus grande que la longueur d'onde du rayonnement incident est petite.

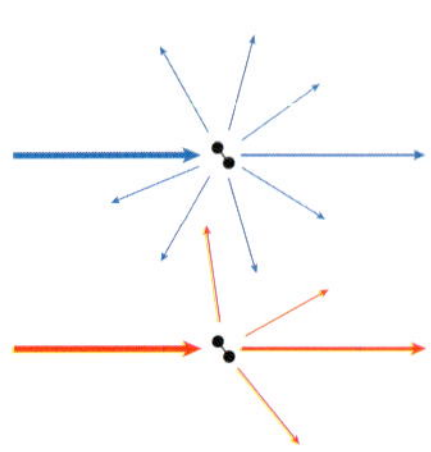

On donne ci-dessous la partie du rayonnement diffusée et la partie absorbée.

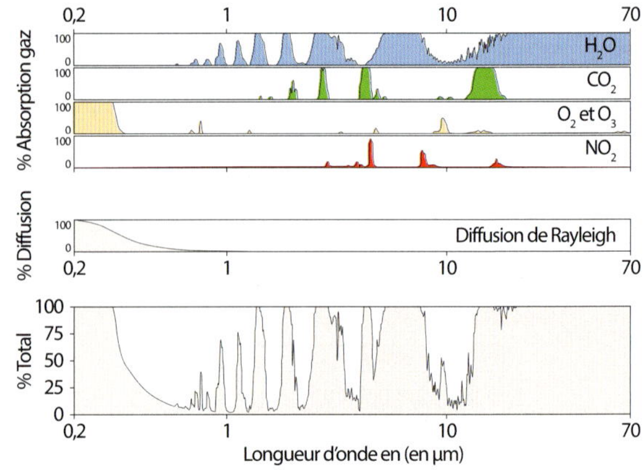

1. D'après le document ci-dessus, expliquer pourquoi les rayonnements de faibles longueurs d'onde, ne parviennent pas à la surface terrestre.
2. Expliquer pourquoi le ciel est bleu.
3. Si le rayonnement incident est blanc, expliquer comment évolue sa couleur après traversée d'une longue couche d'atmosphère.

Rayonnements reçus et émis par le sol

18 Le sol terrestre reçoit en permanence 168 W · m^{-2} de rayonnements solaires et 324 W · m^{-2} de rayons infrarouges issus de l'atmosphère. Le sol chauffé émet 390 W · m^{-2} de rayonnements infrarouges et 102 W · m^{-2} d'autres types de rayonnements.

La Terre convertit sa chaleur interne : c'est la géothermie. Celle-ci provient principalement de la désintégration radioactive des éléments contenus dans le manteau. En moyenne, l'énergie libérée par la géothermie est de 87 mW · m^{-2}.

1. Calculer la puissance surfacique totale reçue.
2. Calculer la proportion du flux géothermique moyen par rapport à la puissance totale émise par le sol terrestre. Est-ce significatif ?

19 Fonte de la banquise

Le 23 septembre 2018, la surface de la banquise en Arctique avait perdu 1,81 millions de km^2 par rapport à la moyenne calculée sur la période 1981/2010.

La puissance solaire parvenant au niveau de la banquise et des océans est estimée à 200 W · m^{-2}. L'albédo des océans vaut environ 7 % alors qu'il vaut environ 90 % pour la glace.

1. Calculer la puissance solaire totale absorbée par une surface égale à 1,81 millions de km^2 selon que cette surface est une banquise ou un océan.
2. En déduire l'énergie absorbée en 24 h sur les deux types de surfaces.
3. Expliquer en quoi la fonte de la banquise aggrave le réchauffement climatique.

Vers le BAC

20 Qui reçoit le plus d'énergie solaire : Jupiter ou Mars ?

Calculer

20 min.

Jupiter est la planète la plus grosse du système solaire (rayon : 69 900 km), elle devrait donc capter une grande proportion du rayonnement solaire émis. Mars est une planète plus petite (rayon : 3 390 km), mais elle est plus proche du Soleil : 227,9 millions de km alors que la distance entre Jupiter et le Soleil est de 778,5 millions de km.

1. Calculer la surface des sphères sur lesquelles se répartit l'énergie solaire au niveau de Mars et au niveau de Jupiter.
2. Calculer et comparer la puissance solaire totale reçue par chaque planète.

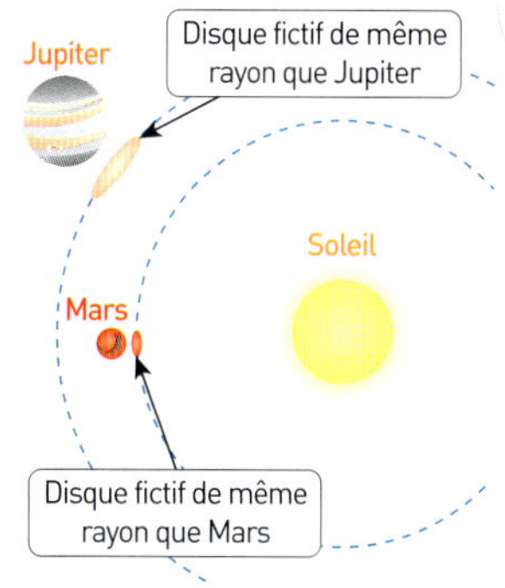

Données

Puissance émise par le Soleil = $3,84 \times 10^{26}$ W.

3. Calculer la puissance moyenne solaire reçue par mètre carré par les planètes (les assimiler à des sphères parfaites).
4. Expliquer pourquoi la température moyenne sur Jupiter est plus faible que sur Mars.

21 La Terre « boule de neige »

Analyser

25 min.

Au cours de son histoire, la Terre a connu au moins trois épisodes de glaciation totale appelés Terre « boule de neige » (calottes polaires étendues jusqu'à l'équateur).

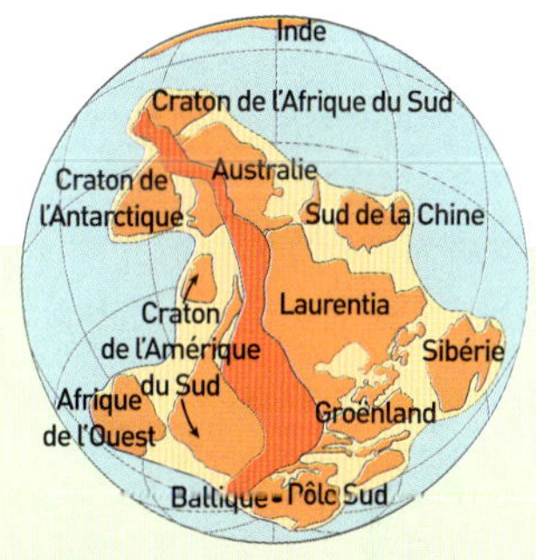

Doc. 1 **La Terre au Néoprotérozoïque et simulation de l'évolution du CO_2**

Le graphique ci-contre présente l'évolution de la température moyenne au cours de l'année en un endroit du globe, en fonction de l'irradiation globale. Cette grandeur correspond à l'énergie lumineuse reçue par mètre carré, chaque jour, sur une surface au sol.

Le supercontinent Rodinia s'est formé il y a 1,1 Ga et s'est disloqué 300 millions d'années plus tard. De nombreuses traces indiquent la présence de calottes polaires étendues sur tout le continent.

Le modèle GEOCLIM permet d'envisager les concentrations de CO_2 atmosphériques en dessous desquelles une glaciation globale peut être déclenchée.

Il y a 800 millions d'années, le fractionnement du supercontinent Rodinia est accompagné de la mise en place de basaltes qui sont des roches volcaniques.

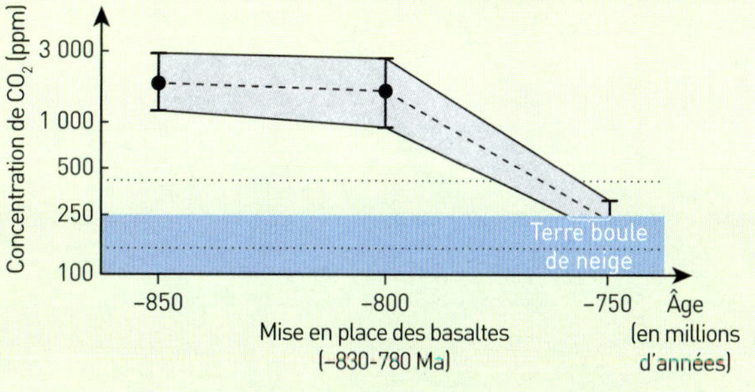

Les barres verticales représentent les incertitudes.

Doc. 2 **CO_2 et processus géochimiques**

Au cours des temps géologiques, le CO_2 atmosphérique a connu des variations principalement liées à des processus géochimiques. Certains, comme le dégazage du manteau par le volcanisme, libèrent du CO_2 dans l'océan et dans l'atmosphère alors que d'autres, comme l'altération des roches et la photosynthèse, le consomment.

Doc. 3 **Albédo de quelques surfaces**

Type de surface	Albédo
Océans	7 %
Sable	32 %
Glace	90 %

• À partir de l'exploitation des documents et de vos connaissances, expliquer comment l'albédo et l'effet de serre ont contribué à modifier la température terrestre à l'échelle des temps géologiques.

6 Une conversion naturelle de l'énergie solaire : la photosynthèse

La canopée, strate supérieure de la forêt, absorbe une grande partie du rayonnement solaire incident.

L'arbre vit fixé et ses feuilles représentent une grande surface d'échange avec l'atmosphère.
Comment transforment-elles l'énergie lumineuse en énergie chimique ?

Volvox, vue au microscope optique.

Les micro-algues photosynthétiques participent, après leur mort, au transfert de carbone de la surface vers le fond des océans.
Comment des organismes, accumulés au cours des temps géologiques pendant des millions d'années, deviennent-ils des combustibles fossiles ?

Attendus du programme	Activités	Parcours d'exercices
Constater l'importance planétaire de la photosynthèse	1 4	5 6 13 14 22
Représenter les échanges d'énergie au niveau d'une feuille	2	1 15 16
Comparer spectres d'absorption et d'action photosynthétiques	2	2 7 17
Mettre en évidence la conversion d'énergie	3	8 9 10 11 18 19 21 23
Discuter l'origine biologique d'un combustible fossile	4	4 12 20

Activité documentaire

Objectif général de formation
Comprendre la nature du savoir scientifique et ses méthodes d'élaboration

1 L'importance planétaire de la photosynthèse

Captée par des milliards d'organismes verts, la lumière du Soleil est la source d'énergie principale pour fabriquer la matière constitutive du monde vivant à partir du dioxyde de carbone CO_2 et de l'eau H_2O disponibles dans l'environnement.
Objectif Comprendre les flux d'énergie et de matière issus de la photosynthèse à l'échelle de la planète.

Doc. 1 Répartition mondiale de la productivité primaire

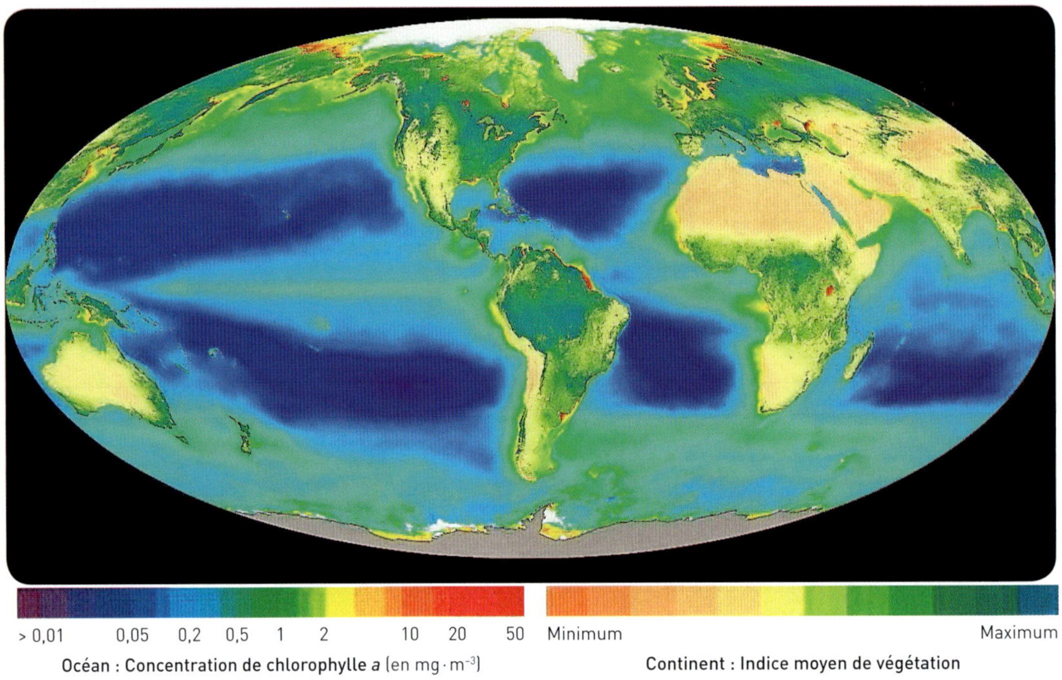

Carte obtenue à partir de données issues de différents satellites

Doc. 2 Productivité primaire et photosynthèse

- Les végétaux représentent plus de 80 % de la biomasse de notre planète. Ils sont capables de produire de la matière organique en utilisant l'énergie lumineuse grâce à la photosynthèse. Des échanges se font en permanence entre la biosphère et les autres enveloppes terrestres.
- À la surface des océans, la productivité primaire est indirectement mesurée par la concentration en chlorophylle, traduisant la présence d'êtres vivants photosynthétiques marins (principalement le phytoplancton). La répartition observée est le résultat de nombreux phénomènes, notamment la température des eaux de surface et la disponibilité en sels minéraux (davantage présents aux embouchures des fleuves et dans les zones où les courants océaniques remontent par *upwelling*).
- Au niveau des continents, la productivité primaire des végétaux est estimée grâce à des capteurs qui enregistrent des signatures spectrales.

Phytoplancton entourant l'île de St. Matthew (longue de 51 km)

Doc. 3 Quelques flux d'énergie et de matière

◗ La matière organique, synthétisée par les producteurs primaires, puis les consommateurs, est une forme de stockage d'énergie : 1 tonne de matière sèche contient en moyenne 20 gigajoules (GJ).

Des échanges de carbone ont lieu :

> entre l'atmosphère et les continents, avec un rôle prépondérant tenu par les organismes vivants – photosynthèse, respiration, fermentation ;

> entre l'atmosphère et les océans, avec couplage eau/air – dissolution ou dégazage – ainsi qu'avec la biosphère (plancton et algues).

◗ À l'échelle de la planète, on estime que les organismes chlorophylliens produisent 8 500 tonnes de matière sèche par seconde.

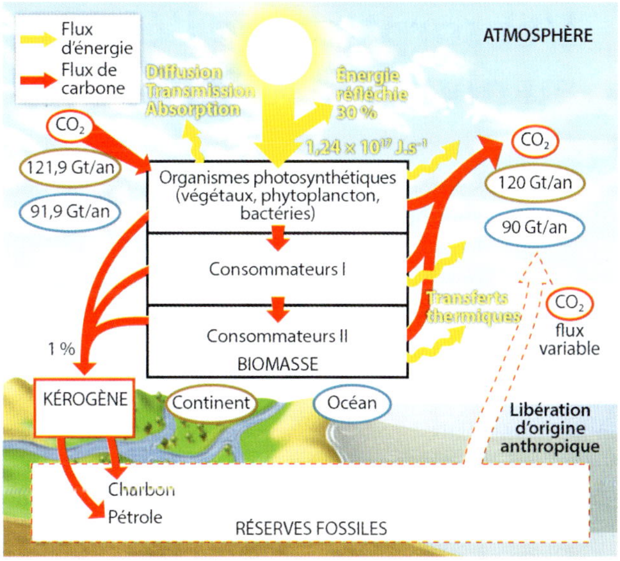

Doc. 4 Dioxyde de carbone d'origine anthropique

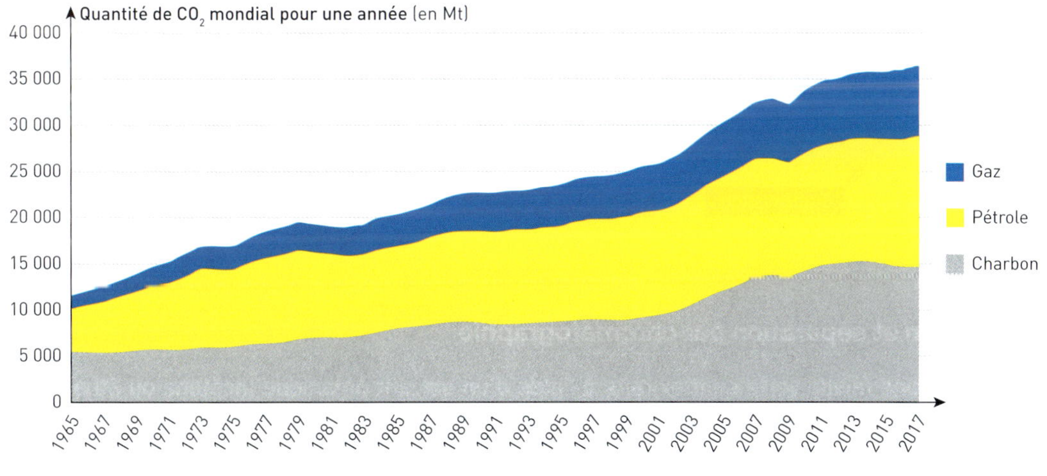

Émission planétaire annuelle de CO_2 issu de ressources fossiles non renouvelables à échelle humaine

Guide de travail

1 Construire un tableau indiquant les disponibilités en eau, sels minéraux, lumière et organismes chlorophylliens à différentes latitudes. En déduire les conditions qui participent d'une productivité importante. (docs. 1 et 2).

2 Déterminer le pourcentage de la puissance solaire ($1,8 \times 10^{17}$ J.s^{-1}) réellement utilisé par la photosynthèse (doc. 2).

3 Indiquer la quantité de CO_2 d'origine anthropique libérée dans l'atmosphère en 1969 et en 2017. Calculer l'augmentation exprimée en pourcentage. (docs. 3 et 4).

Synthèse Réaliser un schéma des flux d'énergie et de matière entre l'atmosphère et la biosphère, incluant les réponses aux questions qui précèdent.

Vocabulaire

Chlorophylle Pigment photosynthétique permettant l'absorption de l'énergie lumineuse.

Pigment Substance responsable de la couleur d'un élément grâce à l'absorption sélective de certaines radiations du spectre de la lumière blanche.

Phytoplancton Organismes marins microscopiques réalisant la photosynthèse et passivement portés par les courants.

Productivité Accroissement de biomasse par unité de temps et par unité de surface.

Upwelling Remontée des courants océaniques apportant des nutriments en grande quantité.

Objectif général de formation
Identifier et mettre en œuvre des pratiques scientifiques

2 L'absorption de l'énergie lumineuse au niveau des feuilles

Les corps soumis au rayonnement solaire absorbent une partie de l'énergie reçue et réfléchissent ou transmettent le reste.
Objectif Expliquer les interactions entre l'énergie lumineuse et la feuille verte d'une plante.

Doc. 1 Devenir de l'énergie solaire au niveau d'une feuille

- Un tiers de la puisance radiative reçue par la feuille est directement réfléchie et transmise.
- La fraction restante est absorbée, ce qui induit l'échauffement et la transpiration (de 17,5 à 98 %) ou réémise par fluorescence (0,5 à 2 %). Seule une petite partie de la puissance radiative reçue est donc utilisée pour la photosynthèse.

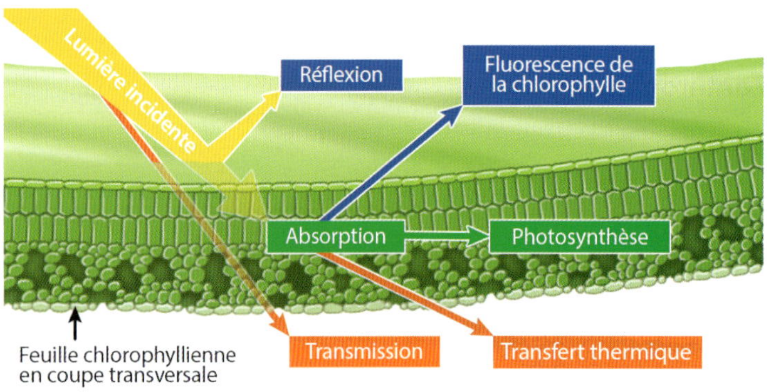

Doc. 2 Extraction et séparation par chromatographie

- Les pigments d'une feuille verte sont extraits à l'aide d'un solvant organique (acétone ou éthanol). Ils sont séparés par chromatographie, grâce à leur solubilité différentielle dans un mélange de solvants (phase mobile), et leur affinité pour le support (phase stationnaire).

Protocole d'extraction des pigments bruts de feuilles vertes

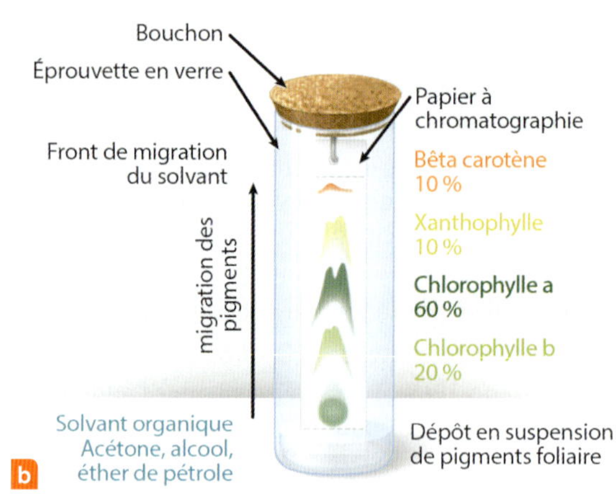

Dispositif expérimental de la chromatographie

Doc. 3 Spectres d'absorption des pigments d'une feuille

Un spectroscope contient un prisme qui décompose la lumière en un spectre de radiations colorées que l'on observe par l'oculaire de cet appareil. Lorsqu'une solution est placée entre la source lumineuse et le spectromètre, elle absorbe une partie de la lumière reçue. Le spectre obtenu alors est un spectre d'absorption de la solution testée.

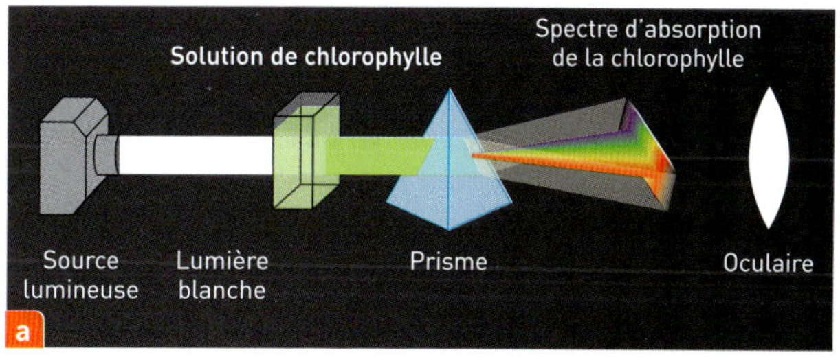

Dispositif expérimental

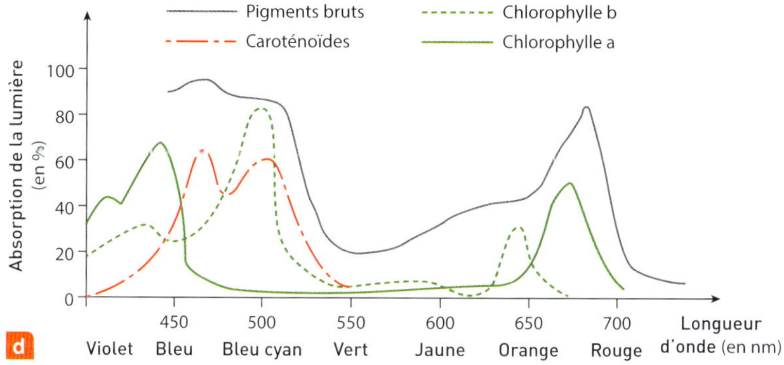

Spectres d'absorption obtenus au spectrophotomètre pour chaque pigment foliaire isolé par chromatographie

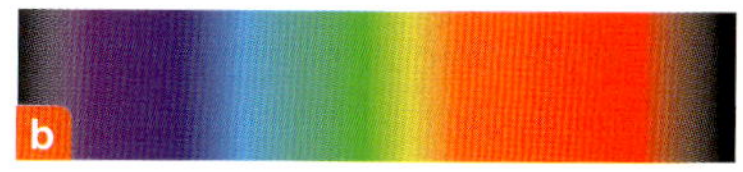

Spectre d'absorption obtenu au spectroscope à main pour le solvant seul

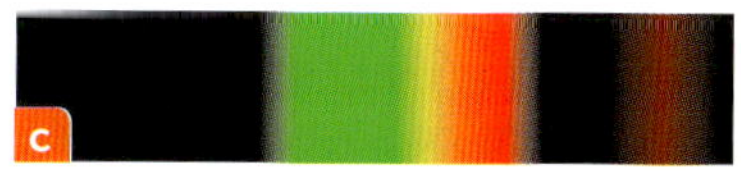

Spectre d'absorption obtenu au spectroscope à main pour le mélange de pigments foliaires

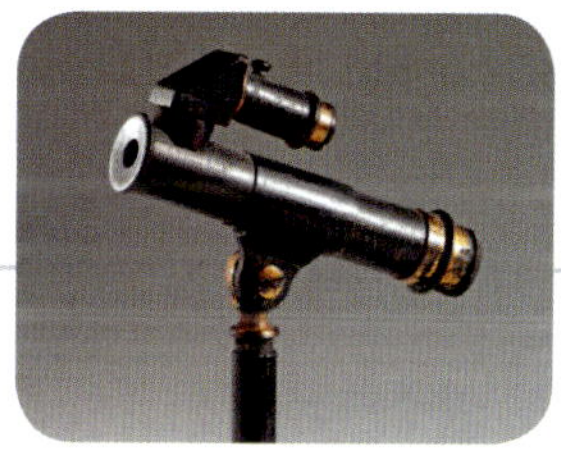

Doc. 4 Le spectre d'action photosynthétique

La photosynthèse a pour équation-bilan simplifiée :

$$CO_2 + H_2O \xrightarrow{\text{lumière}} \text{matière organique} + O_2$$

Ainsi, l'intensité de l'absorption de CO_2 (ou du dégagement d'O_2) d'un végétal permet de mesurer l'intensité de la photosynthèse. Le spectre d'action photosynthétique est établi en éclairant le végétal avec des lumières de longueurs d'onde variables (à nombre constant de photons reçus).

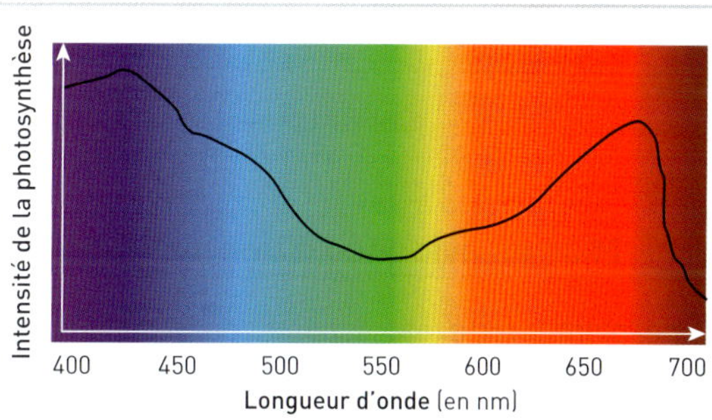

Spectre d'action photosynthétique de l'élodée

Guide de travail

1 Calculer le pourcentage de puissance solaire réellement utilisé pour la photosynthèse au niveau d'une feuille (doc. 1).

2 Identifier quels pigments sont séparés par la chromatographie (doc. 2).

3 Préciser les domaines de longueur d'onde les plus absorbées par ces pigments (doc. 3).

4 Représenter sur le même graphique les spectres d'absorption et d'action photosynthétiques afin de les comparer (docs. 3 et 4).

Synthèse Comparer les spectres d'absorption et d'action photosynthétiques pour déterminer quelles longueurs d'onde permettent une photosynthèse efficace.

Vocabulaire

Spectre d'absorption Graphique représentant la variation de la quantité de lumière absorbée par une substance en fonction de la longueur d'onde.

Spectre d'action Graphique représentant l'intensité du dégagement de O_2 (ou absorption de CO_2) chez un végétal en fonction de la longueur d'onde du rayonnement qui produit le phénomène.

Activité documentaire

Objectif général de formation
Identifier et mettre en œuvre des pratique scientifiques

3 Conversion de l'énergie lumineuse en énergie chimique

Une faible partie de l'énergie solaire reçue par un végétal est absorbée et utilisée pour réaliser la photosynthèse. Elle est convertie au sein même des cellules végétales grâce à différentes réactions du métabolisme.

Objectif Comprendre comment l'énergie lumineuse est convertie par les végétaux en molécules organiques, ensuite utilisées pour le fonctionnement des êtres vivants.

Doc. 1 Mesure de la concentration en dioxygène de fragments de feuilles

Protocole et montage

Une suspension aqueuse d'élodée est placée dans une enceinte fermée reliée à un dispositif ExAO.

La concentration en O_2 (ou en CO_2) est mesurée dans différentes conditions : dans l'obscurité et en présence de lumière. Au bout de trois minutes, on ajoute du cyanure, molécule qui bloque l'activité des mitochondries.

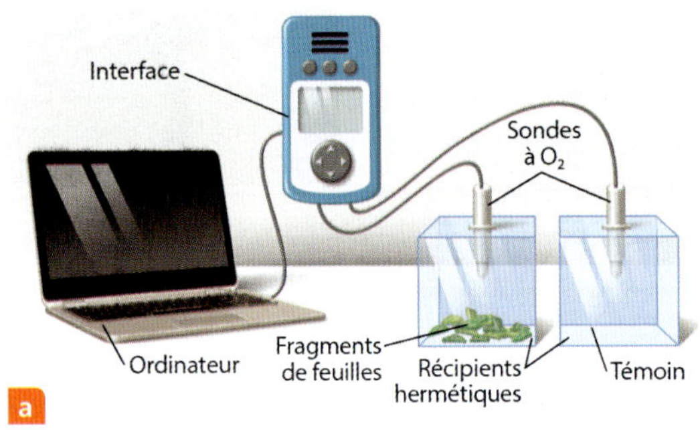

Dispositif ExAO

Résultats obtenus

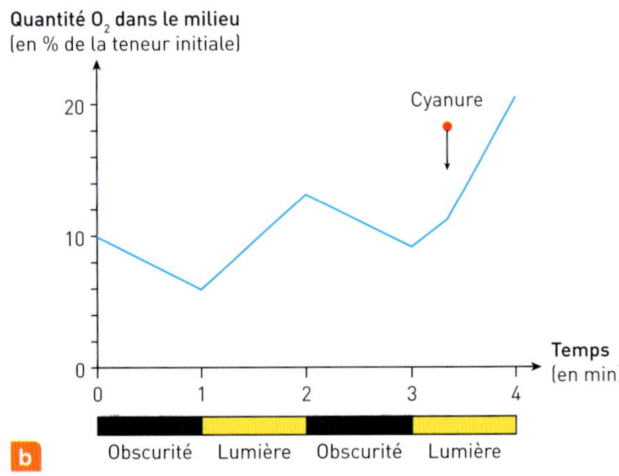

Évolution de la quantité de dioxygène en fonction du temps et des conditions expérimentales dans le milieu contenant les fragments de feuilles

Doc. 2 Mise en évidence d'une synthèse d'amidon au niveau des feuilles

Une plante verte est éclairée pendant douze heures avec certaines feuilles partiellement recouvertes d'un cache opaque. Les feuilles sont décolorées à l'alcool bouillant, puis refroidies. De l'eau iodée (réactif spécifique de l'amidon) est ajoutée dans une boite de Pétri.

Zones	1	2	3	4
Chlorophylle	Oui	Non	Oui	Non
Lumière	Oui	Oui	Non	Non
Test eau iodée	+	–	–	–

(+) présence d'amidon
(–) absence d'amidon

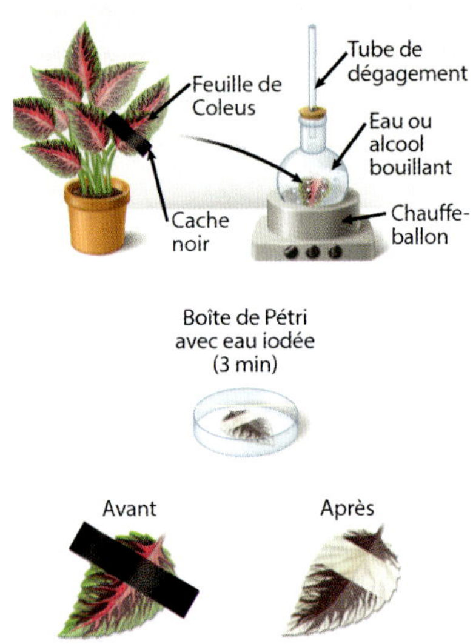

Doc. 3 L'utilisation de la matière organique issue de la photosynthèse

▶ Les molécules organiques issues de la photosynthèse peuvent être exportées vers d'autres parties de la plante, comme les graines, où elles sont stockées.

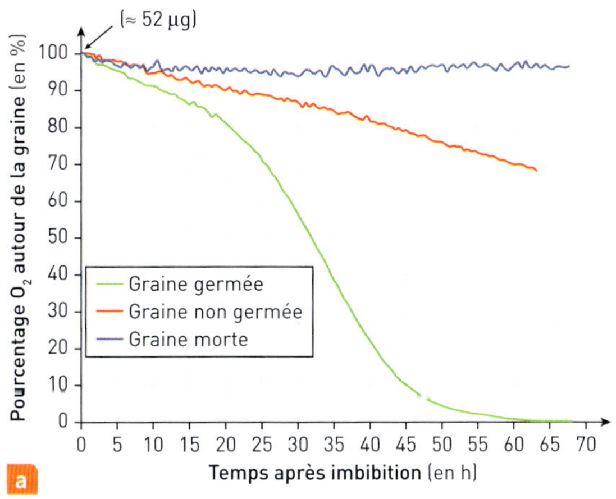

Consommation de dioxygène O_2 par les graines

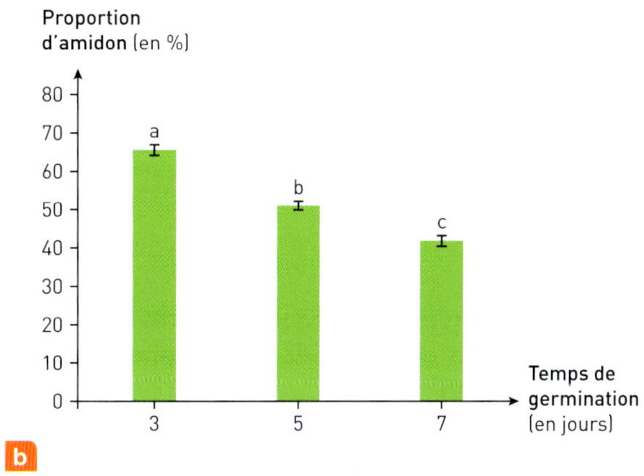

Évolution de la quantité d'amidon au fur et à mesure de la germination

Doc. 4 Quelques autres utilisations de l'amidon des graines

▶ Le charançon est un insecte très friand des grains d'orge.

▶ La fermentation alcoolique des grains d'orge en présence de levures permet la production de bière.

Guide de travail

1 Exploiter les résultats afin d'identifier les réactions du métabolisme mises en évidence et préciser le lieu (dans la cellule) où elles se produisent (doc. 1).

2 Indiquer sous quelle forme est stockée l'énergie dans la feuille et quelles sont les conditions pour que ce stockage se réalise (doc. 2).

3 Expliquer ce que devient l'amidon contenu dans un organe de stockage tel que la graine (docs. 3 et 4).

Synthèse Expliquer à l'aide d'un schéma, ce que devient l'énergie lumineuse après avoir été absorbée au niveau des feuilles.

Vocabulaire

Fermentation alcoolique Réaction du métabolisme permettant la production d'énergie à partir de matière organique sans consommation de dioxygène.

Levure Champignon unicellulaire capable de fermenter, présent à la surface de nombreux fruits et graines.

Métabolisme Ensemble des transformations moléculaires et énergétiques qui se déroulent dans la cellule ou l'organisme.

Mitochondrie Organite des cellules eucaryotes où se déroule la respiration.

Activité ouverte

Objectif de formation
Comprendre la nature du savoir scientifique et ses méthodes d'élaboration

4 De l'énergie lumineuse aux combustibles fossiles

Dans le bassin minier du Nord et du Pas-de-Calais, le charbon a été exploité de 1720 à 1990. Les mineurs remontaient deux types de roches, la houille utilisée comme combustible et des roches dites stériles, sans intérêt économique en raison de leur faible teneur en carbone. Ces dernières, abandonnées à la surface, forment les terrils.

Gros bloc de houille, appelé « gaillette »

Terril

Consigne

Discuter l'origine biologique de ce charbon en indiquant les conditions géologiques et les étapes qui ont conduit à sa formation.

Doc. 1 Un fossile houiller

▸ Parmi les schistes constituant les roches stériles, on trouve assez fréquemment des fossiles. Cet échantillon est un fragment de fronde de fougère du genre *Pecopteris*. Le découpage des frondes d'un très grand nombre de *Pecopteris* rappelle celui des *Cyathéacées* que l'on rencontre aujourd'hui dans des forêts de régions chaudes et humides.

Collections du Muséum d'histoire naturelle du Havre

Doc. 2 Coupe géologique simplifiée de la région

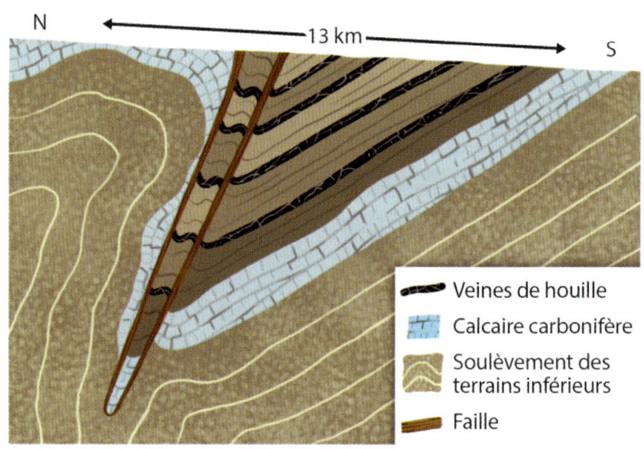

Coupe simplifiée entre les villes d'Émerchicourt et de Bouvignies

Doc. 3 La Terre, il y a 300 millions d'années

▸ Au Carbonifère, la « France » se trouve au niveau de l'équateur, où un climat probablement chaud et humide a permis le développement de forêts tropicales.

▸ Cette abondante végétation est à l'origine des gisements de charbons caractéristiques de cette époque.

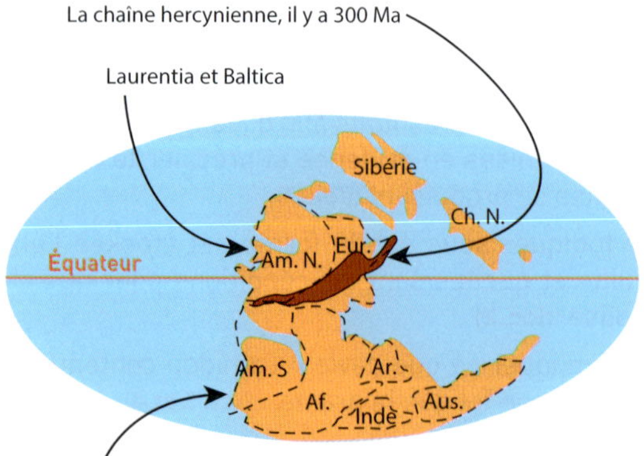

La Pangée, supercontinent formé au Carbonifère

Am. N. : Amérique du Nord, Am. S. : Amérique du Sud, Af. : Afrique, Ar. : Arabie, Aus. : Australie, Ch. N. : Chine du Nord, Eur. : Europe,

Doc. 4 Formation de deux types de roches combustibles

- Dans certaines conditions (enfouissement, absence de dioxygène, etc.), une partie des débris d'organismes continentaux et marins se transforment. La matière organique évolue alors en kérogène sous l'action de différents facteurs (température, bactéries).
- Ainsi, au bout de plusieurs millions d'années, les débris des végétaux continentaux peuvent donner naissance à des charbons et les organismes planctoniques à des huiles (pétrole) et gaz.

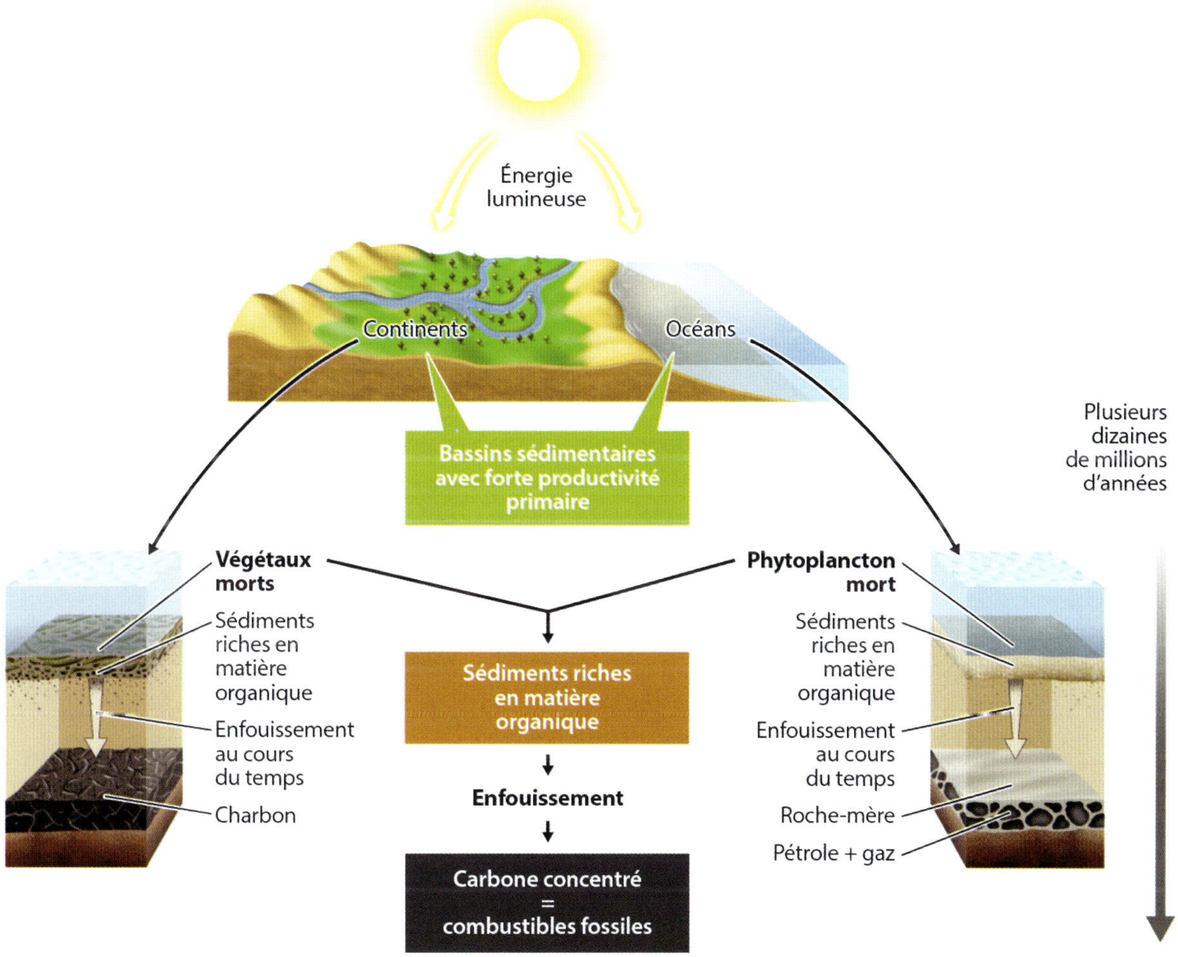

Vidéo La formation du pétrole Lienmini.fr/Ens-Sci1-33

Coups de pouce

1 Expliquer ce que montre la présence de fossiles dans les roches de cette région.

2 Repérer la position des roches sédimentaires sur la coupe géologique.

3 Repérer la position de la « France » au Carbonifère et déterminer les conditions qui ont pu favoriser la formation des charbons.

Vocabulaire

Fronde Organe végétal qui joue le rôle de feuille chez la fougère.
Kérogène Substance intermédiaire entre la matière organique et les combustibles fossiles.
Roche réservoir Roche poreuse et perméable, située sous une couche imperméable où des hydrocarbures peuvent s'accumuler en grande quantité pour aboutir à des gisements de pétrole et/ou de gaz.
Roche mère Désigne la roche où se forment des hydrocarbures.

Essentiel

1 Constater l'importance planétaire de la photosynthèse

Des flux

La photosynthèse permet de transformer l'énergie solaire en biomasse grâce à l'absorption de CO_2 atmosphérique. À l'échelle de la planète, seul 0,1 % de la puissance solaire disponible est utilisée par les organismes photosynthétiques.

Des stocks

La biomasse des organismes photosynthétiques représente plus de 80 % des êtres vivants de la planète. Elle est utile aux humains pour se nourrir, se chauffer, se vêtir ou se loger.
Cette biomasse résulte de la fabrication de matière organique par les végétaux verts. Elle se fait à partir d'eau, de sels minéraux et de dioxyde de carbone en présence de lumière.

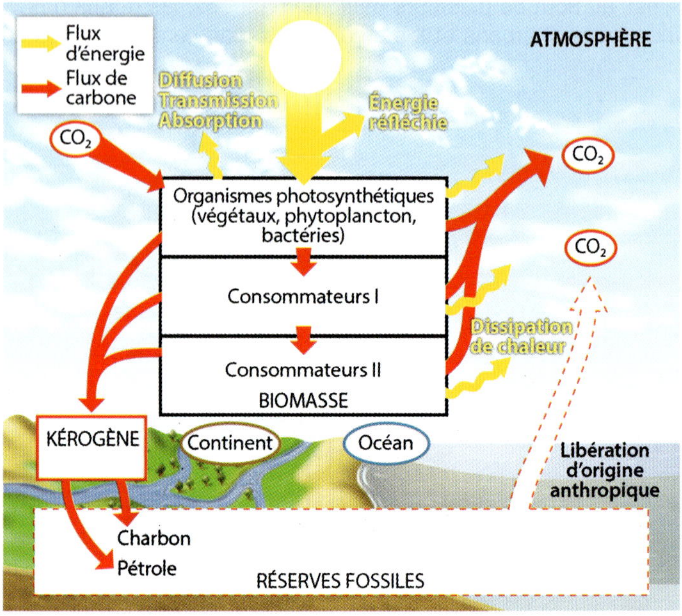

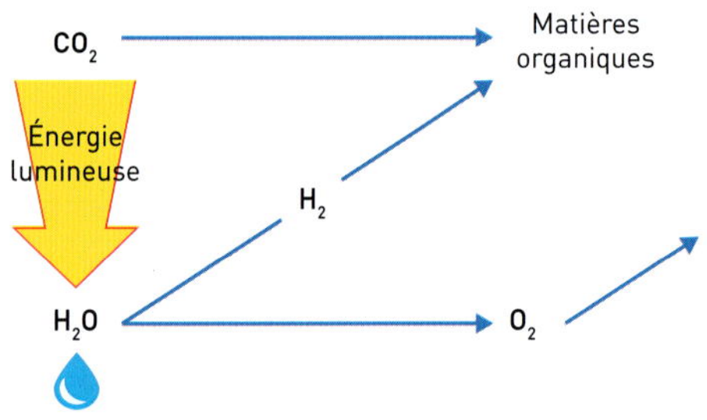

Bilan des réactions de la photosynthèse dans les cellules de la feuille

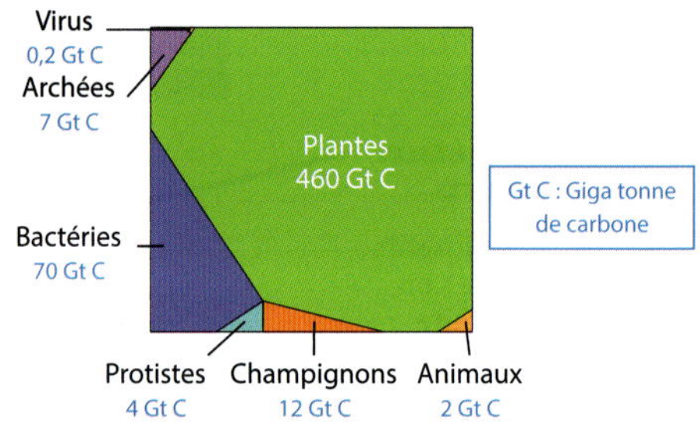

Diagramme de Voronoï. Répartition de la biomasse en fonction des groupes d'êtres vivants

2 Représenter les échanges d'énergie au niveau d'une feuille

- Une fraction de l'énergie radiative reçue par la feuille est directement réfléchie et transmise.
- La fraction restante est absorbée, ce qui permet l'échauffement, la transpiration, la fluorescence.
- Seule une petite fraction de l'énergie lumineuse sert à la photosynthèse.

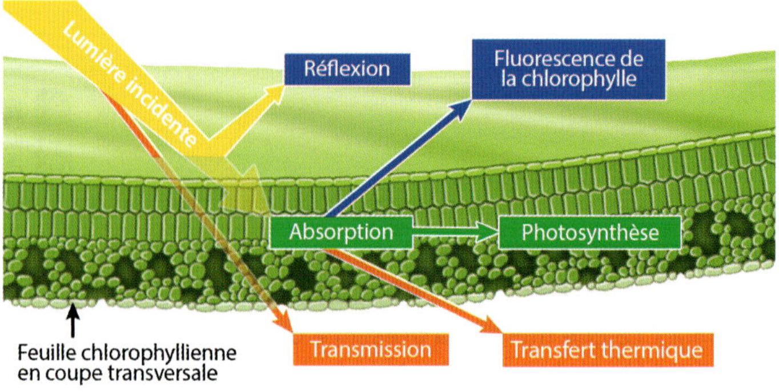

3 Comparer les spectres d'absorption et d'action photosynthétiques

- Certaines longueurs d'onde sont absorbées lorsque la lumière blanche traverse une solution de pigments extraits d'un organisme photosynthétique.
- À ces longueurs d'onde, la photosynthèse est plus intense, ce qui se lit sur le spectre d'action.

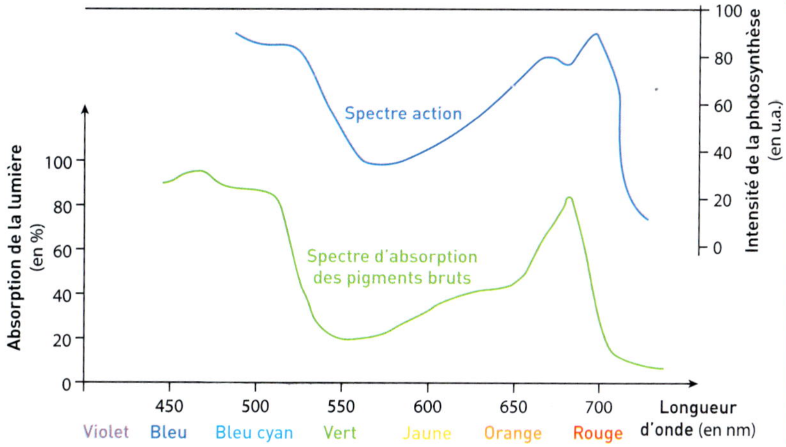

Spectres d'absorption et d'action d'un végétal vert

4 Mettre en évidence la conversion d'énergie

- Lors de la photosynthèse, l'énergie lumineuse est transformée en énergie chimique sous la forme de molécules organiques (M.O.). Cette énergie chimique est transformée par la suite grâce à la respiration ou à la fermentation, et utilisée pour le fonctionnement de l'organisme (synthèse de molécules, mouvements, etc.).

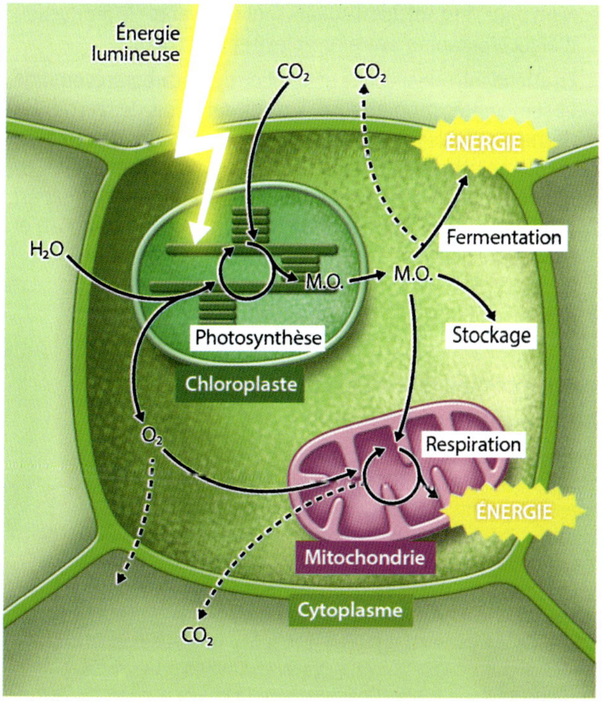

5 Discuter l'origine biologique d'un combustible fossile

- Une infime partie de la biomasse s'accumule dans les sédiments puis se transforme en kérogène, dont une partie seulement devient combustible fossile (charbon, pétrole, gaz). Le processus est très lent (millions d'années).
- À l'échelle d'une vie humaine, les combustibles fossiles ne sont pas des ressources énergétiques renouvelables, à la différence de l'énergie solaire. Le carbone ainsi stocké est principalement libéré dans l'atmosphère par les activités humaines.

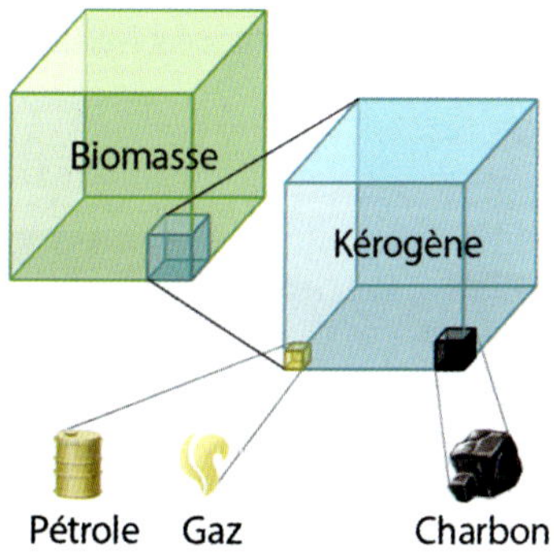

Les algues, un nouveau carburant ?

Ce sont des championnes de la photosynthèse, capables de doubler leur biomasse en 24 heures ! Un vrai trésor si, un jour, on arrive à transformer toute cette matière en énergie. Qui sont-elles ? De minuscules organismes chlorophylliens que l'on a longtemps négligé : les microalgues, ou algues unicellulaires.

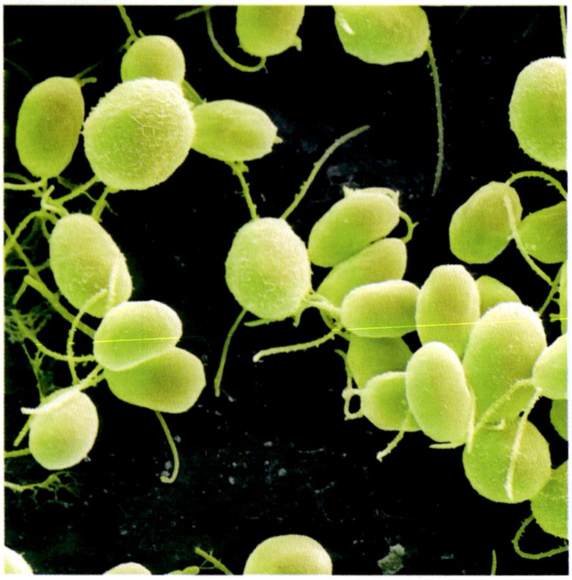

Chlamydomonas reinhardtii, une algue unicellulaire

Depuis une vingtaine d'années, elles sont les stars de laboratoires qui cherchent à mettre au point des nouveaux biocarburants. Le principe est simple : puisque la photosynthèse permet à la plante de stocker l'énergie lumineuse sous forme de matière, sucres et lipides, il suffit de trouver le moyen de transformer ces réserves en combustibles pour les voitures, par exemple.

Depuis longtemps déjà, on fabrique du bioéthanol à partir des sucres de betterave ou de céréales afin de le mélanger à l'essence. On sait aussi transformer les huiles extraites des graines du colza ou du palmier à huile en complément du diesel. Mais ces biocarburants, qui sont aujourd'hui produits à l'échelle industrielle, posent de plus en plus de problèmes.

D'abord on s'est aperçu que leur empreinte carbone, autrement dit les émissions de CO_2 au cours de leur production, étaient conséquentes et consommatrices de pétrole. Mais surtout, leur production occupe des terres cultivées qui auraient pu être consacrées à des cultures alimentaires. En 2010, on estimait les terres arables nécessaires pour satisfaire la demande européenne en bioénergie à une surface équivalente à la Suède !

Les microalgues apparaissent alors comme la matière première végétale idéale pour l'élaboration de nouveaux biocarburants. Nul besoin de terres agricoles pour la produire : elle est cultivée en bassin ! Par ailleurs, on peut « nourrir » ces bassins du CO_2 émis par une usine voisine, ce qui serait un plus pour l'environnement. De nombreuses startups ont investi le créneau et un peu partout des chaînes de production pilote ont été construites. Mais pour l'instant, les résultats sont décevants : la production d'algocarburants s'avère complexe et trop chère.

En attendant, une seconde génération de biocarburants émerge et semble très prometteuse. Il s'agit cette fois de recycler les déchets agricoles, comme les pailles des récoltes de céréales, ou même la fraction organique de nos ordures ménagères. Le biométhane en est un exemple. Ce biocarburant gazeux est produit dans des digesteurs qui font fermenter le compost, et il alimente déjà les véhicules qui roulent au gaz naturel.

Culture d'algues pour la production de biocarburants

D'autres pistes pour récupérer l'énergie de la photosynthèse ?

Une première idée serait d'aller pomper dans les microalgues les électrons libérés par le processus de photosynthèse. En effet, l'énergie solaire est utilisée dans les cellules végétales pour décomposer l'eau, et ce processus produit des électrons qu'il s'agit de capter pour créer un courant électrique. Mais le courant obtenu pour le moment est beaucoup trop faible pour être exploité. D'autres chercheurs proposent de fabriquer une pile à hydrogène à partir d'algues vertes. En effet, l'hydrogène est un combustible propre mais que l'on ne trouve pas sous forme libre sur Terre. Aujourd'hui, on dépense de l'énergie pour l'extraire à partir du gaz naturel ou par électrolyse de l'eau. Or, certaines algues vertes produisent de l'hydrogène pendant la photosynthèse, mais pas de façon continue. Il s'agirait donc de les modifier génétiquement pour qu'elles le fassent en permanence. Les recherches sont en cours. À suivre…

Les plantes, poids lourd de la biomasse terrestre

Et si on pesait l'ensemble de tous les êtres vivants de la planète ? C'est le travail titanesque qu'ont entrepris des chercheurs de l'insti tut Weizmann en Israël et de l'université de Pasadena en Californie. Résultat : la totalité de la biomasse terrestre, mesurée en quantité de carbone stocké, pèserait 550 gigatonnes dont 82 % viendraient des plantes.

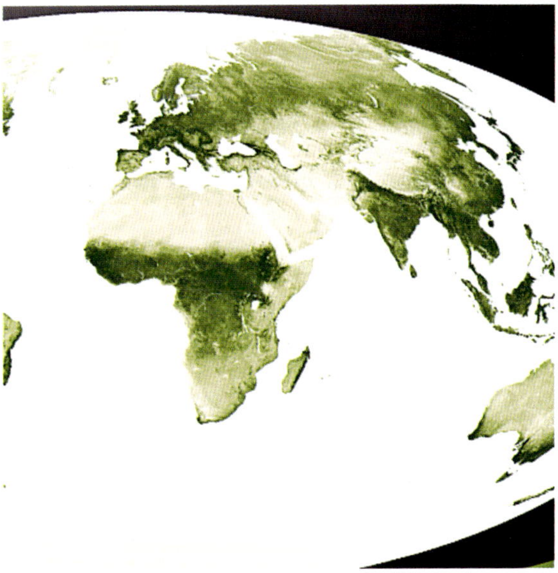

Le couvert végétal de la Terre en 2019

Leur estimation, fondée sur la compilation de centaines d'études, montre, en effet, que les feuilles, racines et tiges des forêts, savanes, cultures et autres végétations représentent 450 gigatonnes de carbone. Soit plus de six fois la masse des bactéries, et 285 fois la masse du règne animal !

Autre surprise : les océans ont beau recouvrir 71 % de la surface de notre planète, la biomasse végétale marine est infime. On estime le poids de la totalité des algues vertes et brunes entre 0,0075 et 2,55 gigatonnes de carbone ! Ce résultat surprenant s'expliquerait par la faculté des plantes à croître rapidement par photosynthèse sur Terre et à occuper tout l'espace, tandis que leur croissance est limitée dans l'eau, car l'obscurité des profondeurs les prive de photosynthèse.

Enfin, sur ces 550 gigatonnes de vie sur notre planète, l'être humain ne pèse que 0,06 gigatonne mais il a un impact terrible sur l'ensemble. Certaines études suggèrent que l'activité humaine aurait causé la réduction de moitié de la biomasse végétale en quelques 10 000 ans, ce qui a eu bien sûr des conséquences sur la biomasse animale. Quant aux apports des humains en matière de récoltes sur des surfaces cultivées, leur masse ne représente que 10 petites gigatonnes...

Un satellite pour surveiller la végétation

En 2023, la mission Fluorescence Explorer (FLEX) de l'Agence spatiale européenne ira scruter en orbite l'activité de photosynthèse à l'échelle mondiale. Ce n'est pas la première fois qu'on utilise un satellite pour surveiller le couvert végétal. Mais la technologie de FLEX innove en captant à distance la fluorescence de la chlorophylle contenue dans les cellules végétales. Ce pigment, en effet, émet de la lumière qui varie en intensité et en longueur d'onde en fonction de l'efficacité de la photosynthèse. Autrement dit, FLEX nous permettra de quantifier nos ressources végétales et d'observer en direct l'état de santé des cultures et des forêts.

Le satellite FLEX Fluorescence Explorer

Exo Version interactive Lienmini.fr/Ens-Sci1-15

Apprendre à apprendre

1 **Représenter sur un schéma le devenir de la lumière arrivant sur une feuille verte.**

2 **Expliquer comment déterminer les longueurs d'onde lumineuses utiles pour la photosynthèse.**

3 **Utiliser l'étymologie pour définir la photosynthèse.**

4 **Expliquer comment la photosynthèse est à l'origine des combustibles fossiles.**

5 QCM Énergie solaire utile

Indiquer la bonne réponse.

À l'échelle de la planète, le pourcentage d'énergie solaire utilisée par la photosynthèse est de :

1. 0,1 %. 2. 1 %. 3. 10 %.

6 Vrai-faux Photosynthèse planétaire

Répondre par vrai ou faux aux affirmations et corriger celles qui sont fausses.

1. La photosynthèse permet l'entrée de matière minérale dans la biosphère.
2. La production de matière organique issue de la photosynthèse est semblable en tout point de la planète.
3. Les organismes chlorophylliens utilisent une grande partie de la puissance solaire totale disponible.
4. La productivité primaire des océans dépend uniquement de l'ensoleillement.

7 Vrai-faux Spectres d'absorption et d'action photosynthétiques

Indiquer la ou les bonnes réponses.

1. Les végétaux chlorophylliens absorbent principalement les longueurs d'onde situées dans le vert (520 nm).
2. Le spectre d'absorption est la quantité de lumière émise par une substance en fonction de la longueur d'onde.
3. Le spectre d'action photosynthétique permet de mesurer l'efficacité de la photosynthèse.
4. Les spectres d'absorption et d'action photosynthétiques ont une évolution semblable.

8 Vrai-faux De l'énergie lumineuse à la matière organique

Répondre par vrai ou faux aux affirmations et corriger celles qui sont fausses.

1. Les végétaux chlorophylliens ont besoin d'eau, de dioxyde de carbone et d'énergie lumineuse pour produire leur matière organique.
2. Les végétaux sont incapables de respirer.
3. La respiration ou la fermentation permettent de libérer de l'énergie en transformant des molécules organiques.

9 QCM Matière organique

Indiquer la bonne réponse.

Pour produire leur matière organique, les végétaux chlorophylliens utilisent notamment :

1. de la matière organique déjà existante.
2. de l'eau, des sels minéraux, du dioxygène (O_2) et la lumière.
3. des sels minéraux, du CO_2 et la lumière.

10 Trouver le bon mot Conversions énergétiques et photosynthèse

Choisir les termes qui conviennent pour compléter les phrases suivantes.

1. Dans la biosphère, l'énergie lumineuse est convertie en énergie (*électrique/ chimique*) grâce à la (*photosynthèse/ respiration*).
2. Les organismes photosynthétiques produisent de la matière (*organique/ minérale*), à partir de matière (*organique/minérale*) grâce à la lumière.
3. L'énergie lumineuse est utilisée pour former des molécules (*minérales/organiques*) qui stockent l'énergie sous forme (*chimique/calorifique*).

11 QCM Lumière et métabolismes

Indiquer la ou les bonne(s) réponse(s).

En présence de lumière, les végétaux chlorophylliens :

1. font uniquement de la respiration.
2. font uniquement de la photosynthèse.
3. font de la respiration et de la photosynthèse.
4. peuvent faire de la fermentation.

12 Trouver le bon mot Origine biologique des combustibles fossiles

Choisir les termes qui conviennent pour compléter les phrases suivantes :

1. Le pétrole est un combustible fossile issu de la fossilisation de la matière (*organique/minérale*) dont l'utilisation par les activités humaines libère (*du carbone/ du dioxygène*) dans l'atmosphère.
2. La formation des combustibles fossiles se fait (*rapidement/lentement*) dans des zones à (*faible/forte*) productivité primaire.

Voir corrigés à la fin du manuel, p. 254

Importance planétaire de la photosynthèse

13 Différences de productivité primaire

La productivité primaire nette (PPN) des océans et les continents est à peu près la même. Cependant, au niveau des continents, il peut y avoir de fortes disparités.

Type de végétation et latitude	Forêt tropicale (lat. 15°)	Forêt tempérée (lat. 45°)	Forêt boréale (lat. 60°)
PPN (en tonnes de $C \cdot ha^{-1} \cdot an^{-1}$)	20	13	8
Énergie solaire moyenne reçue (en $W \cdot m^{-2}$)	400	300	210

1. Comparer les productivités primaires nettes.
2. Nommer les facteurs qui expliquent cette disparité.
3. Indiquer si le même type de relation pour la productivité primaire des océans existe.

14 Une colonne Morris dépolluante

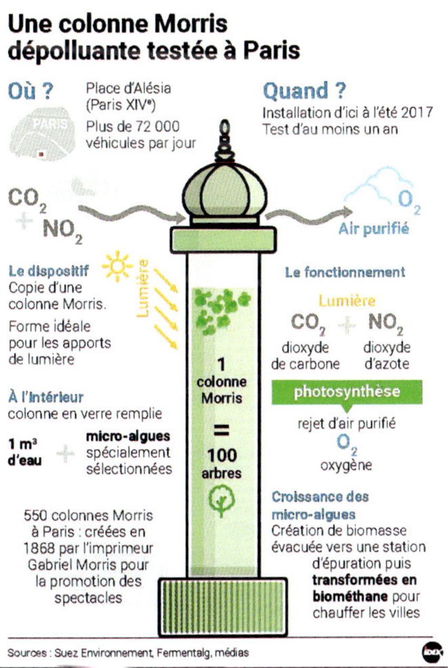

La mairie de Paris teste une colonne Morris d'un nouveau genre, destinée non pas à la promotion de spectacles, mais à la purification de l'air ambiant. Construite en verre, elle renferme une culture de microalgues dans de l'eau.

1. Expliquer, en donnant le nom de la réaction chimique qui s'y produit, comment fonctionne cette colonne.
2. Le bioréacteur de 1 m³ devrait permettre de fixer une tonne de CO_2 par an. Sachant qu'un arbre fixe en moyenne 10 kg de CO_2 par an, calculer le nombre d'arbres auquel cet équipement peut se substituer.
3. Préciser la forme d'énergie utilisée par les microalgues pour leur croissance et celle obtenue après leur recyclage.
4. Indiquer en quoi le biogaz est une source d'énergie renouvelable.

Échanges d'énergie au niveau d'une feuille

15 Rendements

La production annuelle moyenne de 10 m² de panneaux solaires à Marseille est d'environ 2 400 kWh et à Lille de 1 500 kWh. Pour un ensoleillement de 8 h par jour, un panneau solaire peut recevoir jusqu'à 1 000 $W \cdot m^{-2}$.

1. Calculer le rendement d'un panneau solaire en précisant la conversion énergétique qui s'opère.
2. Comparer son efficacité à celle de la photosynthèse.

16 Deux échelles différentes...

Évapotranspiration. C'est la somme, pour un terrain donné, de l'évaporation depuis la surface du sol et de la transpiration des végétaux (Thornthwaite, 1948).

Transpiration. Évacuation d'eau sous forme de vapeur par les feuilles. Le mot apparaît en français en 1735 sous la plume de Buffon, qui traduit le titre du premier chapitre de *La statique des végétaux de Hales* (1727).

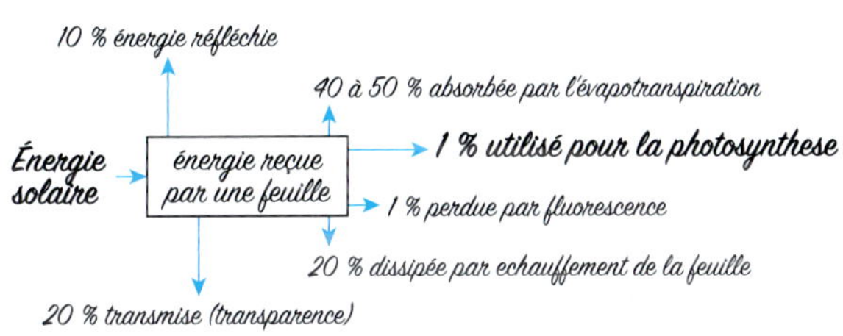

1. Voici le schéma pris en note, rapidement, pendant un cours. Proposer une version améliorée de cette représentation (formulation, structure).
2. Construire un schéma avec des flèches de tailles proportionnelles aux pourcentages respectifs.

Spectres d'absorption et d'action photosynthétiques

17 Panel d'algues

Un plongeur observe des algues différentes au cours de sa descente. Les plus proches de la surface sont vertes, les plus éloignées rouges Toutes contiennent de la chlorophylle associée à d'autres pigments.

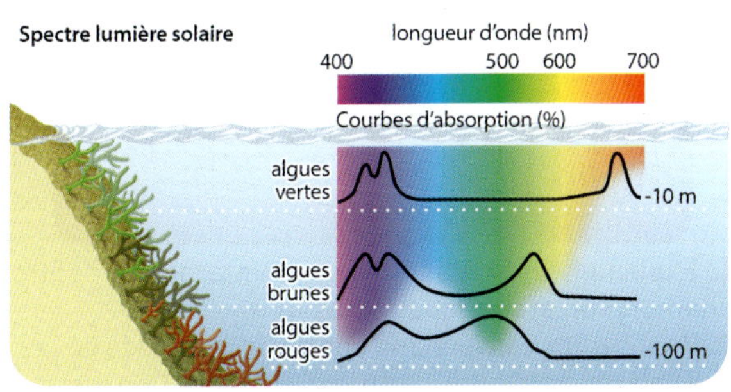

- Expliquer la position des types d'algues.

Conversion d'énergie

18 Dormir avec des plantes ?

EST-IL VRAIMENT DANGEREUX DE DORMIR À CÔTÉ DE PLANTES ?

On dit souvent qu'il ne faut pas dormir à côté de plantes vertes... En effet, durant la nuit, à cause de l'absence de lumière, le processus de photosynthèse s'interrompt chez les végétaux. Au lieu d'absorber du CO_2 et de rejeter de l'oxygène, c'est l'inverse qui se produit. Un phénomène qui pourrait donc, en théorie, provoquer l'asphyxie des personnes à proximité. Mais cette hypothèse est exagérée, car les plantes ne rejettent en réalité qu'une quantité infime de gaz carbonique. Cette dernière est en effet inférieure à celle d'un chat ou d'un chien dormant au côté de son maître, mais aussi à celle d'un conjoint, voire aux propres expirations du dormeur. En 2011, un scientifique britannique a même poussé la démonstration jusqu'à s'enfermer deux jours dans un local de 30 m^2 avec 160 plantes. Et il en est ressorti en parfaite santé.

1. D'après cet article, est-il dangereux de dormir avec des plantes vertes ? Pourquoi ?
2. Identifier les métabolismes des êtres vivants cités.
3. Relire l'article et le critiquer.

19 Champignons producteurs d'électricité !

Des chercheurs ont mis au point une symbiose artificielle entre des champignons et des cyanobactéries. Les champignons apportent l'eau et les nutriments, alors que les cyanobactéries réalisent la photosynthèse. Un dispositif de nanorubans de graphène imprimés en 3D permet alors de capturer les électrons produits par les cyanobactéries, source de bioélectricité. En éclairant ce champignon, le courant obtenu est de l'ordre de 65 nA.

1. Expliciter les métabolismes et interactions entre champignon et cyanobactéries.
2. Préciser les conversions énergétiques mises en jeu.
3. Expliquer en quoi cette expérimentation est un détournement de la photosynthèse.

Origine biologique d'un combustible fossile

20 Enquête sur l'origine du pétrole

L'origine biologique du pétrole est moins évidente que celle du charbon (absence de fossiles végétaux pour le prouver). Les molécules carbonées existent sous deux formes symétriques, appelées isomères. Lorsqu'elles sont produites artificiellement, les deux isomères sont en proportions égales. Dans le monde vivant, un seul isomère existe.

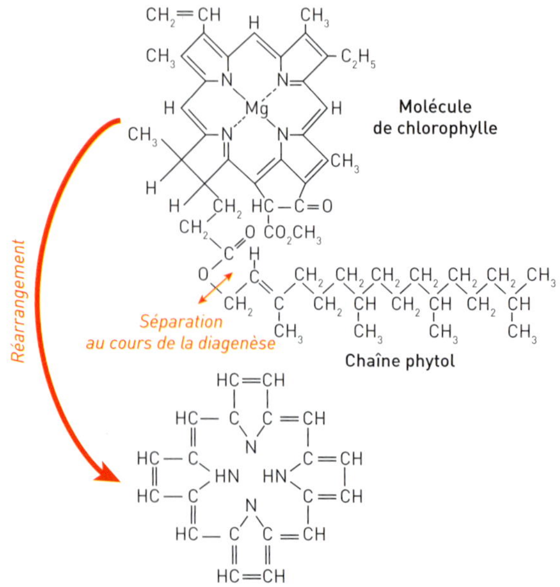

Porphyrine

La porphyrine, dont la structure moléculaire est proche de la chlorophylle, est présente dans le pétrole.

Le pétrole contient des isotopes ^{12}C et ^{13}C quantifiables.

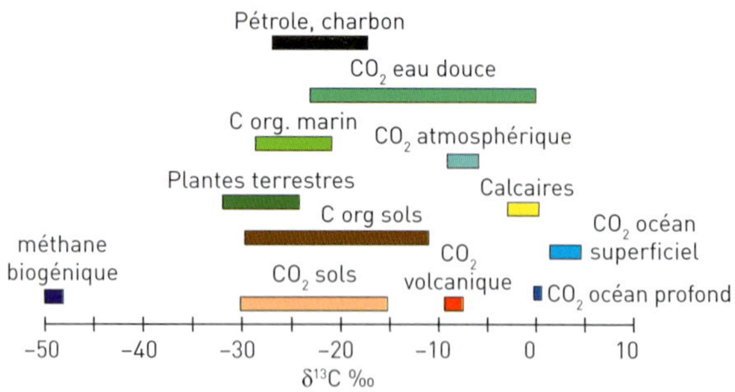

La matière organique fabriquée par photosynthèse est appauvrie en ^{13}C en comparaison de l'eau ou de l'air, car les végétaux verts fixent préférentiellement le ^{12}C. Cet appauvrissement est noté $\delta\ ^{13}C$ ‰.

- En utilisant les éléments issus de l'exploitation des documents, donner des arguments scientifiques en faveur d'une origine biologique du pétrole découvert sur Terre.

21 Énergie solaire

Argumenter — 40 min.

• Expliquer comment l'énergie solaire est utilisée (directement et indirectement) pour le métabolisme des êtres vivants.

22 Des végétaux sur Mars ?

Calculer — 30 min.

La Terre est distante du Soleil d'1 U.A. Dans le futur, il est envisagé de se rendre sur Mars, planète située à 228 × 10^6 km du Soleil, où des plantes cultivées assureront la nutrition des « voyageurs ».

1. Calculer la constante solaire sur Mars, sachant que la puissance reçue est inversement proportionnelle au carré de la distance entre Soleil et planète.

2. Calculer la biomasse théorique synthétisable (en $kg \cdot m^{-2}$) par photosynthèse au cours d'une année martienne qui dure 668 jours d'environ 24 heures avec alternance jour-nuit.

Données

1 U.A. (Unité Astronomique) = 150 × 10^6 km
Constante solaire sur Terre = 1 361 $W \cdot m^{-2}$
La photosynthèse utilise 0,1 % de la puissance solaire disponible. Une tonne de matière organique contient en moyenne 20 GJ d'énergie.
L'atmosphère de Mars étant fine, on néglige son impact sur l'absorption/réflexion. > Chapitre 5

23 Les métabolismes de l'iris

Analyser — 30 min.

Doc. 1 Cycle de vie de l'iris des marais

L'iris des marais est une plante vivace dont la partie souterraine, appelée « rhizome » persiste dans la vase (forme de sol riche en éléments nutritifs mais où il n'y a quasiment pas de dioxygène) en hiver.
Dès le printemps, les premières feuilles vertes, puis la tige sortent du sol. La période de floraison a lieu au milieu du printemps. Les parties aériennes fanent progressivement en automne : en hiver, il ne reste plus que le rhizome dans la vase.

Doc. 2 Les échanges au sein de l'iris

Entre les parties aériennes et souterraines, de nombreux échanges ont lieu :
> L'eau, les substances minérales et les molécules organiques sont transportées par les vaisseaux conducteurs.
> Les gaz, ne pouvant pas être stockés, circulent dans un tissu particulier appelé « aérenchyme ».
Le dioxygène produit ou prélevé par les parties aériennes peut ainsi circuler jusqu'au rhizome.

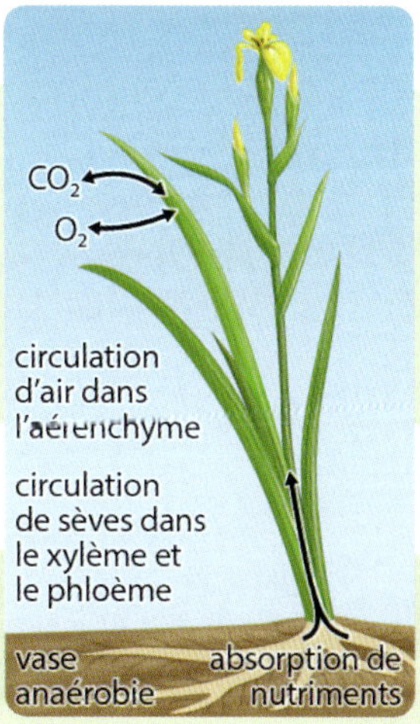

Doc. 3 Différents types de métabolisme utilisés par les végétaux

Photosynthèse : $CO_2 + H_2O \xrightarrow{\text{lumière}}$ matière organique + O_2
Respiration : Matière organique + $O_2 \rightarrow CO_2 + H_2O$ + énergie
Fermentation : Matière organique $\rightarrow CO_2$ et/ou autres molécules + énergie

• À partir de l'exploitation des documents et de vos propres connaissances, expliquer, en justifiant, quels métabolismes sont utilisés par l'iris des marais au cours d'une année.

7 Le bilan thermique du corps humain

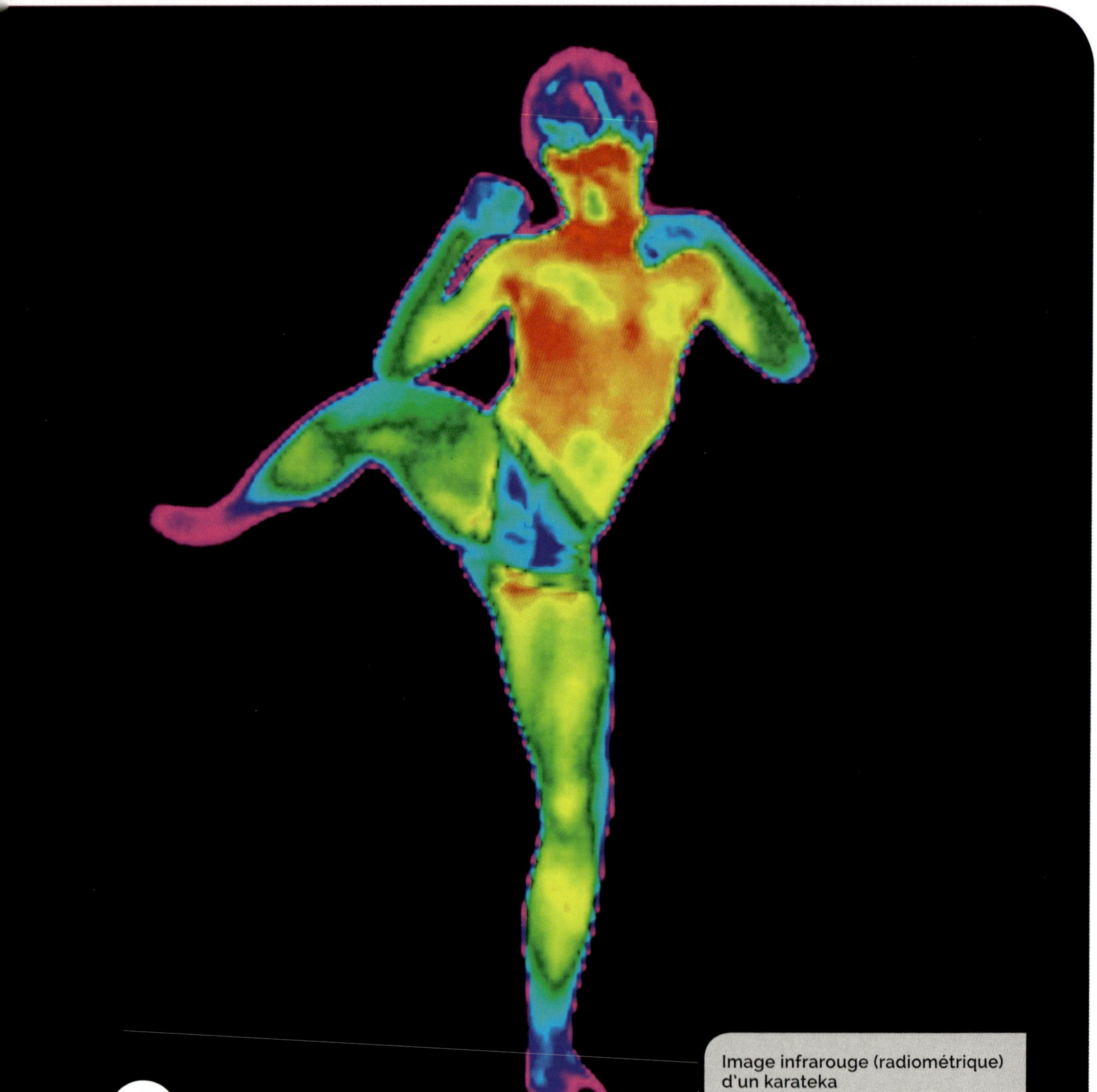

Image infrarouge (radiométrique) d'un karateka

La caméra thermique enregistre les rayonnements infrarouges émis par ce sportif, ce qui permet de mesurer à distance la température externe des différentes parties de son corps. D'où vient l'énergie dissipée ?

Une table de petit-déjeuner

Sportifs ou casaniers, nos activités varient et sont plus ou moins coûteuses en énergie. Les aliments nous apportent cette énergie.
Comment bien les choisir pour répondre à nos besoins ? Des besoins qui varient selon notre activité ?

Attendus du programme	Activités	Parcours d'exercices
Identifier les conversions d'énergie du corps humain	1	5 7 8 9 10 13 14 15
Expliquer la stabilité de la température interne	2	2 3 6 9 11 15 16 17 19 21 23
Relier activités physiques et apports alimentaires	3	1 4 9 12 18 19 20 22

Activité documentaire

Objectif général de formation
Comprendre la nature du savoir scientifique et ses méthodes d'élaboration

1 Le corps humain, transformateur d'énergie

Rien ne se crée, rien ne se perd. Tous les êtres vivants sont des transformateurs d'énergie. Les organismes photosynthétiques, premiers maillons de la chaîne alimentaire, transforment l'énergie solaire en énergie chimique. Que faisons-nous de l'énergie chimique transmise par la nutrition ?

Objectif Schématiser les échanges d'énergie du corps humain.

Doc. 1 Métabolisme au niveau de l'organisme

- Nos aliments, une fois ingérés, subissent des modifications dans l'appareil digestif. Ils deviennent des nutriments, molécules de petite taille, qui passent dans le sang et sont transportées dans les cellules de tous les organes.
- La respiration cellulaire constitue la principale voie de dégradation des nutriments. Quand la disponibilité en dioxygène est insuffisante, il existe une autre voie métabolique, la fermentation, qui dégrade partiellement les molécules organiques.
- La respiration s'effectue dans la mitochondrie et la fermentation dans le cytoplasme. Ces métabolismes produisent un intermédiaire chimique universel : l'ATP (adénosine triphosphate) qui est impliquée dans la plupart des activités cellulaires et qui est indispensable au fonctionnement de l'organisme.
- Tout au long du processus, une partie de l'énergie est dissipée par des transferts thermiques (chaleur).

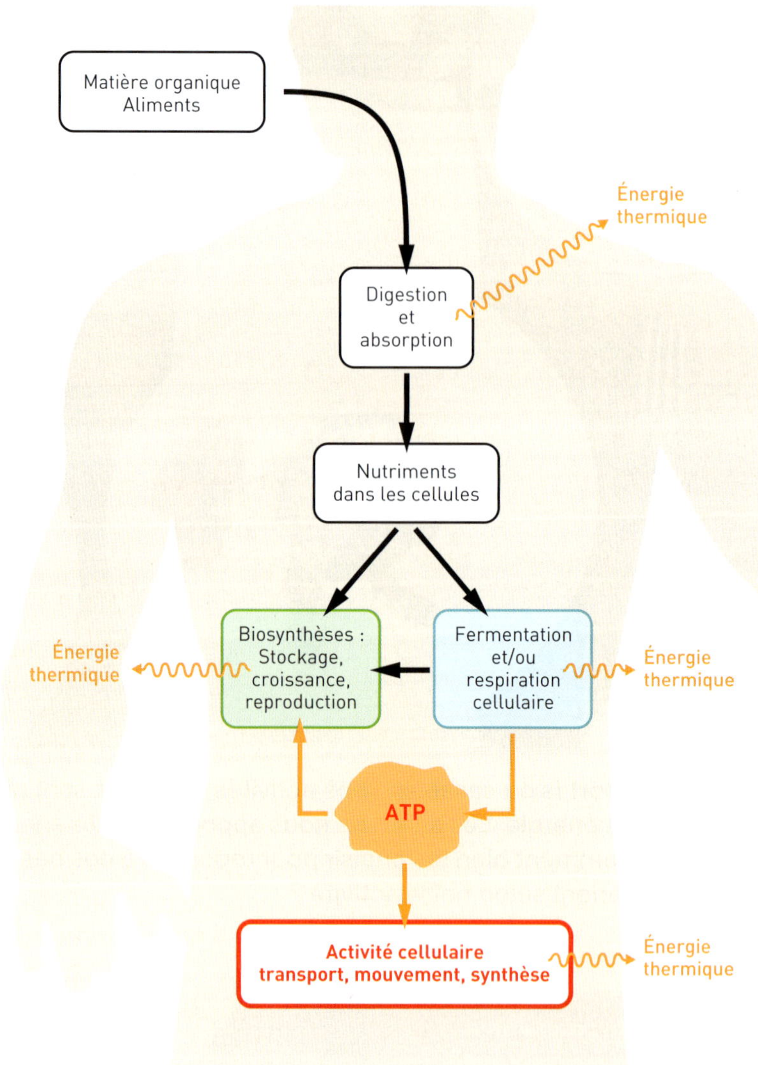

Vue d'ensemble du flux de matière et d'énergie circulant dans le corps humain

Doc. 2 L'ATP : petite monnaie énergétique de la cellule

La réaction d'hydrolyse de la molécule d'ATP (en ADP et phosphate inorganique, noté PO_4^{3-} ou encore P_i) libère de l'énergie qui rend possible d'autres réactions consommatrices d'énergie (mouvements des muscles, synthèse de molécules, etc.). Le corps humain ne contient que quelques centaines de grammes d'ATP mais, à chaque instant, il en régénère. Il en consomme chaque jour de l'ordre de sa propre masse (plusieurs dizaines de kilogrammes chez un adulte). Le renouvellement de l'ADP en ATP dans les cellules est donc permanent. Les réserves permettent au corps de fonctionner seulement quelques secondes.

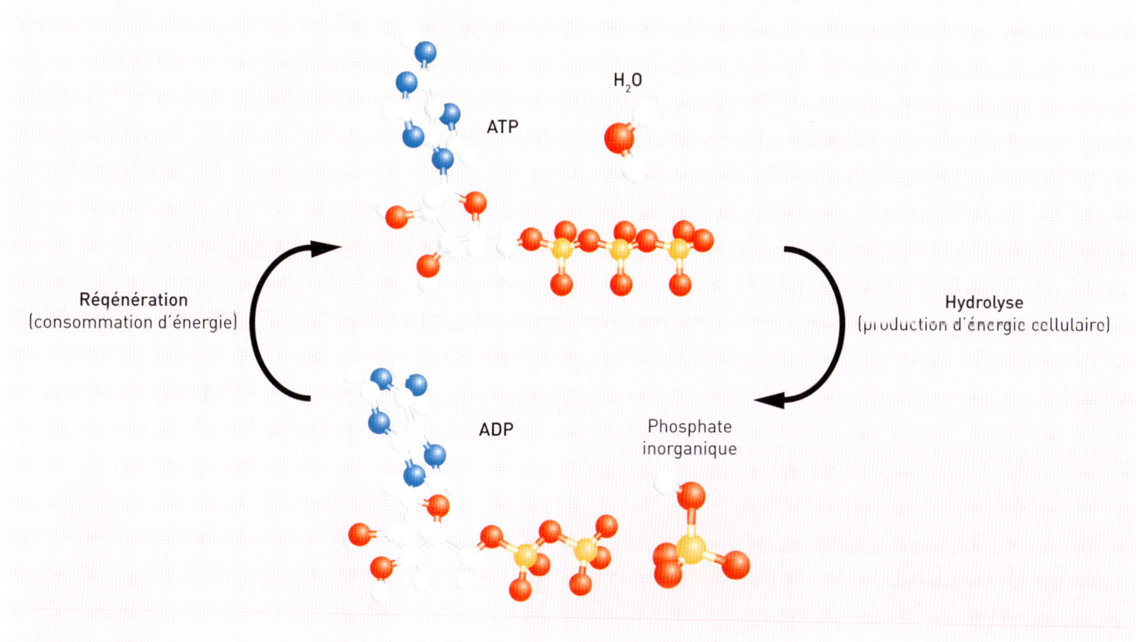

Doc. 3 Transformation énergétique du glucose

Métabolisme	Respiration	Fermentation alcoolique
Molécule substrat	Glucose $C_6H_{12}O_6$	
Énergie potentielle initiale	2 840 kJ par mole de glucose	
Conditions	aérobies (O_2)	anaérobies
Produits	$6\ CO_2 + 6\ H_2O$	$2\ CO_2 + 2\ CH_3CH_2OH$
Énergie potentielle finale	0 kJ	1 360 kJ par mole d'éthanol
ATP produit	36 moles par mole de glucose	2 moles par mole de glucose

Guide de travail

1 Construire un tableau récapitulant les types d'énergie mobilisés dans le corps humain (doc. 1).

2 Calculer la masse d'ATP fabriquée pendant une année par une personne pesant 59 kg (doc. 2).

3 Comparer le devenir d'une molécule de glucose à l'aide d'un schéma, selon qu'elle est transformée par respiration ou par fermentation (doc. 3).

4 Identifier le métabolisme le plus efficace pour l'organisme et expliquer pourquoi la privation de dioxygène est néfaste, voire mortelle. (docs. 2 et 3).

Synthèse À l'aide d'un schéma, construire un bilan équilibré des gains et des pertes d'énergie du corps humain.

Vocabulaire

Aérobie Métabolisme qui se produit en présence de dioxygène (exemple : la respiration).

Anaérobie Métabolisme qui se produit en l'absence de dioxygène (exemple : la fermentation alcoolique).

Chaleur Grandeur qui caractérise les échanges d'énergie sous forme de transfert thermique.

Substrat Molécule dont les changements structuraux sont étudiés au sein d'une réaction chimique.

Activité ouverte

Objectif général de formation

Comprendre la nature du savoir scientifique et ses méthodes d'élaboration

2 La thermorégulation

Depuis l'enfance, nous savons que notre température interne se situe autour de 37 °C. Comme tous les mammifères, nous sommes des homéothermes. Au-delà de 38 °C nous voici en hyperthermie, la fièvre étant symptôme de maladie. Et en dessous de 36 °C nous voilà en hypothermie, donc en danger. Comment se fait le maintien d'une température corporelle optimale pour le fonctionnement de nos cellules ?

Consigne

Expliquer comment la température interne du corps humain est maintenue stable.

Doc. 1 Échanges d'énergie thermique avec l'environnement

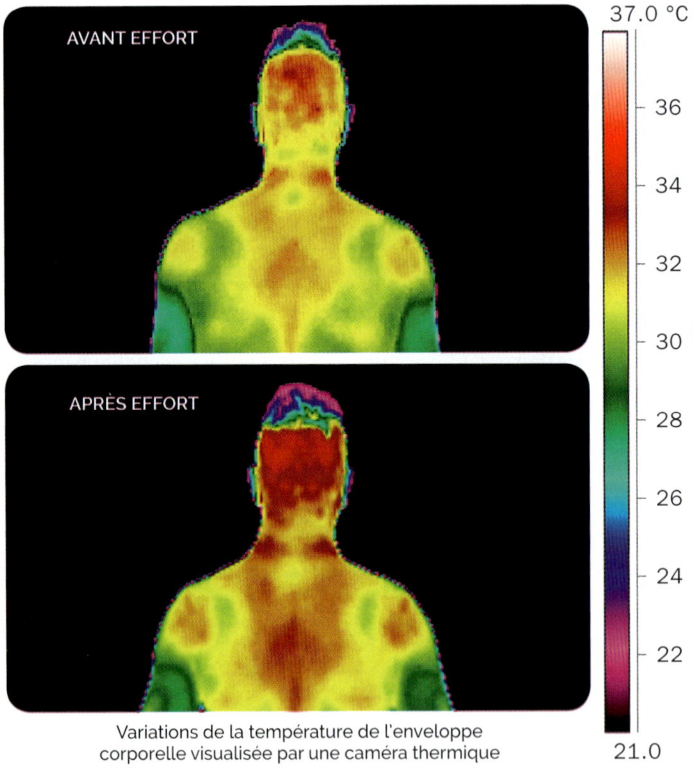

Variations de la température de l'enveloppe corporelle visualisée par une caméra thermique

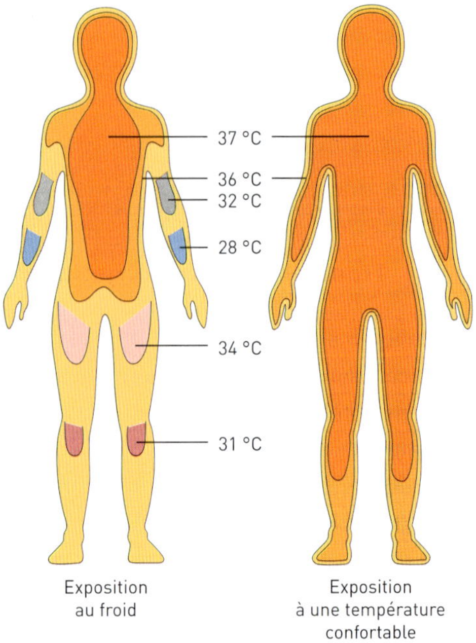

Isothermes de l'enveloppe de l'Homme lors d'une exposition au froid (5 °C) ou à une température plus confortable (environ 20 à 25 °C)

Doc. 2 Échanges thermiques chez l'Homme

Température de la pièce	**Rayonnement** (en %)	**Conduction** (en %)	**Évaporation** (en %)
Confortable (25 °C)	67	10	23
Chaude (30 °C)	41	33	26
Très chaude (35 °C)	4	6	90

Importance relative, chez l'Homme, des pertes par rayonnement (peau), par conduction (sang, muscle), et par évaporation (sueur) en fonction de la température extérieure

Doc. 3 Voies de transfert de l'énergie thermique

▶ Les échanges d'énergie entre le corps humain et son environnement peuvent se faire selon différents processus :

> La conduction désigne le transfert d'énergie provoqué par une différence de température entre deux régions d'un même milieu ou entre deux milieux en contact. Il s'effectue entre particules, de proche en proche, des zones chaudes vers les zones froides.

> La convection est un transport d'énergie associé à un mouvement d'ensemble d'un fluide. Chaque particule transporte son énergie en se déplaçant.

> Le rayonnement est un transport d'énergie sous forme d'onde électromagnétique émises par tous objets (corps d'un animal, Terre, Soleil, etc.)

> L'évaporation correspond au passage de l'état liquide à l'état gazeux. Ce changement d'état nécessite un apport énergétique.

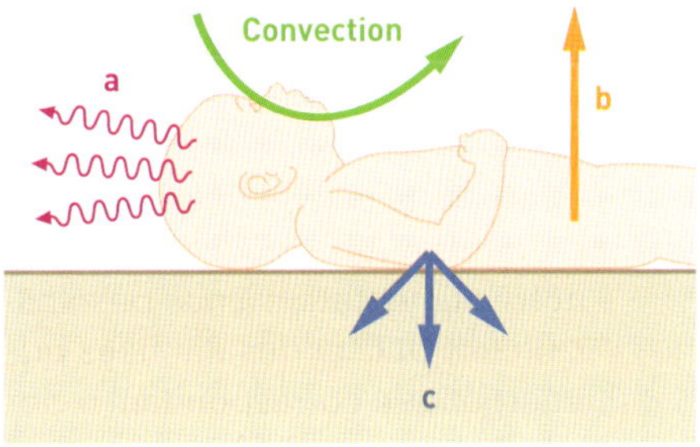

Doc. 4 Thermorégulation en fonction de la température ambiante

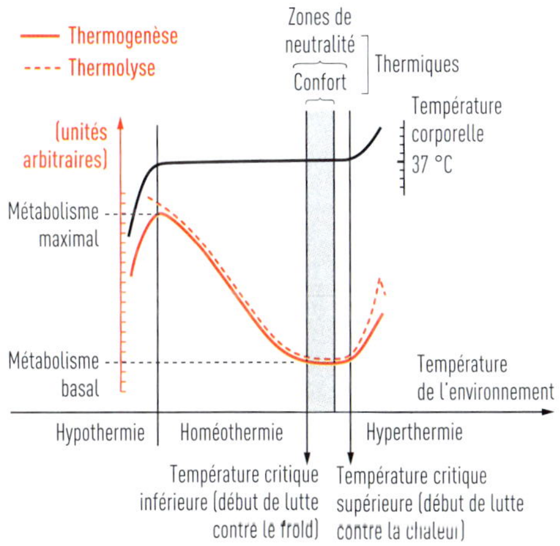

Courbe des dépenses énergétiques liées à la thermorégulation en fonction de la température du milieu extérieur

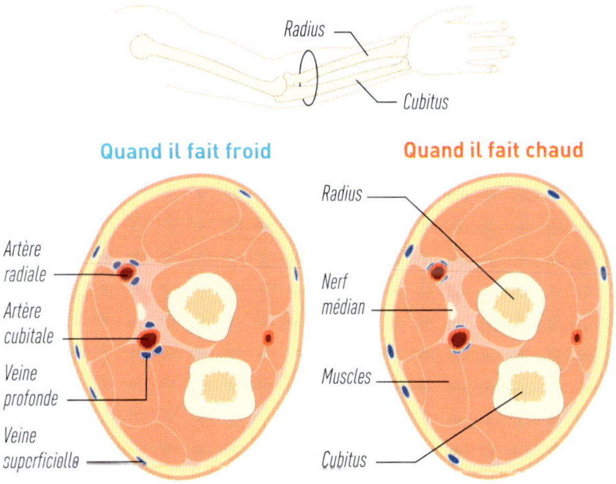

Coupe virtuelle du bras montrant les variations du diamètre des veines en fonction de la température extérieure

Coups de pouce

1 Relever les zones du corps humain les plus chaudes dans un environnement froid et après une activité physique.

2 Reproduire et compléter le schéma du doc. 3 en remplaçant a, b et c par le processus d'échange d'énergie impliqué.

3 Identifier ce qui provoque la thermolyse et ce qui provoque la thermogenèse.

4 Préciser les processus mis en œuvre pour maintenir une température interne constante (homéothermie), dans un intervalle de température extérieure plus large que l'intervalle du confort thermique.

Vocabulaire

Homéotherme Se dit d'un organisme capable de maintenir sa température constante autour d'une valeur de consigne (pour le corps humain : 37 °C), par opposition aux hétérothermes dont la température varie.

Isotherme Ici, ligne fictive joignant les points d'égale température.

Thermogenèse Processus qui libère de la chaleur (mouvements musculaires par exemple).

Thermolyse Processus qui absorbe de la chaleur (grâce à la sueur qui s'évapore, par exemple).

Activité documentaire

Objectif général de formation
Identifier et comprendre les effets de la science sur les sociétés

3 Manger, bouger… pour une parfaite santé !

Tout sportif sait qu'une alimentation adaptée est indispensable à de bonnes performances.
De quels outils disposons-nous pour mesurer nos dépenses énergétiques et bien faire coïncider notre alimentation à nos besoins pour un bilan équilibré ?
Objectif Utiliser des données quantitatives sur l'apport énergétique d'aliments dans un bilan énergétique correspondant à des activités variées.

Doc. 1 Mesurer l'énergie chimique des aliments

Le contenu énergétique d'un aliment est mesurable dans une bombe calorimétrique, espace rempli de dioxygène dans lequel une quantité bien définie de cet aliment va brûler. L'énergie libérée par la combustion est transférée à l'eau. Un thermomètre indique l'élévation de température d'où l'on déduit l'énergie dégagée. Alors que le joule est l'unité internationale d'énergie, on a gardé l'habitude d'utiliser la kilocalorie (ou Calorie, dite « grande calorie ») qui correspond à l'élévation de température d'1°C d'un litre d'eau (1 cal = 4,18 J).
Par combustion totale :

Type de nutriments	Énergie libérée par combustion (en $kJ \cdot g^{-1}$)	Énergie libérée par combustion (en $kcal \cdot g^{-1}$)
Glucides (glucose)	17	4
Lipides	38	9
Protéines	17	4
Alcool (éthanol)	29	7

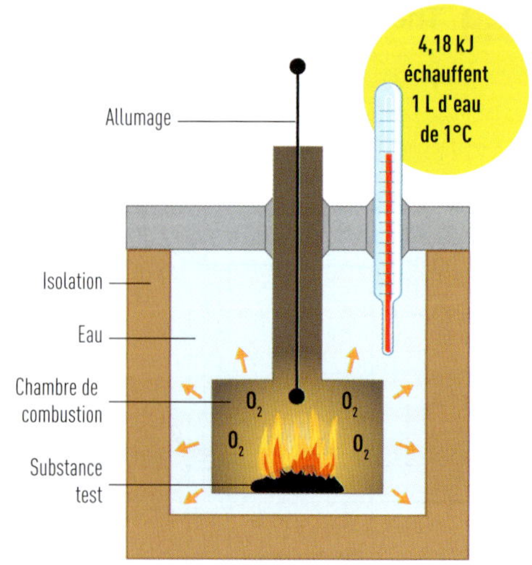

Calorimètre de combustion

Au quotidien, les étiquettes alimentaires donnent des indications dans les deux unités. Un aliment est considéré comme riche en énergie quand il dépasse 300 kcal pour 100 g. Par exemple, un pain au chocolat (ou chocolatine) apporte 400 kcal, soit la même quantité que vingt morceaux de sucre, bien que sa composition en nutriments soit différente.

Doc. 2 Calculer le métabolisme de base

Le métabolisme de base (ou basal) correspond à l'énergie dépensée pour assurer le fonctionnement minimal de l'organisme (circulation du sang, travail cérébral, etc.). Il est mesuré au repos, à jeun. Il se situe entre 6 700 et 7 500 $kJ \cdot jour^{-1}$ pour un homme, et entre 5 400 et 6 300 $kJ \cdot jour^{-1}$ pour une femme. Ces dépenses d'énergie équivalent approximativement à celles d'une ampoule électrique de 75 W en 24 h.

Dans la plupart des pays développés le besoin énergétique pour 24 h est d'environ 1,4 fois le métabolisme basal, ce qui correspond à un mode de vie relativement sédentaire.

CALCUL DU MÉTABOLISME BASAL

$MB_{femme} = 0{,}963\ M_c^{0,48} \times T^{0,50} \times A^{-0,13} \times 1\,000$

$MB_{homme} = 1{,}083\ M_c^{0,48} \times T^{0,50} \times A^{-0,13} \times 1\,000$

MB : métabolisme basal (en $kJ \cdot jour^{-1}$)
M_c : masse corporelle (en kg)
T : taille (en m)
A : âge (en années)

Doc. 3 Mesurer l'activité physique avec des capteurs

▶ L'activité physique se manifeste par des mouvements musculaires qui entraînent une augmentation de dépense d'énergie par rapport au métabolisme basal.
Plusieurs méthodes permettent la mesure de différents paramètres avec des capteurs plus ou moins sophistiqués : la consommation de dioxygène avec une sonde oxymétrique, le nombre de pas avec un accéléromètre, etc.

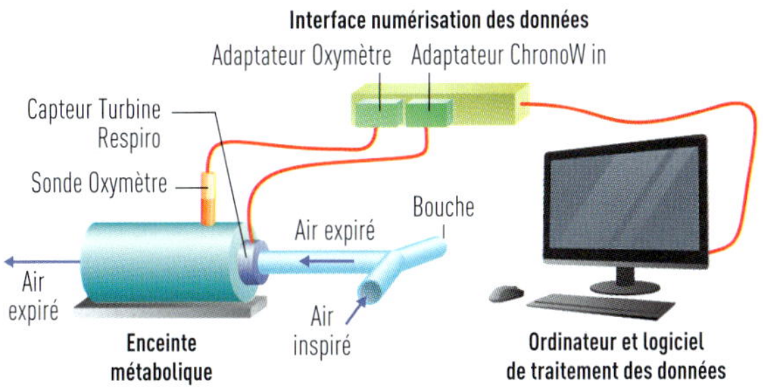

Dispositif Exao pour mesurer le dioxygène consommé

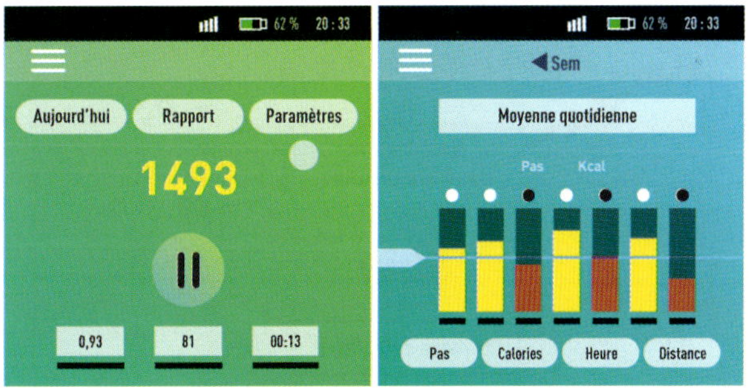

Données extraites d'un podomètre

▶ Exemple de résultats en fonction de l'intensité de l'activité physique

Vitesse de marche (en $km \cdot h^{-1}$)	2	4	6	8
Consommation O_2 (en $L \cdot h^{-1}$)	27	42	61	112
Fréquence respiratoire	15	19	22	27
Dépense énergétique (en $kJ \cdot h^{-1}$)	564	878	1 280	2 120

> Chapitre 4

Doc. 4 Équilibrer les apports et dépenses énergétiques

▶ Exemple d'équilibre entre l'apport et la dépense énergétiques pour un homme adulte (activité modérée)

(A) Apport énergétique (aliments ingérés)	kcal	kJ
Glucides 400 g (pâtes, pain, riz, maïs, sucre, etc.)	1 600	6 688
Lipides 100 g (beurre, huile, etc.)	900	3 762
Protéines 80 g (blanc d'œuf, poulet, etc.)	320	1 338
Eau	0	0
Total	2 820	......

(D) Dépense énergétique (activités)	kcal	kJ
Métabolisme de base pendant 24 h	1 600	6 688
Surplus 8 h de travail modéré	800	......
Surplus 2 h de marche	100	418
Surplus 2 h debout	60	251
Surplus 4 h assis	60	......
Assimilation aliments (8 % apport total)	220	251
Total	2 840	......

Si (A) = (D) l'organisme est en équilibre énergétique.
Si (A) > (D) l'organisme stocke de l'énergie.
Si (A) < (D) l'organisme est en déficit énergétique.

Guide de travail

1 Comparer l'énergie fournie par la combustion d'un gramme de glucide et d'un gramme de lipide (doc. 1).

2 Donner la valeur du métabolisme de base d'un homme de 20 ans, mesurant 1,80 m et pesant 70 kg et celui d'une femme de 20 ans, mesurant 1,65 m et pesant 60 kg à l'aide de la calculatrice (doc. 2).

3 Expliquer pourquoi le métabolisme peut être estimé en mesurant la consommation en dioxygène et faire une représentation graphique à partir des données du tableau (doc. 3).

4 Recopier et compléter le tableau (rappel : 1 cal = 4,18 J) puis calculer la puissance thermique moyenne libérée en 24 h par le corps humain (doc. 4).

Synthèse Construire une argumentation sur l'importance d'équilibrer alimentation et activité physique.

Vocabulaire

Podomètre Dispositif mesurant le nombre de pas lors d'une marche.

Essentiel

1 Identifier les conversions d'énergie du corps humain

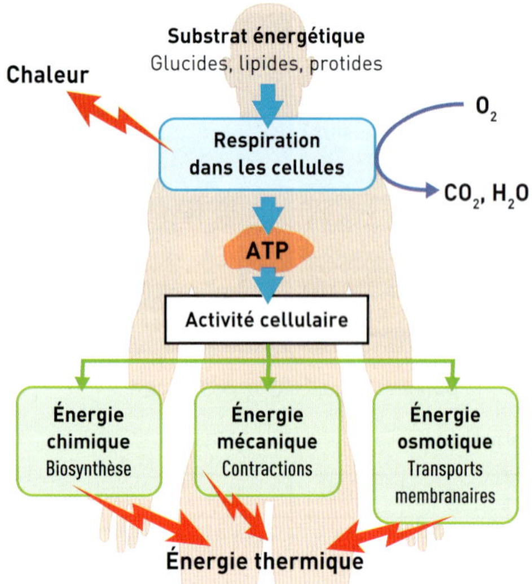

◗ Dans le corps humain, la matière organique constitutive des aliments ingérés est transformée en énergie chimique (ATP) utile pour le fonctionnement cellulaire et en énergie thermique (chaleur) au cours des réactions du métabolisme (respiration, fermentation).

◗ L'ATP, adénosine triphosphate, est la « petite monnaie » énergétique de la cellule. C'est une molécule organique dont l'hydrolyse rend possible de nombreuses réactions biochimiques.

◗ La respiration est la voie la plus efficace pour la production d'ATP. Elle consomme du dioxygène.

2 Expliquer la stabilité de la température interne

◗ Le corps n'est pas isolé du milieu extérieur mais réalise des échanges d'énergie, par :
- conduction
- convection
- rayonnement
- évaporation

La température du corps reste stable parce que l'énergie qu'il libère est compensée par l'énergie dégagée par la respiration cellulaire ou les fermentations.

◗ L'essentiel de l'énergie des aliments est convertie en énergie thermique.

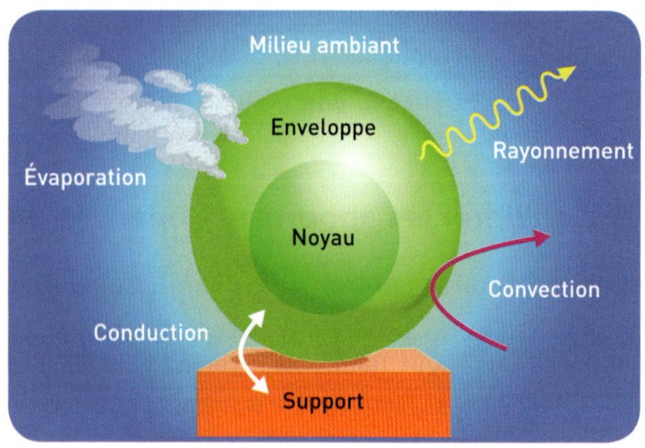

Les différentes modalités d'échanges thermiques entre le milieu ambiant et l'organisme (noyau et enveloppe)

3 Relier activités physiques et apports alimentaires

◗ Les besoins en énergie sont influencés par plusieurs facteurs : l'âge, le sexe, la taille, la température du corps et celle de milieu environnant, la qualité et la quantité de sang de l'individu, le niveau et la durée de l'activité physique, le dioxygène disponible, l'équilibre hormonal et le moment de la journée.

	Adulte	Apport énergétique*	
		(en kJ)	(en kcal)
Adulte de sexe féminin	Activité réduite	7 500	1 800
	Activité modérée	8 400	2 000
	Activité physique importante	9 200	2 200
Adulte de sexe masculin	Activité réduite	8 800	2 100
	Activité modérée	11 300	2 700
	Activité physique importante	12 500	3 000

*Les données du tableau n'ont qu'une valeur indicative et ne doivent pas être connues. Il s'agit d'apport énergétique quotidien conseillé.

◗ Globalement, la puissance thermique libérée par un corps humain (P = E/T), dans les conditions de vie courante, au repos, est de l'ordre de 100 W ($J \cdot s^{-1}$).

4 Résumer des flux d'énergie dans le corps humain

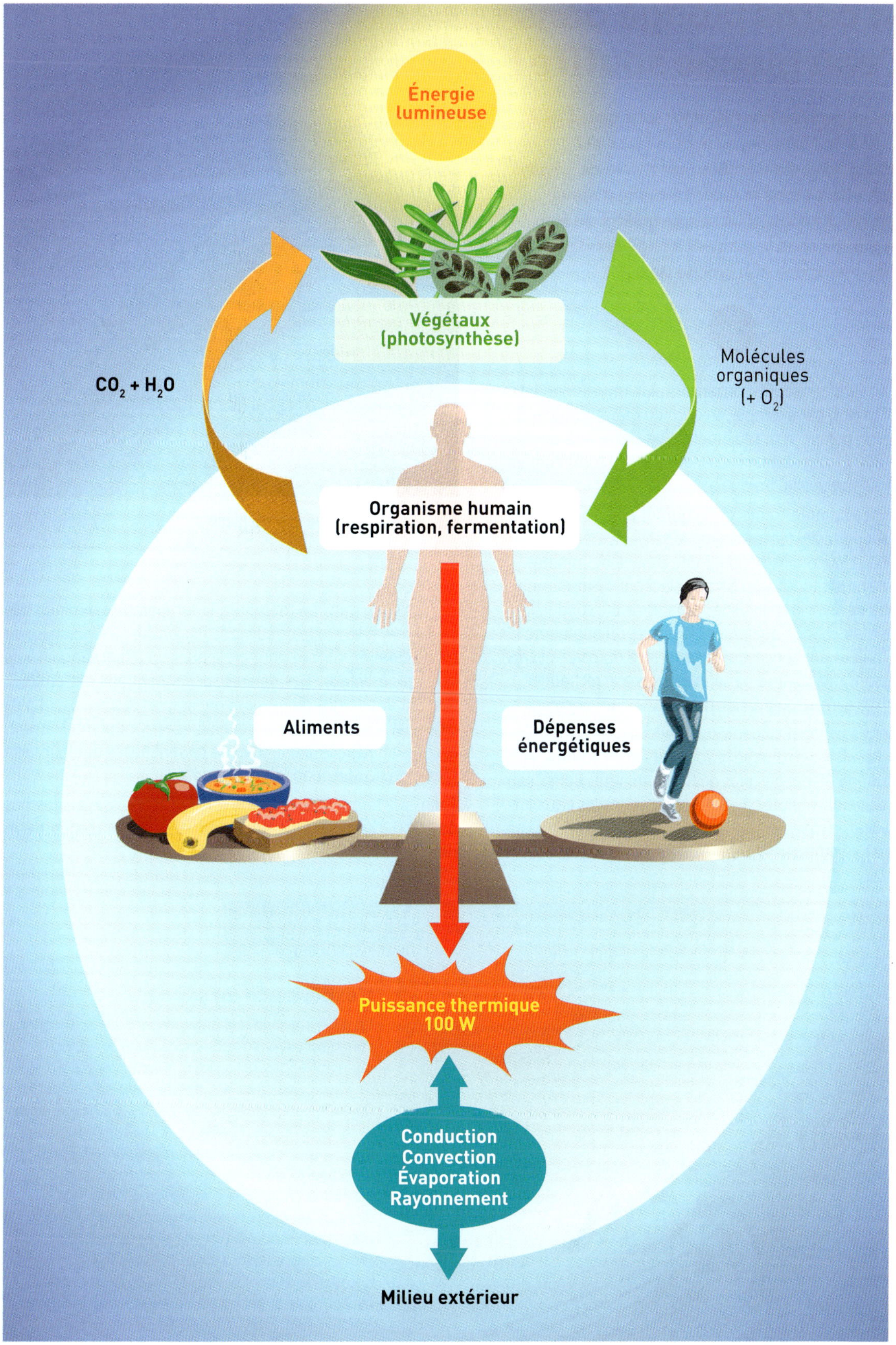

Tout corps plongé dans de l'eau glacée souffre !

Il faut être un peu fou pour plonger sous un lac gelé… ou alors vivre en Finlande, où le bain glacé est une tradition. Johanna Nordblad est native de ce pays et, en 2015, elle a établi le record féminin d'apnée en eau glacée. Revêtue d'un simple maillot de bain, elle s'est glissée sous la glace et a nagé pendant 55 secondes dans une eau proche de 0 °C !

Johanna Nordblad sous la glace

À l'air libre, les records sont encore plus impressionnants. Wim Hof, par exemple, a couru un marathon près du cercle polaire vêtu seulement d'un short. Plus de cinq heures à –20 °C, sans rien sur le dos ! Jusqu'où le corps humain résiste-t-il à l'épreuve du froid ?

Nu dans une chambre froide sans courant d'air, on sait que l'homme supporte des températures négatives extrêmes allant jusqu'à –60 °C au moins pendant une dizaine de minutes. À condition de ne pas toucher les parois gelées qui, dès lors, absorberaient rapidement la chaleur de l'organisme par conduction. Un souffle d'air change également la donne : il augmente la perte de chaleur par convection à la surface du corps et très vite les frissons musculaires ne suffisent plus à le réchauffer.

Dans l'eau froide, l'épreuve est plus difficile encore. Les échanges thermiques y sont vingt-cinq fois supérieurs à ceux qui ont lieu dans l'air. Résultat : le corps se refroidit vite et un homme sans combinaison ne résiste pas plus de trente minutes dans l'eau à 0 °C, à peine dix minutes à –3°C comme dans les eaux arctiques. Au-delà, la chaleur produite par la respiration et l'activité musculaire ne suffit plus à maintenir les 37 °C nécessaires à l'organisme. Dans les membres, la température diminue très rapidement. Le mode de survie se déclenche : les vaisseaux se contractent en surface pour provoquer un afflux sanguin vers les organes vitaux. Des gelures surviennent aux extrémités : au bout des doigts, du nez, des oreilles, les tissus ne sont plus oxygénés, l'eau dans les cellules gèle, et elles meurent. Souvent, le corps anesthésié par le froid ne ressent pas la douleur ; elle n'est perçue que quand il se réchauffe.

Enfin, si la température interne continue de baisser en dessous de 35 °C, c'est l'hypothermie. L'individu devient confus, désorienté et peut tomber dans le coma.

L'expérience du sauna

En 1774, le médecin britannique Charles Blagden conduit plusieurs expériences dans une pièce surchauffée par un poêle à bois. Il s'agit pour lui de savoir comment le corps humain se comporte dans des conditions extrêmes. Il s'y introduit donc avec deux de ses collègues et, huit minutes plus tard, observe que ses camarades et lui-même transpirent beaucoup, mais supportent sans souffrir la chaleur de l'air à plus de 100 °C, alors qu'un morceau de viande dans la même pièce commence à rôtir. Par quel miracle leur propre chair a-t-elle résisté à la cuisson ? Après plusieurs expériences de ce type, l'idée lui vient que la transpiration a sans doute un effet refroidissant… !

Des boissons « énergisantes » en réalité éreintantes !

Depuis quelques années, des marques de boissons non alcoolisées se présentent comme des concentrés d'énergie. La publicité suggère qu'elles auraient un effet stimulant, favorable à l'exploit sportif et à une certaine vitalité en général. L'Organisation mondiale de la Santé (OMS) affirme le contraire !

Femme buvant une boisson énergisante

Non seulement les boissons dites énergisantes n'auraient aucun effet sur la performance sportive, mais leur consommation à haute dose présenterait des dangers. Si l'on se penche sur leur recette, voici ce qu'on y trouve : une grosse dose de sucre, une grosse dose de caféine et quelques ingrédients comme la taurine, le guarana, le ginseng et d'autres encore.

Rien de magique ! L'essentiel de l'effet stimulant de ces boissons vient de la forte teneur en caféine, ingrédient qui ne présente aucun intérêt nutritionnel dans le cadre d'une pratique sportive. Pire, la caféine étant diurétique, elle entraîne des pertes en eau et en sels minéraux, ce qui fait augmenter la température corporelle avec un risque accru d'accident lors de fortes chaleurs.

Par ailleurs, comme ces boissons froides s'avalent vite, et qu'on en consomme souvent plusieurs à la suite, le pic de caféine qu'elles entraînent met le cœur à rude épreuve. En France, l'Agence nationale de sécurité sanitaire (Anses) souligne ces risques cardiaques. Elle recueille depuis 2012 les signalements d'effets indésirables liés aux boissons dites énergisantes et la plupart sont d'ordre cardio-vasculaire : sensations d'oppression, douleurs thoraciques, tachycardie, hypertension, troubles du rythme allant jusqu'à l'arrêt cardiaque.

Le mélange de ces boissons avec de l'alcool est particulièrement déconseillé. Comme la caféine a pour effet de contrecarrer l'effet de somnolence de l'alcool, elle occulte la sensation d'ébriété et les consommateurs ont tendance à forcer sur la dose d'alcool. Le centre de prévention des États-Unis a chiffré cet effet chez des jeunes de 15 à 23 ans : ceux qui consomment des boissons énergisantes dans un cadre festif ont quatre fois plus de risques d'ingurgiter plus de six verres d'alcool, dépassant de loin le seuil de toxicité !

La taurine n'est pas extraite du taureau !

La rumeur voudrait que cet ingrédient au nom évocateur des boissons énergisantes soit extrait du sperme de taureau. Il n'en est rien ! La taurine, acide aminé qui doit son nom à sa découverte en 1867 dans de la bile de bœuf (*taurus* en latin), n'est pas propre aux bovins puisqu'on la retrouve dans les viandes. Elle est aujourd'hui synthétisée pour les besoins industriels. Et bien qu'elle soit présentée comme un stimulant musculaire et intellectuel, aucune donnée scientifique n'a pu démontrer ses effets.

Exo Version interactive Lienmini.fr/Ens-Sci1-16

Apprendre à apprendre

1 **Recopier la définition du métabolisme de base, l'apprendre par cœur et la réciter.**

2 **Rédiger un texte décrivant le schéma qualitatif des différents échanges d'énergie entre l'organisme et le milieu extérieur.**

3 **Expliquer à un camarade comment la température du corps reste stable.**

4 1. **Rechercher sur internet un calculateur de calories (Fitnext par exemple).**

2. **Composer les repas sur une journée et visualiser le temps nécessaire pour dissiper l'énergie des aliments en pratiquant une activité physique.**

5 QCM Transformation d'énergie

Indiquer la bonne réponse.

L'énergie chimique des aliments est transformée :
1. en énergie cinétique seulement.
2. en énergie chimique seulement.
3. en énergie chimique et en énergie thermique.
4. en énergie cinétique et en énergie thermique.

6 QCM Échanges d'énergie

Indiquer la bonne réponse.

L'organisme et le milieu extérieur échangent de l'énergie par :
1. conduction et convection.
2. évaporation uniquement.
3. transduction et radiation.

7 QCM L'ATP

Indiquer la bonne réponse.

L'ATP est une molécule :
1. qui sert de petite monnaie organique.
2. présente en grande quantité.
3. renouvelée constamment.

8 QCM La respiration cellulaire

Indiquer la bonne réponse.

La respiration cellulaire est un processus :
1. présent dans les cellules à l'exception des cellules musculaires.
2. se déroulant uniquement en présence de dioxygène.
3. se déroulant uniquement en présence de dioxyde de carbone.

9 Trouver le bon mot Aliments et énergie

Choisir le terme qui convient pour compléter les phrases suivantes.

1. Les (*aliments/nutriments*) consommés par l'Homme sont transformés en chaleur et en énergie chimique (*ADN/ATP*) utilisable pour les travaux cellulaires.
2. La température du corps reste stable parce que (*l'énergie/la pression*) qu'il libère est compensée par celle dégagée par la respiration (*de l'organisme/cellulaire*).
3. (*L'énergie/La puissance*) thermique libérée par un corps humain, dans les conditions de vie courante, au repos, est de l'ordre de 100 W.

10 Vrai-faux Monnaie énergétique

Répondre par vrai ou faux aux affirmations.

1. La fermentation est la voie la plus efficace pour la production d'ATP.
2. La synthèse d'ATP fournit de l'énergie utilisée pour les activités cellulaires.
3. La respiration produit plus d'ATP que la fermentation pour une même quantité de glucose.

11 Vrai-faux L'organisme s'adapte

Répondre par vrai ou faux aux affirmations.

1. Quatre processus d'échanges d'énergie peuvent coexister entre l'organisme et son environnement.
2. Les besoins en énergie d'un organisme sont influencés par le type d'activité.
3. Les besoins en énergie pour l'homme et la femme sont identiques.
4. Les besoins en énergie d'une personne réalisant de gros travaux chaque jour sont inférieurs à ceux d'une personne ayant une activité réduite.

12 QCM Dépense énergétique

Indiquer la bonne réponse.

La dépense énergétique moyenne quotidienne d'un adulte est d'environ :
1. 2 500 kcal, soit 10 500 kJ.
2. 250 000 cal, soit plus d'1 million de kJ.
3. 250 kcal, soit 1 050 kJ.

Voir corrigés à la fin du manuel, p. 254

Conversions d'énergie

13 Hamburger ou Formule 1 ?

Un élève repère sur un site internet dédié à l'énergie qu'un hamburger contient plus d'énergie (chimique) que celle (cinétique) d'une Formule 1 lancée à 180 km·h⁻¹. Il récapitule les données dont il dispose dans un tableau.

	Énergie chimique/ cinétique	Temps de digestion	Temps pour atteindre la vitesse maximale
Hamburger	495 kcal	4 h	
Formule 1	1 250 000 J		4 s

1. Convertir la valeur énergétique d'un hamburger en joule (1 cal = 4,18 J) et indiquer si l'affirmation du site est juste.
2. Calculer et comparer les puissances respectives de chacun, sachant que 1 W = 1 J·s⁻¹.
3. Expliquer pourquoi l'affirmation du site internet bien qu'exacte, nous paraisse contre-intuitive.

14 Production de chaleur par les organes

	Production de chaleur (en W·kg⁻¹ de masse corporelle)	Masse totale pour un adulte de 70 kg (en %)
Tube digestif (jeune)	6,5	4,1
Rein	20	0,5
Cerveau	10,9	2,2
Peau	1,1	5,7
Muscles squelettiques (repos)	0,5	49,2
Myocarde	36,7	0,5
Autres tissus	0,6	37,8

1. Indiquer les organes qui produisent le plus de chaleur au repos.
2. Calculer la puissance par unité de masse du cœur et des muscles au repos. Comparer ces résultats.

15 Du palmitate ou de l'alanine ?

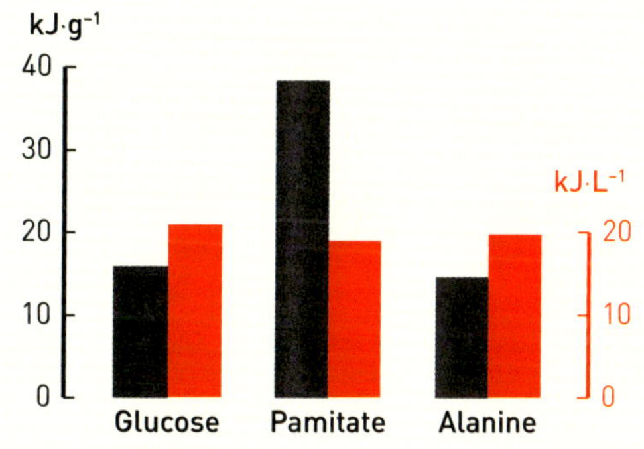

Graphique de la production d'énergie par oxydation de trois substrats organiques soit par gramme de substrats consommé (colonnes noires), soit par litre de dioxygène consommé (colonnes rouges), ramené aux conditions standard.

1. Indiquer pour chaque substrat la production d'énergie pour chaque litre de dioxygène consommé.
2. Justifier le fait qu'on puisse estimer l'intensité du métabolisme d'un organisme en mesurant simplement sa consommation en dioxygène.

Stabilité de la température interne

16 Réguler la température

La canicule arrive ? La solution se trouve dans ce bracelet de hautes technologies qui envoie un signal électrique à votre cerveau. Il provoque une sensation de fraîcheur, ce qui évite de mettre la climatisation dans la pièce.
Il donne aussi l'impression de chaleur quand il fait froid. Ce bracelet réduirait la consommation énergétique dans les bâtiments.

- Expliquer le principe de fonctionnement de ce bracelet, en présentant les avantages et les risques que représente son utilisation.

17 Un modèle de corps humain

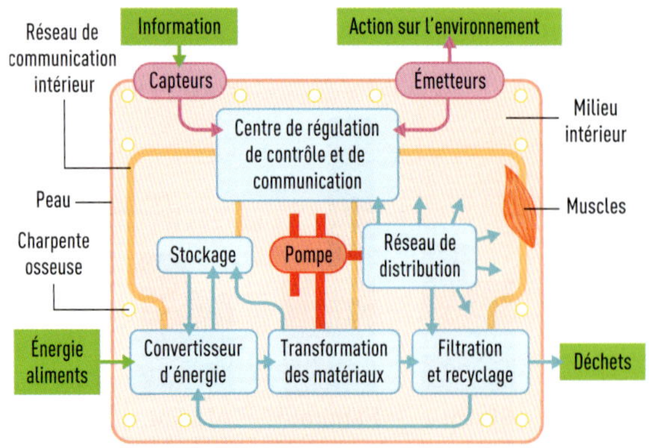

• Recopier ce schéma fonctionnel et colorier les éléments impliqués dans la régulation de la température.

Activités physiques et apports alimentaires

18 Des activités plus ou moins énergivores

Le graphique suivant représente le temps nécessaire pour éliminer les aliments consommés d'une valeur de 1 200 kJ en pratiquant une activité physique.

1. En utilisant vos connaissances, expliquer la conversion d'énergie chimique des aliments en énergie permettant les activités sportives, puis en chaleur.
2. Commenter le graphique.

19 T-shirts clairs ou foncés

Par une belle journée ensoleillée, un promeneur se demande quel T-shirt en coton il doit choisir parmi sa collection de nuances variées, afin de n'avoir ni trop chaud ni trop froid.
Le noir absorbe 50 W · m^{-2} de plus que le blanc.
Il fait un effort de 120 W · m^{-2}.
La température de confort est celle pour laquelle l'individu dissipe toute la puissance qu'il produit et qu'il reçoit. L'albédo de la neige est de 0,9 et celui du charbon de 0,01. >Chapitre 5

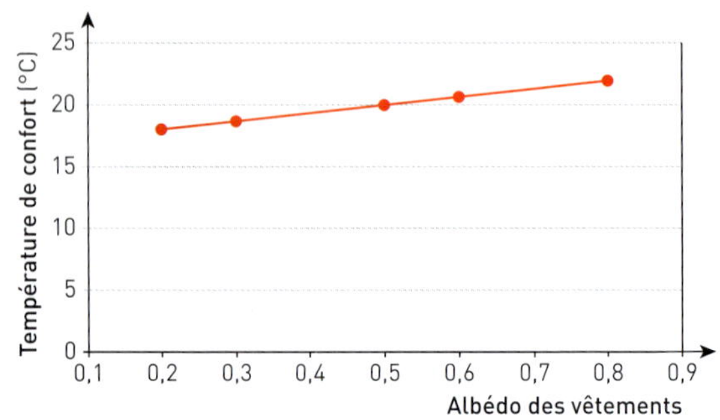

Courbe établie pour une activé physique de 120 W · m^{-2}

1. Utiliser le graphique ci-dessus pour indiquer si la couleur de T-shirt adéquate à une température de 17 °C est sombre ou claire.
2. S'il décide de courir, doit-il mettre un T-shirt sombre ou clair pour conserver son équilibre thermique ?
3. Par ailleurs, quelle sera la conséquence de la sudation, en cas d'effort plus intense ?
4. Calculer en joules la dépense énergétique libérée par la surface corporelle, lors d'une activité physique (marche) pendant 2 h 15 min.

20 Trois semaines, trente sportifs

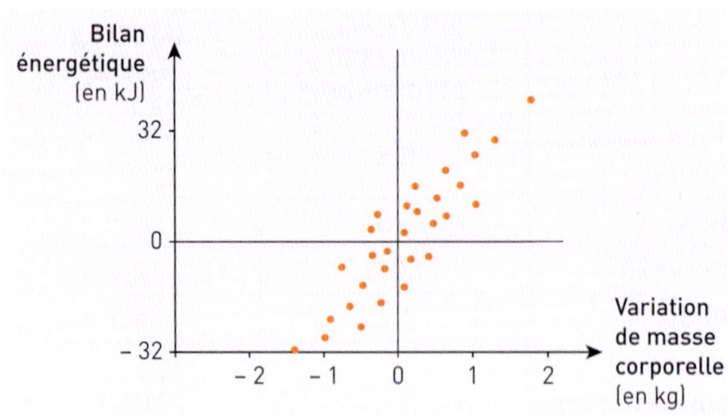

Pendant trois semaines, ont été mesurées sur trente personnes sportives (chacune représentée par un point rouge) :
> les variations de masse corporelle :
> le bilan énergétique : $E_{apportée} - E_{dépensée}$
• À partir de l'analyse du graphique, expliquer les variations observées.

Vers le BAC

21 Énergie et stabilité de la température corporelle

Argumenter — 15 min.

• Présenter les différents échanges d'énergie permettant une stabilité de la température corporelle de l'Homme.

22 Du sport, du sport...

Calculer — 20 min.

Variation de la dépense énergétique chez l'Homme (kcal · h^{-1}) dans le cadre d'activités variés en fonction de la masse (1 kcal = 4,18 kJ)

Masse de l'individu	55 kg	60 kg	65 kg	70 kg	75 kg	80 kg	85 kg
Activité sportive	**Calories dépensées** (en kcal · h^{-1})						
Course (sprint)	980	1 060	1 150	1 240	1 330	1 420	1 500
Course longue distance	730	790	860	930	990	1 060	1 124
Squash	704	764	828	892	956	1 020	1 084
Roller	660	720	780	840	900	960	1 020
Step	640	700	760	815	880	930	990
Tennis de table	590	640	700	750	805	860	910
Danse	550	600	650	700	760	805	850
Natation rapide	520	560	620	680	705	750	800

• Sachant que le métabolisme de base d'un homme de 85 kg est de 7 000 kJ · jour^{-1} en moyenne et qu'il souhaite dépenser un 20ième en plus chaque jour, indiquer le temps de pratique pour l'une de ses deux activités de prédilection : la natation et le squash.

23 Maintenir sa température constante

Analyser — 40 min.

Doc. 1 Schéma de régulation de la température corporelle

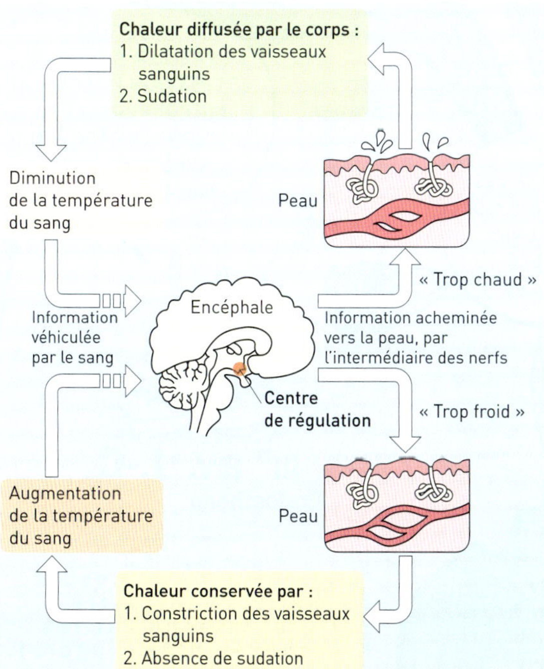

Doc. 2 Effet d'une partie de squash (exercice intense) sur le métabolisme d'un sujet jeune

Il existe chez l'Homme une adaptation des échanges avec le milieu, pour dissiper la chaleur produite lors d'une activité musculaire. Les colonnes précisent le type d'échanges pour une thermolyse efficace.

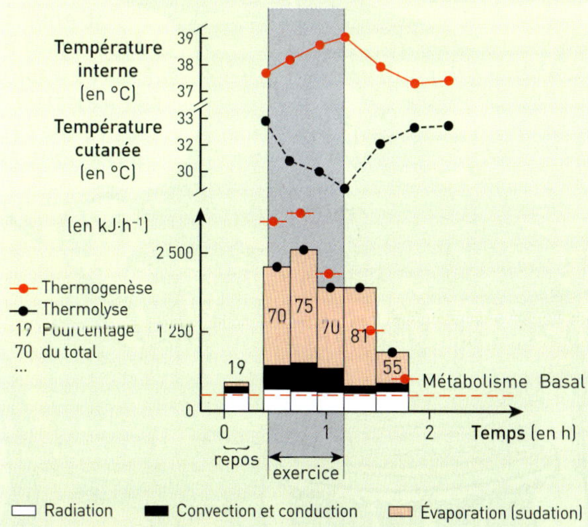

• Expliquer les mécanismes mis en jeu pour réguler la température lors d'un exercice physique intense.

Thème 3

La Terre, un astre singulier

HISTOIRE, ENJEUX, DÉBATS

Quelques grandes étapes de l'étude de l'âge de la Terre : Buffon, Darwin, Kelvin, Rutherford... → Chapitre 9, 1, 6, 7 et 11 à 14, Sciences en perspective p. 164-165

HISTOIRE, ENJEUX, DÉBATS

L'histoire de la mesure du méridien terrestre par Ératosthène (et les hypothèses d'Anaxagore). → Chapitre 8, 2, 13

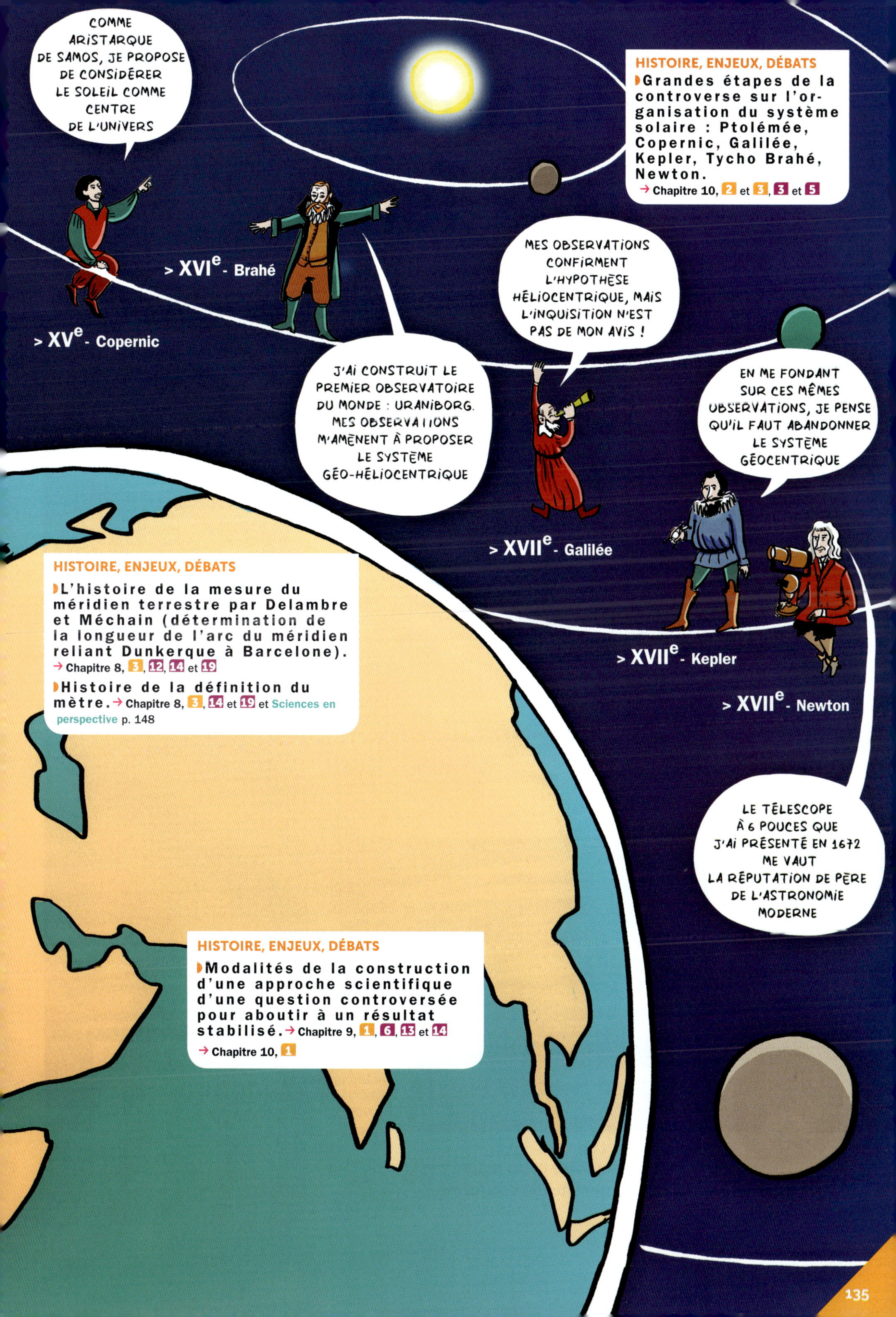

HISTOIRE, ENJEUX, DÉBATS

Grandes étapes de la controverse sur l'organisation du système solaire : Ptolémée, Copernic, Galilée, Kepler, Tycho Brahé, Newton.
→ Chapitre 10, 2 et 3, 3 et 5

HISTOIRE, ENJEUX, DÉBATS

L'histoire de la mesure du méridien terrestre par Delambre et Méchain (détermination de la longueur de l'arc du méridien reliant Dunkerque à Barcelone).
→ Chapitre 8, 3, 12, 14 et 19

Histoire de la définition du mètre.
→ Chapitre 8, 3, 14 et 19 et Sciences en perspective p. 148

HISTOIRE, ENJEUX, DÉBATS

Modalités de la construction d'une approche scientifique d'une question controversée pour aboutir à un résultat stabilisé.
→ Chapitre 9, 1, 6, 13 et 14
→ Chapitre 10, 1

8 La forme de la Terre

Terre surgissant au-dessus de l'horizon lunaire, photographie prise le 12 octobre 2015 par les caméras de la sonde spatiale américaine Lunar Reconnaissance Orbiter (LRO).

Vue du ciel aucun doute, notre belle planète est ronde !
Mais à sa surface, comment justifier sa forme ?

Bernardo Strozzi, *Ératosthène enseignant à Alexandrie*, vers 1635. Huile sur toile, 64 × 99 cm, Musée des Beaux-Arts, Montréal.

Dès l'Antiquité, maîtriser et délimiter les espaces qui nous entourent occupe déjà beaucoup nos semblables.
Comment calculer des distances vertigineuses à la surface de la Terre ?

Attendus du programme	Activités	Parcours d'exercices
Argumenter la sphéricité de la Terre	1	1 4 11
Utiliser la méthode d'Ératosthène pour mesurer la planète	2	2 7 8 14 15
Calculer une longueur par triangulation	3	9 18 19 21
Se repérer sur Terre à partir de la longitude et de la latitude	4	3 5 12 13 22
Identifier le chemin le plus court entre deux points du globe	4	10 20
Calculer un arc de parallèle et un méridien		6 16 17

Activité documentaire

Objectif général de formation
Comprendre la nature du savoir scientifique et ses méthodes d'élaboration

1 La forme de la Terre, hier et aujourd'hui

Selon une étude Ifop parue en décembre 2017, près d'un Français sur dix pense que la Terre est plate. Bien avant de disposer d'images spatiales, certains sont parvenus à appréhender la forme sphérique de la Terre alors que, localement elle apparaît plane. Quels étaient leurs arguments ?

Objectif Comprendre la nature des observations qui ont permis de conclure que la Terre est sphérique.

Doc. 1 Représentations historiques de la Terre

L'intervention des dieux permettait d'expliquer les phénomènes astronomiques dans l'Égypte antique. Le cycle solaire est illustré par l'action de la déesse Nout qui ingère et régénère chaque jour le Soleil au-dessus d'une Terre plate.

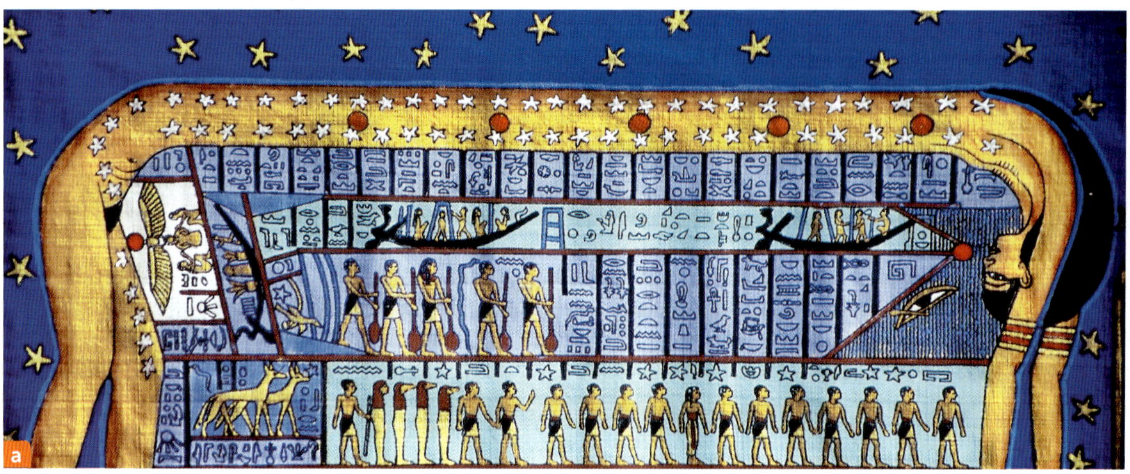

Plafond de la tombe de Ramsès VI

Les Grecs, il y a 2 500 ans, furent les premiers à mettre les dieux de côté pour rechercher des explications matérialistes aux phénomènes. Pour Thalès de Milet, au VIe siècle avant notre ère, la Terre est un grand disque plat flottant sur l'eau.

Schéma d'interprétation de la Terre vue par Thalès de Milet

Aujourd'hui, des individus nommés « platistes » prétendent que la Terre est un grand disque plat avec le pôle Nord au centre et, à la périphérie, un grand mur de glace qui nous éviterait de tomber dans le vide : l'Antarctique. Selon eux, si la Terre était courbe, l'horizon le serait également.

Représentation « plastiste » de la Terre

Doc. 2 La vision des pythagoriciens

- Les pythagoriciens, disciples de Pythagore, affirment les premiers la sphéricité de la Terre. Tout simplement parce que la sphère représente… la forme la plus parfaite !
- La première image correcte de notre planète découle donc tout autant de présupposés esthétiques, religieux, que de l'observation faite par les marins de la courbure de la Terre.

Hermès de Pythagore, sculpture en marbre d'après un original grec de la moitié du Ve siècle av. J.-C.

Doc. 3 Quelques observations faites sur Terre

- Lorsqu'on observe des bateaux s'éloigner à l'horizon, ils disparaissent progressivement. Et la vigie d'un bateau (en haut du mât) voit la Terre bien avant les marins du pont.

a

- En voyageant du sud vers le nord, les étoiles visibles au cours de la nuit ne sont pas les mêmes pour une heure donnée. De nouvelles étoiles apparaissent, d'autres disparaissent.

b

- Lorsque la Terre est éclairée par le Soleil, son ombre s'étend derrière elle, à l'opposé de notre étoile. Lors des éclipses de Lune, Aristarque (IIIe siècle av. J.-C.) observe que la forme de l'ombre projetée sur la Lune est un disque.

c

Guide de travail

1 Résumer les différentes représentations de la Terre depuis l'Antiquité (docs. 1, 2 et 3).

2 Discuter les arguments qui mettent en doute la théorie d'une Terre plate (doc. 3).

3 Utiliser un schéma pour expliquer si un observateur voyageant sur une Terre plate avec des étoiles situées à grande distance, verrait ou non le ciel changer au cours de son déplacement (doc. 3b).

Synthèse Construire un tableau synoptique résumant les diverses représentations de la forme de la Terre, en distinguant bien les arguments qui relèvent de la croyance et ceux qui relèvent d'une observation scientifique prouvant que la Terre est sphérique.

Vocabulaire

Éclipse de Lune Événement qui a lieu lorsque la Lune entre dans la zone d'ombre de la Terre.

Objectif général de formation
Identifier et mettre en œuvre des pratiques scientifiques

2 Ératosthène et Anaxagore, deux visions du monde

Selon l'Union Géodésique et Géophysique Internationale (UGGI), le rayon moyen de la Terre est de 6 371 km et sa circonférence d'environ 40 030 km. Ces caractéristiques étaient déjà calculées dans l'Antiquité à partir d'observations et de mesures.

Consigne

Comparer la longueur du méridien terrestre (circonférence) établie par l'UGGI et celle calculée à l'aide d'une des deux méthodes qui suivent.

Doc. 1 Hypothèse d'Anaxagore

- Au IVe siècle av. J.-C., Anaxagore fut le premier philosophe à s'établir à Athènes.
- Il étudia la forme de la Terre et fit les constatations suivantes :
  > un gnomon vertical planté à Syène n'a pas d'ombre, à midi, le jour du solstice d'été ;
  > alors que le même jour et à la même heure, les rayons du Soleil font un angle d'environ 7° avec un gnomon vertical à Alexandrie.
- Les bématistes dont le rôle était de mesurer des distances à l'aide de leurs chameaux mesurèrent la distance entre Syène (Assouan en Égypte) et Alexandrie. Leurs pas étaient si réguliers que le temps de marche était converti automatiquement en stades. Ils trouvèrent une distance entre Alexandrie et Syène égale à 5 000 stades.
- Anaxagore postule que la Terre est plate et que le Soleil n'en est pas suffisamment éloigné pour que ses rayons soient parallèles quand ils atteignent notre planète. Son hypothèse le conduit à une distance Terre-Soleil égale à 6 400 km. C'est en fait la longueur du rayon de la Terre…

Doc. 2 La méthode d'Ératosthène

- Deux siècles plus tard, le philosophe grec Ératosthène fait les mêmes observations :
  > les rayons du Soleil à son zénith le jour du solstice d'été frappent le fond d'un puits à Syène en Égypte ;
  > dans les mêmes conditions, il mesure la distance angulaire entre Syène et Alexandrie grâce à l'ombre de l'obélisque de la bibliothèque d'Alexandrie.
- Il met alors en relation cette distance angulaire avec la distance mesurée sur le terrain qui vaut 5 000 stades. Il déduit ainsi la valeur de la circonférence terrestre et son rayon.

Érudits dans la bibliothèque d'Alexandrie, détruite en 642, Égypte, gravure de la fin du XIXe siècle, collection privée

Doc. 3 Représentations géométriques des deux approches

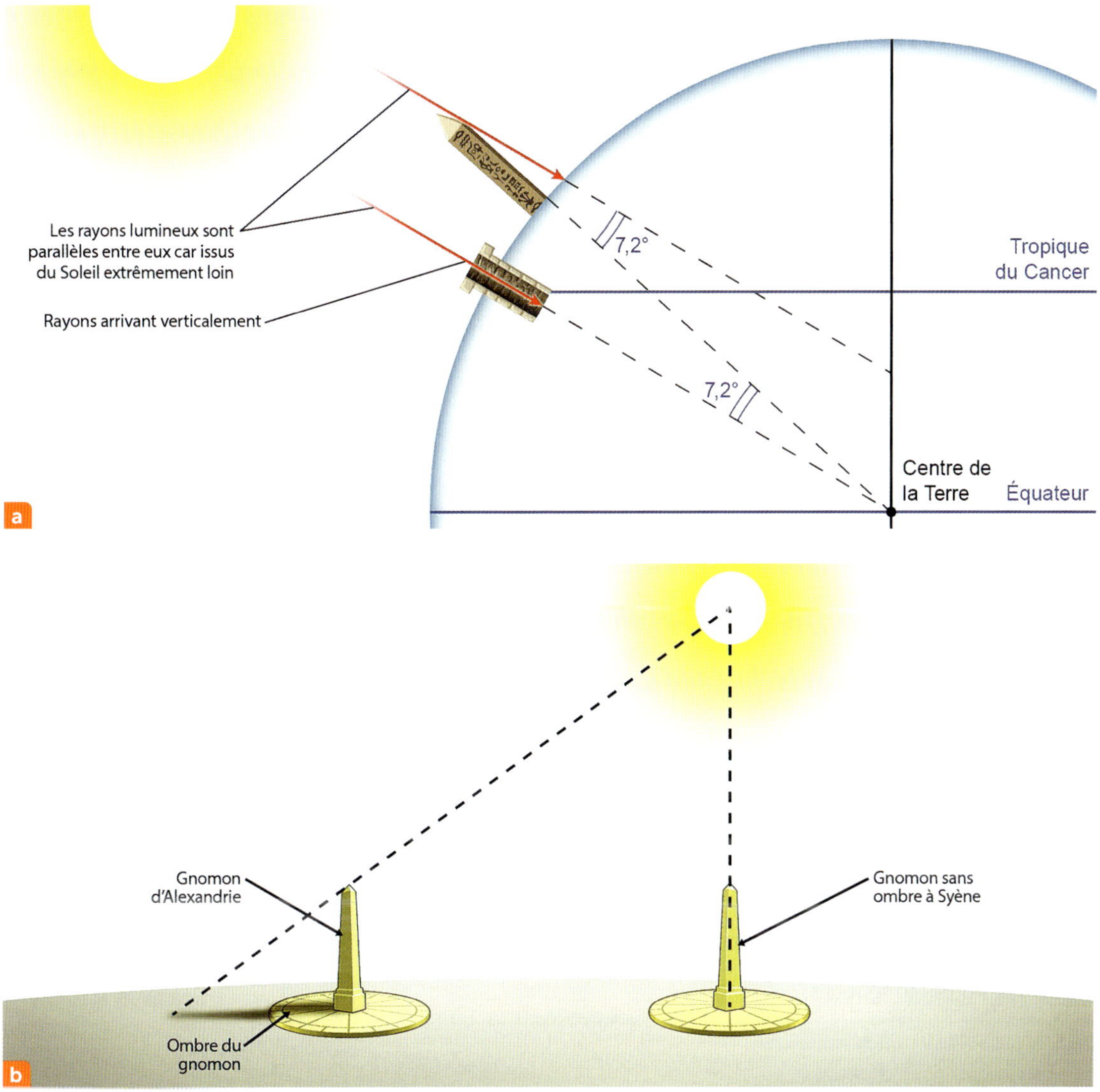

Coups de pouce

1 Associer un des schémas du doc. 3 à l'hypothèse d'Ératosthène, selon laquelle le Soleil est très éloigné de la Terre.

2 Expliquer la relation entre l'angle au sommet du gnomon (obélisque) et l'angle au centre de la Terre.

3 Calculer cet angle sachant que l'obélisque mesure 0,19 stade de haut et que l'ombre de ce dernier est de 0,024 stade (résultat arrondi au dixième de degré près).

4 Donner la longueur du méridien à partir de la distance angulaire entre le puits de Syène et l'obélisque d'Alexandrie, ainsi que la distance terrestre entre ces deux villes (5 000 stades).

5 Donner la longueur du méridien en mètres (1 stade = 157,5 m), puis en kilomètres.

Vocabulaire

Gnomon Tige, généralement verticale, qui projette son ombre sur un cadran solaire. Dans l'Antiquité, le gnomon était en général un simple bâton de bois planté à même le sol.

Méridien Ici, il est synonyme de la circonférence terrestre. En coordonnées géographiques, il en représente la moitié.

Philosophe À l'époque d'Ératosthène, la frontière entre la philosophie et les autres disciplines n'est pas strictement établie. La notion de philosophie s'entend aussi bien pour l'astronomie que la géographie ou les mathématiques.

Stade Une unité de longueur antique pour laquelle plusieurs valeurs existent. Il vaut 157,5 m pour Ératosthène.

Objectif général de formation
Identifier et mettre en œuvre des pratiques scientifiques

3 Le mètre, une nouvelle unité à construire

En 1791, l'Académie des sciences décrète qu'une nouvelle unité de mesure sera calculée à partir de la mesure du quart du méridien terrestre, divisée par 10 millions. Dans les faits, la mesure n'a pas été réalisée sur l'intégralité du méridien, mais entre Dunkerque et Barcelone.

Objectif Expliquer de manière simplifiée les différentes étapes pour mesurer l'arc du méridien entre Dunkerque et Barcelone.

Doc. 1 La loi des sinus

- Pour le triangle ABC quelconque :

$$\frac{BC}{\sin\alpha} = \frac{AC}{\sin\beta} = \frac{AB}{\sin\gamma}$$

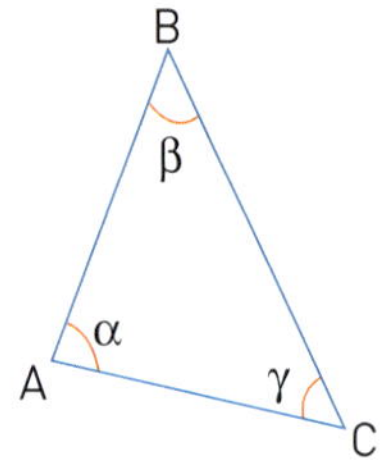

Ainsi, en mesurant deux angles et une longueur dans le triangle, on peut déduire la valeur du 3ᵉ angle et les deux autres longueurs.

Doc. 2 Cercle répétiteur de Borda

- Le cercle répétiteur de Borda, dispose de deux lunettes. Chaque lunette permet de viser un point distinct. Grâce à un rapporteur associé, on peut mesurer l'angle entre les deux directions.
En réalité, l'angle est mesuré deux fois, ce qui minimise les incertitudes.

Cercle répétiteur de Borda, Conservatoire National des Arts et Métiers

Doc. 3 Mesure de l'arc de méridien

- Les astronomes choisissent des lieux élevés (tours, clochers, collines, etc.) et y installent des signaux visibles de loin. Ils construisent ainsi une succession de triangles formés de points situés de part et d'autre du méridien.
- Les mesures commencent alors :

> Une « base » est mesurée par arpentage. Deux bases sont mesurées, l'une entre Lieusaint et Melun près de Paris, et l'autre entre Le Vernet et Salces, près de Perpignan.

> Depuis les deux points constituant la base, on vise un 3ᵉ point, et d'après la valeur des deux angles mesurés, on en déduit les valeurs du 3ᵉ angle et la grandeur des deux autres côtés. On peut recommencer ainsi de proche en proche sur les différents triangles.

> Afin de connaître la longueur du méridien intercepté, on mesure également, les angles entre les côtés du triangle et le méridien.

Calcul du méridien par triangulation par Pierre Méchain (1744-1804) et J.-B. J. Delambre (1749-1822), vers 1795

- Pour terminer, la mesure des latitudes de Dunkerque et de Barcelone permet de calculer la longueur du quart du méridien terrestre.
Il suffit ensuite de diviser cette distance par dix millions pour définir le mètre.

Doc. 4 Chaîne de triangles

▶ Voici un extrait des triangles dessinés par Delambre. On peut voir la base mesurée entre Lieusaint et Melun. Les triangles ont été construits de proche en proche avec des points situés de part et d'autre du méridien.

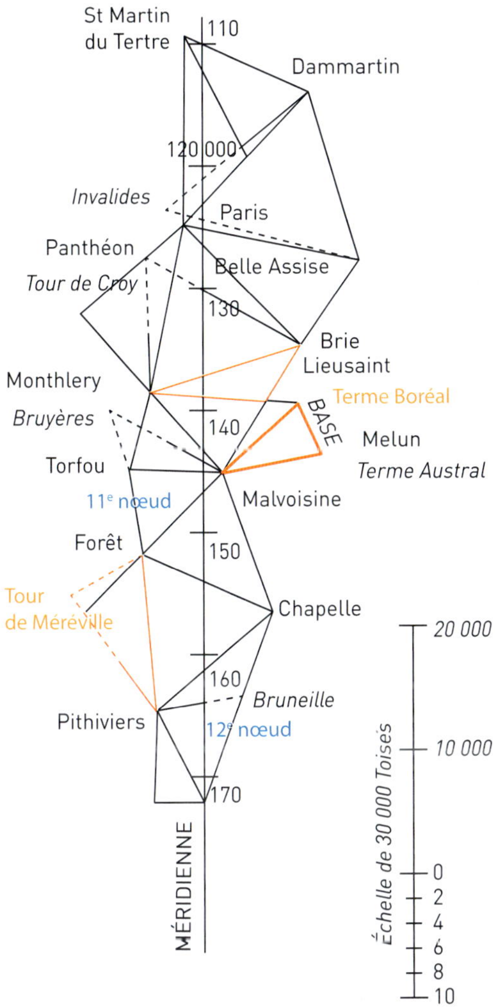

Terme Boréal, Lieusaint

Tour de Méréville

Animation — Le calcul de distance par triangulation
Lienmini.fr/Ens-Sci1-27

Guide de travail

1 Refaire un schéma du triangle formé par Lieusaint, Melun et Malvoisine. Nommer les trois côtés et les trois angles. Indiquer quelles grandeurs ont été mesurées et quelles grandeurs ont été calculées (doc. 4).

2 Exprimer les grandeurs calculées en fonction des différents angles et longueurs mesurés (docs. 3 et 4).

3 Connaissant les grandeurs liées à ce triangle, quel triangle a pu être étudié ensuite ?

4 Que devait faire Delambre pour en connaître les angles et longueurs des côtés ? (docs. 1, 2 et 4).

5 Retracer approximativement le triangle formé par Saint-Martin-du-Tertre, Invalides et Dammartin.

6 Représenter la perpendiculaire au méridien passant par Dammartin. On notera le point H, l'intersection entre cette perpendiculaire et le méridien.

7 Expliquer comment l'opération précédente, répétée plusieurs fois, permet de mesurer le méridien (docs. 3 et 4).

Synthèse Résumer les différentes étapes qui ont permis de mesurer le mètre.

Vocabulaire

Méridien Ici, dans l'acception du XVIIIe siècle, il est synonyme de grand cercle passant par les deux pôles. Aujourd'hui, le méridien est défini comme le demi-cercle passant par les deux pôles.

Arpentage Technique utilisée au départ pour connaître les surfaces agricoles. Il s'agit de mesurer des longueurs directement sur le terrain grâce à des systèmes de réglets.

Latitude Angle formé entre un parallèle et l'équateur.

Objectif général de formation
Comprendre la nature du savoir scientifique et ses méthodes d'élaboration

4 Repérage sur Terre grâce au GPS

Présent dans les voitures, les avions, les voiliers, les téléphones portables… le récepteur GPS est devenu incontournable. L'usage des cartes tend à se réduire au profit du GPS, pourtant son principe de fonctionnement reste souvent méconnu.
Objectif Comprendre comment le système GPS permet de se localiser avec précision à la surface de la Terre.

Doc. 1 Deux angles pour se repérer à la surface de la Terre

Pour se repérer sur une surface plane, seules deux coordonnées sont nécessaires : l'abscisse *x* et l'ordonnée *y*. La Terre est une surface sphérique sur laquelle deux angles permettent de repérer un point du globe :

> La **latitude** : angle formé entre l'équateur, le centre de la Terre et un point du globe. Cet angle varie de 0 à 90° Nord ou Sud ;

> La **longitude** : angle formé entre le méridien de Greenwich, l'axe de la Terre et un point du globe. Cet angle varie entre 0° et 180° Est ou West.

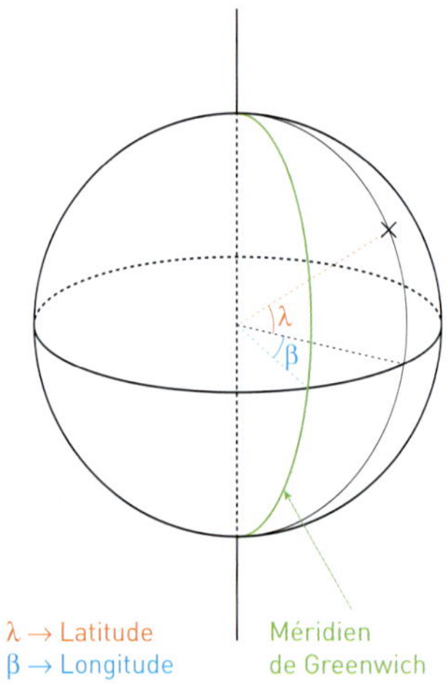

Pour les avions, il faut également une 3e coordonnée : l'altitude qui représente la distance au-dessus du niveau de la mer.

Doc. 2 Une constellation de satellites

Ce sont à l'origine vingt-quatre satellites qui constituent l'ensemble du Système GPS (Global Positioning System), et trente-et-un depuis 2015. Les satellites se répartissent sur différentes orbites. L'altitude moyenne des satellites est de 20 200 km. La position la plus proche d'un satellite est celle correspondant à la position verticale au-dessus du récepteur (au zénith). Il se trouve alors à une distance de 20 100 km.

À sa position la plus éloignée du récepteur, le satellite est situé à un angle de 5° au-dessus de l'horizon. La distance vaut alors 25 800 km.

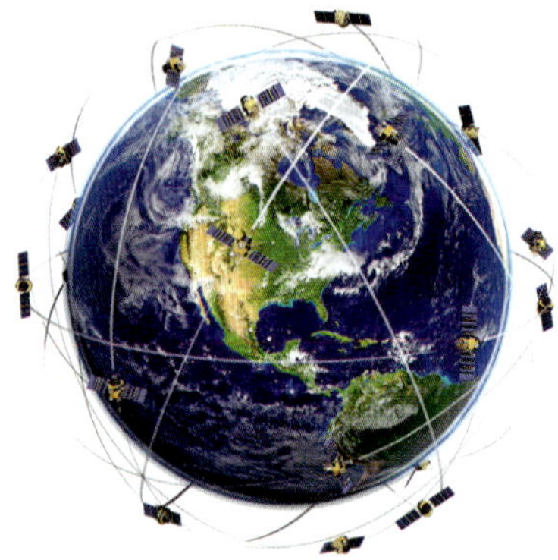

Doc. 3 Des signaux micro-ondes pour se repérer

Chaque satellite du système GPS envoie en permanence des signaux micro-ondes (ondes analogues à la lumière). Ces signaux donnent la position du satellite correspondant, et l'heure précise à laquelle le signal est parti. Pour cela, chaque satellite est équipé d'une horloge atomique dont la précision est d'environ 10 ns.
Connaissant l'heure de départ du signal et l'heure d'arrivée, il suffit au récepteur GPS de faire un calcul simple pour déterminer la distance à laquelle il se situe du satellite.

Le récepteur GPS, ne comportant pas d'horloge atomique, la précision de l'heure d'arrivée sera ajustée en fonction de la réception de signaux provenant d'autres satellites.

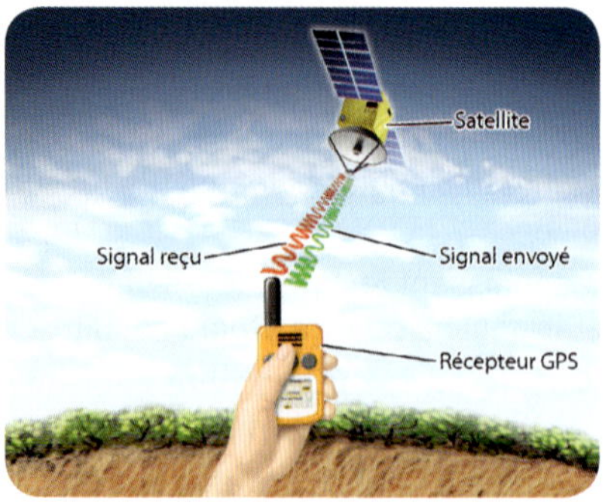

Réception d'un signal micro-ondes du satellite vers le récepteur GPS

Doc. 4 Les cercles de positionnement

▸ Si un panneau nous indique que nous sommes à 200 km de Lyon, et s'il s'agit de la seule information dont nous disposons, l'ensemble des positions possibles sera un cercle centré sur Lyon et de 200 km de rayon.
De même, si nous nous trouvons à une distance donnée d'un satellite GPS, l'ensemble des positions possibles sera un cercle.

▸ Si nous connaissons la distance à trois satellites différents, une seule position peut être déduite. À partir de quatre satellites, l'altitude est déterminée. En augmentant le nombre de satellites, on augmente la précision.

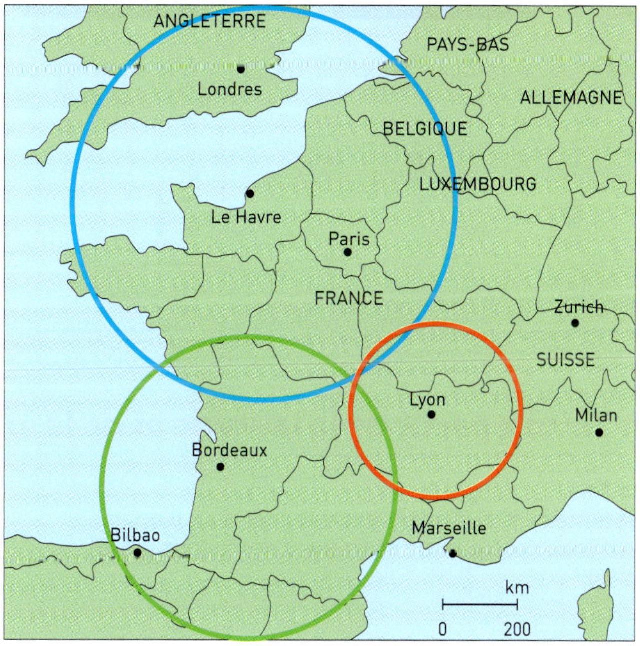

Guide de travail

1 Expliquer pourquoi il est impossible de trouver une coordonnée GPS telle que « 135° N 270° E ». Corriger cette coordonnée (doc. 1).

2 Donner la valeur de la vitesse des micro-ondes dans le vide sachant qu'elle est égale à la vitesse de la lumière dans le vide. Calculer l'erreur possible sur la mesure de la distance à un GPS donné (doc. 3).

3 Calculer les durées minimales et maximales pour qu'un signal donné parvienne du satellite au récepteur GPS (docs. 2 et 3).

4 Considérons un récepteur GPS situé n'importe où dans l'espace. Décrire la forme géométrique de l'ensemble des positions possibles pour une durée donnée de trajet du signal (doc. 4).

5 Expliquer pourquoi il faut au moins trois satellites pour se repérer à la surface de la Terre (docs. 3 et 4).

Synthèse Reprendre les différentes étapes qui permettent au Système GPS de se localiser sur la surface terrestre.

Vocabulaire

Méridien de Greenwich Il a été décidé en 1884, de choisir un méridien de référence passant par l'observatoire de Greenwich près de Londres.

Micro-ondes Ondes électromagnétiques de longueur d'onde supérieure à celle des infrarouges (soit entre 30 cm et 1 mm).

Horloge atomique Horloge qui permet de mesurer le temps avec une très grande précision en envoyant des micro-ondes sur des atomes de césium.

Essentiel

1 Argumenter la sphéricité de la Terre

Des observations ont permis d'établir que la Terre est sphérique.

- Un navire qui s'éloigne s'enfonce sous l'horizon, alors qu'il devrait toujours rester visible si la Terre était plate.
- Lors des éclipses de Lune, l'ombre de la Terre projetée sur la Lune ne correspond pas à un segment de droite.
- Le coucher de Soleil n'est pas visible au même moment à Brest et Strasbourg.

- La Terre nous apparaît plane dans la plupart des expériences quotidiennes car plus une sphère est grande, plus sa surface s' « aplatit » localement.

2 Se repérer sur Terre à partir de la latitude et de la longitude

- **La longitude**

La longitude d'un lieu est la mesure de l'angle entre le méridien d'origine (Greenwich) et le méridien du lieu sur lequel on se trouve. La longitude Est (E) ou Ouest (W) varie de 0° à 180°.

- **La latitude**

La latitude d'un lieu est la mesure de l'angle entre l'équateur et le parallèle sur lequel on se trouve. La latitude Nord (N) ou Sud (S) varie de 0° à 90°.

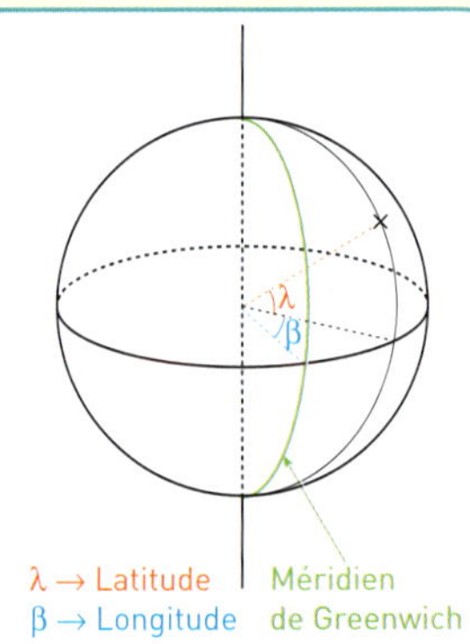

3 Utiliser la méthode d'Ératosthène pour mesurer la planète

- Au IIIe siècle avant J.-C., Ératosthène estime que, quand les rayons du Soleil sont verticaux à Syène (Assouan), ils forment un angle α avec la verticale à Alexandrie. Cet angle vaut environ un cinquantième de celui qui correspond au tour de la Terre.
Le tour de la Terre vaut donc cinquante fois la distance entre Syène et Alexandrie, soit 40 000 km.

Si la Terre est assimilée à une sphère parfaite, son rayon vaut :

$$R = \frac{40\,000}{2\pi} \approx 6\,400 \text{ km.}$$

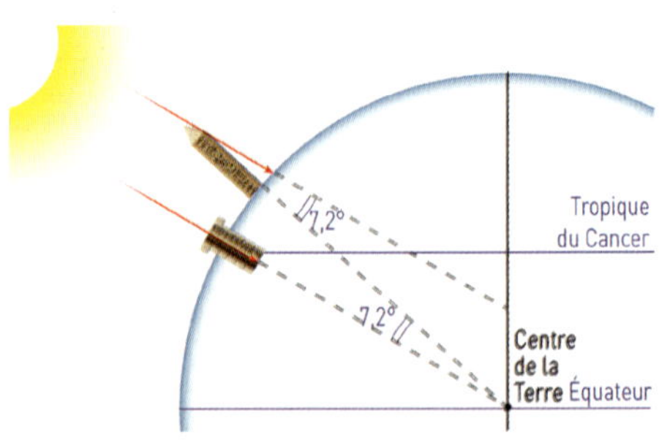

4 Calculer un arc de parallèle et de méridien

Les méridiens ont tous la même longueur, alors que les parallèles sont des cercles de plus en plus petits en allant de l'équateur aux pôles.

Arc de méridien Pour mesurer l'arc de méridien $\overset{\frown}{CD}$, le rayon de la Terre R est multiplié par la différence entre les latitudes α (en radians) : $\overset{\frown}{CD} = R \times \alpha$

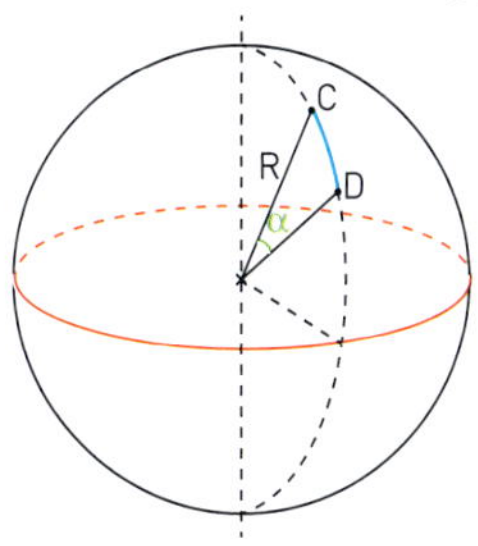

Arc de parallèle Pour mesurer l'arc de parallèle $\overset{\frown}{AB}$, la distance à l'axe de rotation de la Terre r est multipliée par la différence de longitude β (en radians) : $\overset{\frown}{AB} = r \times \beta$

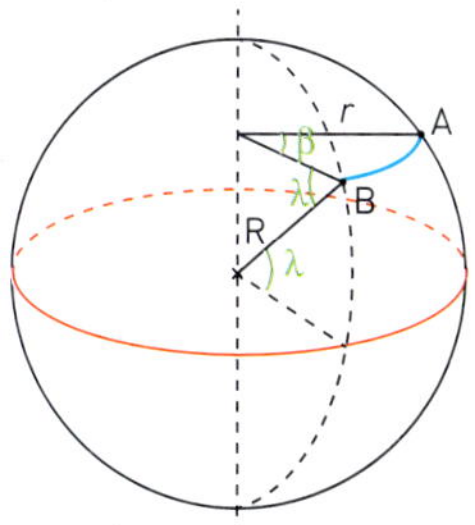

La distance à l'axe r peut être calculée en fonction de la latitude α : $r = R\cos\lambda$

L'arc de parallèle peut être directement déduit de la valeur de la latitude λ, du rayon de la Terre R et de la différence de longitude β (en radians) : $\overset{\frown}{AB} = R\cos\lambda \times \beta$

5 Calculer une longueur par triangulation

Afin de mesurer une partie du méridien terrestre, Delambre et Méchain utilisent la technique de triangulation. Cette technique ne nécessite la mesure directe que d'une seule distance, et de plusieurs angles à partir de points d'observation situés en hauteur.

Deux relations permettent de calculer la longueur des triangles :

- La somme des trois angles d'un triangle vaut 180°
- La loi des sinus dans le triangle ABC : $\dfrac{AB}{\sin\gamma} = \dfrac{BC}{\sin\alpha} = \dfrac{AC}{\sin\beta}$*

Dans un premier temps, il faut **mesurer** :

- Une seule longueur AB
- Les angles α et β en visant un point C depuis le point B et depuis le point A

Dans un deuxième temps, il est possible de **calculer** :

$\gamma = 180° - (\alpha + \beta)$ $\qquad BC = \dfrac{\sin\alpha}{\sin\gamma} \times AB$ $\qquad AC = \dfrac{\sin\beta}{\sin\gamma} \times AB$

Le processus est répété en visant un point D pour mesurer les angles ε et δ. Les autres longueurs et angles du triangle BCD sont déduites, et ainsi de suite pour d'autres triangles, de proche en proche.

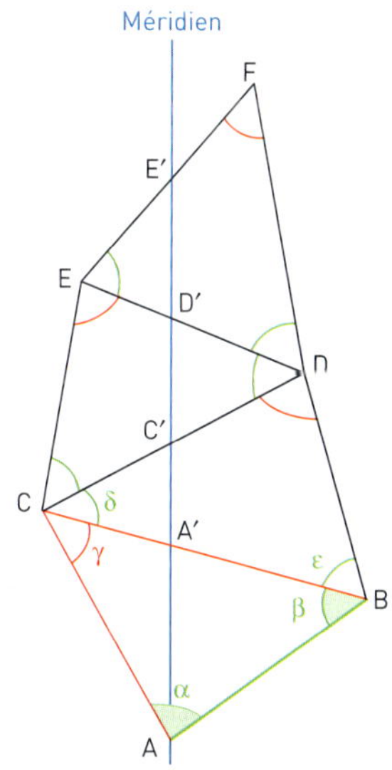

La longueur totale du méridien s'obtient en additionnant les longueurs des segments AA', A'C', C'D', D'E', etc. Pour déterminer ces longueurs, il faut mesurer les angles formés entre une direction donnée et le méridien, puis appliquer les lois de la trigonométrie.

*Cette formule n'est pas à connaître

6 Identifier le chemin le plus court entre deux points du globe

La distance la plus courte entre deux points A et B du globe correspond à l'arc du grand cercle qui passe par ces points, c'est-à-dire le cercle qui a pour rayon celui de la Terre (en rouge sur le schéma).
Cette trajectoire est appelée l'orthodromie.

SCIENCES EN PERSPECTIVE

Du pied du roi au mètre

Au Moyen-Âge, le pied du roi était utilisé pour mesurer des longueurs ! Selon la légende, l'unité de mesure était le pied de Charlemagne, qui était dit fort long. Le pied, le pouce, le doigt, la paume... ce sont des outils que nous avons toujours sous la main. C'est sans doute pour cette raison qu'à partir de l'Antiquité, les objets sont mesurés à l'aide du corps humain. Plus récemment, d'autres unités de mesure ont été utilisées.

En France, par exemple, les mesures pouvaient être réalisées en arpent, en perche-du-roi, ou encore avec la ligne. La valeur de ces unités de mesure n'était malheureusement pas standardisée. Et elle variait beaucoup d'une région à l'autre ! Le recours à ces unités peu précises conduisait à des disparités et des conflits. Des tentatives d'uniformisation ont existé, malgré tout : la valeur du pied était par exemple fixée à la taille du pied du roi. Le problème, c'est que tous n'avaient pas le même roi, donc pas le même pied du roi... et la même longueur !

C'est avec la Révolution française qu'un système de mesure s'impose au plus grand nombre. Une commission de scientifiques (notamment Pierre-Simon de Laplace, Joseph-Louis Lagrange et Nicolas de Condorcet) se mit à l'œuvre pour trouver des définitions d'unités de mesure universelles et invariables.

En 1791, le mètre est défini comme la dix-millionième partie du quart du méridien terrestre. Le système métrique décimal, basé sur trois unités de mesure principales (mètre, kilogramme et seconde) est introduit en même temps. Progressivement, les nouvelles unités de mesure sont adoptées dans le monde entier, même si aujourd'hui encore, dans certains pays – comme le Royaume-Uni ou le Canada –, d'autres mesures sont utilisées.

Les avancées de la science moderne ont permis de rendre compte de l'imprécision de la mesure du méridien terrestre.

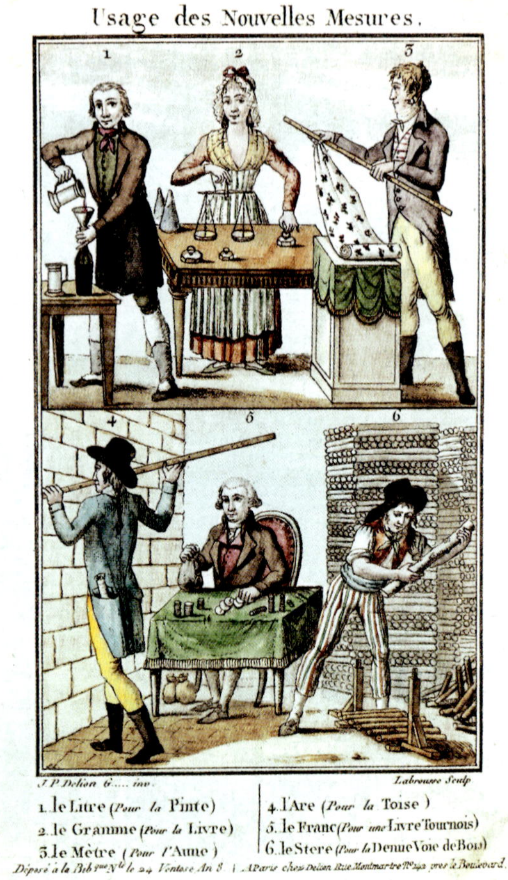

L'étalon du mètre est changé en 1799 : une barre en métal (platine-iridium) devient l'étalon standard.

Le Système international d'unités (SI) naît en 1960 et donne une nouvelle définition du mètre, encore plus précise et toujours valide aujourd'hui. Comme pour d'autres unités de mesure, le mètre est désormais défini par rapport à une constante physique, à savoir la vitesse de la lumière. La définition actuelle du mètre est « la distance parcourue par la lumière dans le vide en 1/299 792 458 seconde ».

Petites révolutions, grandes conséquences

Même aujourd'hui, les unités de mesure sont ajustées. Un événement historique, considéré comme une petite révolution, a eu lieu en 2018 : la Conférence générale des poids et mesures s'est réunie à Versailles et a changé les définitions du kilogramme, du kelvin, de l'ampère et de la mole. Rendez-vous surprenant ! Mais la précision des mesures est très importante dans la vie quotidienne. Par exemple pour calculer les distances, le système satellitaire GPS utilise la mesure du temps en secondes. Le temps mesuré sur les satellites et sur la Terre doit être d'une précision extrême : une erreur d'1 µs (une microseconde correspond à un millionième de seconde) peut causer une erreur de 300 mètres dans une localisation !

< La balance du watt permet de comparer une puissance électrique à une puissance mécanique. Elle permet ainsi de relier la masse à la constante de Planck, *h*. En fixant *h*, on mesure ainsi la masse

Toutes les cartes du monde sont fausses

Une des plus anciennes cartes géographiques du monde, créé en 1154 par le géographe Muhammad al-Idrisi, était un disque en argent d'environ 136 kilogrammes ! Pour concevoir cette carte, le savant s'était basé sur le récit de nombreux voyageurs et commerçants et sur des textes anciens. Il avait dessiné approximativement le monde connu à l'époque. Aujourd'hui nous connaissons pratiquement chaque recoin de notre planète et des technologies avancées permettent d'obtenir des cartes géographiques d'une extrême précision. Néanmoins, aucune carte ne correspond exactement à la réalité.

Pour réaliser un planisphère, les coordonnées géographiques sont transformées en coordonnées cartésiennes. Soit passer d'une surface sphérique – donc à trois dimensions – à une surface plane – en deux dimensions. C'est un peu comme éplucher une orange et vouloir aplatir la peau sur une feuille... ce qui n'est pas évident. C'est pour cette raison que, depuis plusieurs siècles, les cartographes travaillent pour étudier les meilleures solutions. Toutes comportent des approximations et génèrent des erreurs.

Trouver une correspondance entre un point sur la Terre et un point sur une carte se fait par le biais d'une opération mathématique appelée projection. On peut décider de projeter la surface sphérique de la Terre sur une surface cylindrique, conique ou plane. Mais aucune méthode n'est parfaite.

En 1569, le mathématicien et cartographe flamand Gerardus Mercator choisit de projeter la surface terrestre sur un cylindre qui englobe la sphère (le Terre) et qui est tangente à l'équateur. Cette carte connaît un grand succès. Elle est encore utilisée aujourd'hui, parmi d'autres, parce qu'elle conserve la forme et les angles réels des continents. En revanche, elle comporte des erreurs de surfaces : les proportions des continents et les distances ne sont pas respectées. Dans cette carte, la surface du Groenland est supérieure à celle de l'Afrique, alors que dans la réalité l'Afrique est environ quatorze fois plus grosse.

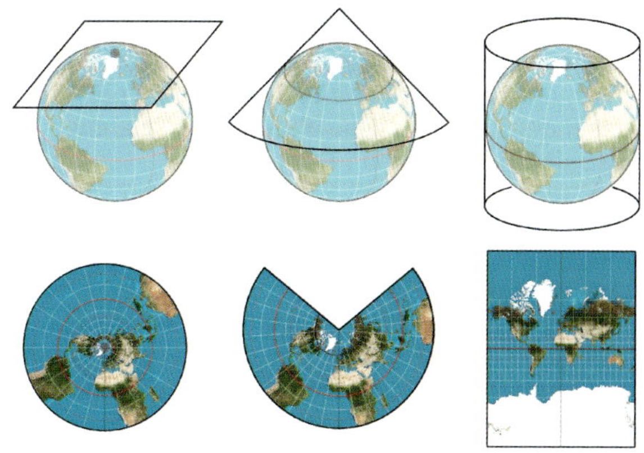

Différentes méthodes de projection

Pour pallier ce problème, Arno Peters et James Gall proposent, en 1855, un autre type de projection cylindrique qui conserve les surfaces, mais pas les angles. Sur cette carte les continents sont déformés.

Dans les projections coniques, comme par exemple celle de Lambert en 1772, le sommet du cône est situé sur un pôle. Les méridiens se rejoignent tous en un point et les parallèles sont des cercles concentriques. Les projections coniques sont souvent utilisées pour représenter l'Arctique et l'Antarctique.

Enfin, la projection azimutale est construite en projetant la surface sphérique sur un plan tangent à la sphère, souvent sur un pôle ou sur tout autre point de la Terre. Le logo des Nations Unies est un des exemples célèbres de la projection azimutale.

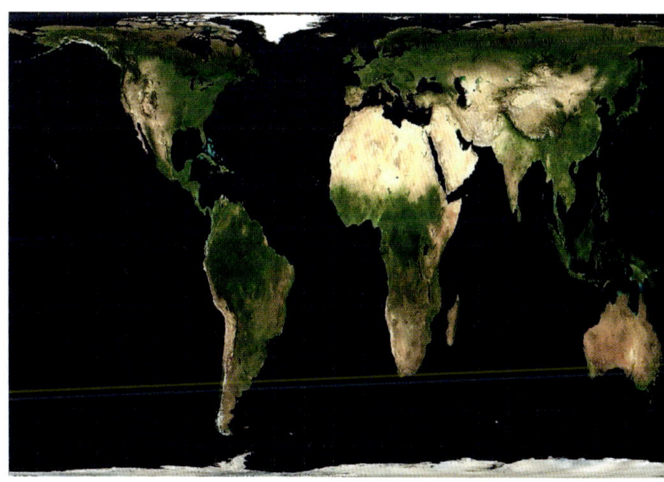

Projection de Gall-Peters

La carte géographique : une représentation non neutre

On a vu qu'il existe différents types de cartes selon les critères choisis pour les construire. Outre le type de projection, on peut choisir quelle région du monde représenter au centre, avec quelles couleurs, etc. Chaque choix a des conséquences. Par exemple, l'Afrique est bien plus grande que ce qu'on voit sur la plupart des cartes. En conséquence certains pays africains se plaignent donc d'être sous-représentés.

La construction d'une carte géographique n'est donc pas un acte neutre, mais implique des choix qui peuvent être politiques : c'est en regardant une carte géographique que nous construisons notre idée du monde.

Exo Version interactive
Lienmini.fr/Ens-Sci1-17

Apprendre à apprendre

1 Formuler plusieurs phrases permettant d'argumenter la sphéricité de la Terre à partir des mots suivants : vigie d'un bateau ; coucher de Soleil ; heure ; lieu ; Terre.

2 Mettre dans l'ordre les étapes de raisonnement qui mènent au calcul de la circonférence de la Terre par Ératosthène.

1. La distance entre Syène et Alexandrie est proportionnelle à l'angle entre les deux villes.
2. La circonférence de la Terre peut être déduite de la proportionnalité entre un angle et la longueur d'un arc.
3. L'angle opposé à l'ombre du gnomon peut être calculé à partir des longueurs de l'ombre et de l'obélisque.
4. L'angle formé entre Syène et Alexandrie est alterne-interne avec l'angle opposé à l'ombre du gnomon.

3 Réalisez des flashcards avec d'un côté le nom d'un lieu de l'autre ses coordonnées (latitude-longitude). Posez les cartes côté coordonnées et entraînez-vous à retrouver les noms des lieux avec une mappemonde.

4 Vrai-faux Des références sur Terre

Répondre par vrai ou faux aux affirmations.

1. La disparition d'un bateau sous l'horizon reste visible avec des jumelles car la Terre est sphérique.
2. La Terre est plate et nous pouvons le vérifier sur le planisphère.
3. La Terre est plate : nous marchons sur un sol plat.
4. Les étoiles visibles sont les mêmes en tout point du globe.

5 Vrai-faux Repérages

Répondre par vrai ou faux aux affirmations.

1. Un méridien va d'est en ouest.
2. Un parallèle appartient à un des plans parallèles à l'équateur.
3. Une longitude a pour référence le méridien de Greenwich.
4. Une latitude a pour référence le méridien de Greenwich.

6 Vrai-faux Calculer un arc de cercle

Répondre par vrai ou faux aux affirmations.

1. La longueur de l'arc d'un cercle est proportionnelle à l'angle qui l'intercepte.
2. On peut lier l'arc $\overset{\frown}{AB}$ d'un cercle de rayon R à l'angle qui l'intercepte par la relation $\overset{\frown}{AB} = R \times \alpha$ (si α est en radian).
3. Si α est en radian, alors sa valeur en degré est $\frac{\alpha \times 2\pi}{360}$.
4. L'arc $\overset{\frown}{AB}$ d'un cercle de rayon R est lié à l'angle qui l'intercepte par la relation $\overset{\frown}{AB} = R \times \left(\alpha \times \frac{180}{\pi}\right)$ si α est en degré.

7 QCM Périmètre et rayon

Indiquer la bonne réponse.

Soit le cercle $\mathscr{C}$ de rayon R. L'angle au centre $\widehat{AOB}$ qui intercepte le petit arc $\overset{\frown}{AB}$ mesure 20°.

1. Sachant que l'arc $\overset{\frown}{AB}$ vaut 2 cm, le périmètre du cercle $\mathscr{C}$ vaut :
a. 18 cm. b. 36 cm.
2. La valeur du rayon R arrondie au dixième est :
a. 5,7 cm. b. 2,9 cm.

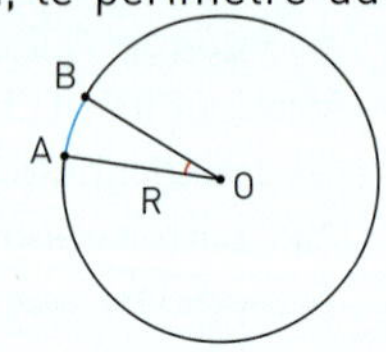

8 QCM Angles

Indiquer la bonne réponse.

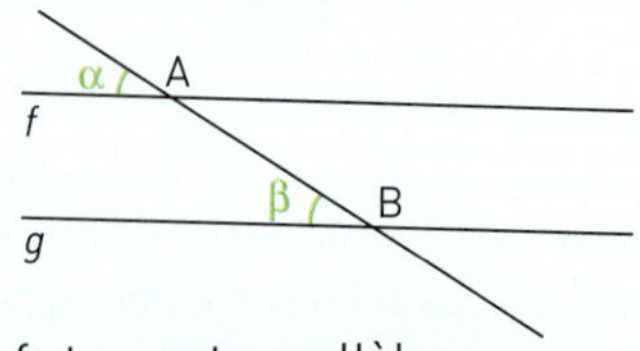

Les droites *f* et *g* sont parallèles.
Alors, on peut dire des angles α et β :
1. que leur somme est égale à 180°.
2. qu'ils sont égaux. 3. qu'ils sont alternes/internes.

9 QCM Utiliser la loi des sinus

Indiquer la bonne réponse.

Dans un triangle EFG quelconque, on connaît la longueur EG et la valeur des angles α et β.

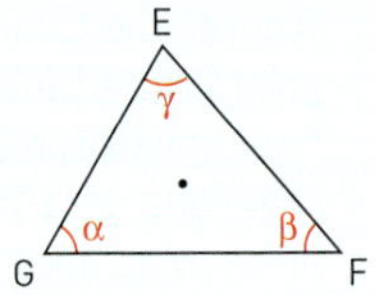

La longueur EF est égale à :

1. $\frac{GE \times \sin\alpha}{\sin\beta}$. 2. $\frac{FG \times \sin\beta}{\sin\alpha}$. 3. $\frac{FG \times \sin\alpha}{\sin\beta}$.

Rappel
Rappel de la loi des sinus appliquée au triangle EFG : $\frac{\sin\alpha}{EF} = \frac{\sin\beta}{GE} = \frac{\sin\gamma}{FG}$

10 QCM Distances sur le globe

Indiquer la bonne réponse.

Quel est le chemin le plus court entre deux points du globe ?
1. Le segment liant les deux points sur un planisphère.
2. N'importe quel arc de cercle liant les deux points sur le globe.
3. L'arc de grand cercle liant les deux points sur le globe.

Voir corrigés à la fin du manuel, p. 254

Sphéricité de la Terre

11 Voir la Terre plate

• Pour chaque situation, expliquer ce que l'on devrait voir si la Terre était plate.

1. 

2. 

Longitude et latitude

12 Est-Ouest, Nord-Sud

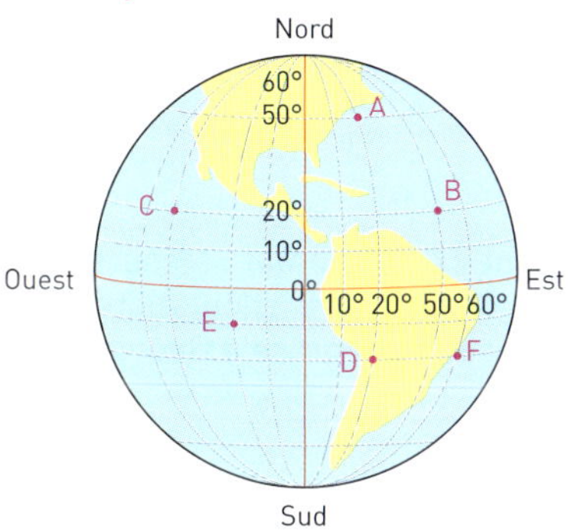

1. Indiquer quels points ont la même longitude.
2. Indiquer quels points ont la même latitude.
3. Donner les coordonnées géographiques des points A, B, E et F.

13 Syène et Alexandrie, choix judicieux

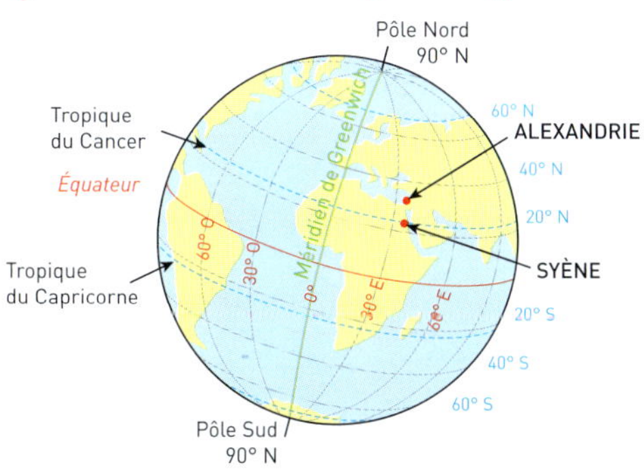

Sur ce schéma, on remarque la présence de deux latitudes particulières : celles du tropique du Cancer et du tropique du Capricorne. Lors des solstices d'été des deux hémisphères (vers le 21 décembre pour le Sud et 21 juin pour le Nord), les rayons du Soleil arrivent à la verticale.

a. Donner, en vous aidant de la carte, les coordonnées géographiques approximatives d'Assouan (Syène) et d'Alexandrie en Égypte.

b. Expliquer pourquoi, à votre avis, Ératosthène a calculé la circonférence de la Terre en choisissant Syène et Alexandrie.

Ératosthène et la circonférence de la Terre

14 Détermination du mètre

Le mètre correspond au dix-millionième du quart de la circonférence terrestre. La distance Dunkerque-Barcelone, qui correspond à une partie d'un méridien, est de 551 585 toises.

1. Sachant que l'angle au centre qui intercepte l'arc Dunkerque-Barcelone est de 9,4°, déterminer la circonférence de la Terre en toises.
2. En déduire la valeur du mètre en toises.

15 La distance de l'horizon

Alors qu'elle observe la mer, une vacancière se pose soudainement la question : « À quelle distance se situe l'horizon ? ».

1. Elle dessine sur la plage un schéma qui lui semble résumer la situation.

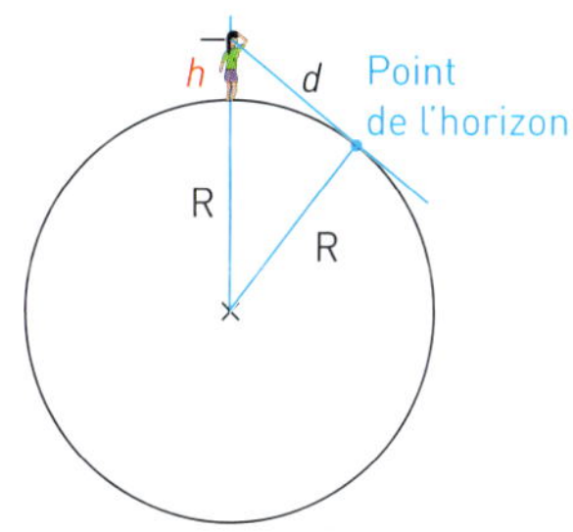

a. Que représente la hauteur h ?

b. Sur le schéma ci-contre jusqu'à quelle distance peut-elle observer l'océan ?

2. On prend pour valeurs : $h = 1{,}60$ m ; R = 6 400 km.

a. Quelle égalité peut-on écrire afin de calculer d ?

b. En développant l'égalité précédente et en faisant des approximations, montrer que l'on peut écrire l'égalité suivante : $d^2 \approx 2hR$

c. Calculer la valeur de d.

d. En recopiant et complétant le schéma, justifier comment varie la distance de visibilité si un navire est proche de l'horizon.

Arc de parallèle et de méridien

16 Longueur d'un arc sur Terre

Dans cet exercice, on fera l'approximation d'une Terre parfaitement sphérique et de rayon R = 6 400 km.

1. Donner la distance de déplacement si la position varie d'une seconde d'angle selon le 45e parallèle.
2. Donner la distance de déplacement si la position varie d'une seconde d'angle selon un méridien.
3. Un mille marin correspond au déplacement d'une minute d'angle selon un méridien. Calculer cette distance en km.
4. Déterminer la valeur d'un nœud marin en $m \cdot s^{-1}$ sachant qu'il s'agit de la vitesse d'un navire qui parcourt 1 mille marin en 1 h.

17 Randonnée sur la côte Atlantique

Un promeneur part d'un point situé à Grayan-et-l'Hôpital dont les coordonnées GPS sont :
45° 25′ 19,43″N 1° 9′ 30,37″ O
Il marche en direction du sud quasiment selon un méridien. Sa position finale est :
45° 15′ 7,26″ N 1° 10′ 4,13″ O

Données

Le rayon de la Terre vaut R = 6 400 km

1. Calculer la distance de déplacement du promeneur selon un parallèle en considérant que la distance à l'axe de rotation de la Terre est constante et vaut $r = R\cos 45°$.
2. Calculer cette distance sur un méridien.
3. Déduire la distance parcourue en utilisant le théorème de Pythagore sur une Terre estimée localement plate.

Prolongement expérimental : Grâce à une application vous permettant de calculer une distance parcourue (en ligne droite), vérifier celle-ci en fonction des coordonnées GPS de départ et d'arrivée.

Longueur par triangulation

18 Égalités dans un triangle

1. À partir de la figure suivante, répondre par vrai ou faux aux affirmations.

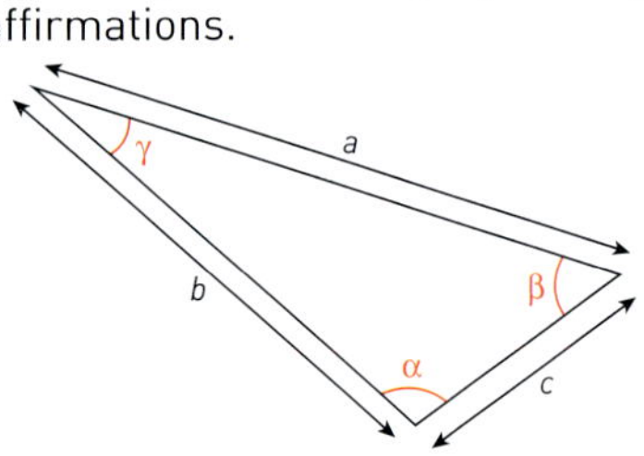

a. $\dfrac{a}{\sin\beta} = \dfrac{b}{\sin\alpha}$ b. $\dfrac{c}{\sin\gamma} = \dfrac{a}{\sin\alpha}$ c. $\dfrac{\sin\beta}{\sin\alpha} = \dfrac{b}{a}$

d. $\alpha = 360° - (\gamma + \beta)$ e. $\gamma = 360° - (\alpha + \beta)$

2. Si l'on réalise une visée depuis la base c, pour des angles α et β qui augmentent.

a. Comment évoluent les distances a et b ?

b. Comment évolue l'angle γ ?

19 Sur les pas de Delambre

Grâce au dessin réalisé par Delambre, une élève tente de calculer les premières distances obtenues par triangulation à partir de la base de Melun. Elle trouve dans des archives que la longueur de la base mesurée entre Lieusaint et Melun est de 6 075,90 toises. En mesurant avec son rapporteur sur le dessin qui suit, elle trouve un angle $\alpha = 80°$ (sommet Lieusaint et visée vers Malvoisine et Melun).
Puis elle mesure un angle $\beta = 66°$ (sommet Melun et visée vers Malvoisine et Lieusaint).

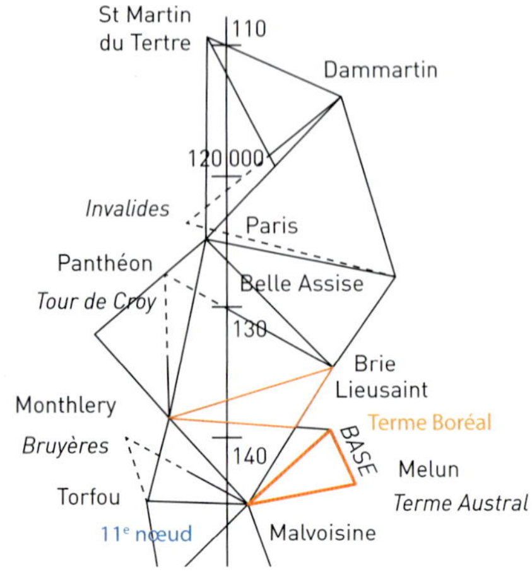

• Déterminer les distances entre Lieusaint et Malvoisine ainsi qu'entre Melun et Malvoisine, en toises, puis en km.

Donnée

1 toise = 1,949 3 m

Prolongement expérimental : Mesurer d'autres distances de la chaîne de triangulation sur le schéma puis corriger celles-ci grâce à Google Earth.

Chemin le plus court entre deux points du globe

20 Route du rhum

Depuis 1978, les voiliers s'affrontent pour relier Saint-Malo à Pointe-à-Pitre en Guadeloupe. Les navigateurs doivent gérer beaucoup de paramètres afin de gagner la course.

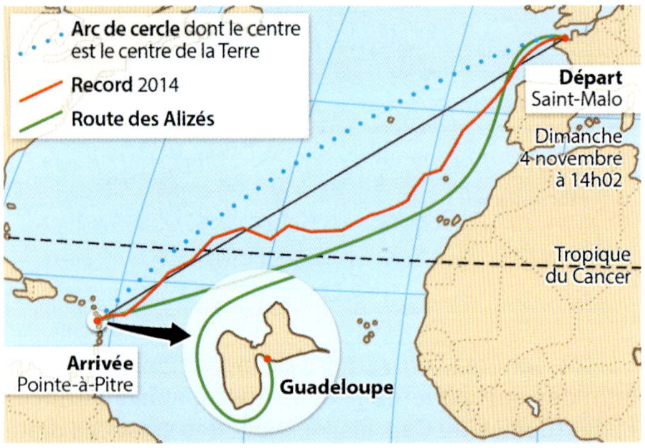

Différents trajets possibles pour la route du rhum

a. Parmi les quatre chemins représentés sur le planisphère, lequel est le plus court ?

b. Est-ce le chemin emprunté par le vainqueur ?

c. Quels autres paramètres que la distance doivent prendre en compte les navigateurs pour espérer remporter la course ?

Vers le BAC

21 Ne doutez plus : la Terre est ronde !

Argumenter — 20 min.

• À partir de vos connaissances, expliquer en quoi le fait que la Terre paraît plate localement ne contredit pas les observations qui permettent d'argumenter la sphéricité de la Terre.

22 Exploitation des mesures de Delambre et Méchain

Calculer — 25 min.

Delambre et Méchain ont mesuré un arc de méridien égal à 551 584 toises.

La latitude de Dunkerque est 51° 02′ 09″ et celle de Barcelone 41° 21′ 45″

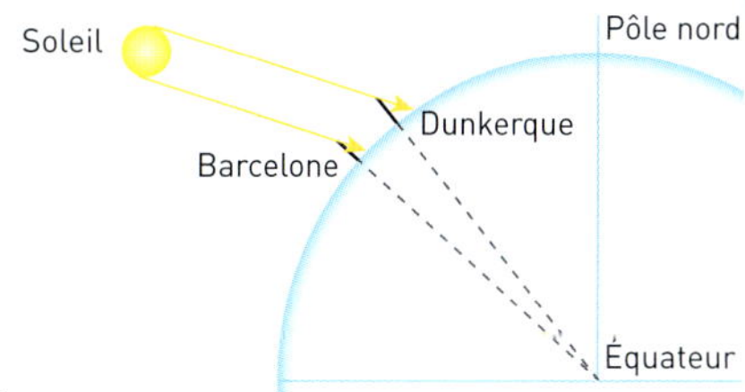

1. Calculer la longueur du quart du méridien en toises en considérant la Terre parfaitement sphérique.
2. Déduire de la question précédente la valeur du mètre en toise.
3. Expliquer pourquoi le mètre ne correspond pas tout à fait à la valeur telle que 1 toise = 1,949 3 m.

Rappel

Une minute d'angle vaut 1/60 de degré : 1′ = 1/60°
Une seconde d'angle vaut 1/60 de minute : 1″ = 1/60′ = 1/3 600°

23 Observation des étoiles à différentes latitudes

Analyser — 30 min.

Énigme : Un astronome amateur a pris des photos du ciel nocturne, mais il ne sait plus quel ciel attribuer à quelle destination.

Il s'est rendu dans trois lieux :
> Oslo, en Norvège 59° 54′ 34″ N 10° 45′ 11″ E
> À la montagne du Mondarrain, dans le Pays basque français 43° 18′ 8″ N 1° 25′ 56″ O
> Abidjan, en côte d'Ivoire 5° 21′ 36″ N 4° 0′ 30″ O

Doc. 1

L'étoile polaire n'étant pas une étoile particulièrement brillante, pour la repérer, il faut d'abord identifier la constellation de la Grande Ourse. La distance entre les deux étoiles du bord de la « casserole » doit être reportée cinq fois vers le haut (par rapport à la casserole) pour trouver l'étoile polaire.

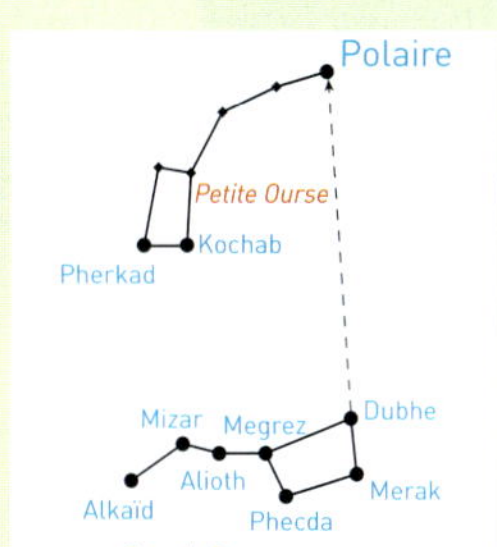

Doc. 2

Lorsque la Terre tourne sur elle-même, une seule étoile semble rester fixe car elle est située dans le prolongement de l'axe de la Terre, c'est l'étoile polaire. Elle est tellement éloignée de la Terre, que cet alignement reste valable tout au long de l'année. L'étoile polaire permet ainsi de repérer le Nord.

• Associer chaque photo au lieu qui correspond à l'aide des documents qui précèdent.

9 Histoire de l'âge de la Terre

Portrait d'Isaac Newton (1642-1727), philosophe et mathématicien, peinture anonyme anglaise, XVIIIe siècle. Huile sur toile, 1,28 × 1,01 m, Académie des sciences, Paris.

Isaac Newton, bien connu pour avoir énoncé des lois de la gravitation, a aussi donné une estimation de l'âge de la Terre : elle se serait formée 3 998 ans av. J.-C. Depuis cette époque la science a progressé. On sait que la Terre est beaucoup plus âgée.
Comment a-t-on calculé l'âge réel de notre planète ?

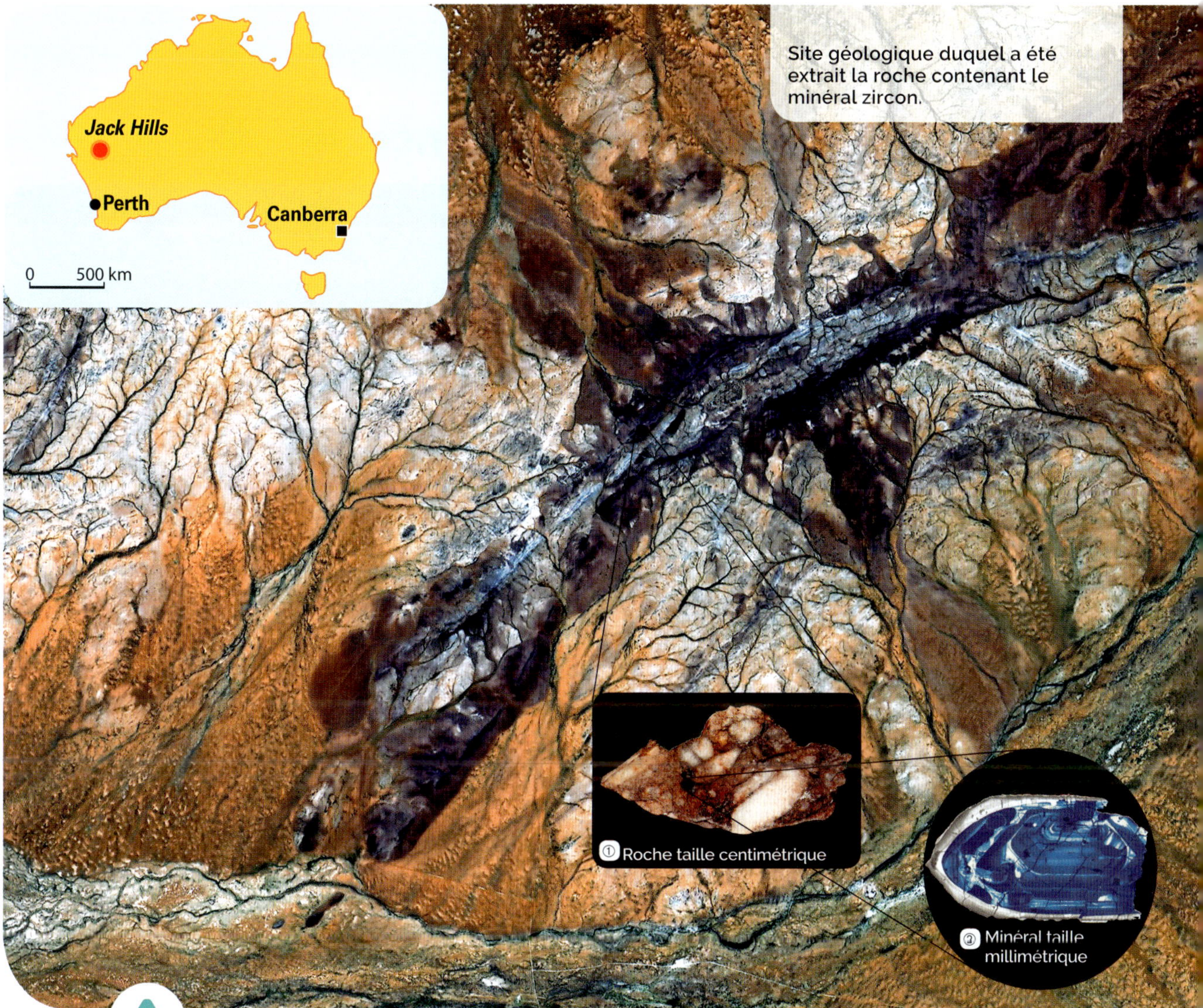

Le zircon de Jack Hills, découvert il y a quelques années dans l'ouest de l'Australie, est le plus vieux minéral du monde connu à ce jour. Deux méthodes ont permis d'estimer son âge à 4,4 milliards d'années.
Comment dater un objet si ancien ?

Attendus du programme	Activités	Parcours d'exercices
Interpréter des documents historiques en lien avec l'âge de la Terre	1 2 3	11 12 13 14
Identifier les théories et controverses liées à l'âge de la Terre	1	1 2 6 7 13 14
Connaître et appliquer différentes méthodes de datation	2 3	3 4 8 9 10 15 16 17 18

Activité ouverte

Objectif général de formation
Comprendre la nature du savoir scientifique et ses méthodes d'élaboration

1 L'âge de la Terre au fil de l'histoire des sciences

Il fait chaud dans les forges de Buffon en cette année 1779 ! Les boules de matière en fusion refroidissent lentement. Des hommes notent les températures frénétiquement. De nos jours, le musée de Montbard en Bourgogne reconstitue, pour les visiteurs intéressés, un parcours à travers l'histoire des sciences à l'époque d'une sidérurgie triomphante. Mais que cherchait Buffon avec ses boulets chauffés au rouge ?

Consigne

Sur une frise, replacer les étapes historiques qui ont permis d'aboutir à l'âge de 4,57 milliards d'années (Ga) en précisant les apports de chaque discipline.

Doc. 1 Les apports d'une démarche expérimentale

- George Louis Leclerc, dit comte de Buffon (1707-1788) a exploré différentes branches de la science.
Ses travaux s'appuient sur une démarche scientifique : il propose à la fois des modèles théoriques et des mesures expérimentales à partir du refroidissement de sphères de tailles et de densités différentes.
- Dans son ouvrage *Les Époques de la Nature*, Buffon consigne les résultats de ses expériences :

> « Toutes [les planètes] au commencement étaient brillantes et lumineuses ; chacune formait un petit soleil, dont la chaleur et la lumière ont diminué peu-à-peu et se sont dissipées successivement dans le rapport des temps, que j'ai ci-devant indiqué, d'après mes expériences sur le refroidissement des corps en général, dont la durée est toujours à très-peu-près proportionnelle à leurs diamètres et à leur densité. Les planètes, ainsi que leurs satellites, se sont donc refroidies les unes plus tôt et les autres plus tard […]. »

COMMENCEMENT, FIN & DURÉE *de l'existence de la* NATURE ORGANISÉE *dans chaque* PLANÈTE.

	COMMENCEMENT.	FIN.	DURÉE absolue.	DURÉE à dater de ce jour.
	de la format.	de la format.	ans.	ans.
V.Satel. de Sat.	5161 des Plan.	47558 des Plan.	42389…	0 …
LA LUNE.	7890 …	72514 …	64624…	0 …
MARS.	13685 …	60326 …	56641…	0 …
IV.Satel. de Sat.	18399 …	76525 …	58126…	1693 …
IV.Satel. de Jup.	23730 …	98696 …	74966…	23564 …
MERCURE…	26053 …	187765 …	161712…	112933 …
LA TERRE.	35983 …	168123 …	132140…	93291 …
III.Satel. de Sat.	37672 …	156658 …	118986…	81826 …
II.Satel. de Sat.	40373 …	167928 …	127655…	93096 …
I.Satel. de Sat.	42021 …	174784 …	132763…	99952 …
VÉNUS…	44067 …	228540 …	184473…	153708 …
An. de Sat.…	56396 …	177568 …	121172…	102736 …
III.Satel. de Jup.	59483 …	247401 …	187918…	172569 …
SATURNE…	62926 …	262020 …	199114…	187188 …
II.Satel. de Jup.	64496 …	271098 …	206602…	196266 …
I.Satel. de Jup.	74724 …	311973 …	237249…	237141 …
JUPITER…	115623 …	483121 …	367498…	

Vidéo — Michel Serres : Buffon et l'âge de la Terre
Lienmini.fr/Ens-Sci1-08

Aide à la lecture du tableau

Commencement
Âge de l'astre à partir duquel le refroidissement permet « le premier moment de la naissance possible de la Nature vivante ».

Fin
Âge de l'astre lorsqu'il aura complètement refroidi.

Durée à dater de ce jour
Temps restant à la planète pour se refroidir complètement.

Doc. 2 Les apports de la thermodynamique

Tout comme Buffon, Lord Kelvin se fonde sur le temps de refroidissement de la Terre pour en établir l'âge. Dès 1863, il applique l'équation de la chaleur de Fourier dont les lois décrivent les transferts d'énergie thermique dans un solide. En considérant une planète entièrement rigide et homogène, qui ne se refroidit que par conduction, il obtient un âge de la Terre compris entre 20 et 400 millions d'années (Ma). Fervent opposant de la théorie de l'évolution de Darwin qui implique un âge élevé de la Terre, il révise ses calculs jusqu'en 1881 où il établit une nouvelle estimation : de 20 à 40 millions d'années.

Doc. 3 Les apports de la stratigraphie

« À la fin du XVIIIe siècle, la majorité des naturalistes sont convaincus que les processus géologiques (la sédimentation, la formation des chaînes de montagnes, etc.) s'étendent sur des temps trop longs pour être appréhendés […].
[En 1859, Darwin] note que les strates sédimentaires contiennent les vestiges d'espèces animales ou végétales qui apparaissent, évoluent puis s'éteignent. Or ce phénomène nécessite des temps encore plus longs que ceux qui ont prévalu à la formation des couches géologiques.
Toutefois, ni Darwin ni les autres naturalistes n'ont les moyens de chiffrer ces temps longs. Les seuls chronomètres dont ils disposent alors sont les fossiles. »

« La Terre, une planète qui ne fait pas son âge », *La Recherche*, janvier 2018, HS n°24

Doc. 4 Les apports de la radioactivité

La découverte de la radioactivité par Becquerel en 1896 amène de nombreuses remises en question.
D'une part, certaines désintégrations radioactives s'accompagnent d'un fort dégagement de chaleur, remettant en cause les sources d'énergie de l'intérieur de la Terre et leur dissipation (qui se fait également par convection).
D'autre part, plusieurs méthodes de datation isotopiques sont établies. Au début du XXe siècle, Rutherford calcule un âge de la Terre de 497 millions d'années grâce à l'étude de la libération d'hélium lors de la désintégration radioactive de l'uranium.

Il faut attendre 1953 et les recherches du géochimiste américain Clair Patterson avec la méthode Pb-Pb sur les météorites pour avoir un âge plus précis : 4,55 Ga ± 70 Ma. C'est en 2012 que l'incertitude est réduite à 4,57 Ga ± 20 Ma.

>Activité 3, p.160-161

Coups de pouce

1 Repérer les différents âges de la Terre selon les scientifiques et les époques.

2 Retrouver et dater les découvertes scientifiques majeures en lien avec l'âge de la Terre.

3 Identifier les domaines des avancées scientifiques.

4 Nommer le scientifique qui a été en opposition avec un moins un autre.

5 Déterminer l'étendue de la frise, la tracer et y replacer les différents éléments.

Vocabulaire

Forge Atelier où l'on travaille les métaux au feu et au marteau.
Stratigraphie Étude de la stratification des roches sédimentaires et de l'âge relatif des terrains.
Thermodynamique Étude de l'énergie (notamment thermique) et de ses échanges.

Objectif général de formation
Comprendre la nature du savoir scientifique et ses méthodes d'élaboration

2 La datation par les sédiments

Les naturalistes tel que Darwin ont basé leurs estimations de l'âge de la Terre en utilisant, entre autres, les données relatives aux couches sédimentaires.
Objectif Comprendre et utiliser des méthodes de datation relative.

Doc. 1 L'échelle relative des temps géologiques

▸ La chronologie relative des différentes périodes géologiques commence à être clairement établie à partir de 1760. Les temps ne sont alors pas exprimés en nombre d'années mais les périodes sont découpées selon les caractéristiques des couches sédimentaires ainsi que des changements fossiles importants (par exemple les extinctions biologiques majeures).

▸ Ainsi, la limite entre le Paléozoïque (« vie ancienne ») et le Mésozoïque (« milieu de la vie ») correspond à la grande extinction de la fin du Permien où 95 % des espèces ont disparu de la surface du globe, alors que la limite entre le Mésozoïque et le Cénozoïque (« vie récente ») correspond à la disparition de plusieurs groupes, dont les dinosaures. Le Protérozoïque (« antérieurement à la vie ») porte ce nom parce que l'apparition de la vie était estimée au Cambrien.

> Rabats V et VI

ÈRES	PÉRIODES
CÉNOZOÏQUE	QUATERNAIRE
	TERTIAIRE
MÉSOZOÏQUE (secondaire)	CRÉTACÉ
	JURASSIQUE
	TRIAS
PALÉOZOÏQUE (primaire)	PERMIEN
	CARBONIFÈRE
	DÉVONIEN
	SILURIEN
	ORDOVICIEN
	CAMBRIEN
PRÉCAMBRIEN	PROTÉROZOÏQUE
	ARCHÉEN

Doc. 2 Les principes de la datation relative

▸ La datation relative s'appuie sur l'étude de couches stratigraphiques en appliquant différents principes.

> Le principe de superposition : l'ordre des couches est le même que celui de leur dépôt, autrement dit, les couches les plus profondes sont les plus anciennes (sauf bouleversement tectonique) ;
> Le principe de continuité et d'identité paléontologique (fossiles) : une couche sédimentaire (et les fossiles qu'elle contient) a le même âge sur toute son étendue ;
> Le principe de recoupement : une structure (par exemple un pli, une faille, une coulée de lave, etc.) qui en recoupe une autre est plus récente que cette dernière.

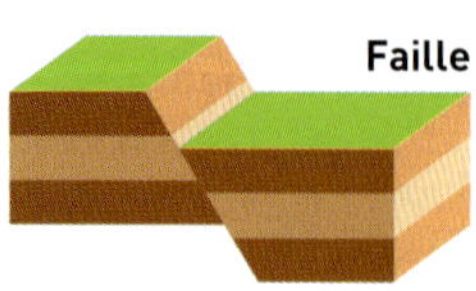

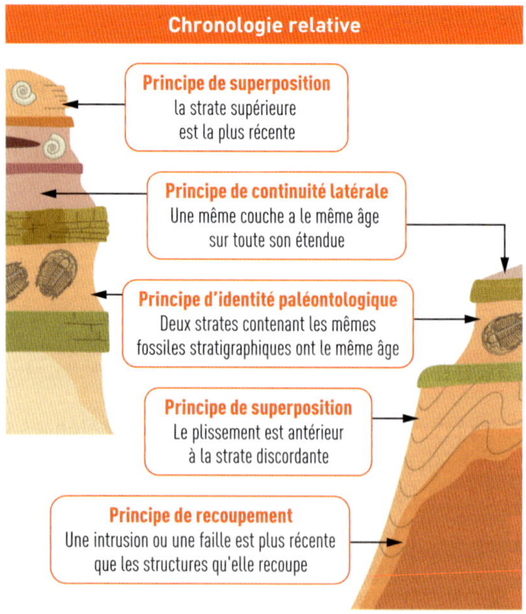

Doc. 3 L'utilisation des fossiles dans la détermination d'un âge géologique

- L'évolution des espèces est un processus continu, non répétitif, dont le cours est irréversible : on peut donc l'utiliser comme un « chronomètre ».
- Un bon fossile stratigraphique se définit comme ayant une grande abondance, une grande extension géographique, et une durée de vie limitée à l'échelle des temps géologiques (évolution rapide, disparition de l'espèce).
- L'association particulière de plusieurs fossiles permet également de dater les roches qui les contiennent.

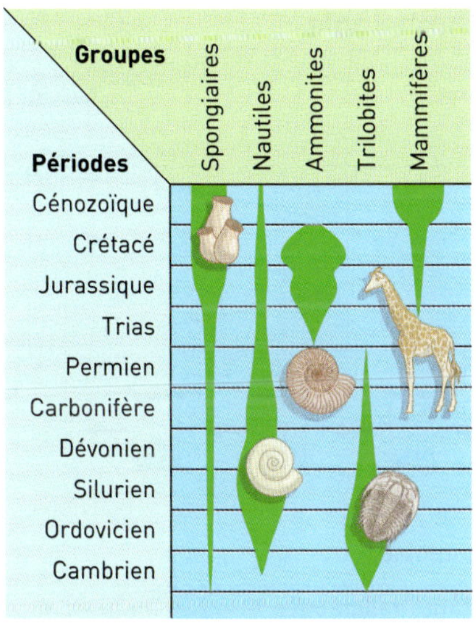

Biostratigraphie par groupe.
Les parties vertes montrent l'abondance des différents groupes considérés selon les périodes.

Doc. 4 Des sédimentations inégales selon les lieux

- Dans les Alpes, les couches sédimentaires ont pu être datées, notamment grâce à leurs fossiles.
- À quelques kilomètres de distance, les calcaires du Jurassique et du Crétacé se sont déposés dans des eaux plus ou moins profondes et ont donné les séries stratigraphiques suivantes.
- La surface corrodée de la série briançonnaise correspond à une absence de sédimentation ou à une érosion des roches. La surface durcie correspond à l'arrêt de la sédimentation pendant le Crétacé inférieur.

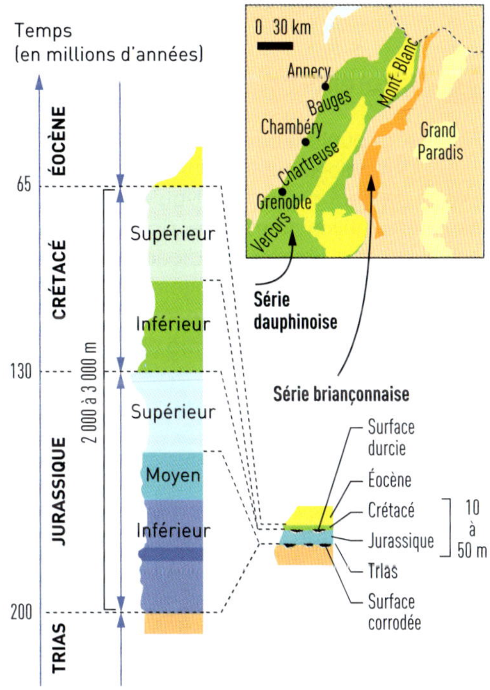

Colonnes stratigraphiques de deux régions des Alpes, au Jurassique et au Crétacé. L'océan alpin, à l'origine des dépôts sédimentaires datant de ces époques, séparait la plaque apulienne (Italie) et la plaque européenne.

Guide de travail

1 Proposer une hypothèse pour expliquer que l'apparition de la vie était estimée au Cambrien (doc. 1).

2 Expliquer pourquoi les nautiles et les spongiaires ne sont pas de bons fossiles stratigraphiques (doc. 3).

3 Déterminer les meilleurs fossiles permettant de dater l'ère primaire et l'ère secondaire (docs. 1 et 3).

4 Calculer la vitesse de sédimentation (période Trias-Éocène) dans les deux séries du doc. 4, sachant qu'après leur dépôt, les sédiments subissent une compaction d'environ 80 %.

5 Proposer une (ou des) hypothèse(s) pour expliquer cette différence.

Synthèse Expliquer les intérêts de la datation relative et ses limites pour déterminer l'âge de la Terre.

Vocabulaire

Faille Cassure d'un terrain avec déplacement des parties.

Fossile Reste, trace ou moulage naturel d'organismes conservés dans des roches, généralement sédimentaires.

Pli Déformation résultant de la flexion des roches.

Stratigraphie Empilement de couches sédimentaires.

Activité documentaire

Objectif général de formation
Comprendre la nature du savoir scientifique et ses méthodes d'élaboration

3 La datation absolue de l'âge de la Terre

Sur Terre, les phénomènes d'érosion et les mouvements tectoniques participent à la disparition de la croûte terrestre. Les roches datant de la naissance de la Terre sont donc très rares. Grâce aux météorites et aux roches lunaires formées au même moment que la Terre, il a été possible d'établir l'âge de la formation de notre planète en utilisant des méthodes de datation radiométriques ou « radiochronologiques » : il atteint 4,57 ± 0,02 milliards d'années.

Objectif Expliquer le principe de datation radiométrique pour déterminer l'âge de météorites, et donc de la Terre (formée par accrétion de celles-ci).

Doc. 1 Différents couples isotopiques utilisés en radiochronologie

a. Pour tout couple isotopique, une datation absolue par radiochronologie repose sur la mesure de la quantité d'un élément radioactif et/ou de son élément fils dans un échantillon de matière. Connaissant le temps de demi-vie des isotopes radioactifs, on détermine avec une grande précision l'âge d'un fossile ou d'un minéral. La période radioactive (demi-vie) de l'isotope doit être adaptée à l'âge estimé de la roche que l'on souhaite dater.

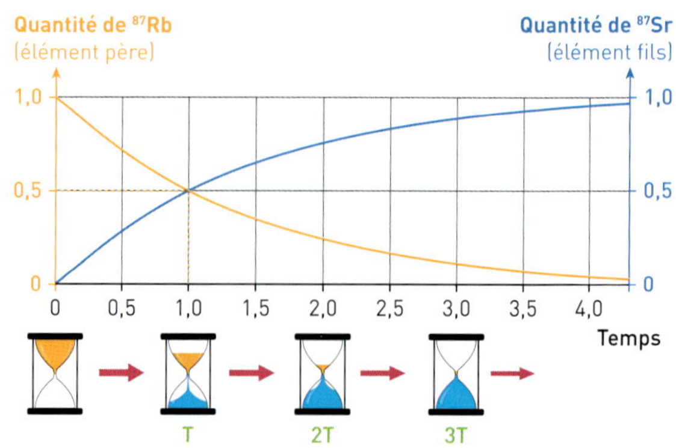

b. **Quelques exemples de couples d'isotopes utilisés en radiochronologie**

Noyau père	Désintégration	Noyau fils	Constante radioactive λ	Demi-vie $t_{1/2}$
^{14}C	β^-	^{14}N	$1,209 \times 10^{-4}$ a^{-1}	5 730 a
^{40}K	β^+	^{40}Ar	$5,81 \times 10^{-11}$ a^{-1}	11,9 Ga
^{87}Rb	β^-	^{87}Sr	$1,42 \times 10^{-11}$ a^{-1}	48,8 Ga
^{147}Sm	α	^{147}Nd	$6,54 \times 10^{-12}$ a^{-1}	106 Ga
^{235}U	chaîne	^{207}Pb	$9,848\,5 \times 10^{-10}$ a^{-1}	0,704 Ga
^{238}U	chaîne	^{208}Pb	$1,551\,25 \times 10^{-10}$ a^{-1}	4,47 Ga

Doc. 2 Datation des chaînes radioactives

- L'élément uranium possède deux isotopes radioactifs à longue vie : l'uranium 235 et l'uranium 238. Chaque isotope se désintègre par étapes successives en isotope du plomb. Ainsi ^{235}U donne ^{207}Pb et ^{238}U donne ^{206}Pb selon les réactions de désintégrations suivantes :

$$^{238}_{92}U \rightarrow ^{206}_{82}Pb + 6\,^{0}_{-1}e^- + ^{235}_{92}U \qquad 8\,^{4}_{2}He \rightarrow ^{207}_{82}Pb + 4\,^{0}_{-1}e^- + 7\,^{4}_{2}He$$

- Les temps de demi-vie étant connus, la datation sera effectuée par le rapport $^{207}Pb/^{206}Pb$ qui a évolué au cours du temps.

C'est grâce à cette méthode que Clair Patterson a établi l'âge de la Terre en 1953.

L'éclogite des Essarts de Saint-Philibert-de-Bouaine été datée à environ 436 Ma par la méthode U-Pb sur zircons

Doc. 3 Une équation pour dater des roches

a. Principe de la méthode Rb-Sr

Lors de la formation des roches magmatiques et des météorites, des atomes de ^{87}Rb (rubidium), ^{87}Sr (strontium) et ^{86}Sr sont incorporés dans certains minéraux. Au temps t_0 (formation de la roche), les minéraux ont le même rapport $^{87}Sr/^{86}Sr$ mais des rapports $^{87}Rb/^{86}Sr$ différents (droite en pointillée). Au cours du temps, le ^{87}Rb se désintègre en ^{86}Sr, ce qui diminue le rapport $^{87}Rb/^{86}Sr$ et augmente le rapport $^{87}Sr/^{86}Sr$ (droite pleine).

▶ La droite bleue représente donc l'état de ces rapports au même instant t : on dit qu'il s'agit d'une droite isochrone dont la pente donne l'âge de fermeture du système grâce à la relation suivante : $t = \frac{\ln(p + 1)}{\lambda}$* où p est la pente de la droite isochrone.

*Cette relation n'est pas à connaître

Pour p proche de zéro (pente faible), on a approximativement :

$$t = \frac{p}{\lambda}.$$

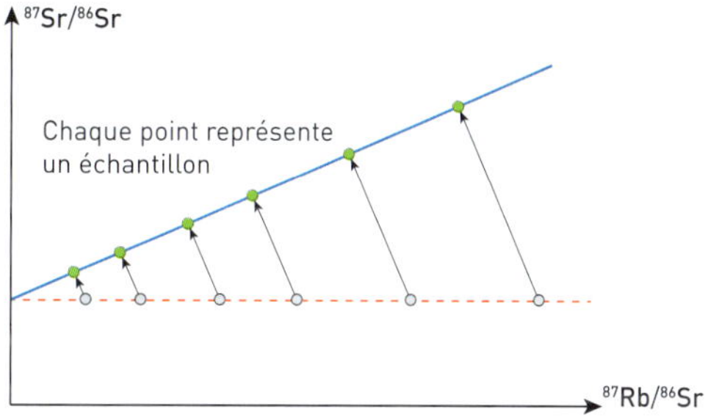

b. Les teneurs en Rb et Sr de huit échantillons de météorites ont été mesurées par spectrographie de masse.

Échantillon	$\frac{^{87}Rb\ (actuel)}{^{86}Sr\ (actuel)}$	$\frac{^{87}Sr\ (actuel)}{^{86}Sr\ (actuel)}$
1	0,758	0,748 64
2	0,725 5	0,746 5
3	1,52	0,798 91
4	1,49	0,796 92
5	1,555	0,801 52
6	1,685	0,809 52
7	0,154 2	0,709 1
8	0,153 3	0,708 95

Utilisation du logiciel tableur-grapheur

- Saisir les données ci-contre
- Sélectionner l'ensemble des cases
- Insérer un graphique type X-Y (points)
- Afficher la courbe de tendance (et son équation)
- Déterminer l'âge des météorites

Guide de travail

1 Donner le nom du phénomène naturel sur lequel repose la radiochronologie (docs. 1, 2 et 3).

2 Expliquer comment cette propriété de la matière permet d'accéder à une datation (docs. 1 et 2).

3 Déterminer quels couples d'isotopes sont pertinents pour donner un âge à la Terre (doc. 1).

4 Expliquer pourquoi dater n'importe quel minéral ne revient pas à déterminer l'âge de la Terre (doc. 1).

5 Déterminer l'âge des météorites après avoir tracé le graphique et appliqué la formule (doc. 3).

Synthèse À l'aide d'une représentation graphique légendée, résumer les principales modalités de datation radiochronologique.

Vocabulaire

Désintégration en chaîne Enchaînement de désintégrations radioactives jusqu'à un isotope stable.

Isochrone De même âge.

Météorite Fragment rocheux (ou métallifère) venant de l'espace et atteignant la Terre.

Roche magmatique Roche issue de la cristallisation d'un magma.

Spectrométrie de masse Technique permettant de d'identifier des atomes par mesure de leur masse.

Essentiel

1 Interpréter des documents historiques en lien avec l'âge de la Terre

- Déterminer l'âge de la Terre a nécessité les apports de différents champs disciplinaires :

• la physique et la chimie pour la découverte et les applications de la radioactivité sur différentes roches terrestres et extra-terrestres (météorites) ainsi que pour les expériences et calculs des temps de refroidissement de différents matériaux de différentes tailles ;

• la géologie, la biologie et la paléontologie dans l'étude des empilements sédimentaires et de l'évolution des fossiles ;

• les mathématiques, omniprésentes dans les calculs, les raisonnements logiques et modèles qui ont été nécessaires à chaque étape de l'établissement de l'âge de la Terre.

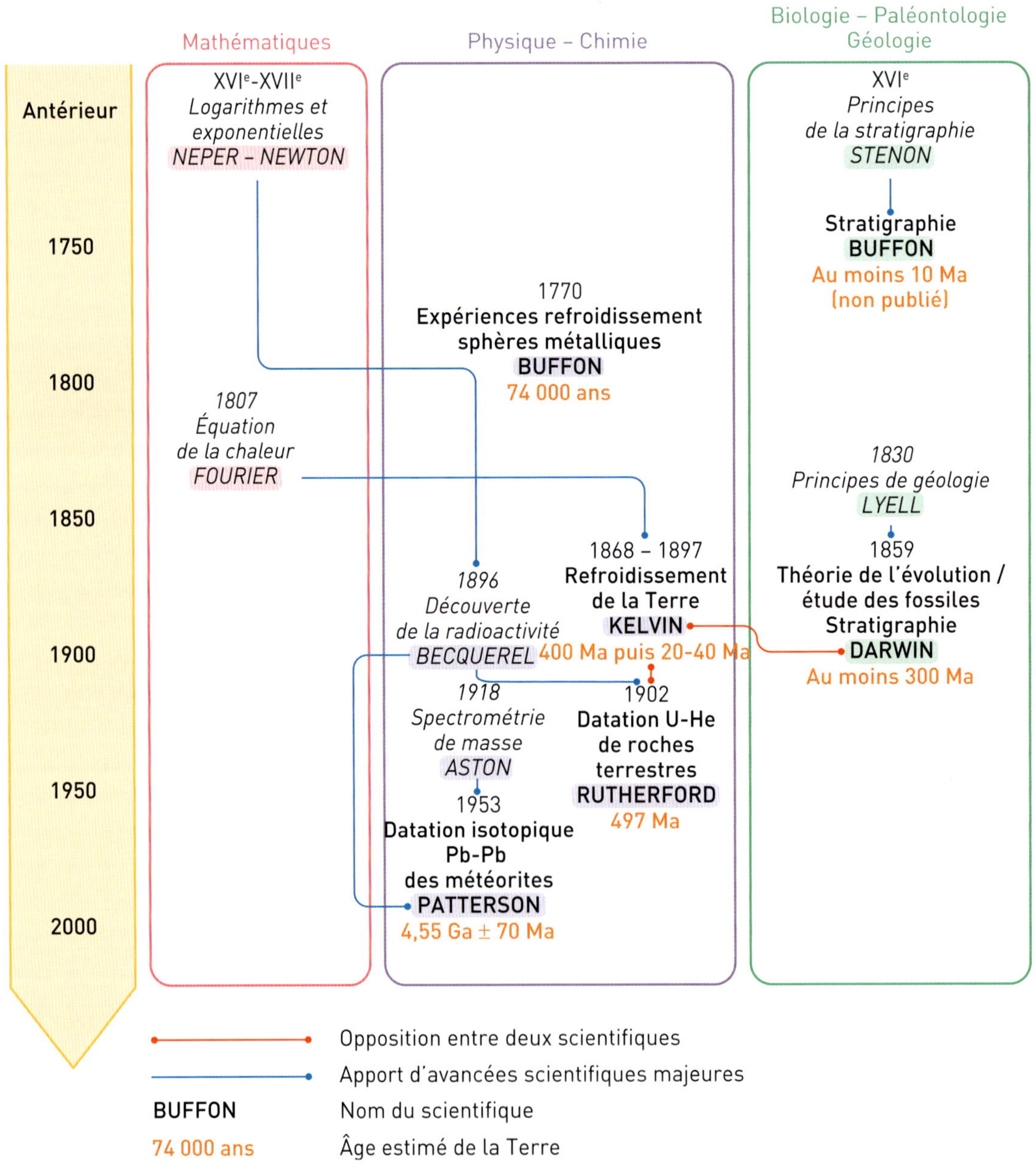

2 Identifier les théories et controverses liées à l'âge de la Terre

Jusqu'au XVIIe siècle, l'âge de la Terre est estimé à quelques milliers d'années en se basant sur les événements de la Bible. Le fort contexte religieux de l'époque empêche toute remise en question de cet âge. Grâce à divers arguments, cet âge a été réévalué à partir du milieu du XVIIe siècle à plusieurs milliers, puis millions et milliards d'années.

- Les arguments des naturalistes (notamment Darwin) qui se réfèrent à l'étude des sédiments et des fossiles, envisagent un âge plutôt élevé de la Terre (plusieurs centaines de millions, voire milliards d'années). Néanmoins, ils ne disposent pas d'éléments leur permettant d'établir un âge absolu de la Terre.

- L'étude des temps de refroidissement permet de donner quelques estimations de cet âge : Buffon l'établit grâce à ses expériences, puis Kelvin fonde ses estimations en appliquant les lois mathématiques de Fourier sur le temps de refroidissement de la Terre supposé homogène. Il est alors au cœur de la controverse : l'âge de la planète est revu à la baisse (400 Ma, puis 20-40 Ma), en contradiction avec Darwin et, plus tard, avec Rutherford (497 Ma). Les théories de Kelvin sont fondées sur une Terre rigide et homogène qui se refroidit sans autre source de chaleur que celle accumulée lors de sa formation.

- Mais dès le début du XXe siècle, il est établi qu'il existe au moins une autre source de chaleur : celle dégagée par la radioactivité des éléments contenus dans les couches internes de la Terre. C'est donc grâce à la découverte de la radioactivité et de ses applications, que Rutherford, puis Patterson ont pu proposer un âge absolu de la Terre, aujourd'hui précisément déterminé de 4,57 milliards d'années (± 20 Ma).

Formation de la Terre, vue d'artiste

3 Connaître et appliquer les différentes techniques de datation

- Grâce aux sédiments, et plus particulièrement aux fossiles, différents événements peuvent être datés les uns par rapport aux autres : c'est la datation relative. Ces méthodes sont à l'origine de l'établissement des premières échelles des temps géologiques.

- L'apport de la datation absolue est alors essentiel. La radiochronologie, méthode fondée sur la connaissance des demi-vies de quelques éléments radioactifs contenus dans les roches, permet de déterminer précisément l'âge d'échantillons et donc l'âge de la Terre.

- Des différences importantes existent entre le découpage des ères géologiques et leur durée réelle.
En effet, les roches du Phanérozoïque (Paléozoïque + Mésozoïque + Cénozoïque) qui représentent moins de 12 % de l'âge de la Terre, sont plus accessibles et contiennent beaucoup plus de fossiles.

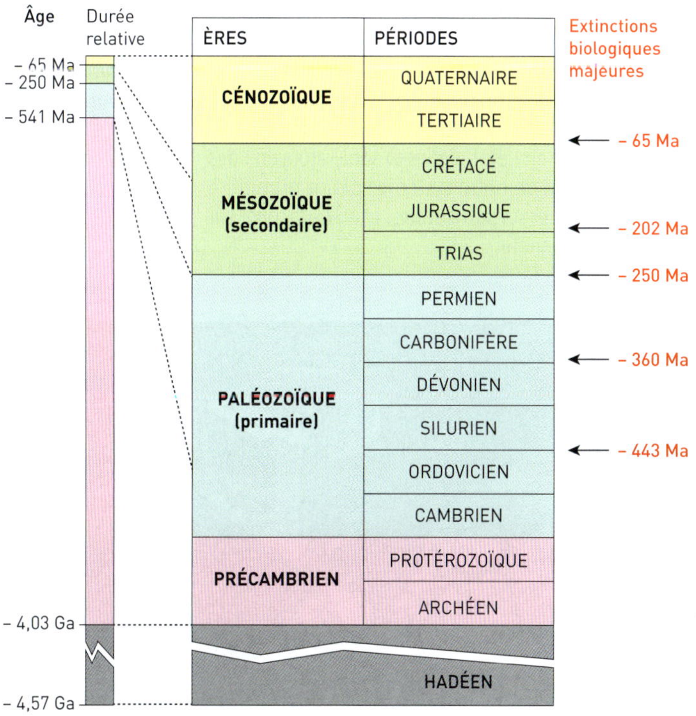

Les secrets des débuts de la Terre sont dans l'espace…

La comète n'est plus qu'à quelques kilomètres. Dans un instant la sonde Rosetta s'écrasera sur son sol. Fin de mission. Voilà deux ans qu'elle tourne autour de la Terre en engrangeant des données qu'elle retransmet à l'Agence spatiale européenne. Une moisson fabuleuse, qui traverse les 600 millions de kilomètres qui la séparent du centre de contrôle terrestre en une dizaine de minutes. De quoi occuper les chercheurs pendant des années…

La planète bleue, vue sur l'océan Pacifique

La chasse aux données ne fait que commencer… Au moment où meurt Rosetta, d'autres sondes sont en préparation ou déjà parties à la rencontre de croiseurs de l'espace, astéroïde ou comète, dont certaines, comme les sondes Hayabusa2 et OSIRIS Rex, ont pour mission de rapporter des échantillons de roche sur Terre.

L'intérêt des astrophysiciens pour ces objets qui traversent le système solaire s'explique aisément : astéroïdes et comètes sont nés en même temps que les planètes du système solaire, dans le disque de gaz et de poussière qui entoure le tout jeune Soleil. Dans cette nébuleuse, les particules se sont agglutinées entre elles formant des boules de matière. Certaines constitueront plus tard, en s'entrechoquant et en s'agrégeant entre elles, les planètes gazeuses et rocheuses que nous connaissons. Mais d'autres resteront en l'état. Celles-là sont, aux yeux des astronomes, les fossiles de notre système solaire primitif, à même de nous renseigner sur son histoire, et en particulier sur la naissance de notre planète.

L'origine de l'eau sur Terre est l'un des secrets que pourraient révéler ces corps célestes. Notre planète en était dépourvue à ses débuts. Dès lors, d'où proviennent les océans qui occupent les deux tiers de sa surface ? Une des théories les plus solides voudrait que l'essentiel de cette eau soit apportée par la pluie de météorites qui se sont écrasées sur la planète balbutiante âgée d'à peine vingt et quelques millions d'années.

Comme il n'y a plus aucune trace sur Terre de ce matériel primitif, puisqu'il a été remanié sans cesse depuis, il ne reste plus qu'à aller chercher les preuves dans l'espace. L'analyse de la composition de la comète Tchourioumov-Guerassimenko, visitée par Rosetta, puis de l'astéroïde Ryugu, mission de Hayabusa2, et Benou, objectif de la sonde OSIRIS Rex, fourniront sans doute un début de réponse.

Prélever de la poussière de comète n'est pas une mince affaire !

Dans le cas de la mission Rosetta, le petit robot Philae devait se charger non seulement de collecter de la matière mais de l'analyser sur place. Malheureusement, après avoir été largué par la sonde sur le sol de la comète, Philae n'a pas réussi à s'ancrer à l'endroit choisi et a rebondi deux fois avant de se retrouver bloqué sous un rocher, où ses panneaux solaires privés de lumière n'ont pas pu recharger ses batteries pour effectuer les opérations prévues. L'appareil n'a pu travailler que soixante heures, grâce à ses piles.

Le temps que l'océan devienne salé

Pendant longtemps, même les plus savants se sont appuyés sur les récits de la Bible pour avancer un âge de la Terre. À la Renaissance, sa date de naissance est établie à environ 4 000 ans av. J.-C. aussi bien par Johannes Kepler (qui a calculé le mouvement des planètes), que par Isaac Newton (qui a découvert la gravitation universelle). Puis, certains commencent à proposer des modes de calcul plus scientifiques. Edmond Halley en fait partie !

Dépôts de sel dans la mer Morte

En 1715, Edmond Halley est un savant accompli. Il passe de longues nuits à observer les comètes, a inventé un modèle de compas magnétique et même une cloche de plongée qui lui permet de rester plusieurs heures sous l'eau. Que ce touche-à tout de génie propose une méthode pour calculer l'âge de la Terre n'est donc pas surprenant.

Il part du constat suivant : si la mer est salée, c'est parce qu'elle reçoit en permanence des fleuves et rivières les sels provenant de l'érosion des roches. Puis, comme une partie de l'eau s'évapore, devient nuage, retombe sur le sol et chemine jusqu'à la mer en ramenant son lot de sels, l'océan se sale de plus en plus. À l'appui de cette thèse, les lacs qui ont un déversoir ne sont pas salés, mais le deviennent dès qu'ils sont isolés.

Edmond Halley

Ainsi, en mesurant la salinité des océans et l'apport annuel de sel par les fleuves, on pourrait déduire le temps qu'il a fallu pour saler l'eau de mer, suggère Halley. Mais il ne va pas plus loin et ne donne aucune estimation de cet âge qui correspondrait, selon lui, aux débuts de la Terre.

La méthode de calcul de Halley va néanmoins lui survivre et intéresser les scientifiques jusqu'au XXe siècle ! Plusieurs l'exploiteront pour aboutir à des estimations qui oscillent entre 25 et 100 millions d'années. Le dernier à avoir fait le calcul est George Becker en 1910 qui estime l'âge de la Terre à 50-70 millions d'années.

Il est évident aujourd'hui que le modèle de Halley est défectueux. Non seulement on ne peut pas décréter que l'eau des océans était douce au départ, mais on ne peut pas supposer que le débit des fleuves est resté toujours le même au cours des temps géologiques ! Et puis surtout, les pertes et les apports en sels des océans sont liés aussi aux climats et aux mouvements de la croûte terrestre.

La comète de Halley

Quand bien même la méthode d'Edmond Halley pour calculer l'âge de la Terre est fausse, ses calculs pour prévoir les passages de différentes comètes sont, eux, remarquablement justes. Il doit d'ailleurs sa renommée à ses travaux sur les comètes. En se servant d'anciennes observations et en appliquant les principes de Newton, il a calculé les orbites de vingt-quatre d'entre elles. Par ailleurs, il remarque que les comètes observées en 1531, 1607 et 1682 ont les mêmes caractéristiques et en conclut qu'il s'agit d'un même astre qui revient périodiquement tous les soixante-seize ans environ. Lorsque la comète réapparaît en 1758 comme prévu, Halley est mort depuis seize ans. Les astronomes, impressionnés, la baptisèrent de son nom.

Exo Version interactive Lienmini.fr/Ens-Sci1-18

Apprendre à apprendre

1 **Récapituler les éléments de controverse entre Kelvin et Darwin d'une part ; Kelvin et Rutherford d'autre part.**

2 **Expliquer comment la découverte de la radioactivité a permis de mettre fin à la controverse de l'âge de la Terre.**

3 1. **Choisir quelques exemples de fossiles (trilobites, dinosaures, nautiles, ammonites, etc.).**

2. **Préciser leur période d'existence, les replacer sur une échelle des temps géologiques et déterminer leur degré de pertinence pour la datation relative.**

4 **Fabriquer des cartes à jouer : un paquet pour les couples d'isotopes avec leur période de demi-vie et un paquet pour différents événements à dater (âge de la Terre, disparition des dinosaures, destruction de Pompéi par l'éruption du Vésuve, etc.). Les associer.** >Activité 3 Doc. 1

5 QCM L'âge de la Terre

Indiquer la ou les bonnes réponses.

La Terre s'est formée il y a :

1. $4{,}57 \times 10^6$ années.
2. $4{,}57 \times 10^9$ années.
3. 457×10^7 années.
4. 4 570 millions d'années.

6 Vrai-faux Controverses

Répondre par vrai ou faux aux affirmations et corriger celles qui sont fausses.

1. L'âge réel de la Terre n'a été connu qu'au milieu du XIXe siècle.
2. Les naturalistes, tels que Buffon ou Darwin, ont utilisé des méthodes permettant d'avoir un âge absolu de la Terre.
3. La datation de la Terre a pu être établie grâce à l'apport de plusieurs disciplines, dont les mathématiques.
4. Kelvin a pu débattre de l'âge de la Terre avec Darwin et Patterson.

7 Relier les termes Scientifiques

Associer chaque scientifique aux arguments principaux qui leur ont permis de donner un âge à la Terre.

Buffon •	• temps de refroidissement
Rutherford •	• stratigraphie
Kelvin •	• radioactivité
Darwin •	• évolution biologique

8 Vrai-faux Méthodes de datation

Répondre par vrai ou faux aux affirmations et corriger celles qui sont fausses.

1. La datation relative suffit à connaître l'âge précis de la Terre.
2. La datation absolue des météorites a permis de connaître plus précisément l'âge de la Terre.
3. La datation au ^{14}C permet de déterminer l'âge de la Terre.
4. L'étude du temps de refroidissement de la Terre est une méthode de datation relative.

9 QCM Datation relative

Indiquer la ou les bonne(s) réponse(s).

Les techniques de datation relative se basent sur :

1. la radiochronologie.
2. l'étude des sédiments.
3. l'étude des fossiles.
4. le temps de refroidissements des roches.

10 QCM Méthode de datation absolue

Indiquer la ou les bonne(s) réponse(s).

La radiochronologie :

1. se base sur l'étude de l'apparition/de la disparition de fossiles.
2. peut être appliquée aux météorites.
3. prend en compte les quantités d'isotopes d'un échantillon.
4. Peut être utilisée pour n'importe quelle roche.

Voir corrigés à la fin du manuel, p. 254

Documents historiques et âge de la Terre

11 L'âge de la Terre selon Buffon

« Bien loin d'avoir augmenté sans nécessité la durée du temps, je l'ai peut-être beaucoup trop raccourcie. [...] Pourquoi cent mille ans sont-ils plus difficiles à concevoir [...] ? Le seul moyen est de diviser en plusieurs parties ces longues périodes de temps (...), se faire des aperçus sur le nombre des siècles qu'il a fallu pour produire tous les animaux à coquilles dont la terre est remplie ; ensuite sur le nombre encore plus grand des siècles qui se sont écoulés pour le transport et le dépôt de ces coquilles et de leurs détriments ; enfin sur le nombre des autres siècles subséquents, nécessaires à la pétrification et au desséchement de ces matières, et dès-lors on sentira que cette énorme durée de soixante-quinze mille ans, que j'ai comptée depuis la formation de la Terre jusqu'à son état actuel, n'est pas encore assez étendue pour tous les grands ouvrages de la Nature, dont la construction nous démontre qu'ils n'ont pu se faire que par une succession lente de mouvements réglés et constants. »

Des époques de la Nature, Buffon

Falaises calcaire d'Étretat, en Normandie

1. Expliquer sur quels arguments Buffon envisageait en réalité un âge beaucoup plus grand pour la Terre.
2. Proposer une hypothèse pour expliquer pourquoi ce texte n'a pas été publié de son vivant.

12 Kelvin et les profondeurs de la Terre

En partant de l'hypothèse que l'intérieur de la Terre est homogène et rigide, Kelvin écrit :

« Le fait que la température de la Terre augmente avec la profondeur sous la surface implique une perte continue de chaleur de l'intérieur par conduction vers l'extérieur, à travers ou dans la croûte supérieure. Puisque la croûte supérieure ne devient pas plus chaude d'année en année, il doit donc y avoir une perte de chaleur séculaire de la Terre entière... Mais il est certain que la Terre devient de plus en plus froide d'âge en âge... »

On the Secular Cooling of the Earth, Lord Kelvin, 1862

En effet, en appliquant l'équation de la chaleur de Fourier et en considérant uniquement la conduction thermique, il estime l'âge de la Terre entre 20 et 400 millions d'années. Cependant, en 1895, son assistant John Perry suppose que la chaleur interne de la Terre peut également être dissipée par convection. Ce phénomène implique un déplacement de matière et donc une uniformisation de la température en profondeur ce qui conduit à une sous-estimation de l'âge de la Terre, qui peut alors atteindre plusieurs milliards d'années. Kelvin rejette cette idée.

1. Newton a admis un âge de la Terre d'environ 4 000 ans. Sur quel texte se base cette datation ?
2. En quoi la méthode de datation de Buffon, puis de Kelvin constituent-elles une approche totalement différente de celle de Newton ?
3. Expliquer sur quel principe repose la datation de la Terre par Buffon et Kelvin.
4. L'assistant de Lord Kelvin prend en compte un phénomène supplémentaire de l'âge de la Terre. Pourquoi sa contestation des conclusions de Kelvin semble fondée ? Quelle découverte permettra de confirmer l'intuition de Perry ?

Théories et controverses

13 Rutherford vs. Kelvin

En 1904, Ernest Rutherford affirme que la désintégration des éléments radioactifs piégés à l'intérieur de la Terre dégage continuellement de grandes quantités de chaleur. Il expose ses conclusions lors d'une conférence à la Royale Institution de Londres :

« J'entrai dans la pièce, qui était plongée dans la pénombre et remarquai bientôt Lord Kelvin dans l'assistance ; je me rendis compte que j'allais avoir quelques difficultés avec la dernière partie de mon intervention concernant l'âge de la Terre, où mes vues étaient en contradiction avec les siennes [...]. Je déclarai que Lord Kelvin avait limité l'âge de la Terre à condition qu'aucune source nouvelle d'énergie ne soit découverte. Cette formulation prophétique désigne justement ce que nous examinons ce soir, le radium ! »

La Recherche HS, n° 24, décembre 2017-janvier 2018

• Expliquer, en s'appuyant sur les éléments apportés par l'activité 1, pourquoi les arguments d'Ernest Rutherford sont en contradiction avec ceux de Lord Kelvin. > Activité 1, p.156-157

14 Caricature

La caricature de Darwin qui suit a été réalisée par un artiste inconnu en 1871.

1. Émettre une hypothèse sur l'identité du personnage éclipsant Darwin. > Essentiel, p.162-163
2. Interpréter la caricature en se référant aux théories impliquées dans la controverse.

Différentes méthodes de datation

15 Nouvel âge pour l'espèce humaine !

Le site de Jebel Irhoud au Maroc, exploité depuis 1961, a permis d'exhumer un grand nombre d'outils et de restes humains appartenant à plusieurs individus *Homo sapiens* dont l'âge était alors estimé à -40 000 ans. En 2017, de nouvelles fouilles et datations ont permis d'actualiser cet âge : autour de 315 000 ans (± 34 000 ans) alors que jusque-là, les fossiles les plus anciens avaient 200 000 ans !

Dans les sites de cet âge, la datation par carbone 14 ne peut pas être utilisée. Une autre méthode a été employée : la thermoluminescence. Cette datation se fonde sur celle des silex brûlés utilisés par les individus de l'époque : quand le silex $(SiO_2)_n$ est enfoui dans des sédiments (qui ont une radioactivité naturelle), il emmagasine au fil du temps de l'énergie issue de cette radioactivité. Ainsi, lorsqu'on chauffe ce morceau de silex, cette énergie est libérée sous forme de lumière. En mesurant la radioactivité locale des sédiments, en réchauffant le morceau de silex et en mesurant la quantité de lumière émise, on peut calculer son âge.

1. Justifier le fait que la datation au carbone 14 ($t_{½}$ = 5 730 a) ne peut pas être utilisée.
2. Expliquer en quoi la thermoluminescence est une méthode de datation absolue.
3. Comparer l'âge de la Terre à l'âge de ces restes humains.

16 Une histoire géologique de la Provence

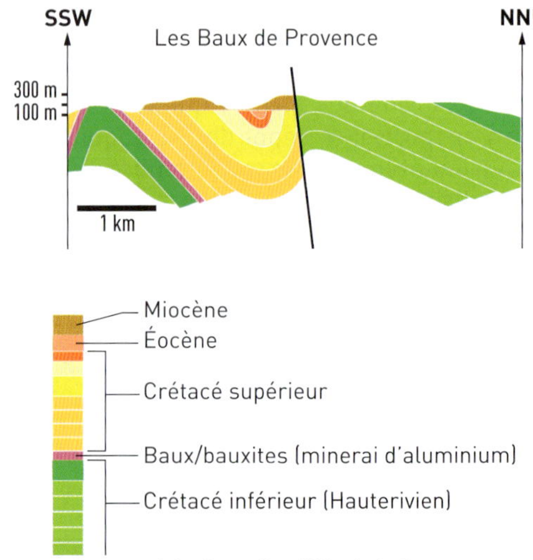

Coupe géologique simplifiée de la Provence

1. Déterminer, en justifiant, l'âge des couches des plus anciennes et des bauxites.
2. Préciser sur quels principes de la datation relative s'appuient les réponses.
3. Classer par ordre d'apparition les événements suivants : faille, phase de plissement, dépôt des roches.

17 Datation des roches lunaires

Lors de la mission Apollo 15, les roches lunaires (magmatiques) rapportées ont été analysées à l'aide de la méthode Samarium(Sm)/Néodyme(Nd), dont le principe est le même que celui de la datation Rubidium(Rb)/Strontium(Sr).

Voici les rapport isotopiques obtenus :

Échantillon	$^{143}Nd/^{144}Nd$	$^{147}Sm/^{144}Nd$
1	0,512 12	0,171 5
2	0,512 95	0,207 5
3	0,513 38	0,228 1

1. En utilisant les données de l'activité 3, déterminer l'âge de cet échantillon à partir de la courbe $^{143}Nd/^{144}Nd = f(^{147}Sm/^{144}Nd)$. > Activité 3, p.160-161
2. Comparer cet âge à celui de la Terre.
3. Émettre une (ou des) hypothèse(s) pour expliquer cet âge.

Vers le BAC

18 Datation d'un granite breton

Calculer — 20 min.

Au cours de son histoire, la Terre a connu plusieurs épisodes de formation des chaînes de montagnes. Le massif armoricain (Bretagne) en est un vestige. La méthode rubidium (Rb) – strontium (Sr) permet de déterminer l'âge d'un granite de ce massif. Grâce au spectromètre de masse, on mesure les quantités d'atomes de ^{87}Rb, ^{87}Sr et ^{86}Sr de différents minéraux de granite.

Échantillons	Rapport isotopique $^{87}Rb/^{86}Sr$	Rapport isotopique $^{87}Sr/^{86}Sr$
Mica 1	12,98	0,783
Mica 2	8,63	0,761
Feldspath	0,14	0,722

1. Expliquer en quoi l'étude des rapports isotopiques des minéraux permet de dater la mise en place du massif armoricain.
2. Tracer la courbe de $^{87}Sr/^{86}Sr = f(^{87}Rb/^{86}Sr)$.

Indications
On choisira 0,5 cm pour une unité en abscisse.
En ordonnée l'origine commence à 0,71, et 1 cm = 0,01 unité.

3. Déterminer le coefficient directeur de la droite.
4. Grâce à la constante radioactive λ du couple Rb/Sr ainsi qu'à la pente de la droite isochrone, on obtient les estimations ci-dessous. En déduire l'âge de ce granite et comparer à celui de la Terre.

Valeur de la pente	0,005 2	0,004 7	0,004 0	0,003 5
Âge correspondant (en années)	365 248 358	330 210 527	281 128 258	246 048 539

19 Déterminer l'âge d'un fossile par datations

Analyser — 25 min.

En 1974, dans la région de l'Afar en Ethiopie, de nombreux fragments d'un même squelette (alors nommé « Lucy ») sont découverts. Plusieurs techniques ont été nécessaires pour déterminer son âge.

Doc. 1 Extrait stratigraphique simplifié de la région de l'Afar

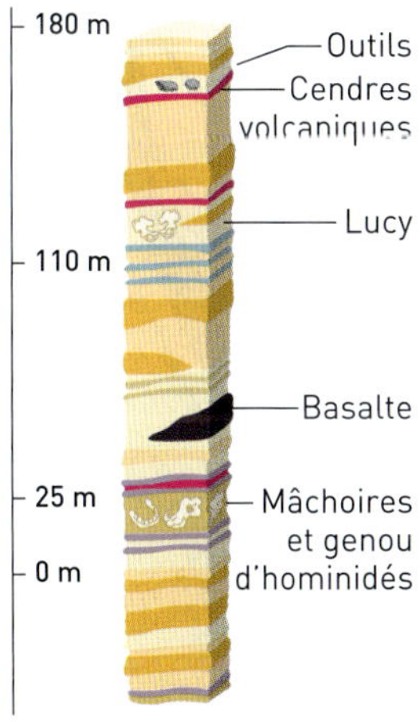

Doc. 2 Quelques éléments de techniques de radiochronologie

Radioéléments utilisés	$^{14}C \rightarrow {}^{14}N$	$^{40}Ar \rightarrow {}^{40}K$
Période de demi-vie (en années)	5 730	$1{,}25 \times 10^9$
Type de matériel analysé	Matière organique fossile (os, bois, etc.)	Minéraux d'une roche magmatique (feldspaths, micas, etc.)
Âge limite théorique d'investigation (en années)	57 300	$12{,}5 \times 10^9$

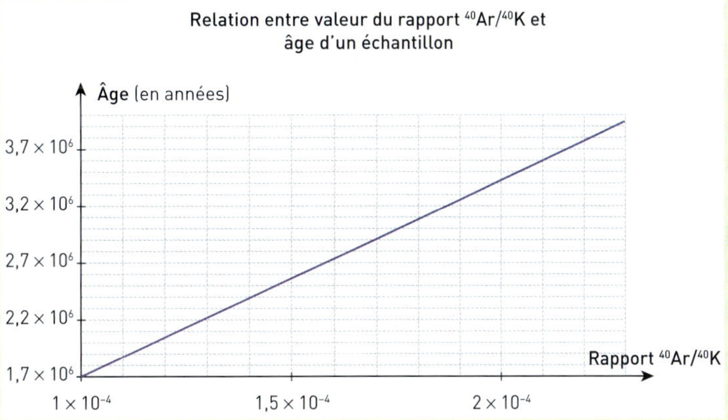

Doc. 3 Mesurer les rapports isotopiques de deux échantillons

Nature des échantillons	Rapport $^{40}Ar/^{40}K$
Cendres volcaniques	$1{,}7 \times 10^{-4}$
Coulée de basalte	$2{,}1 \times 10^{-4}$

En explicitant les méthodes utilisées, déterminer le plus précisément possible l'âge de Lucy et le situer sur un axe ayant pour origine l'âge de la Terre (4,57 milliards d'années).

10 La Terre dans l'Univers

Joannes Janssonius, *Atlas céleste ou Harmonie de l'Univers*, 1660. Gravure extraite de *Atlas colestis seu harmonia macrocosmia* représentant les systèmes de Ptolémée et Tycho Brahe, Amsterdam.

Chaque jour, le Soleil se lève vers l'Est et se couche vers l'Ouest. Peut-on dire qu'il tourne autour de la Terre ?

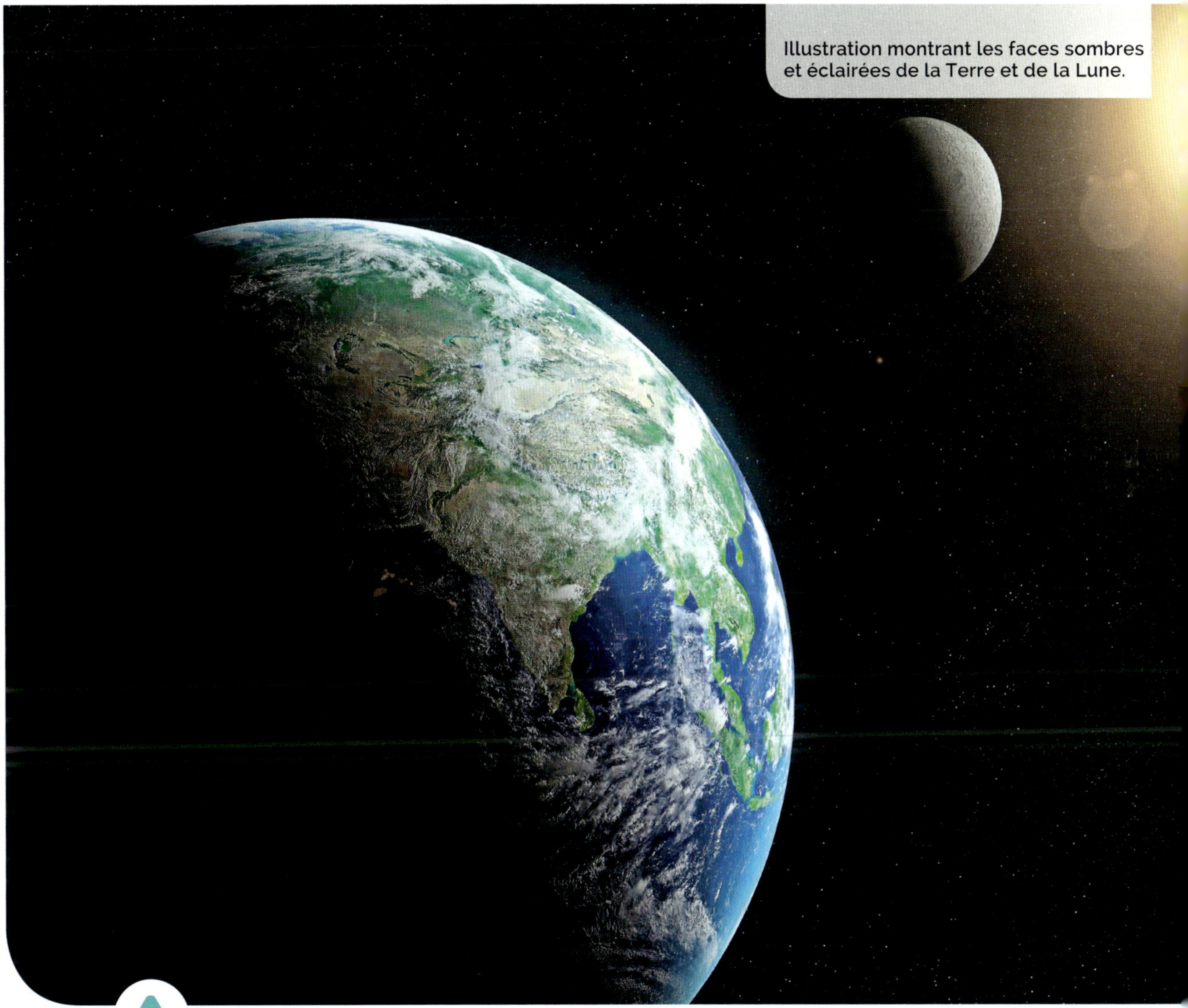

Illustration montrant les faces sombres et éclairées de la Terre et de la Lune.

Notre unique satellite naturel, la Lune, change d'aspect de jour en jour. Comment l'expliquer ?

Attendus du programme	Activités	Parcours d'exercices
Interpréter les arguments sur les théories géocentriques et héliocentriques	1 2 3	5 6 11 12 22
Comprendre les référentiels terrestre, géocentrique et héliocentrique	4	4 13 14
Décrire les mouvements de la Terre et de la Lune	2 3	1 2 7 15 16 21
Interpréter les différents aspects de la Lune	4 5	3 8 9 10 17 18 19 20

Activité ouverte

Objectif général de formation
Comprendre la nature du savoir scientifique et ses méthodes d'élaboration

1 Géocentrique ou héliocentrique : deux conceptions du monde

Au IIe siècle ap. J.-C., Claude Ptolémée élabore un système complexe dans lequel il place la Terre au centre de l'Univers. En 1543, Nicolas Copernic place le Soleil au centre du monde mais présente sa théorie comme une simple hypothèse mathématique.

Plus tard, des partisans de la théorie de Copernic sont condamnés par l'Inquisition : Giordano Bruno est brûlé vif en 1600 et Galilée assigné à résidence en 1633.

Joseph-Nicolas Robert-Fleury, *Galilée devant le Saint-Office au Vatican*, 1847, Musée du Louvre, Paris

Consigne

Construire une argumentation pour discuter de la validité du système de Ptolémée.

Doc. 1 Deux systèmes du monde

Le système géocentrique de Ptolémée permettait de prévoir les positions des astres dans le ciel. Dans ce système, la sphère des étoiles fixes tourne en 24 h et les planètes sont suspendues à des sphères de cristal dont le centre tourne autour de la Terre. La perfection règne dans le monde des cieux : les mouvements sont circulaires uniformes, les formes sont des sphères parfaites et le ciel est immuable, c'est-à-dire qu'aucun astre ne peut apparaître ou disparaître.

Au XVIe siècle, Copernic propose un autre système du monde, centré sur le Soleil : cette conception est héliocentrique.
La Terre devient une planète parmi les autres qui tourne sur elle-même et autour du Soleil. Seule la Lune tourne encore autour de la Terre. Il imagine toujours l'Univers limité par une voûte sur laquelle sont fixées les étoiles et qui ne tourne pas.

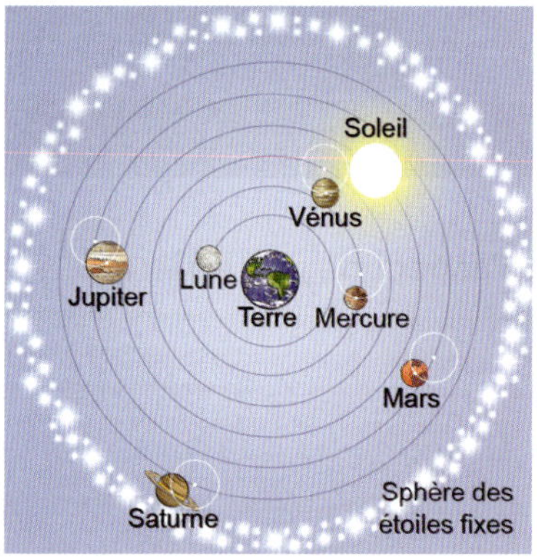

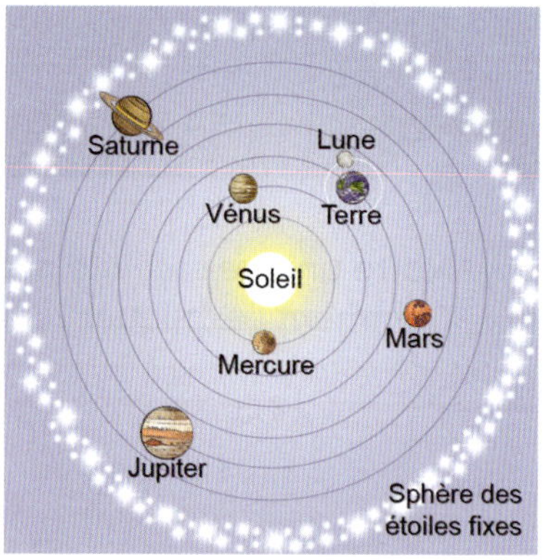

Doc. 2 Des évènements qui interrogent les astronomes

À partir de 1570, Tycho Brahe réalise des mesures astronomiques à l'œil nu depuis son observatoire de l'île de Hveen.
Deux événements astronomiques le font douter du système de Ptolémée même s'il n'abandonne pas l'idée d'une Terre fixe au centre de l'Univers.

> En 1572, une « nouvelle étoile » semble apparaître dans la constellation de Cassiopée pour disparaître dix-huit mois plus tard (il s'agit d'une supernova). Grâce à ses instruments de mesure, Tycho Brahe comprend que ce phénomène a lieu au-delà de la Lune (monde supralunaire), là où le ciel est censé être immuable.

> En 1577, il observe une comète qui serait également située dans le monde supralunaire. Il ne s'agit donc pas d'un phénomène météorologique.

Uraniborg, l'observatoire de Tycho Brahe

Doc. 3 Un nouvel instrument pour observer le ciel : la lunette

Après avoir perfectionné la lunette, Galilée réalise en 1610 plusieurs observations astronomiques qui mettent à mal le système de Ptolémée et l'amènent à défendre celui de Copernic.

> **Observations de la Lune** Les différentes teintes visibles à la surface de la Lune se dévoilent à travers la lunette de Galilée. Il s'agit en réalité de cratères, de montagnes. Le relief sur la Lune ressemble plus au relief sur Terre qu'à celui d'une sphère parfaite.

> **Observation de Jupiter** Quatre points lumineux apparaissent de part et d'autre de Jupiter. Nuit après nuit, ces quatre points semblent tourner autour de la planète. Ce sont des satellites qui ne tournent pas directement autour de la Terre et qui suivent Jupiter à distance dans le ciel.

> **Observation des phases de Vénus** À l'œil nu, l'éclat de Vénus semble varier mais, à la lunette, Vénus présente des phases, tout comme la Lune. Et certaines de ses phases laissent penser que Vénus passe derrière le Soleil, puisque Galilée observe parfois plus de la moitié éclairée.

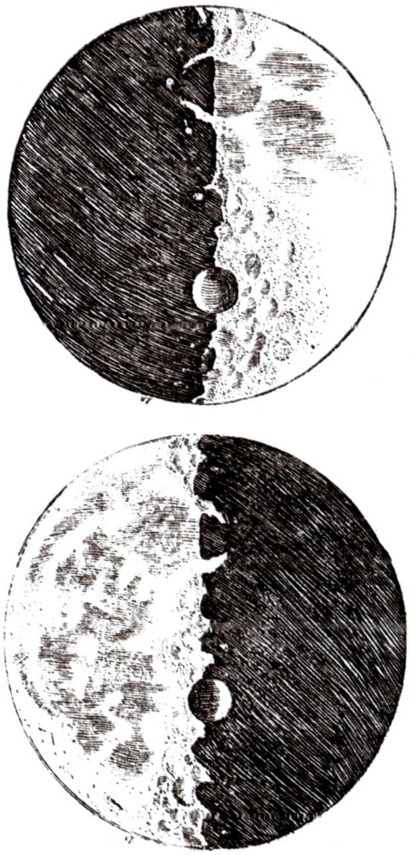

Galilée, *Représentation de la Lune*, planche tirée de *Sidereus nuncius*, 1610

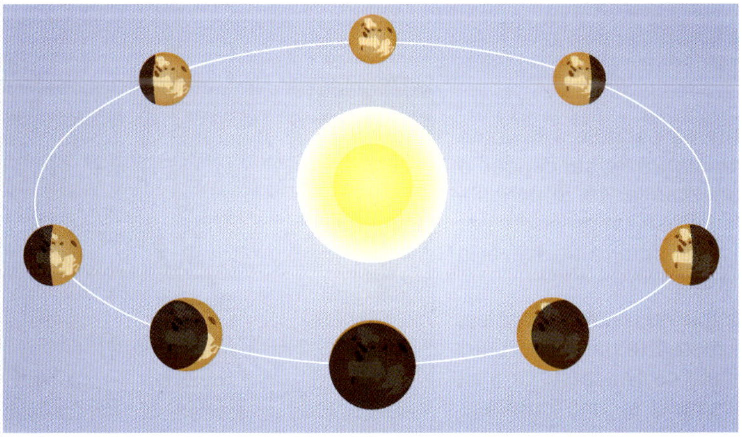

Phases de Vénus dans le sytème héliocentrique

Coups de pouce

1 Expliquer le mouvement apparent des étoiles au cours d'une nuit dans chacune des deux conceptions.

2 Recenser d'une part les observations qui remettent en cause l'immuabilité du ciel et, d'autre part, celles qui remettent en cause l'existence de sphères de cristal pour soutenir les planètes.

3 Représenter les phases de Vénus dans le système de Ptolémée (Vénus étant située entre le Soleil et la Terre).

4 Discuter l'argument selon lequel la Terre perdrait la Lune si elle se déplaçait.

Vocabulaire

Géocentrisme Conception du monde selon laquelle la Terre est immobile, au centre de l'Univers. Les autres planètes effectuent des rotations parfaites autour de la Terre. Il faut distinguer le système géocentrique du référentiel géocentrique, qui est lié à un point de vue.

Monde supralunaire Monde situé au-delà de la Lune dans lequel sont imaginés des formes et mouvements parfaits, par opposition au monde sublunaire.

Comète Petit astre constitué de glace et de poussières ayant une trajectoire elliptique autour du Soleil.

Activité documentaire

Objectif général de formation
Comprendre la nature du savoir scientifique et ses méthodes d'élaboration

2 La rotation de la Terre sur elle-même

L'alternance jour et nuit se produit en près de 24 h. Cependant, cette observation ne permet pas de conclure clairement sur le mouvement de rotation de la Terre.
Objectif Justifier le mouvement de rotation de la Terre sur elle-même.

Doc. 1 Effet filé

L'existence d'un mouvement relatif de rotation de la Terre et des étoiles, ou « mouvement diurne », peut être mis en évidence en observant le ciel étoilé pendant une nuit entière.
On vise le ciel de nuit, dans l'hémisphère Nord, avec un appareil photo que l'on fixe. On laisse un temps de pose important, c'est-à-dire que la lumière imprime sur le capteur de l'appareil photo durant un temps long. L'image est un filé d'étoiles (argentique ici).

Filé d'étoiles en argentique : 4 heures de pose au 35 mm sur diapo 64 ASA

Doc. 2 Pendule de Foucault

En 1851, Léon Foucault attache un énorme pendule à la voûte du Panthéon, à Paris : une sphère en laiton de 28 kg suspendue à un fil d'acier d'une longueur de 67 m ! Une fois lancé, le pendule a un comportement remarquable : son plan d'oscillation pivote par rapport au sol au fil des heures. Cette observation est due à la rotation de la Terre autour de son propre axe.

Ce phénomène trouve une explication simple au niveau des pôles. Aux pôles, le plan d'oscillation du pendule reste fixe par rapport aux étoiles, donc la Terre tourne sous le pendule de Foucault. Le plan d'oscillation du pendule pivote d'un tour complet en une journée.

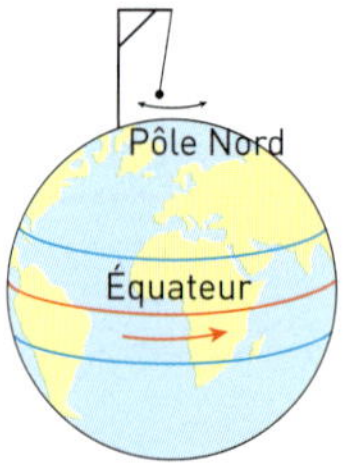

Pendule de Foucault placé au Pôle Nord

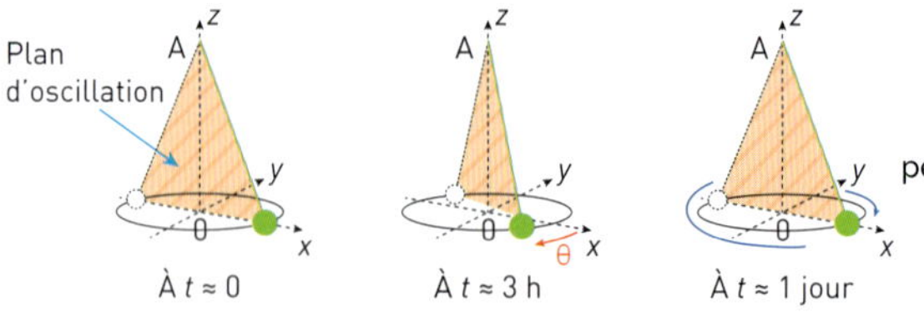

Rotation du plan d'oscillation d'un pendule au Pôle Nord

Guide de travail

1 Expliquer comment l'observation de l'effet filé justifie le mouvement relatif de la Terre et des étoiles (doc. 1).

2 Déterminer l'angle (noté θ sur la figure du doc. 2) entre les plans d'oscillations des instants $t = 0$ et $t = 3$ h que ferait le pendule de Foucault placé au pôle Nord.

3 Déterminer le nombre d'oscillations entre ces deux instants pour un pendule identique à celui de Foucault, sachant que la période d'un pendule simple est donnée par la formule $T = 2\pi\sqrt{\frac{l}{g}}$ ($g = 9{,}8\ N \cdot kg^{-1}$) (doc. 2).

Synthèse Parmi les conséquences observables de la rotation de la Terre, distinguer celle(s) qui est/sont une réelle preuve et celle(s) qui pourrai(en)t toutefois être expliquée(s) si la Terre était fixe.

Vocabulaire

Rotation Mouvement d'un corps qui tourne sur lui-même.
Mouvement relatif Mouvement d'un corps considéré par rapport à un autre référentiel.

Objectif général de formation
Comprendre la nature du savoir scientifique et ses méthodes d'élaboration

3 La révolution de la Terre autour du Soleil

Selon les résultats d'une enquête menée par la Fondation nationale des sciences en 2014, 26 % des Américains ne savent pas que la Terre tourne autour du Soleil.
Objectif Justifier le mouvement de la Terre autour du Soleil.

Doc. 1 Saisons au fil de l'année

- L'existence d'un mouvement relatif de révolution de la Terre et du Soleil, ou « mouvement annuel », peut être mis en évidence en observant le rythme des saisons.
L'éloignement plus ou moins important de la Terre (trajectoire elliptique) par rapport au Soleil ne permet pas d'expliquer les saisons.
- La Terre tourne autour de son axe en une journée. Cet axe de rotation n'est pas parfaitement perpendiculaire à la droite passant par la Terre et le Soleil : il est incliné. En conséquence, selon la position de la Terre sur son orbite, les rayons du Soleil arrivent sur la surface terrestre avec une inclinaison différente. Cette inclinaison, va créer les saisons.

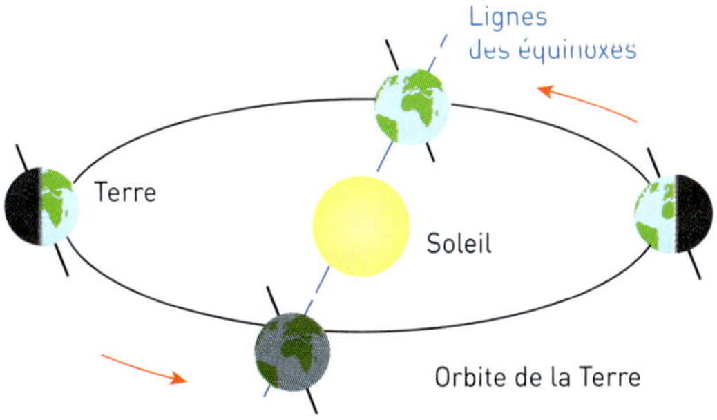

Révolution de la Terre autour du Soleil

Doc. 2 Déplacement des étoiles

- En 1838, Friedrich Bessel, observe la position d'une étoile relativement proche de la Terre par rapport à celles qui l'entourent. Il parvient à déterminer la distance de cette étoile par rapport à la Terre. Il constate, qu'au cours d'une année, l'étoile décrit une petite ellipse. Étant donné que la trajectoire apparente de cette étoile est périodique, il en déduit que la Terre tourne autour du Soleil.
- En observant d'autres étoiles relativement proches de la Terre et en appliquant la même méthode, les distances à la Terre mesurées sont différentes. Elles décrivent cependant toutes des ellipses de façon périodique. Ces ellipses ont des tailles différentes. L'ensemble de ces trajectoires ne peut se justifier que si la Terre tourne autour du Soleil.

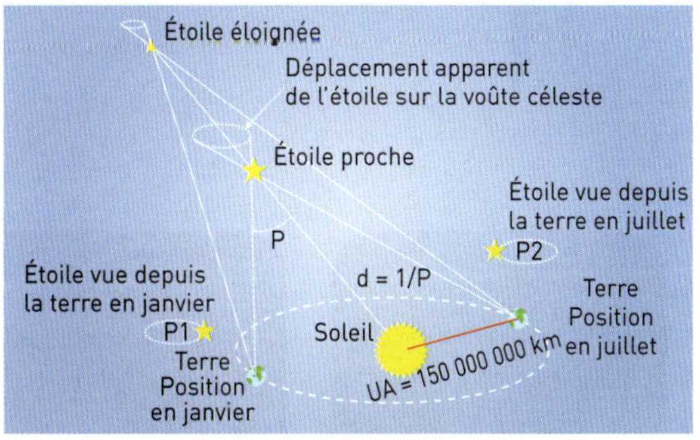

Mesure de la parallaxe d'une étoile

Guide de travail

1 Préciser pour chaque position de la Terre la saison correspondante en France métropolitaine (doc. 1).

2 Expliquer comment l'observation des saisons justifie le mouvement relatif de la Terre et du Soleil (doc. 1).

3 Expliquer comment varie la distance d'une étoile à la Terre en fonction de l'angle P indiqué sur le schéma du doc. 2.

4 Discuter, au regard des distances mesurées, l'idée d'une voûte sur laquelle les étoiles seraient fixées (doc. 2).

Synthèse Parmi les conséquences observables de la révolution de la Terre autour du Soleil, distinguer celle(s) qui est/sont une réelle preuve et celle(s) qui pourrai(en)t néanmoins être expliquée(s) si la Terre était fixe.

Vocabulaire

Mouvement de révolution Mouvement périodique d'un corps tournant autour d'un autre corps.

Objectif général de formation
Comprendre la nature du savoir scientifique et ses méthodes d'élaboration

4 Des ombres et des Lunes

Les romains l'appelaient *luna*, phare de l'humanité. La Lune a permis à l'Homme de se repérer et aux premiers agriculteurs de mesurer le temps.
Objectif Comprendre les phases de la Lune à partir de la position de la Lune par rapport à la Terre et au Soleil.

Doc. 1 Ombres et lumières

- Les parties éclairées de la Lune, appelées « phases de la Lune », étant simples à observer, elles ont fourni un moyen commode pour mesurer le temps. Les lunaisons étaient utilisées pour compter les durées supérieures à quelques jours. Ainsi, une semaine correspond approximativement à un quart de lunaison et un mois à une lunaison. Les différentes phases de la Lune présentent l'avantage de savoir à quelle étape du cycle se trouve le satellite par la simple observation des phases de Lune.
- En fonction de sa position par rapport à la Terre et au Soleil, la partie éclairée de la Lune est plus ou moins visible depuis la Terre. La durée entre deux nouvelles Lunes, appelée lunaison, correspond à 29,5 jours.

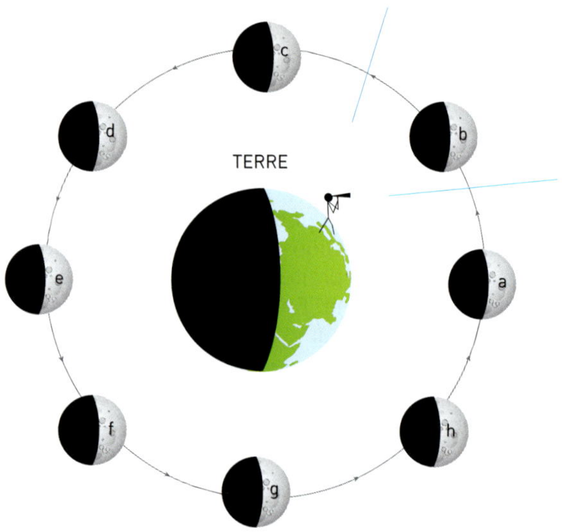

Phases de la Lune et positions dans le référentiel géocentrique

a Nouvelle Lune

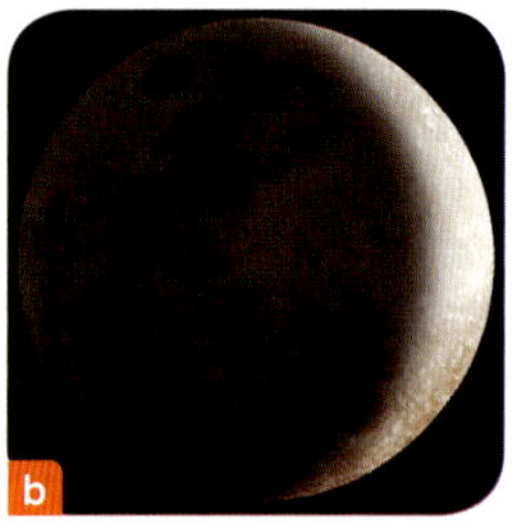
b Premier croissant

c Premier quartier

d Gibbeuse croissante

e Pleine Lune

f Gibbeuse décroissante

g Dernier quartier

h Dernier croissant

Doc. 2 Les mouvements de la Lune

▶ La Lune met autant de temps pour tourner sur elle-même que pour faire le tour de la Terre en 27,3 jours. De fait, elle présente toujours le même hémisphère nommé « face visible de la Lune » : c'est la rotation synchrone de la Lune.

▶ Pendant que la Terre tourne sur elle-même, la Lune avance sur son orbite autour de la Terre. La Lune ne se retrouve pas dans la même portion du ciel d'un jour à l'autre, à la même heure, comme le Soleil, mais décalée de deux mains vers la gauche.

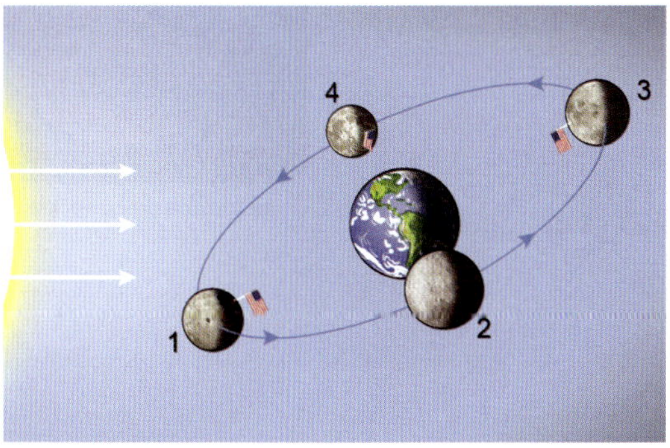

Doc. 3 Le calendrier lunaire

▶ Le calendrier lunaire est un ouvrage consacré à la Lune et à ses différentes influences. Principalement axé sur le jardinage, il permet de semer, planter, récolter en fonction des différents cycles lunaires.

2020	1	2	3	4	5	6	7	8	9	10	11	12	13	14	15	16	17	18	19	20	21	22	23	24	25	26	27	28	29	30	31
JANVIER	M	J	◑	S	D	L	M	M	J	●	S	D	L	M	M	J	◐	S	D	L	M	M	J	○	S	D	L	M	M	J	V
FÉVRIER	S	◑	L	M	M	J	V	S	●	L	M	M	J	V	◐	D	L	M	M	J	V	S	○	L	M	M	J	V	S		
MARS	D	◑	M	M	J	V	S	D	●	M	M	J	V	S	D	◐	M	M	J	V	S	D	L	○	M	J	V	S	D	L	M
AVRIL	◑	J	V	S	D	L	M	●	J	V	S	D	L	◐	M	J	V	S	D	L	M	M	○	V	S	D	L	M	M	◑	
MAI	V	S	D	L	M	M	●	V	S	D	L	M	M	◐	V	S	D	L	M	M	J	○	S	D	L	M	M	J	V	◑	D
JUIN	L	M	M	J	●	S	D	L	M	M	J	V	◐	D	L	M	M	J	V	S	○	L	M	M	J	V	S	◑	L	M	
JUILLET	M	J	V	S	●	L	M	M	J	V	S	◐	L	M	M	J	V	S	D	○	M	M	J	V	S	D	◑	M	M	J	V
AOÛT	S	D	●	M	M	J	V	S	D	L	◐	M	J	V	S	D	L	M	○	J	V	S	D	L	◑	M	J	V	S	D	L
SEPTEMBRE	M	●	J	V	S	D	L	M	M	◐	V	S	D	L	M	M	○	V	S	D	L	M	M	◑	V	S	D	L	M	M	
OCTOBRE	●	V	S	D	L	M	M	J	V	◐	D	L	M	M	J	○	S	D	L	M	M	J	◑	S	D	L	M	M	J	V	●
NOVEMBRE	D	L	M	M	J	V	S	◐	L	M	M	J	V	S	○	L	M	M	J	V	S	◑	L	M	M	J	V	S	D	●	
DÉCEMBRE	M	M	J	V	S	D	L	◐	M	J	V	S	D	○	M	M	J	V	S	D	◑	M	M	J	V	S	D	L	M	●	J

○ NOUVELLE LUNE ◑ PREMIER QUARTIER ● PLEINE LUNE ◐ DERNIER QUARTIER

Guide de travail

1 Expliquer pourquoi la même face de la Lune est observable pour chacune de ses phases (docs. 1 et 2).

2 Nommer et définir le référentiel dans lequel on observe la Lune se déplacer de deux mains vers la gauche, nuit après nuit (doc. 2).

3 Expliquer pourquoi, au cours d'une nuit, nous pouvons considérer la Lune presque immobile dans ce référentiel (doc. 2).

4 Retrouver la valeur d'une lunaison à partir du calendrier lunaire (doc. 3).

5 Rappeler à l'aide des docs. 1 et 2 ce que l'on appelle « les phases de la Lune ».

6 Indiquer la position que doit avoir l'observateur pour qu'il voie la moitié gauche de la Lune éclairée (docs. 1).

Synthèse En décrivant le mouvement de la Lune et de la Terre dans le référentiel géocentrique, expliquer à l'aide de schémas comment la Lune change de phase de jour en jour.

Vocabulaire

Période Durée mise pour parcourir une trajectoire qui se répète.

Activité ouverte

Objectif général de formation
Comprendre la nature du savoir scientifique et ses méthodes d'élaboration

5 Éclipses de Soleil et de Lune

Une éclipse est l'occultation d'un corps céleste par un autre. La Terre est concernée par deux sortes d'éclipses : celles de la Lune et celles du Soleil. Pendant longtemps, les éclipses ont été « perçues comme de mauvais présages ».

Exemple de Lune rouge

Consigne

Expliquer l'aspect de la Lune lors des éclipses de Soleil et de Lune.

Doc. 1 Conditions d'une éclipse de Soleil

- On pourrait croire que la Lune traverse l'axe Soleil-Terre deux fois par mois et qu'il se produit chaque fois des éclipses. Ce n'est pas le cas. L'orbite de la Lune est légèrement incliné par rapport au plan qui passe par l'orbite de la Terre et le centre du Soleil.
- Pour que l'ombre de la Lune tombe exactement sur la Terre lors de la Nouvelle Lune, il faut que cette dernière se place exactement dans l'axe Soleil-Terre. Elle est alors sur un nœud lunaire tel que : le Soleil, la Lune et la Terre sont alignés dans cet ordre.
Cet alignement se produit toutes les six lunaisons. Il y a donc, chaque année, un minimum de deux éclipses de Soleil dans le monde.

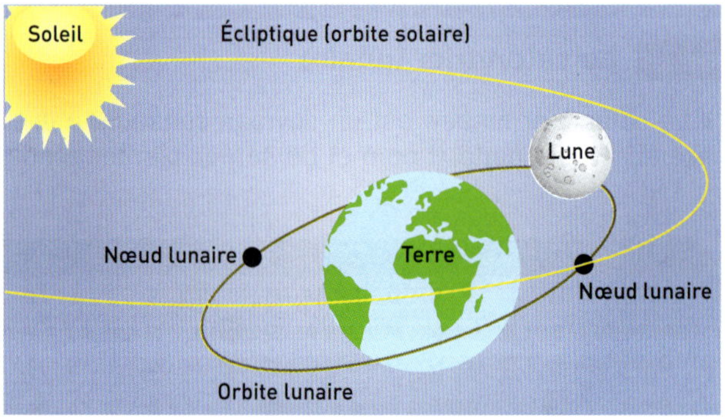

Orbite de la Lune autour du Soleil

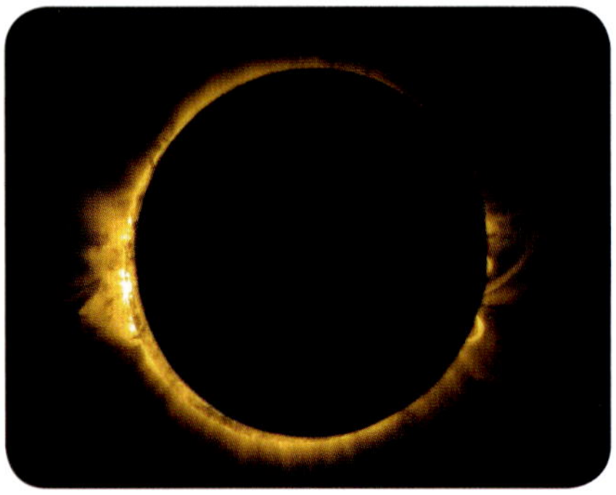
Une éclipse de Soleil
Il ne faut pas manquer ce phénomène qui ne dure que trois minutes environ. Il n'est visible que si l'on se trouve dans l'ombre portée de la Lune qui a un diamètre d'environ 268 km. En dehors de cette zone, seule une éclipse partielle sera visible, ou aucune éclipse.

La visibilité d'une éclipse au Canada en 2017

Doc. 2 Soleil-Lune-Terre lors d'une éclipse de Lune

- Une éclipse de Lune se produit deux semaines avant et/ou après une éclipse de Soleil. Le Soleil, la Terre et la Lune sont alignés dans cet ordre.
Il existe en réalité deux éclipses de Lune. Comme pour la Lune, la Terre traîne avec elle son ombre, constituée d'une zone de pénombre et d'une zone d'ombre.
- On parle d'éclipse de Lune totale quand elle passe entièrement dans la zone d'ombre de la Terre.
Cette fois-ci, elle n'est pas occultée au sens propre mais prend, pendant une heure et quarante-cinq minutes, la couleur rougeâtre du Soleil levant. La lumière blanche du Soleil est dispersée par l'atmosphère terrestre comme par un prisme et les radiations rouges-orangé frappent la Lune.

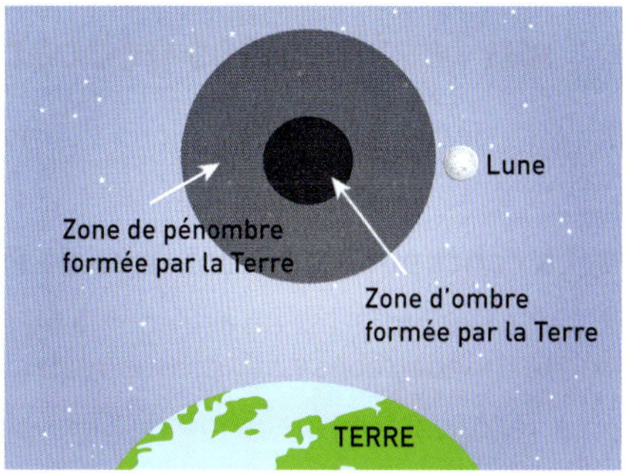

Doc. 3 Ombre et pénombre

- La propagation rectiligne de la lumière et la modélisation de la lumière permettent d'expliquer la construction des ombres portées et pénombres. Ainsi, aucune lumière de la source n'arrive dans la zone d'ombre ou sur l'ombre portée, et la lumière arrive partiellement dans la zone de pénombre.

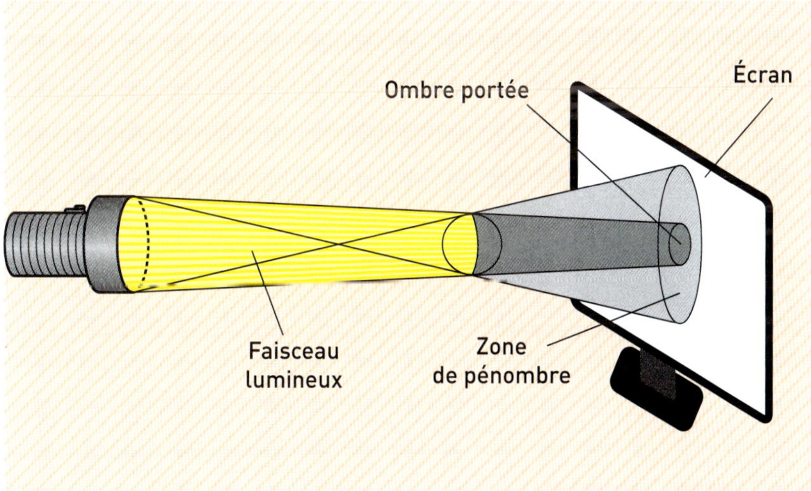

Coups de pouce

1 Donner les positions du Soleil, de la Terre et de la Lune pour obtenir une éclipse solaire et une éclipse de Lune.

2 Expliquer pour une éclipse solaire le rôle joué par la source de lumière, l'objet et l'écran à partir du doc. 3.

3 Comparer la taille des zones d'ombre créées par la Terre et la Lune.

4 Donner la position de l'observateur sur Terre pour voir une éclipse de Soleil dans un premier cas, et une éclipse de Lune dans l'autre cas.

5 Décrire l'aspect de la Lune lors des deux types d'éclipse.

Vocabulaire

Lunaison Intervalle de temps séparant deux nouvelles Lunes (environ 29,5 jours).

Dispersée Lorsque la lumière blanche est dispersée, cela signifie que toutes les radiations qui la composent sont déviées de manière différente.

Ombre portée L'ombre portée est la zone soustraite aux rayons lumineux incidents par un objet.

Pénombre La pénombre est la zone soustraite partiellement aux rayons lumineux incidents par un objet.

Essentiel

1 Interpréter les arguments sur les théories géocentrique et héliocentrique

Au XVIIe siècle, deux conceptions du monde, déjà présentes dans l'Antiquité s'affrontent : géocentrique et héliocentrique. Les deux conceptions permettent de prédire les positions des astres dans le ciel.

La conception géocentrique de Ptolémée

Claude Ptolémée est un astronome du IIe siècle ap. J.-C. Selon lui, le monde repose sur plusieurs principes :

- La Terre est fixe, au centre de l'Univers.
- Les astres sont des sphères parfaites et leur mouvement est circulaire, uniforme, dans un monde (supralunaire) immuable.
- L'Univers est clos par la sphère des étoiles fixes.

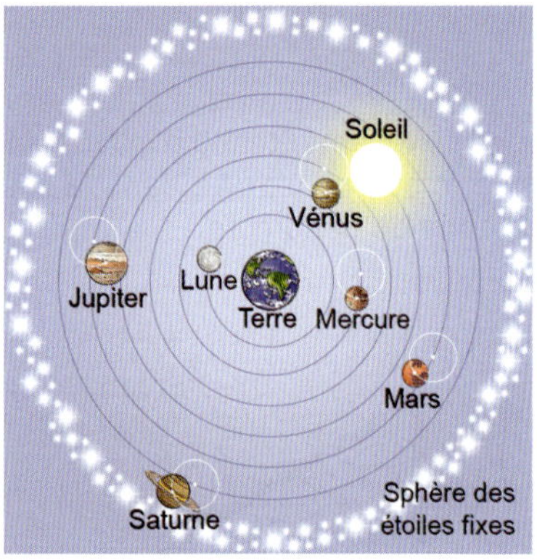

La conception héliocentrique de Copernic

En 1543, est publié le *De Revolutionibus Orbius Coelestium* de Nicolas Copernic dans lequel l'auteur place le Soleil au centre du monde. Les planètes tournent autour du Soleil et la Lune autour de la Terre.

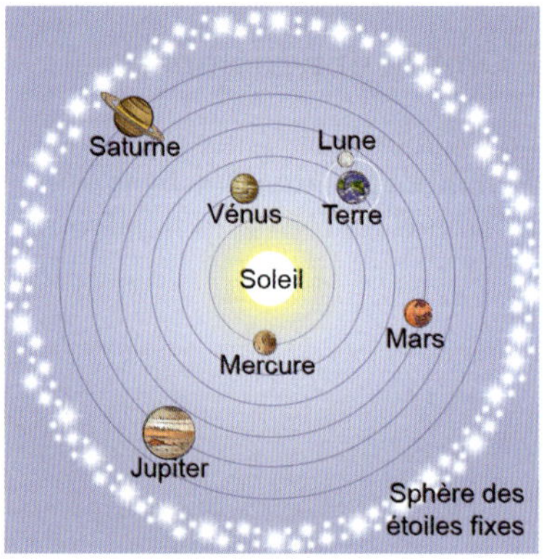

Débat sur l'astronomie

Plusieurs observations astronomiques remettent en cause la conception de Ptolémée :

- Tycho Brahe en 1572 et Johannes Kepler en 1604 observent des supernovas situées au-delà de la Lune (phénomènes lumineux qui semblent apparaître et disparaître dans le ciel). Pourtant, Ptolémée imaginait le ciel comme immuable.
- Galilée identifie des cratères sur la Lune (Ptolémée considérait les astres comme des sphères parfaites) et observe des satellites autour de Jupiter : tout ne tourne pas directement autour de la Terre.

Débat sur le mouvement de la Terre

Les opposants au mouvement de la Terre affirment que, si l'on jette un projectile verticalement vers le haut, il ne peut pas retomber à la verticale si la Terre se déplace. Or, il semble bien retomber à la verticale. C'était un argument pour affirmer la fixité de la Terre, mais Galilée montre que les observations seraient les mêmes si la Terre tournait. En 1851, le pendule de Foucault apporte la preuve de la rotation de la Terre.

2 Comprendre les référentiels terrestre, géocentrique et héliocentrique

Pour décrire le mouvement d'un système, il faut avant tout définir un référentiel, c'est-à-dire une horloge et un solide par rapport auxquels le mouvement d'un système est étudié.

Référentiel terrestre

Tout mouvement observé depuis un point fixe par rapport à la surface de la Terre, est observé dans le référentiel terrestre.

Exemple

Le mouvement de la voiture est le même filmé par les trois caméras.

Référentiel géocentrique

Le référentiel géocentrique est constitué d'une horloge et d'un repère, dont le centre est celui de la Terre, et dont les axes pointent vers des étoiles fixes. Tout mouvement observé depuis un point fixe par rapport à ce repère est observé dans le référentiel géocentrique.

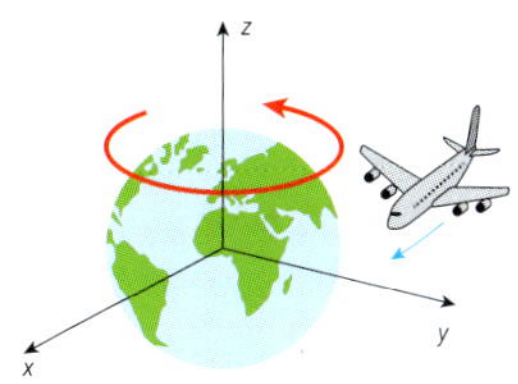

Exemple

Un avion qui volerait dans le sens inverse de la rotation de la Terre à une certaine vitesse par rapport au référentiel terrestre, pourrait être fixe dans le référentiel géocentrique.

Référentiel héliocentrique

Le référentiel héliocentrique est constitué d'une horloge et d'un repère dont le centre est celui du Soleil et dont les axes pointent vers des étoiles fixes. Tout mouvement observé depuis un point fixe par rapport à ce repère est observé dans le référentiel héliocentrique.

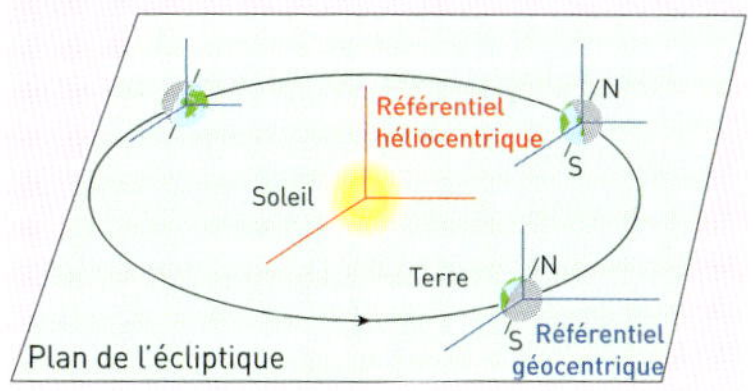

3 Décrire les mouvements de la Terre et de la Lune

Dans le **référentiel héliocentrique** la Terre est animée de deux mouvements :

- La Terre tourne sur elle-même, on parle de rotation (observable aussi dans le référentiel géocentrique).
- Elle a une trajectoire quasi-circulaire autour du Soleil, on parle de révolution.

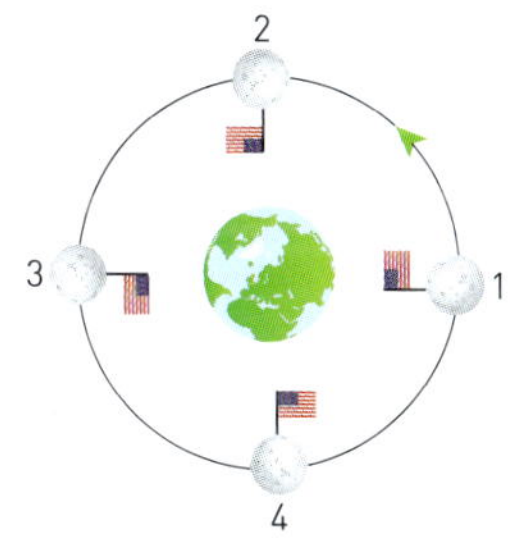

Dans **le référentiel géocentrique**, la Lune est également animée de deux mouvements :

- La Lune tourne sur elle-même, c'est sa rotation.
- La Lune a une trajectoire quasi circulaire autour de la Terre, c'est sa révolution.

La Lune montre toujours la même face à la Terre, car la durée pour faire un tour sur elle-même (période de rotation) est exactement égale à la durée pour faire un tour autour de la Terre (période de révolution).

4 Interpréter les différents aspects de la Lune

Même si la Lune nous montre toujours la même face, nous n'observons qu'une partie de la surface éclairée depuis la Terre selon une succession de figures changeantes et répétitives. Ce sont les phases de la Lune. Pour les comprendre, il faut faire l'approximation que la Lune reste quasi-fixe sur son orbite durant 24 h.

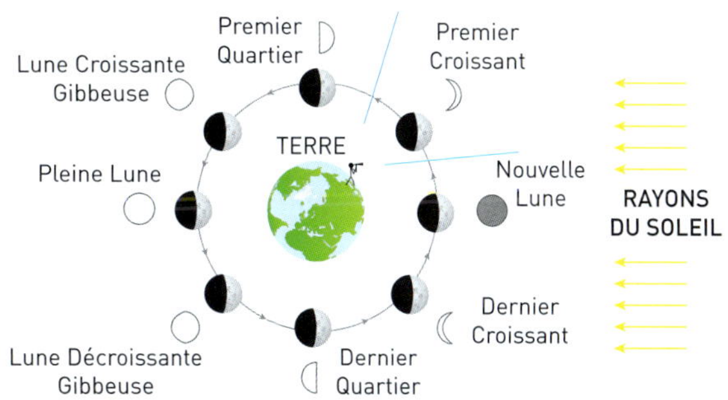

Exemple

Un observateur situé sur l'hémisphère Nord verra moins de la moitié de la partie droite de la Lune éclairée lorsqu'elle est en phase de « Premier Croissant ».

Lors de la Nouvelle Lune et de la Pleine Lune, la Lune est très souvent au-dessus ou en dessous de l'axe Terre-Soleil. Lorsque les trois astres sont parfaitement alignés, on peut observer des éclipses de Lune (lors d'une pleine Lune) ou des éclipses de Soleil (lors d'une nouvelle Lune).

L'aspect de la Lune vu depuis la Terre, dépend donc de la position relative de la Lune, de la Terre et du Soleil.

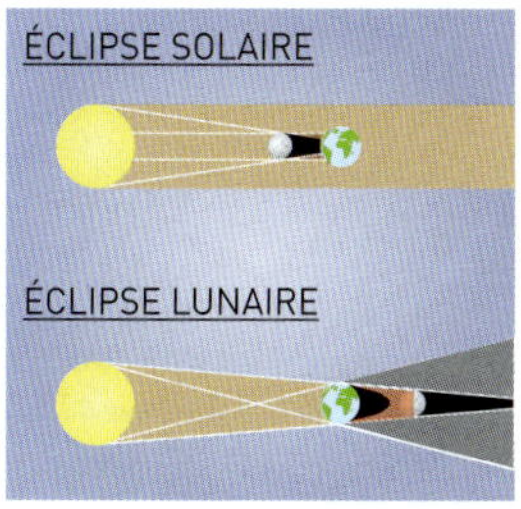

Kourou, un site vraiment attractif ?

En 1963, la France a un programme spatial ambitieux mais il lui manque une base de lancement pour ses fusées. Elle vient de perdre celle d'Hammaguir dans le Sahara depuis que l'Algérie a accédé à l'indépendance, et cherche un nouveau site. Le centre national d'Études spatiales (CNES) propose alors de l'installer sur les plages désertes... entre Perpignan et Narbonne !

L'endroit a plusieurs avantages. Et tout particulièrement la langue de sable de Leucate qui est coincée entre la mer et un étang, ce qui permettrait d'isoler l'installation. Il faut un champ de tir orienté vers l'Est pour bénéficier de la rotation de la Terre et gagner un peu de vitesse au décollage. Cela tombe bien : les fusées partiraient vers la mer ce qui pose moins de problèmes de sécurité. Enfin, on peut loger le personnel à Perpignan à moindres frais.

Pourtant le projet échoue. D'abord parce qu'il est incompatible avec le programme d'aménagement touristique du littoral languedocien. Et puis un autre site est envisagé qui a de bien meilleurs atouts : il s'agit de terrains en pleine jungle près de Kourou en Guyane. Là aussi, le champ de tir peut être orienté à l'Est (vers l'océan), ce qui est déterminant pour profiter de l'impulsion de la rotation de la Terre au décollage. Mais surtout cette impulsion est bien plus importante à Kourou qu'à Leucate !

Décollage de la fusée Ariane depuis le centre spatial Kourou en Guyane

Pour le comprendre il faut visualiser le globe terrestre avec un point situé près de l'équateur, comme Kourou, et un autre à une latitude plus élevée, comme Leucate. Lorsque la Terre fait un tour sur elle-même, Kourou parcourt plus de distance que Leucate. La vitesse de rotation y est supérieure d'environ 130 $m \cdot s^{-1}$. Et comme elle vient s'ajouter à la poussée de la fusée au décollage, l'avantage est considérable.

C'est un peu comme si, en sautant du bord d'un manège, nous profitions de l'élan que celui-ci nous donne. Plus le diamètre du manège est large, plus l'élan est important. Depuis Kourou, il est donc bien plus facile d'échapper à l'attraction terrestre : le CNES estime que la rotation de la Terre procure au lanceur un complément de vitesse de l'ordre de 1 670 $km \cdot h^{-1}$!

Le 16 avril 1964, la décision est prise d'aménager un centre spatial à Kourou. Un bon choix puisque aujourd'hui encore tous les spécialistes considèrent le Centre spatial guyanais (CSG) comme le meilleur site de lancement en service dans le monde.

Une rotation qui vacille

Non seulement la Terre tourne mais elle bascule aussi très légèrement. Son axe de rotation se déplace en effet de quelques centimètres tous les ans comme une toupie qui serait mal équilibrée. Ce phénomène est dû au déplacement de matière sous le manteau terrestre mais aussi au-dessus. La fonte des glaces au Groenland libère de l'eau qui se retrouve dans l'océan. Ces changements dans la répartition des masses ont de minimes mais bien réelles répercussions.

Sur la piste de l'origine de la Lune

« Un petit pas pour l'homme, un grand pas pour l'Humanité », clame Neil Armstrong en direct à la télévision alors qu'il pose le pied sur la Lune. Nous sommes en juillet 1969 et c'est la première de plusieurs expéditions spatiales qui permettront de rapporter sur Terre 350 kg de roches lunaires. Ces échantillons se révèleront indispensables pour reconstituer le scénario de la naissance de notre satellite naturel.

Collecte de roches lunaires par Harrison Schmitt, 1972

Jusque-là les astronomes pensaient que la Lune était née loin de la Terre et se serait retrouvée piégée, en passant trop près de notre planète, par l'attraction gravitationnelle. Or l'analyse des roches lunaires montre que leur composition est étonnamment proche de celle des roches terrestres. Il est donc improbable qu'ils viennent de l'autre bout du système solaire. Au contraire, cela suggère que la Lune est comme un morceau arraché à la Terre.

Comment cela se serait-il produit ? Le scénario dominant aujourd'hui est celui d'une collision géante qui aurait eu lieu il y a environ 4,4 milliards d'années entre la jeune Terre et une planète de la taille de Mars qu'on appelle Théia. Le choc est phénoménal ! Théia est pulvérisée et ses débris, mélangés à ceux du manteau terrestre éjectés par l'impact, forment un disque qui tourne autour de la Terre un peu comme les anneaux de Saturne. Ces roches en suspension se cognent, fusionnent, formant des blocs de plus en plus gros jusqu'à donner naissance à la Lune.

Les simulations numériques semblent confirmer cette théorie excepté sur un point : si le disque de débris contient une large proportion de matière issue de Théia, née loin de la Terre, pourquoi les roches lunaires et terrestres sont-elles si semblables ? Les géophysiciens ont donc dû imaginer des variantes de ce scénario pour coller à l'analyse des roches.

L'une d'entre elles remplace le méga-choc par une vingtaine d'impacts moins violents. Les débris qui formeraient la Lune seraient alors essentiellement arrachés à la Terre ce qui expliquerait leur similitude chimique. Une autre version reprend le choc avec Théia dont l'impact cette fois dépouille la Terre d'une bonne partie de son manteau rocheux, qui est alors pulvérisé sous forme d'atmosphère chaude et dense autour de la planète. En se refroidissant une partie se solidifie pour former la Lune et l'autre recouvre la Terre. D'où des compositions similaires sur les deux astres.

L'histoire de la Lune en est là pour l'instant... dans l'attente d'une confirmation ou d'une hypothèse plus convaincante !

Vue de la Lune

La Lune s'éloigne

Les astronomes s'en sont aperçus en mesurant régulièrement la distance Terre-Lune grâce à un faisceau laser. L'installation de réflecteurs lors de la mission Apollo 11, en 1969, permet cette mesure très précise. Le principe consiste à chronométrer, grâce à une horloge atomique, la durée du trajet aller-retour d'une impulsion de faisceau laser qui rebondit sur les réflecteurs lunaires. Notre satellite, situé à environ 384 400 km, s'éloigne de 3,8 cm par an.

Exercices Se tester

Exo Version interactive
Lienmini.fr/Ens-Sci1-19

Apprendre à apprendre

1 Tourner autour d'une chaise qui joue le rôle de la Terre.
1. Quel rôle jouez-vous ?
2. Avez-vous montré la même face à la Terre ?
3. Avez-vous tourné sur vous-même ?
4. Comparer vos durées de rotation et de révolution.

2 Réaliser des flashcards avec d'un côté les termes « période de rotation de la Lune », « période de révolution de la Lune », « période de rotation de la Terre », « période de révolution de la Terre » et de l'autre côté les valeurs approximatives de ces grandeurs.
• Retourner les cartes côté durée et tenter de deviner l'autre face.

3 Dans une salle obscure, allumer un rétroprojecteur ou toute autre source de lumière orientée en direction d'une boule de polystyrène.
1. Un élève tient la boule de polystyrène faisant office de Lune et l'autre élève prend des photos.
2. Tenter de réaliser les phases de Premier Croissant, Pleine Lune et Dernier Quartier (vues depuis l'hémisphère Nord).
3. Schématiser la position de la source de lumière, de la Lune et de la Terre pour chaque situation.

4 Relier les termes — Référentiels

Recopier et relier la situation d'observation avec le référentiel associé.

Une caméra est posée sur un pied fixe sur le sol et filme le mouvement des étoiles pendant 1 h. •	• Référentiel héliocentrique
Une caméra est placée à une distance fixe du centre du Soleil et permet d'observer le mouvement de Mercure en restant fixe par rapport aux étoiles. •	• Référentiel terrestre
Une caméra est placée sur Terre et prend des photographies chaque soir de Vénus en cadrant le même fond d'étoiles. •	• Référentiel géocentrique

5 QCM — Système de Ptolémée

Indiquer la bonne réponse.
Le système de Ptolémée est :
1. un référentiel géocentrique.
2. un système géocentrique.
3. un système héliocentrique.

6 Trouver le bon mot — Soleil

Choisir le terme qui convient pour compléter la phrase suivante.
Pour expliquer le mouvement du Soleil dans le ciel au cours de la journée, Copernic imagine que (*la Terre tourne sur elle-même/le Soleil tourne autour de la Terre*). Alors que Ptolémée imagine le contraire.

7 Vrai-faux — Mouvement de la Lune

Répondre par vrai ou faux aux affirmations.
1. La période de rotation de la Lune est égale à sa période de révolution.
2. La Lune tourne autour de la Terre sans tourner sur elle-même.
3. La Lune montre toujours sa face éclairée à la Terre.
4. La Lune montre toujours la même face à la Terre.

8 Relier les termes — Faces de la Lune

Recopier et relier les expressions suivantes.

Face sombre de la Lune •	• Moitié de la surface de la Lune éclairée par le Soleil.
Face cachée de la Lune •	• Moitié de la surface de la Lune plongée dans l'obscurité.
Face éclairée de la Lune •	• Partie de la Lune toujours orientée vers la Terre.
Face visible de la Lune •	• Partie de la Lune qui ne peut être observée depuis la Terre.

9 Vrai-faux — Une phase de la Lune

Indiquer si l'affirmation est vraie ou fausse
Lorsque la Terre est située entre le Soleil et la Lune :
1. La Lune est en phase de nouvelle Lune.
2. La Lune est en phase de pleine Lune.
3. On observe parfois une éclipse de Lune.
4. On observe parfois une éclipse de Soleil.

10 Classement d'images — Orbite lunaire

Associer les positions de la Lune aux phases qui correspondent, vues depuis l'hémisphère Nord.

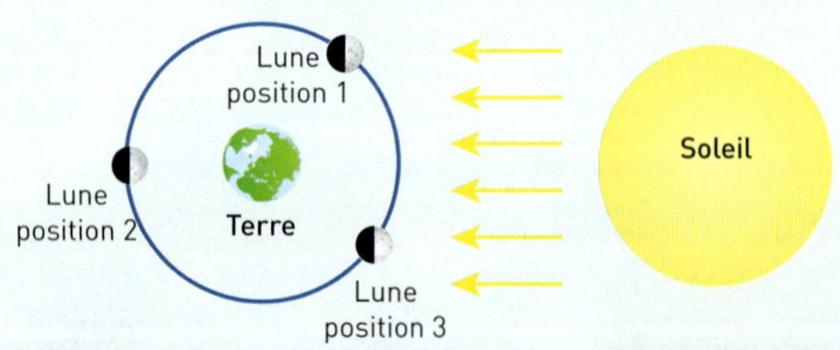

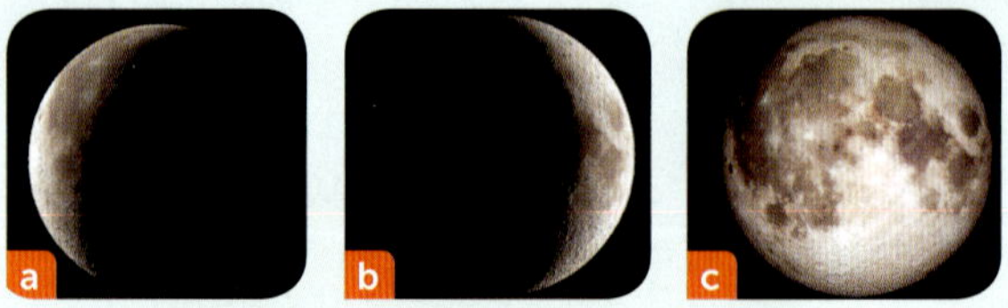

Voir corrigés à la fin du manuel, p. 254

Exercices S'entraîner

Arguments sur les théories géocentrique et héliocentrique

11 Astronomie au quotidien

Chaque jour, depuis l'hémisphère Nord, le Soleil se lève vers l'Est, culmine au Sud et se couche vers l'Ouest. Chaque nuit, les étoiles se lèvent également vers l'Est et se couchent vers l'Ouest.

1. Expliquer le mouvement du Soleil dans le système de Ptolémée et dans le système de Copernic.
2. Même question pour le mouvement des étoiles.
3. Ces observations astronomiques permettent-elles de valider ou d'invalider l'un des deux systèmes ?

12 Mesure de la parallaxe d'une étoile

Si la Terre tournait autour du Soleil comme l'affirmait Copernic, une étoile donnée devrait être vue avec des angles différents à six mois d'intervalle. La parallaxe annuelle d'une étoile est définie comme étant l'angle sous lequel serait visible le rayon de l'orbite de la Terre depuis l'étoile. En 1838, Bessel est le premier à mesurer la parallaxe de l'étoile 61 du Cygne : p = 0,31″

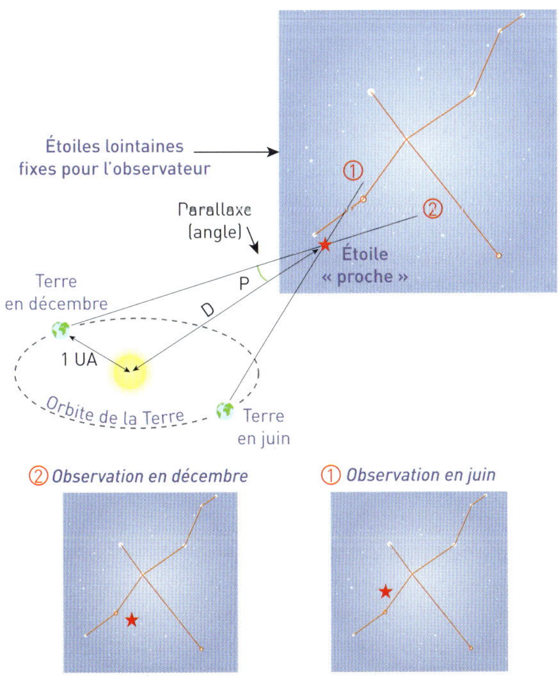

1. Sachant que la distance Terre-Soleil est d'une unité astronomique, calculer la distance entre la Terre et l'étoile 61 du Cygne en km puis en années-lumière.
2. Comment varie la parallaxe de l'étoile en fonction de la distance de l'étoile à la Terre ?

Données

Unité Astronomique : 1 UA = 150×10^6 km
1 a.l. = $9{,}46.10^{12}$ km
Seconde d'arc : 1″ = 1/3600 degré

Référentiels terrestre, géocentrique et héliocentrique

13 Le Nord

Un randonneur marche à une vitesse très régulière de 3,6 $km \cdot h^{-1}$ sans arrêt pendant 24 h. Il cherche un endroit vers le pôle Nord où il sera en mouvement par rapport au référentiel terrestre, mais immobile par rapport au référentiel géocentrique.

1. Nommer le cercle sur lequel le randonneur doit se déplacer.
2. Dans quel sens le randonneur doit-il se déplacer ?
3. Calculer le rayon de ce cercle.
4. En déduire la latitude du lieu.

Données

Valeur du rayon de la Terre : R = 6 400 km.

14 Quel est le mouvement de la Lune ?

Voici trois images illustrant le mouvement de la Lune.

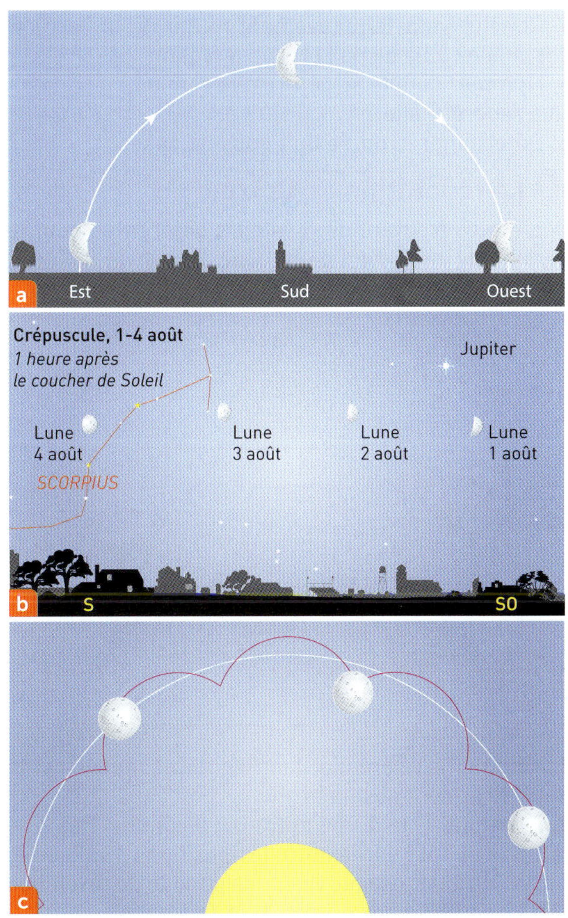

1. Pour chaque document, préciser dans quel référentiel la Lune est observée.
2. Dans quel référentiel la Lune semble-t-elle se déplacer en même temps que les étoiles ?
3. Faire une hypothèse sur la manière de réaliser l'image du doc. b.

Décrire les mouvements de la Terre et de la Lune (rotation, révolution)

15 Effet filé

L'image qui suit est obtenue en photographiant le ciel étoilé dans l'hémisphère Nord pendant une nuit avec un appareil fixe et un temps de pose important.

1. Conclure sur le mouvement relatif de la Terre et des étoiles à l'aide de cette observation.
2. Nommer l'étoile au centre des cercles.
Que repère-t-elle ?
3. Déterminer la durée du temps de pose.

16 La révolution de la Lune

Des élèves trouvent deux valeurs différentes pour la période de révolution de la Lune autour de la Terre. L'une vaut 27,3 jours et l'autre vaut 29,5 jours.

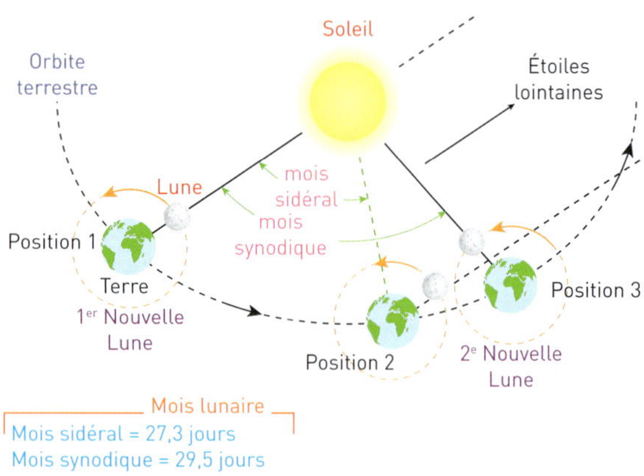

1. Nommer le référentiel dans lequel les mouvements des astres sont observés.
2. Appelons T_1 la durée entre les positions 1 et 2 de la Terre et T_2 la durée entre les positions 1 et 3 de la Terre. Attribuer chaque valeur de période de révolution (27,3 j ou 29,5 j) aux durées T_1 et T_2.
3. Choisir la durée qui représente un tour exact (360°) de la Lune autour de la Terre.
4. Expliquer pourquoi la lunaison (durée entre deux Nouvelles Lunes) est supérieure à la période de révolution de la Lune autour de la Terre.
5. Donner la valeur de la période de rotation de la Lune.

Différents aspects de la Lune

17 Modélisation des phases de la Lune

Deux élèves tentent de modéliser les phases de la Lune observées depuis l'hémisphère Nord.

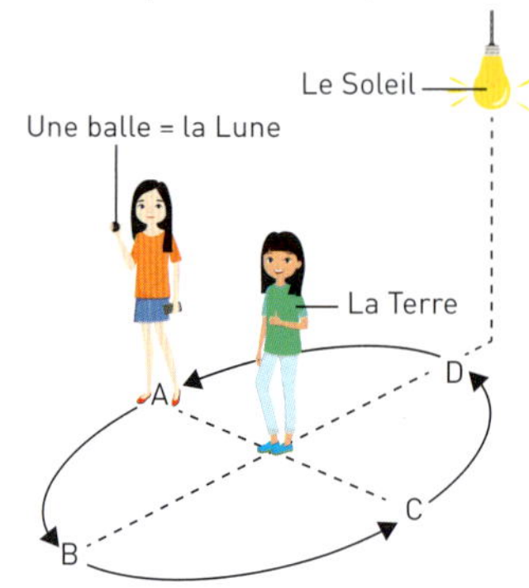

La phase A se nomme « premier quartier ». Décrire l'aspect de cette phase vue depuis la Terre.
1. Sur quel moment de la journée peut-on espérer observer la Lune en 1er quartier ?
2. Nommer la phase correspondant à la position B
3. Que peut-on observer en D, si la Terre, la Lune et le Soleil sont parfaitement alignés ?
4. Proposer un schéma pour expliquer ce phénomène.

18 La Chine sur la Lune

Le 4 janvier 2019, pour la 1re fois dans l'histoire de l'exploration spatiale, un rover atterrit sur la face cachée de la Lune.
1. Expliquer pourquoi la Lune a une face cachée pour des observateurs terrestres.
2. Le 4 janvier 2019, depuis l'hémisphère Nord, nous pouvions voir la Lune éclairée à 2,30 % sur la gauche. Le 6 janvier avait lieu la Nouvelle Lune.
Schématiser la position de la Lune par rapport à la Terre et au Soleil.
3. Pourquoi choisir cette date pour l'alunissage ?

19 Lune gibbeuse

Lorsque la Lune est éclairée à plus de la moitié, elle est dite gibbeuse croissante ou décroissante.
Le qualificatif « croissante » signifie que la phase est de plus en plus lumineuse jusqu'à la Pleine Lune. Le qualificatif « décroissante » signifie que la phase est de moins en moins lumineuse jusqu'à la Nouvelle Lune.

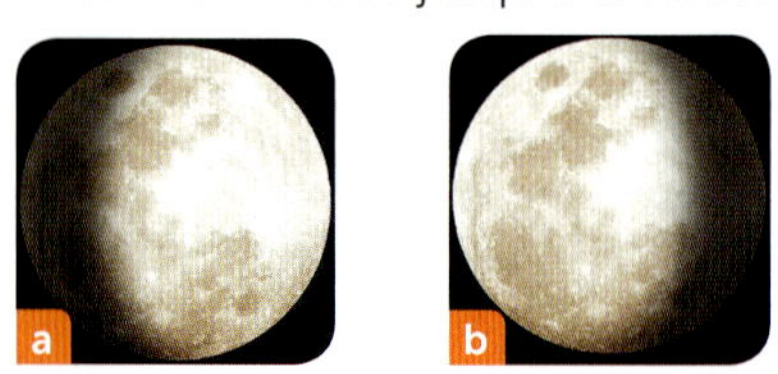

1. Schématiser et nommer les phases correspondant aux deux photographies prises dans l'hémisphère Nord.
2. Entre ces deux phases a lieu la Pleine Lune. Quel phénomène peut avoir lieu lors de la Pleine Lune si Terre, Lune et Soleil sont parfaitement alignés ?

Vers le BAC

20 Les différents aspects de la Lune

Argumenter — 20 min.

• En décrivant les mouvements relatifs de la Terre, de la Lune et du Soleil, expliquer les différences d'aspects de la Lune observables depuis la Terre (préciser les référentiels choisis).

21 Le calendrier de l'astronome Méton

Calculer — 30 min.

L'astronome grec Méton, au ve siècle av. J.-C., tente de construire un calendrier respectant la règle suivante : chaque année devra être constituée d'un nombre entier de mois lunaires (repérés par la durée entre deux nouvelles Lunes).

1. Montrer, par le calcul, qu'une année ne comporte pas un nombre entier de mois lunaires.
2. Méton propose dans son calendrier des années à 12 mois lunaires et des années à 13 mois lunaires. Par exemple, les deux premières années comptent 12 mois, la 3e compte 13 mois, les 4e et 5e comptent 12 mois, etc., jusqu'à la 19e année qui compte 13 mois et qui marque la fin du cycle.
   a. Calculer le nombre de jours contenus dans 19 années.
   b. Calculer le nombre de mois lunaires correspondant et montrer que le calendrier peut reposer sur 12 années à 12 mois lunaires et 7 années à 13 mois lunaires.

Données

Durée entre deux nouvelles Lunes : 29,53 jours
Période de révolution de la Terre autour du Soleil : 365,242 jours

22 Les phases de Vénus

Analyser — 30 min.

Dans ses observations à la lunette, Galilée observe que Vénus présente des phases, comme la Lune.

Doc. 1 Le système de Tycho Brahe

Tycho Brahe imagine un système du monde tel que la Terre est toujours au centre de l'Univers immobile, mais seuls la Lune et le Soleil lui tournent directement autour, les autres planètes tournent autour du Soleil et l'ensemble tourne autour de la Terre.

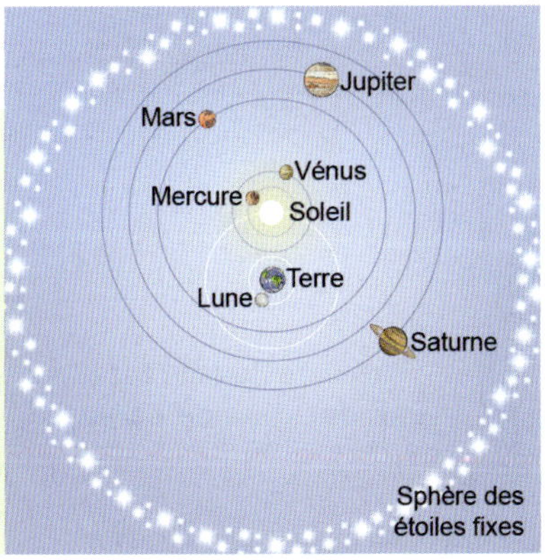

Doc. 2 Mouvement de Vénus dans le système de Ptolémée

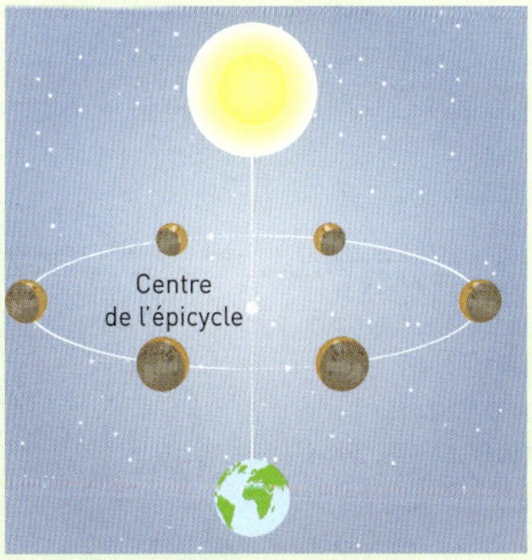

Doc. 3 Simulation des phases de Vénus entre juillet 1610 et février 1611

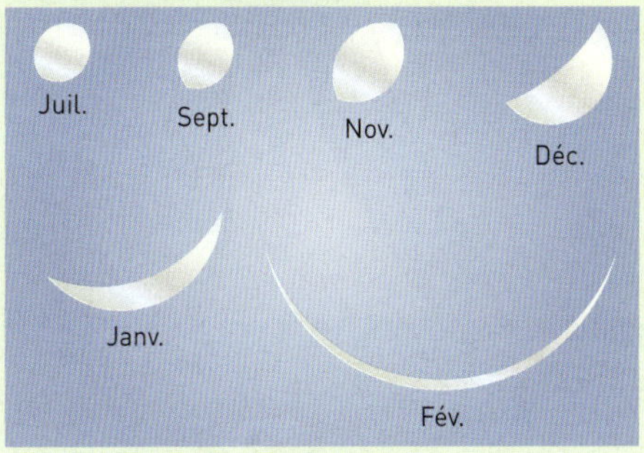

1. Expliquer en quoi l'observation des phases de Vénus est en contradiction avec le système de Ptolémée.
2. Représenter par un schéma analogue au doc. 2, le mouvement de Vénus dans le système de Copernic.
3. Les phases de Vénus observées en juillet et septembre 1610 sont-elles en accord avec le schéma précédent ?
4. Ces phases s'expliquent-t-elles dans le système de Tycho Brahe ?
5. Comment l'observation des phases de Vénus fait-elle avancer le débat sur les systèmes du monde ?

Thème 4

Son et musique, porteurs d'information

HISTOIRE, ENJEUX, DÉBATS

- **La controverse entre d'Alembert, Euler et Daniel Bernoulli sur le problème des cordes vibrantes.**
  → Chapitre 12, Sciences en perspective p. 217
- **L'histoire des gammes, de Pythagore à Bach**
  → Chapitre 12, 1, 2 et 3, 13, 15 à 17

HISTOIRE, ENJEUX, DÉBATS

- **Les enjeux culturels et économiques de la numérisation et de la compression des sons.**
  → Chapitre 13, 3, 16 et Sciences en perspective p. 230-231
- **La santé auditive.v.**
  → Chapitre 14, 4, 6, 10, 22 et 25
  → Chapitre 11, 1 et 3, 18

HISTOIRE, ENJEUX, DÉBATS

L'histoire de l'analyse temps-fréquence depuis Fourier

→ Chapitre 11, 1
→ Chapitre 12, Sciences en perspective p. 217
→ Chapitre 13, Sciences en perspective p. 230

Des algorithmes au cœur de la composition musicale : de l'Offrande musicale de Bach à la musique contemporaine. → Chapitre 12, 3 et Sciences en perspective p. 217

11 Le son, phénomène vibratoire

La musique émise à l'occasion de nombreux concerts est abondamment amplifiée.

Dans les salles de concert, le niveau sonore est limité à 102 décibels pour préserver le public.
Que représentent les décibels ?

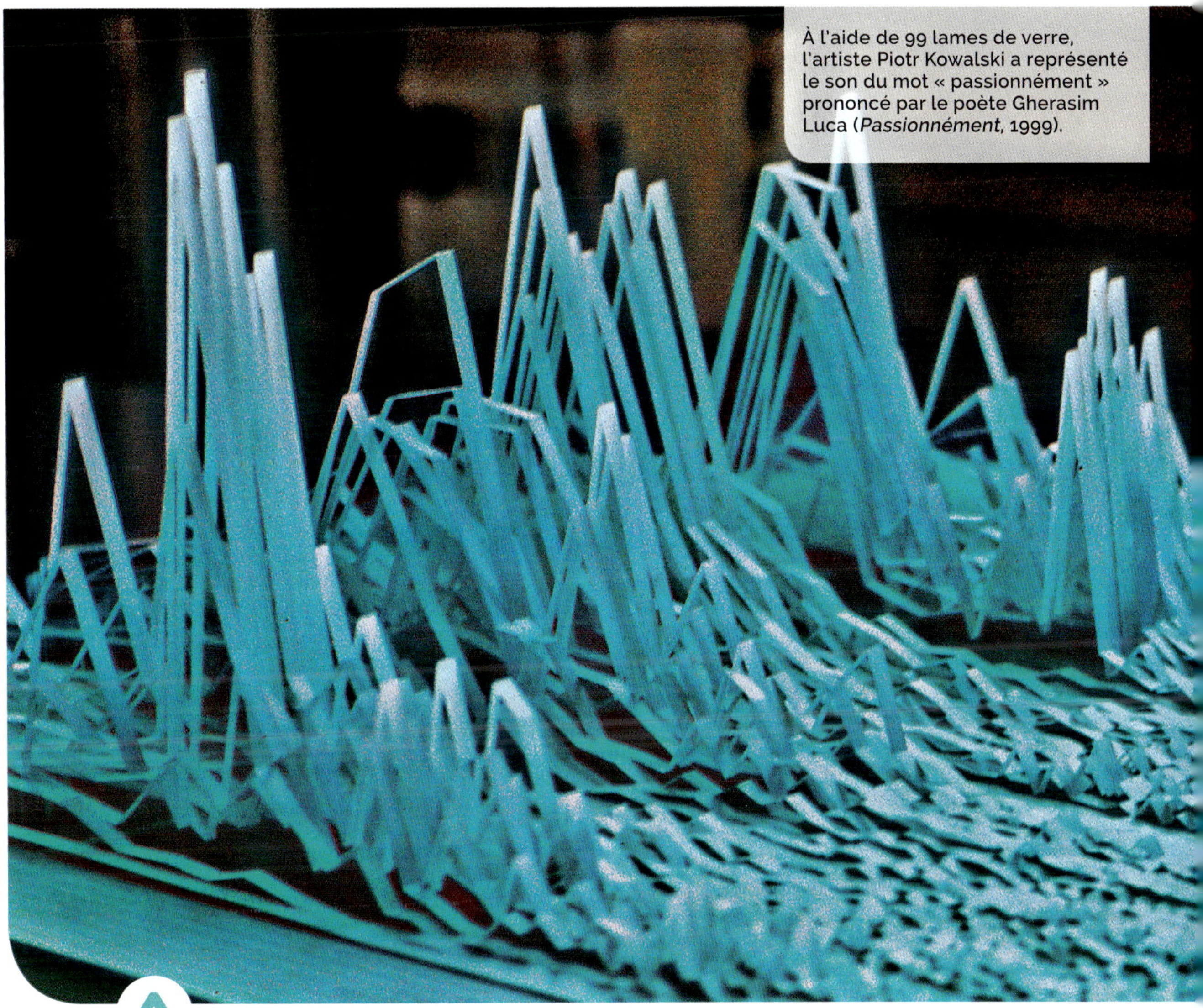

À l'aide de 99 lames de verre, l'artiste Piotr Kowalski a représenté le son du mot « passionnément » prononcé par le poète Gherasim Luca (*Passionnément*, 1999).

Un sonogramme représente le contenu temporel et fréquentiel d'un son.
Comment décrire un son et visualiser ses caractéristiques ?

Attendus du programme	Activités	Parcours d'exercices
Connaître les différents sons et leurs caractéristiques	1	1 5 12 13
Étudier les spectres de sons purs et composés	1	2 6 7 8 14 15 21
Relier le son émis par une corde ou colonne d'air à sa longueur	2	3 9 16 17 23
Relier puissance et intensité sonore	3	4 10 11 18 19 20 22

Objectif général de formation
Identifier et comprendre les effets de la science sur les sociétés et sur l'environnement

1 Le son qui fait fuir

Certains sons sont agréables, d'autres... font fuir ! C'est le principe des dispositifs sonores de dissuasion. Quelles sont les caractéristiques du son qu'ils émettent ?
Objectif Utiliser des logiciels pour visualiser le spectre d'un son et pour produire des sons purs et composés.

Doc. 1 Présentation du Mosquito MK4

Les haut-parleurs Mosquitos (« moustiques »), commercialisés par une société britannique, produisent des sons désagréables destinés à faire fuir. Deux modes sont installés sur le système.
> Mode 1 : émission d'un son à la fréquence de 17,6 kHz. Ce son n'incommode que les enfants et les jeunes adultes, car à mesure que nous vieillissons, l'oreille perd sa sensibilité aux très hautes fréquences.
> Mode 2 : émission d'un son à la fréquence de 8 kHz. Ce son incommode tous les passants, et servira par exemple à éloigner les rôdeurs de zones peu fréquentées.

Au volume le plus fort, le son se fait entendre à 30 mètres. L'émission sonore couvre un champ de 60°.

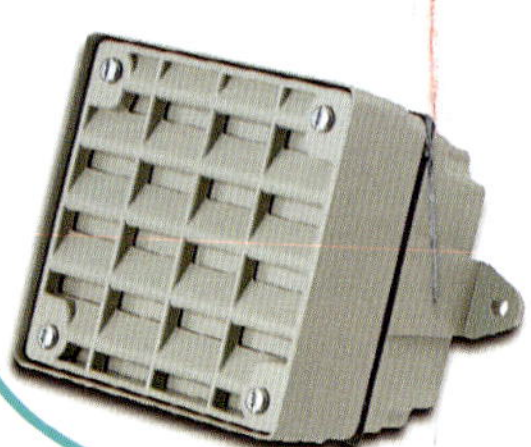

Doc. 2 Spectre d'un signal inconnu

Un étudiant suspecte que son voisin s'est procuré un dispositif sonore destiné à éloigner les adolescents. Il enregistre le signal émis par ce voisin à l'aide de l'application Phyphox installée sur son smartphone, et examine le spectre du signal.

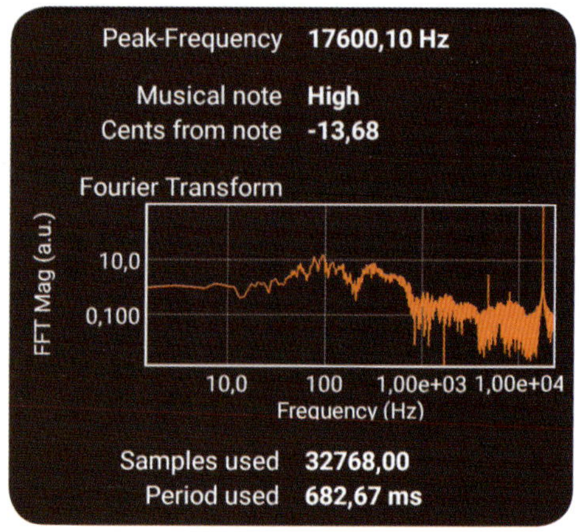

Doc. 3 Les débuts de l'analyse spectrale

Au début du XIXe siècle, le mathématicien et physicien français Joseph Fourier (1768-1830) élabore une méthode qui ouvrira des perspectives considérables aux scientifiques. Alors qu'il étudie l'évolution de la température au sein d'un barreau métallique, Fourier a l'idée de résoudre une équation en introduisant des séries trigonométriques, qui sont des sommes de fonctions sinusoïdales, pour simplifier le problème. Il publie ses résultats en 1822, dans un livre où il affirme que **toute fonction périodique de fréquence *f* peut s'écrire comme une somme de fonctions sinusoïdales de fréquences multiples de *f*.**

Cette affirmation est démontrée par Dirichlet, un mathématicien allemand, sept ans plus tard. Elle donne naissance à une nouvelle branche de la physique : l'**analyse spectrale**. Ses applications sont incontournables dans de nombreux domaines : les télécommunications, l'étude des courants électriques, les outils de diagnostic médical, le filtrage et la synthèse de sons, le traitement d'images, etc.

Joseph Fourier

Doc. 4 Qu'est-ce qu'un spectre ?

▸ En acoustique, l'affirmation de Fourier se traduit par le fait qu'un **signal sonore périodique** peut se décomposer en une somme de signaux sinusoïdaux :

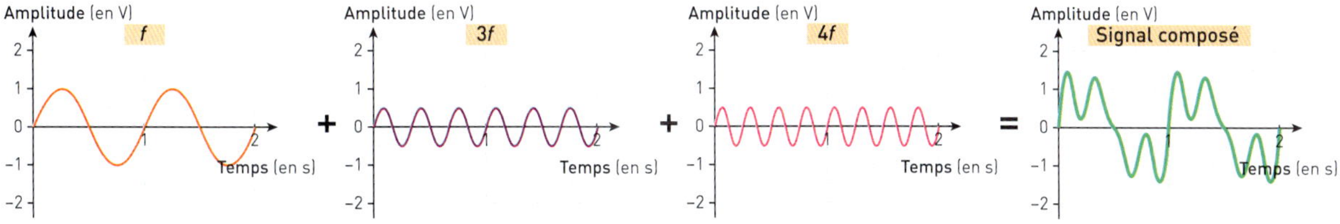

▸ On obtient cette décomposition d'un son en calculant sa « transformée de Fourier ». On passe ainsi du domaine temporel, celui du signal, au domaine fréquentiel, celui de la transformée de Fourier. En pratique, de nombreux algorithmes ont été développés et sont implémentés par les logiciels, tels que la « transformée de Fourier rapide » (*Fast Fourier Transform*, FFT).

▸ On peut représenter la transformée de Fourier d'un son sous la forme d'un **spectre**. Comme dans le cas d'une lumière polychromatique, dont le spectre montre les différentes radiations monochromatiques, le spectre d'un **son composé** révèle ses différentes composantes. Celles-ci sont placées sur l'axe des abscisses gradué en fréquence. En ordonnées, on précise l'amplitude de ces composantes, en volts.

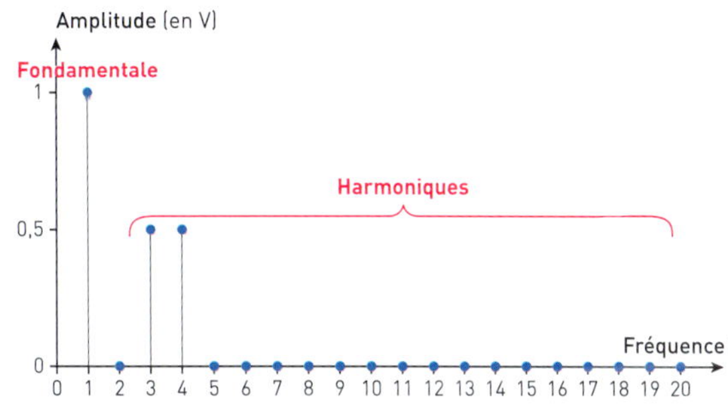

Doc. 5 Émission d'un son à l'aide d'un logiciel

Tuto — Utiliser Audacity
Lienmini.fr/Ens-Sci1-30

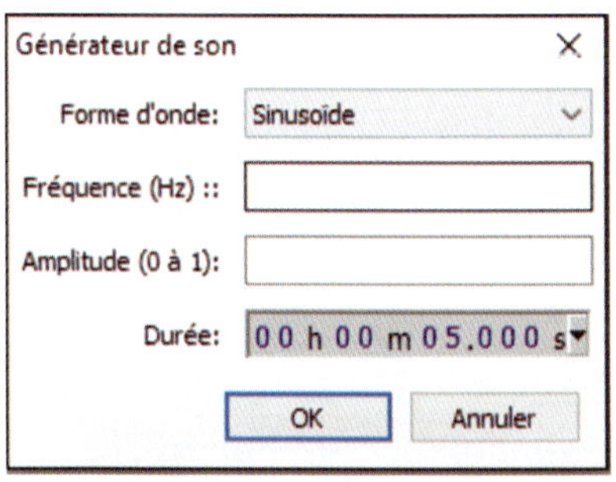

Protocole

- Lancer le logiciel Audacity.
- Cliquer sur « Générer » puis « Son » : la fenêtre suivante s'ouvre.
- Sélectionner les caractéristiques du son que l'on souhaite émettre : la forme de l'onde (sinusoïde, carrée, dent de scie), la fréquence en hertz, l'amplitude et la durée.
- Cliquer sur OK : le signal temporel s'affiche.
- Appuyer sur « Play » pour écouter le son via le haut-parleur.
- Il est possible de tracer le spectre du signal généré dans l'onglet « Analyse ».

Guide de travail

1 Indiquer la relation qui existe entre les fréquences des harmoniques et la fréquence fondamentale dans le cas d'un son composé (docs. 3 et 4).

2 Décrire le son enregistré par l'étudiant (doc. 2). Justifier qu'il s'agit d'un son pur et donner sa fréquence.

3 Relier cette fréquence à l'appareil Mosquito MK4 (doc. 1).

4 Représenter l'allure du signal enregistré par l'étudiant en précisant seulement l'échelle temporelle (doc. 4).

5 Expliquer pourquoi les parents de l'étudiant n'entendent pas le son émis par le voisin (doc. 1).

Synthèse Proposer un protocole expérimental permettant de vérifier l'explication fournie à la question 5.

Vocabulaire

Son pur Le signal ne comporte qu'une fréquence (sinusoïde). Son spectre comporte un seul « pic ».

Son composé Un son qui n'est pas pur est dit composé. Son spectre présente plusieurs « pics ».

Objectif général de formation
Identifier et mettre en œuvre des pratiques scientifiques

2 De la musique élastique

La console Nintendo Switch se transforme en guitare à l'aide d'élastiques tendus au-dessus de l'écran. Mais, même seul, un élastique tendu émet un son ! On peut ainsi imaginer une guitare à élastiques sans électronique...

Objectif Étudier les paramètres qui influencent le son émis par une corde tendue.

Doc. 1 Le son émis par une corde tendue

- Une **corde tendue** qui est excitée, par exemple en la frottant ou en la pinçant, se met à osciller en un mouvement complexe, plusieurs centaines de fois par seconde. La corde met en mouvement l'air environnant qui subit alors un cycle de compressions et dilatations : une onde sonore est générée ! L'onde se propage ensuite dans l'air jusqu'à l'oreille de l'auditeur.
- La **fréquence fondamentale** de cette vibration dépend notamment de la **masse linéique** de la corde (notée μ) ; de la force avec laquelle la corde est tendue (**tension** notée *T*) ; et de la **longueur de la corde** (notée *L*).

Un élastique excité se comporte comme une corde tendue.

Doc. 2 Zoom sur les cordes de guitare

- Les cordes d'une guitare classique, d'une longueur vibrante de 65 cm, sont fixées à un chevalet collé à la table d'harmonie. Ces cordes, au nombre de six, sont accordées aux notes suivantes :

Corde	Fréquence (en Hz)
Mi grave	82
La	110
Ré	147
Sol	196
Si	247
Mi aigu	328

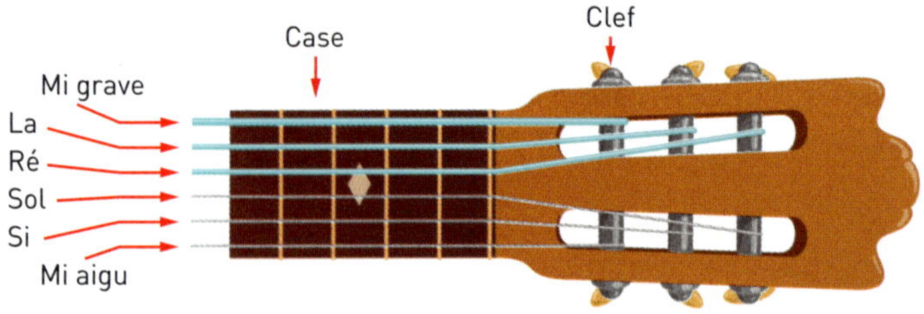

- L'accordage de la guitare s'effectue à l'aide des clefs sur lesquelles s'enroulent l'extrémité des cordes. Si la note est trop grave, on serre la clef d'accordage pour que la tension sur la corde augmente. Dans le cas contraire, on desserre la clef.
- Pour la bonne tenue de l'instrument, il est avantageux que les tensions des cordes soient proches. Les cordes dans le grave sont donc plus épaisses : la corde de mi grave, du la et du ré sont en nylon, avec filage métallique. Dans l'aigu, les cordes sont simplement en nylon. Une fois l'instrument accordé, le guitariste obtient l'ensemble des notes voulues en jouant sur la longueur des cordes. Pour cela, il appuie sur les cordes au niveau des cases situées sur le manche de la guitare, ce qui produit des notes plus aiguës que celles obtenues avec la corde à vide.

Doc. 3 Expériences sur des élastiques

On étudie le son émis par divers élastiques tendus à l'aide du montage ci-contre. Des masses de différentes tailles permettent de changer le poids qui s'exerce au bout de l'élastique.

> Expérience 1 : élastique fin, poids de 2 N, L = 20 cm.
> Expérience 2 : élastique fin, poids de 2 N, L = 10 cm.
> Expérience 3 : élastique épais, poids de 2 N, L = 20 cm.
> Expérience 4 : élastique fin, poids de 4 N, L = 20 cm.

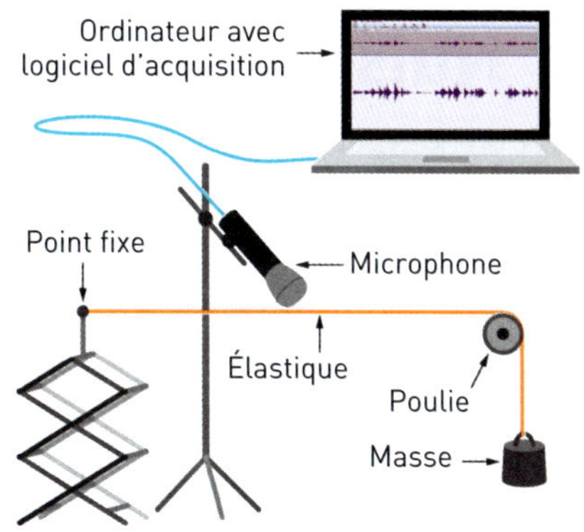

Protocole

- Ouvrir le logiciel Regressi et ouvrir un nouveau « Son ».
- Enregistrer le son émis par chaque élastique.
- Cliquer sur « Traiter le son » puis « Fourier » pour tracer le spectre du signal.

Dans le cas de la première expérience, par exemple, on obtient le spectre suivant :

Vidéo Son d'un élastique tendu Lienmini.fr/Ens-Sci1-28

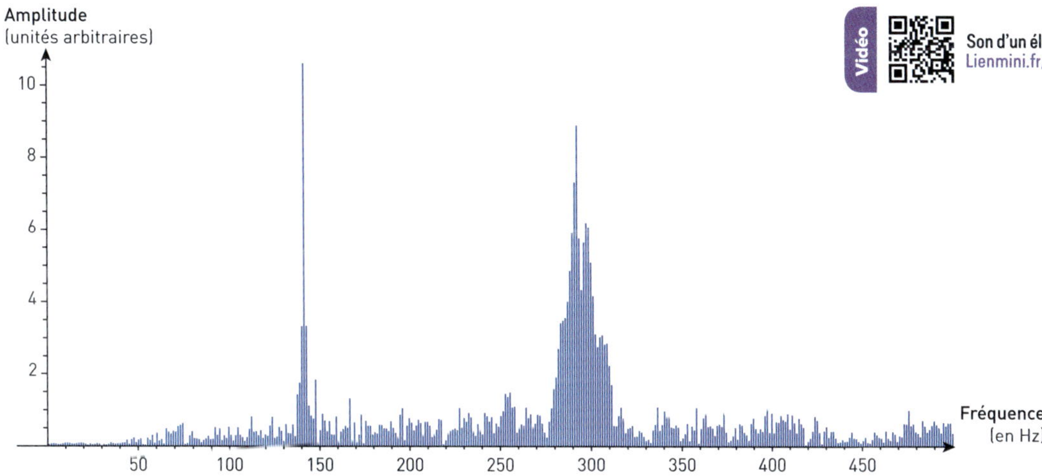

Spectre du son obtenu au cours de l'expérience 1.

Doc. 4 Résultats des autres expériences

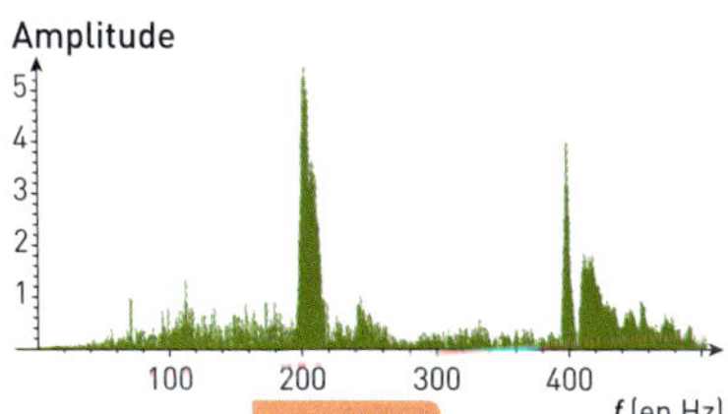

Spectre A

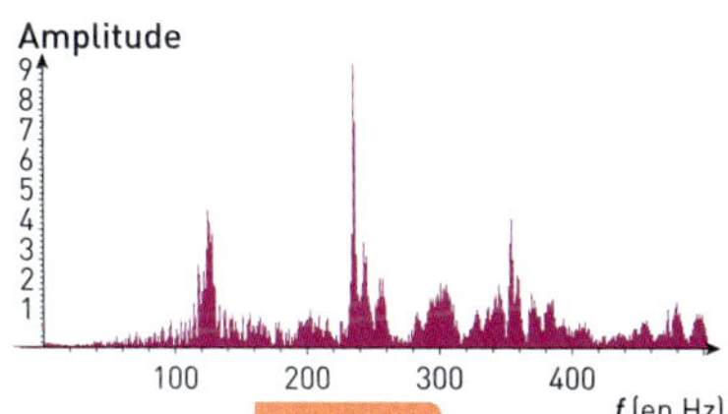

Spectre B

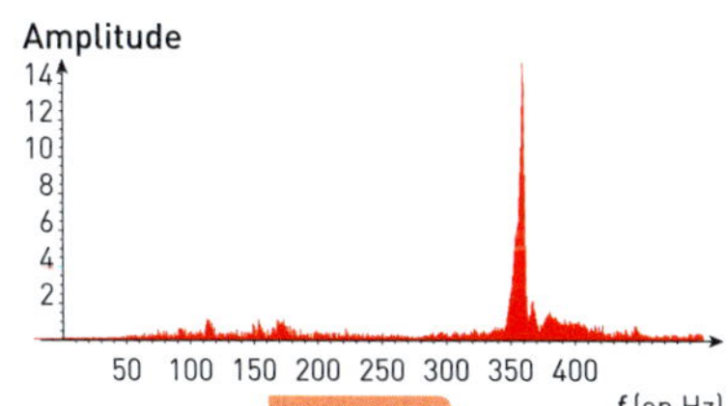

Spectre C

Guide de travail

1 Mesurer la fréquence des sons émis dans chaque expérience du doc. 4.

2 Indiquer le paramètre du protocole décrit dans le doc. 3 qui permet de faire varier la masse linéique et la tension de l'élastique.

3 a. Décrire l'évolution de la fréquence du son émis lorsque la masse linéique varie (doc. 2).

b. Même question lorsque la tension varie, puis lorsque la longueur varie (doc. 2).

4 Relier les spectres des enregistrements du doc. 4 aux conditions expérimentales (doc. 3).

Synthèse Résumer les caractéristiques du son émis par un élastique tendu, et décrire comment évolue le son en fonction de la longueur de l'élastique, de sa masse linéique et de la tension exercée sur ce dernier.

Vocabulaire

Filage Enroulement d'un fil sur un autre (appelé « âme »).

Activité documentaire

Objectif général de formation
Identifier et comprendre les effets de la science sur les sociétés et sur l'environnement

3 Nuisance sonore d'un avion

Selon les prévisions, le trafic aérien devrait progresser de 4,5 à 6 % chaque année jusqu'en 2035. Outre les défis d'infrastructure, cette augmentation va sensiblement augmenter les nuisances sonores aux abords des aéroports.

Objectif Relier puissance sonore par unité de surface et niveau d'intensité sonore dans le cas du bruit d'un avion.

Doc. 1 Nuisance sonore d'un avion

- La Direction générale de l'aviation civile (DGAC) fournit un logiciel gratuit, « Bruit Longue Distance », pour que les riverains s'informent sur les nuisances sonores à proximité des aéroports. Les données du logiciel sont issues de nombreuses campagnes de mesure qui ont été menées avec l'objectif de fournir des ordres de grandeur du bruit généré par les avions en fonction de leur hauteur de passage au-dessus du sol.

- À titre d'exemple, voici les niveaux sonores relevés pour un Boeing 747 peu de temps après le décollage.

Altitude (en m)	**Bruit** (en dB)
900	77
1 800	71
2 700	67

Source : www.ecologique-solidaire.gouv.fr/

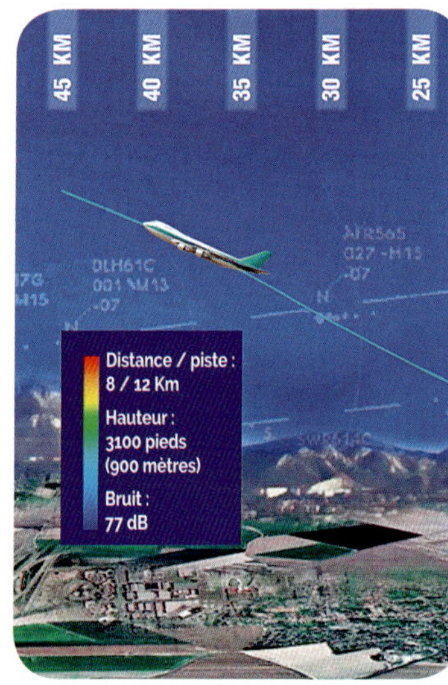

Doc. 2 Carte des nuisances sonores de l'aéroport d'Orly

- Autour des douze plus grands aéroports français, depuis 2005, des « plans de gêne sonore » délimitent des zones dans lesquelles les riverains peuvent bénéficier d'une aide à l'insonorisation de leur logement.

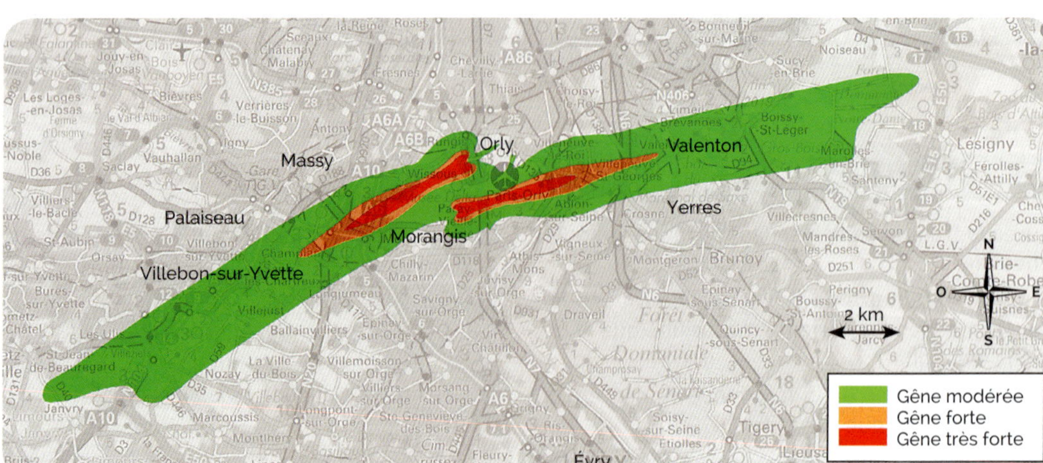

Doc. 3 Intensité sonore

- Lorsqu'une source émet une onde sonore, la **puissance émise** se répartit à peu près équitablement dans toutes les directions de l'espace. En l'absence d'obstacles et de phénomènes dissipatifs, cette puissance se conserve.
- À une distance r de la source, la puissance de l'onde sonore se répartit sur une surface d'aire proportionnelle au carré de la distance r.

L'intensité sonore I correspond à la puissance sonore reçue par unité de surface. On a :

$$I = P/S.$$

Comme la surface sur laquelle se répartit la puissance de l'onde augmente au fur et à mesure que celle-ci se propage, l'intensité sonore diminue donc inexorablement lorsque l'on s'éloigne de la source.

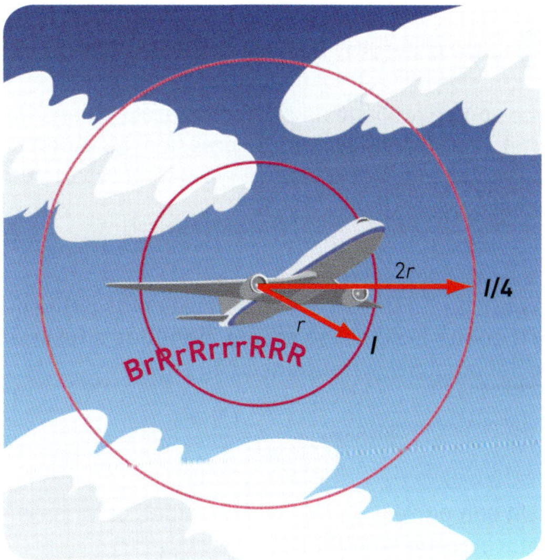

Doc. 4 Niveau sonore

- La perception auditive du niveau sonore (c'est-à-dire d'un son plus ou moins « fort ») croît lentement avec l'intensité sonore. Un son deux fois plus intense, par exemple, ne sera pas perçu comme deux fois plus fort. Le **niveau sonore** se mesure donc selon une **échelle logarithmique**. Il s'exprime en **décibels**, notés dB. Tandis que les variations d'intensité sonore perceptibles couvrent plusieurs dizaines de milliers de milliards en ordre de grandeur, elles correspondent à une échelle allant de 0 à 140 dB.
- Quelques relations utiles entre l'intensité sonore et le niveau sonore :

Niveau sonore (en dB)	Intensité sonore (en $W \cdot m^{-2}$)
N_0 (référence)	I_0
N_0 + 3 dB	$I_0 \times 2$
N_0 + 6 dB	$I_0 \times 4$
N_0 + 9 dB	$I_0 \times 8$
N_0 + 10 dB	$I_0 \times 10$
N_0 + 40 dB	$I_0 \times 10\,000$

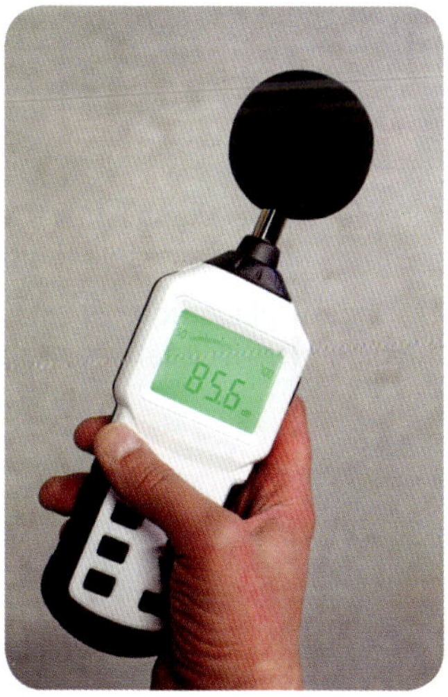

Le niveau sonore se mesure à l'aide d'un sonomètre. L'appareil mesure la pression acoustique et affiche le niveau sonore en décibels à l'écran.

Animation
Niveau sonore
Lienmini.fr/Ens-Sci1-29

Guide de travail

1 À l'aide du doc. 3, justifier que l'intensité sonore du bruit produit par un avion décroît en $1/d^2$, où d est la distance entre l'avion et l'observateur.

2 On note I_0 l'intensité sonore du bruit émis par l'avion à 900 m d'altitude. Pour chacune des altitudes du tableau dans le doc. 1, exprimer l'intensité sonore en fonction de I_0 (doc. 4).

3 Lors de l'atterrissage, quand l'avion est à une altitude de 600 m, le niveau de bruit est de 75 dB. Comparer cette valeur au cas du décollage, et proposer une explication.

4 Sur la carte des environs d'Orly (doc. 2), déterminer l'emplacement des pistes de décollage de l'aéroport d'Orly, et le sens de décollage des avions.

Synthèse Justifier que les mesures réalisées par la DGAC sont cohérentes avec la formule du doc. 3.

Vocabulaire

Logarithme (décimal) Cette fonction, définie pour des nombres strictement positifs, est telle que $\log(ab) = \log(a)+\log(b)$ et $\log(10^n) = n$.

Essentiel

1 Connaître les différents sons et leurs caractéristiques

▶ Le **son** se propage de proche en proche dans un milieu matériel, sous forme d'ondes de pression. La répercussion de ces variations de pression sur le tympan provoque une sensation auditive.

▶ **Signaux périodiques**
La **période** T d'un signal sonore est **la plus petite durée au bout de laquelle le signal se répète identique à lui-même.**
On définit alors la **fréquence** f **du signal** :

$$f = \frac{1}{T}$$
(f en hertz ; T en seconde)

▶ Un **son pur** est un signal sinusoïdal, caractérisé par sa fréquence et son amplitude.
Un son qui n'est pas pur est dit **composé**.

Exemple
Le son émis par un diapason est un son pur.
Le son émis par une trompette est un son composé.

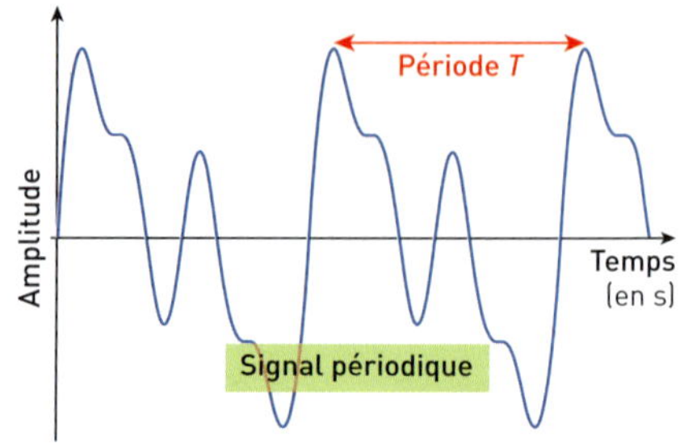

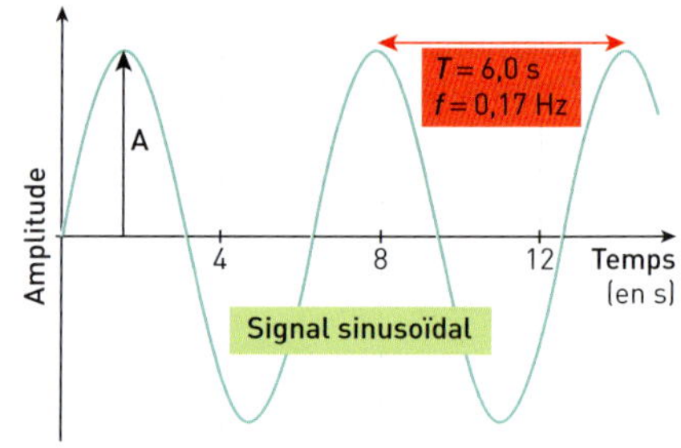

2 Étudier les spectres des sons purs et composés

▶ Introduite par Joseph Fourier au XIXe siècle, l'**analyse spectrale** est aujourd'hui utilisée dans tous les domaines de la physique : l'optique, l'électricité, l'acoustique...

▶ Un **signal périodique de fréquence** f se décompose en une **somme de signaux sinusoïdaux de fréquences multiples de** $2f$, $3f$, $4f$... :

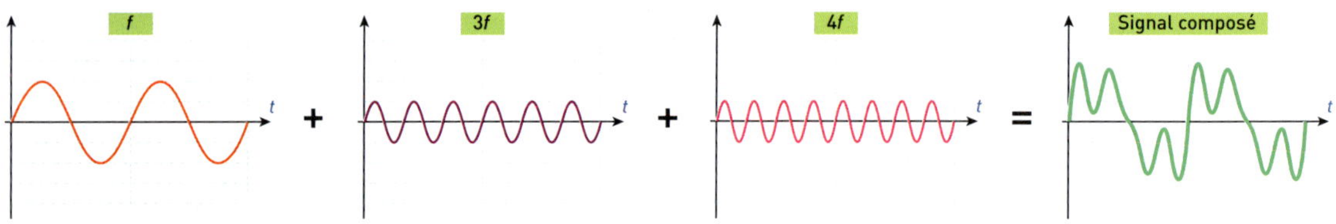

▶ Pour représenter la décomposition d'un son, on visualise son **spectre** à l'aide d'un logiciel. Il s'agit d'un graphe gradué en fréquence sur l'axe des abscisses, et en amplitude sur l'axe des ordonnées :

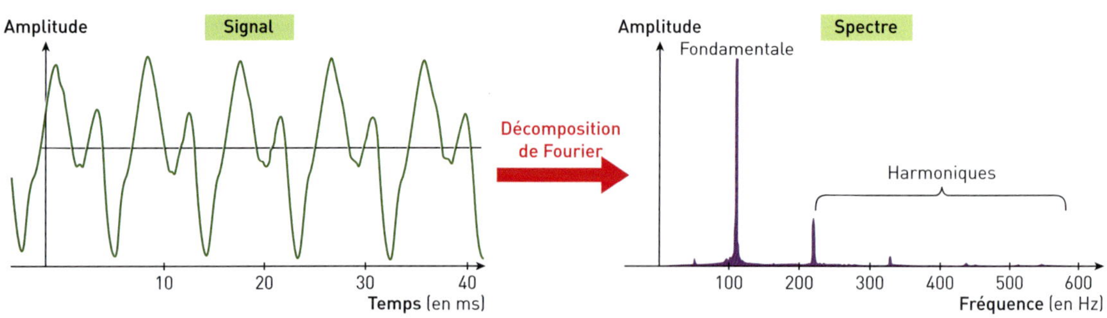

• La fréquence f du signal sonore périodique est appelée **fréquence fondamentale.**

• Les autres fréquences composant le spectre, appelées **harmoniques**, sont des multiples entiers de la fréquence fondamentale.

▶ Plus la fréquence fondamentale est faible, plus le son est grave. Plus elle est élevée, plus le son est aigu.

3 Relier le son émis par une corde ou colonne d'air à sa longueur

- Une **corde tendue** émet en vibrant un son composé dont les fréquences sont reliées aux caractéristiques de la corde telles que la longueur, la tension et la masse linéique.

Exemple

L'accordage d'une guitare s'effectue à l'aide des clefs qui modifient la tension des différentes cordes en les enroulant. Il faut serrer la clef d'accordage, c'est-à-dire augmenter la tension, si la note est trop grave, et desserrer la clef d'accordage si la note est trop aiguë.

- Plus la corde vibrante est **longue**, plus la fréquence fondamentale du son émis est **basse**.

- Dans les **instruments à vent**, un phénomène analogue se produit par la mise en vibration de l'air dans un tuyau. Plus le tuyau est long, plus le son est grave.

Exemple

La flûte de Pan est un instrument constitué de roseaux liés entre eux. Ces roseaux sont plus ou moins longs pour jouer des notes différentes.

4 Relier puissance et intensité sonore

- L'**intensité d'un son**, notée I, dépend de l'amplitude du signal sonore. Plus cette amplitude est élevée, plus le son est intense, et plus il sera perçu comme « fort ».

- Par définition, l'**intensité sonore**, en watt par mètre carré, est la valeur de la puissance transférée par l'onde sonore à travers une surface S :

$$I = \frac{P}{S}$$

avec P en watt (W) et S en mètre carré (m^2).

Exemple

L'intensité sonore d'une salle de classe est de l'ordre de 10^{-5} W·m^{-2}.

- Le niveau de bruit, ou **niveau d'intensité sonore**, se mesure selon une échelle logarithmique et s'exprime en décibels, notés dB. Ainsi :
  - doubler l'intensité sonore équivaut à augmenter le niveau sonore de 3 dB ;
  - la quadrupler augmente le niveau sonore de 6 dB ;
  - la multiplier par 100 ajoute 20 dB au niveau sonore.

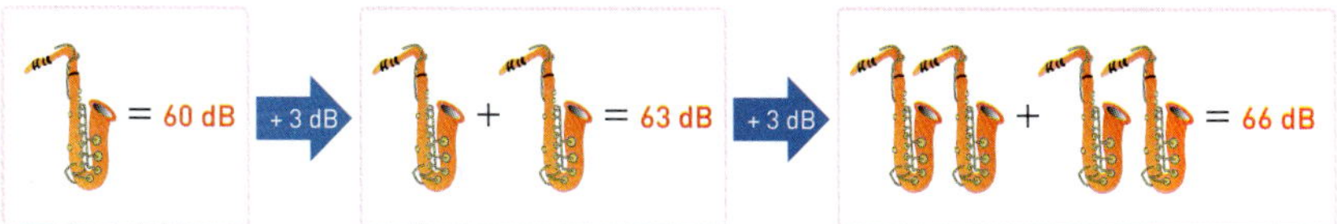

- Le point de référence de l'échelle est la plus petite puissance sonore perceptible par l'oreille humaine. L'échelle est usuellement graduée de 0 à 140 dB.

Exemple

Le niveau d'intensité sonore d'une salle de classe est de 70 dB environ.

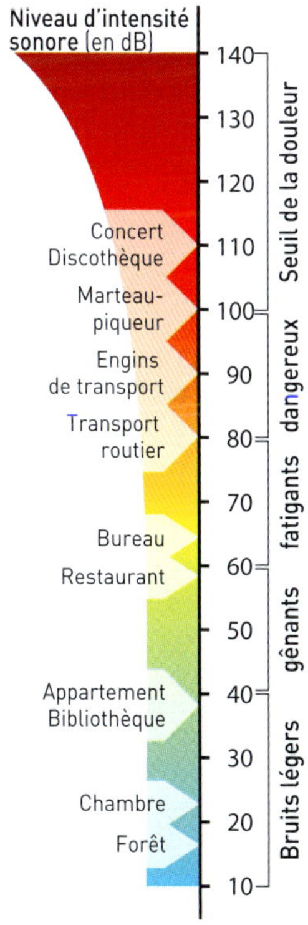

Le son en trois dimensions !

Soixante fois ! Le savant du XVIIIe siècle Daniel Bernoulli, spécialiste en vibrations sonores, a bien compté soixante fois le même son, répété en écho depuis le balcon de la cour de la villa Simonetta, à Milan ! Bordée d'arcades sur trois côtés, cette cour de 17 x 34 mètres faisait la curiosité de toute l'Europe du XVIe siècle jusqu'à la Seconde Guerre mondiale. Les vibrations sonores se réfléchissaient presque sans fin sur les obstacles et parois qu'elles rencontraient – une expérience qui a permis de mieux comprendre les lois de la réverbération du son, sur lesquelles s'appuient les spécialistes de l'acoustique des salles de concert.

La cour de la villa Simonetta

« Le clarinettiste s'est décalé de cinq centimètres depuis l'entracte… ça change tout ! » Vraiment ? En réalité non : si le spectateur d'un orchestre symphonique peut voir ce décalage à quinze mètres de distance, il ne peut pas l'entendre. Notre perception du relief sonore est limitée. Nous parvenons cependant à situer les sons dans l'espace : non seulement ils n'arrivent pas tout à fait en même temps à nos deux oreilles, mais, en plus, les vibrations sont renvoyées ou absorbées par notre corps, notre torse ou nos épaules. Notre tête, en particulier, atténue et réfléchit les sons, surtout aigus, avant qu'ils n'atteignent l'oreille la plus éloignée – tandis que les plus graves résonnent dans le crâne par diffraction.

Ces « fonctions de transfert liées à la tête » (HRTF) sont prises très au sérieux par les producteurs de films et de jeux vidéo : il est possible de les reproduire artificiellement, pour donner à l'auditeur une nouvelle impression de résolution spatiale.

Depuis les années 1950, la course aux techniques de spatialisation sonore est intense – et pas toujours facile à suivre, tant les systèmes semblent se multiplier ! Mais il s'agit toujours d'enregistrer un son à partir de différents microphones et de le restituer sur plusieurs haut-parleurs : deux en hi-fi, cinq à huit sur un home cinéma, et même quatre cent vingt-cinq pour diffuser le *Poème électronique* du compositeur de musique contemporaine Edgard Varèse à l'Exposition universelle de Bruxelles de 1958 ! Mais désormais l'immersion spatiale mise sur la morphologie individuelle : chacun pourrait écouter au casque un signal adapté selon son profil HRTF, que le cerveau traduirait par une bien meilleure résolution spatiale !

Ultrasons : des sons pour savoir

Le principe du sonar a été inventé en 1917 pour détecter les sous-marins ennemis. Tout part d'une constatation simple : les sons les plus aigus sont réfléchis par les objets qu'ils rencontrent. On peut donc savoir à quelle distance sont ces obstacles grâce au temps que met l'écho à revenir. Les animaux en usent : les dauphins et les chauves-souris « écholocalisent » leurs proies sans les voir en émettant des ultrasons entre 20 et 200 kHz ! La médecine s'est emparée de cette idée depuis les années 1950 pour réaliser des échographies : d'abord pour identifier des tumeurs, puis, massivement, pour suivre la croissance des fœtus durant la grossesse…et les voir enfin en image !

Un sonar dans un navire américain

Du papier carboné au streaming musical

En 2008, une équipe de chercheurs est parvenue à rendre audible le premier enregistrement sonore au monde, *Au clair de la lune*, retranscrit sur du papier carboné vers 1855 par une aiguille vibrant au gré du son. Sauf que cet enregistrement n'était pas destiné à être entendu ! Son inventeur, Édouard-Léon Scott de Martinville voulait seulement obtenir une image visuelle des vibrations sonores pour comparer à vue d'œil les intonations de comédiens de théâtre. L'histoire de la diffusion « sonore » était cependant sur le point de commencer.

> un gramophone

Jusqu'au XIXe siècle, le son était par définition fuyant : à peine entendu, il avait disparu ! Au XIXe siècle, une nouvelle idée est apparue : inscrire la trace de ces vibrations. En 1877, Charles Cros, poète et inventeur français, dépose le brevet d'une machine qui enregistre et restitue le son. Ce « paléophone » est doté d'une pointe attachée à une membrane sensible aux vibrations sonores. La pointe grave la feuille de zinc au rythme de ces vibrations. Pour diffuser le son, c'est la logique inverse : un stylet parcourt les creux et les bosses du sillon gravé pour faire vibrer une membrane utilisée comme haut-parleur !

En 1877 aussi, sur une machine similaire, Thomas Edison enregistra et diffusa la comptine *Mary had a little lamb*. Sa machine gravait sur un cylindre, assez encombrant. En 1887, enfin, le gramophone fut mis au point aux États-Unis, avec disques plats de 78 tours gravés en spirales. L'industrie du disque était née !

L'électricité a permis d'améliorer la qualité sonore. À partir de 1927, avec l'invention de l'amplificateur électronique, les moindres vibrations de l'aiguille sont transmises, ce qui lui évite de devoir frotter sur le disque. Il n'est d'ailleurs plus question d'aiguilles, mais de « saphirs » puis de « diamants », matériaux qui glissent mieux et s'usent moins. Dès 1951, apparaissent les disques en vinyle, support plus léger sur lequel on peut graver des microsillons pour augmenter la durée d'enregistrement. Juste à temps pour accompagner l'histoire du rock !

Dès la fin des années 1970, le mouvement hip-hop s'empare des platines vinyles pour en faire des instruments de création musicale : des disc-jockeys (DJ) frottent le disque (*scratching*), jonglent en direct avec des extraits musicaux (*beat juggling*) ou les combinent (*beat mixing*). Les musiques électroniques emboîtent le pas. Instrument de musique détourné, le vinyle a rendu possible de nouvelles sonorités et un rapport plus créatif à la musique enregistrée.

< Affiche de 1896

De la musique sur mon combiné !

Écouter de la musique par téléphone ? Tous les lycéens le font mais ce n'est pas nouveau ! De 1891 à 1936, à Paris, on pouvait écouter au téléphone les pièces jouées à l'opéra. L'écrivain Marcel Proust comptait parmi les abonnés de ce Théâtrophone, inventé par le pionnier de l'aviation Clément Ader. Bien sûr, le téléphone était fixe : pas question de sortir écouter la musique dans la rue ! Et la retransmission n'était qu'en direct. Mais le principe n'était pas très éloigné du streaming actuel : des impulsions électriques régulières font vibrer une membrane souple comme celle d'un haut-parleur de téléphone ou d'une paire d'écouteurs. Même si la qualité n'était pas tout à fait au rendez-vous, c'était un très bon moyen d'entendre de la musique à distance !

Exercices Se tester

Exo Version interactive
Lienmini.fr/Ens-Sci1-20

Apprendre à apprendre

1 Installer l'application Phyphox sur un smartphone, et écouter des sons de différentes fréquences à l'aide du générateur de son (*Tone generator*).

• Relier le caractère aigu ou grave à la fréquence d'un son.

2 À l'aide de l'application Phyphox et de l'outil « spectre audio » (*Audio spectrum*), enregistrer le spectre d'un sifflement.

• Essayer de produire un sifflement de fréquence 440 Hz.

3 Faire osciller une règle en maintenant fermement une des deux extrémités contre une table ; écouter le changement de la hauteur du son lorsque la longueur *L* de la partie libre de la règle varie.

• Relier la fréquence du son entendu à la longueur *L*.

4 Avec un camarade, écouter le son émis par un claquement de mains, puis écouter le son émis par deux claquements de mains simultanés.

• Estimer si le niveau sonore a doublé. Au besoin, déterminer la variation de niveau sonore, en dB, à l'aide de l'outil « amplitude audio » de l'application Phyphox.

5 Vrai-faux Histoire de fréquences

Répondre par vrai ou faux aux affirmations.

1. La fréquence est proportionnelle à la période d'un signal.
2. La fréquence peut s'exprimer en s^{-1}.
3. La fréquence d'un son correspond à la fréquence fondamentale.
4. Les fréquences des harmoniques sont proportionnelles entre elles.
5. Plus la fréquence est élevée, plus le son est grave.

6 Relier les termes Types de son

Relier les termes « son pur » et « son complexe » aux deux spectres présentés.

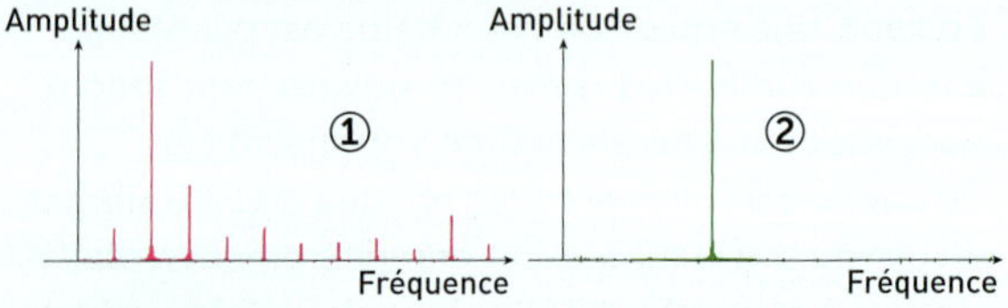

7 Texte à trous Synthèse de Fourier

Recopier et compléter les phrases suivantes.

« En mathématiques, on montre qu'une fonction périodique de fréquence *f* peut s'écrire comme une somme de fonctions ..... de fréquences multiples de *f*. Cela se traduit, en physique, par le fait qu'un signal sonore peut se décomposer en une somme de signaux ......»

8 Devinette Fréquences d'un spectre

Pour chacune des fréquences repérables sur le spectre suivant, préciser s'il s'agit de la fréquence fondamentale ou d'un harmonique.

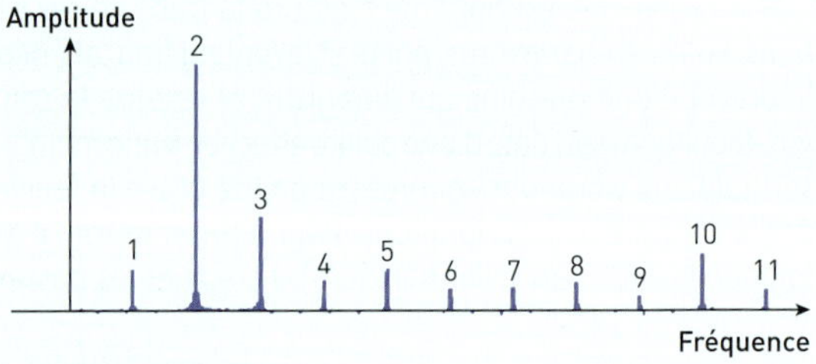

9 Texte à trous Son émis par une corde vibrante

Recopier et compléter les phrases suivantes.

« Plus la longueur de la corde augmente, plus la fréquence fondamentale est ..... ; le son est plus ..... . Plus la longueur de la corde diminue plus la fréquence fondamentale est ..... , le son est plus ..... . »

10 Devinette Unités

On donne la formule reliant la puissance *P* transférée par l'onde sonore à travers une surface *S* et l'intensité sonore, notée I : $P = I \times S$.

Donner les unités des trois grandeurs physiques.

11 Texte à trous Relations logarithmiques

Recopier et compléter le tableau suivant.

Niveau sonore (dB)	Intensité acoustique (W·m^{2})
N_0	I_0
N_0 + ... dB	$I_0 \times 2$
N_0 + 6 dB	$I_0 \times$ .....
N_0 + ... dB	$I_0 \times 8$
N_0 + 12 dB	$I_0 \times$ .....

Voir corrigés à la fin du manuel, p. 254

Caractéristiques de différents sons

12 Le son d'une harpe

Harpo, l'un des membres du groupe comique américain des Marx Brothers, a reçu son surnom de l'instrument dont il jouait : la harpe !

• On admet que les cordes de l'instrument ont toutes les mêmes caractéristiques. Où se trouve, sur la photographie, la corde émettant le son le plus grave ? Où se trouve la corde émettant le son le plus aigu ?

13 Sourdine d'un piano

Certains pianos sont munis d'une pédale qui réduit le volume sonore restitué. D'un point de vue mécanique, plusieurs variantes sont mises en œuvre pour parvenir à ce résultat. Parfois les marteaux sont rapprochés des cordes, ce qui diminue la vitesse de frappe. Il est aussi possible d'intercaler une bande de feutre entre les marteaux et les cordes pour amortir leur impact. On donne les enregistrements d'un son joué au piano avec et sans sourdine.

Sans sourdine

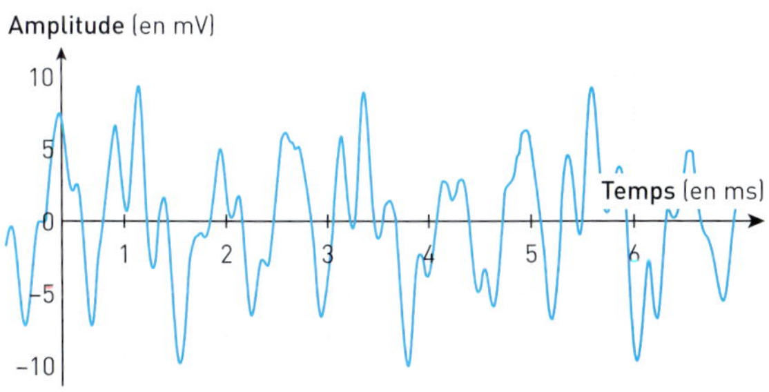

Avec sourdine

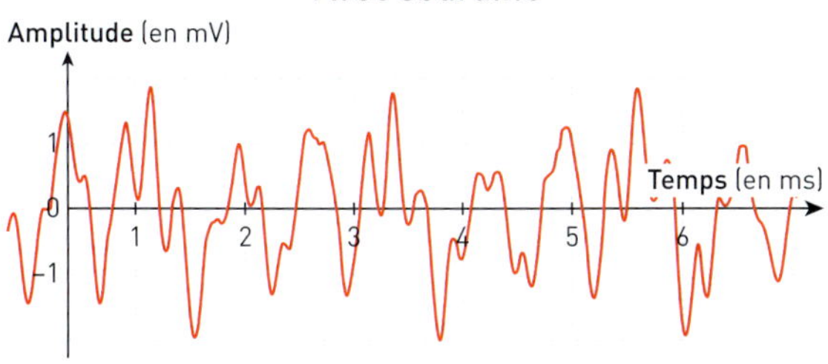

1. Déterminer l'amplitude de chacun des sons émis par le piano.
2. Quelle est la fréquence du son joué par le piano pour chacune des situations ?
3. Quel est l'effet de la sourdine du piano sur les sons joués ? Pourquoi un pianiste utilise-t-il la sourdine ?

Spectres de sons purs et composés

14 Un instrument de musique préhistorique

Le lithophone est un instrument de musique à percussion connu depuis le Néolithique. Il est composé de pierres taillées et polies que l'on frappe avec de petits marteaux de bois.
Voici le spectre du son émis par cet instrument :

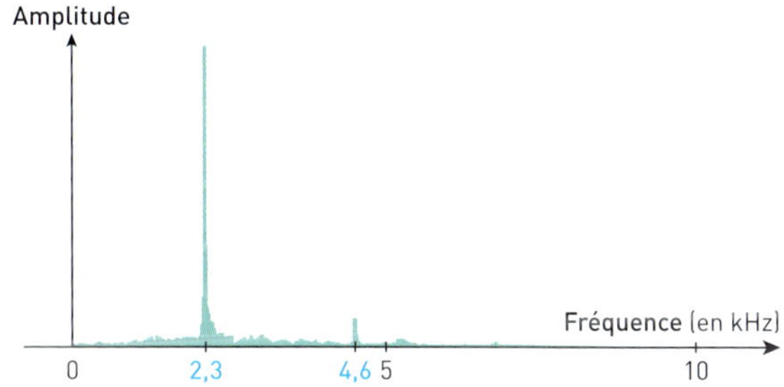

1. Qualifier le son émis par l'instrument. Quelle est sa fréquence ?
2. Donner la relation entre les fréquences observées sur le spectre.
3. Comment fabriquer un instrument émettant un son différent ?

15 Sifflement

On enregistre un sifflement à l'aide d'un logiciel. On obtient le graphe et le spectre suivant :

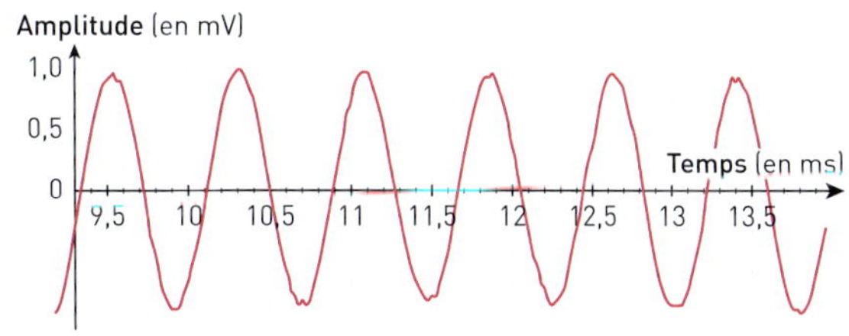

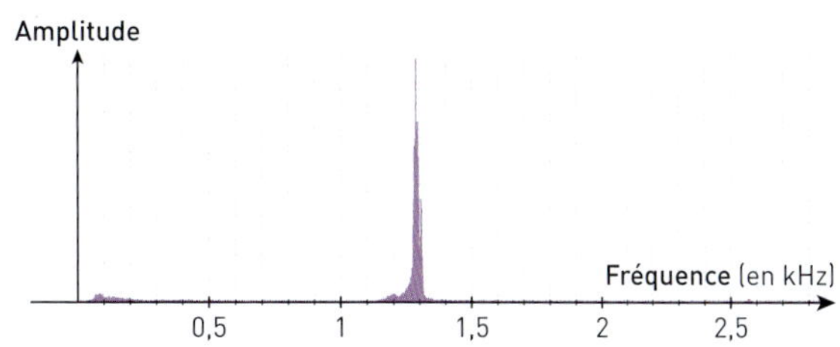

1. Déterminer l'amplitude du son.
2. Déterminer, à l'aide du graphe et du spectre, la fréquence du son.
3. Décrire le son émis.

Son émis par une corde tendue

16 Capodastre

Pour changer la tonalité d'un morceau sans modifier les accords, le guitariste place un capodastre entre deux frettes métalliques. Le capodastre plaque les cordes contre le manche (comme dans le cas d'un « barré »), et la longueur à vide des cordes devient plus courte.

• Expliquer pourquoi le son obtenu avec un capodastre est plus aigu.

17 Une ambiance du tonnerre !

En 2010, l'Afrique du Sud a accueilli la Coupe du monde de football. Les téléspectateurs du monde entier ont alors découvert le vacarne engendré par les vuvuzelas, des trompettes en plastique extrêmement sonores utilisées par les supporters.

Un fan de foot a acheté trois vuvuzelas de tailles différentes (une grande, une moyenne et une petite), et se demande quels sons elles émettent.

En analysant les spectres, le fan mesure les fréquences fondamentales des sons émis par chaque vuvuzela : $f_1 = 233$ Hz, $f_2 = 466$ Hz, $f_3 = 699$ Hz.

• En admettant que les colonnes d'air dans les trompettes se comportent comme des cordes vibrantes, relier chaque fréquence mesurée à la vuvuzela qui lui correspond.

Puissance et intensité sonore

Rappel

Le niveau sonore est augmenté de 3 dB quand l'intensité double.

18 Parlez plus fort !

Dans l'album *Objectif Lune*, le professeur Tryphon Tournesol, un peu dur d'oreille, se sert d'un cornet acoustique. Ce dispositif en forme d'entonnoir guide les ondes sonores jusqu'à l'oreille ; il en résulte un renforcement de l'intensité sonore vers le tympan. Ce système a été décrit pour la première fois par l'Allemand Athanasius Kircher en 1673.
On étudie un cornet ayant des surfaces circulaires de rayons $R_{entrée} = 4$ cm et $R_{sortie} = 0{,}5$ cm.

1. En notant l'intensité sonore à l'entrée du cornet $I_{entrée}$, donner l'expression de la puissance sonore reçue à l'entrée du cornet.
2. Quelle est la relation entre la puissance à l'entrée et celle à la sortie du cornet ?
3. Comparer alors l'intensité sonore à la sortie du cornet à celle de l'entrée.
4. Quelle est l'augmentation de niveau sonore assurée par ce cornet ?

19 Porter ses mains à l'oreille

Le simple geste de porter ses mains à l'oreille permet d'augmenter le niveau sonore de 5 dB au niveau du pavillon.

1. Quelle est l'augmentation d'intensité sonore permise par cette opération ?
2. Retrouver ce résultat en faisant le parallèle avec l'exercice précédent sur le cornet acoustique.

20 Une route bruyante

Un particulier souhaite acquérir un appartement donnant sur un boulevard avec beaucoup de passage. Les fenêtres de l'appartement se trouvent à une distance de 11,3 m de la route.
En utilisant l'échelle logarithmique des niveaux sonores (voir p. 199), il constate qu'une voiture fait un bruit d'environ 80 dB à un mètre. > Essentiel, p. 199

1. Montrer qu'à la fenêtre de l'appartement, l'intensité sonore est environ 2^7 fois moins importante qu'à une distance d'un mètre de la voiture.
2. Donner le niveau sonore du bruit créé dans l'appartement au niveau de la fenêtre ouverte par une voiture passant sur la route.
3. Quel serait le niveau de bruit créé par huit voitures passant en même temps sur le boulevard ?
4. Relier ce niveau sonore à l'échelle des niveaux sonores de la page 199.

Vers le BAC

21 Le son d'un diapason

Argumenter — 10 min.

- Représenter le signal émis par un diapason au cours du temps, ainsi que son spectre. Attention à bien préciser les axes.

22 Sauvés par le gong

Calculer — 15 min.

« Lors d'une réunion publique d'information organisée par la SNCF, les habitants ont exprimé leur colère à propos des nuisances provoquées par le gong du tram-train sur la ligne des Coquetiers. La SNCF a accepté de baisser de 110 à 95 décibels le niveau sonore du gong. Devant les protestations de la salle, il a aussi été proposé que l'utilisation de l'avertisseur sonore soit strictement limitée au cas de danger immédiat. »

D'après *Le Parisien*, 15/03/2007

1. Proposer une explication de la réaction de la salle devant la baisse de 110 à 95 dB.
2. Déterminer la diminution d'intensité sonore promise par la SNCF.
3. Présenter un argument qui aurait peut-être pu convaincre la salle.

Rappel
Une augmentation de 3 dB correspond à un doublement de l'intensité sonore.

23 Accorder une guitare

Analyser — 35 min.

Pour accorder son instrument, un guitariste a téléchargé l'application Phyphox sur son smartphone.
- À l'aide des documents, proposer un protocole d'accordage détaillé.

Doc. 1 Accorder une guitare

Une guitare classique comporte six cordes : corde de mi grave, corde de la, etc. Elle est accordée lorsque chaque corde à vide produit, une fois pincée, la note correspondant à son nom. Pour réaliser l'accordage, on tourne la clef située en haut du manche, ce qui ajuste la tension de la corde.

Corde	Fréquence (en Hz)
Mi aigu	329,63
Si	246,94
Sol	196,00
Ré	146,83
La	110,00
Mi grave	82,41

Brian May, astrophysicien britannique et cofondateur du groupe de rock « Queen ».

Doc. 2 Fréquence fondamentale d'une corde tendue

Une corde tendue excitée émet un son dont la fréquence fondamentale, en hertz, vérifie la relation :

$$f = \frac{1}{2L}\sqrt{\frac{T}{\mu}}$$

avec L longueur de la corde, en mètre ; T tension de la corde, en newton ; et μ masse linéique de la corde, en $kg \cdot m^{-1}$.

Doc. 3 Une application smartphone

L'outil « Audio spectrum » de l'application pour smartphone Phyphox trace simplement le spectre d'un son. Il donne aussi la fréquence du fondamental, notée « peak frequency ».

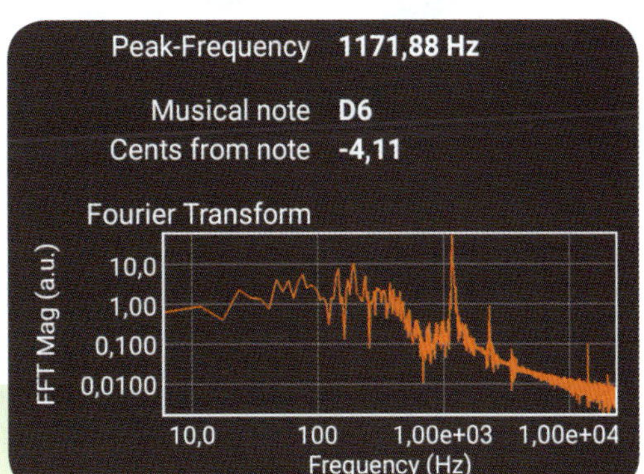

Spectre d'un sifflement

12 La musique ou l'art de faire entendre les nombres

Extrait de *La Symphonie du chat* (1868) du peintre autrichien Moritz von Schwind, un ami du compositeur Franz Schubert.

Selon les époques et les cultures, l'écriture musicale a pris des formes diverses. Comment combiner les sons de façon harmonieuse, et retranscrire la musique de façon univoque ?

À la fin des années 1950, Miles Davis explore les possibilités du jazz « modal » dans son album *Kind of blue*.

La « note bleue » donne une couleur expressive et nostalgique à la musique jazz. Son origine se trouve dans le système musical pentatonique (gamme à cinq notes) africain.
Comment construire une gamme ?

Attendus du programme	Activités	Parcours d'exercices
Définir des intervalles harmonieux entre deux sons	1 2	1 3 10 11 12 21
Construire des gammes à partir de fractions simples	2	2 6 7 8 13 14 19
Prouver que le cycle des quintes est infini	2	15 16
Construire des gammes à partir de nombres irrationnels	3	4 5 9 17 18 20

Objectif général de formation
Comprendre la nature du savoir scientifique et ses méthodes d'élaboration

1 « Travaillez le monocorde ! »

Selon la légende, avant de mourir, Pythagore a donné le conseil suivant : « Travaillez le monocorde ». Rien d'étonnant quand on sait que Pythagore allouait à la musique la valeur d'une véritable représentation du monde ! Selon son courant de pensée, un intervalle musical rendrait audible l'harmonie cosmique.

Objectif Étudier les intervalles musicaux à l'aide d'un monocorde.

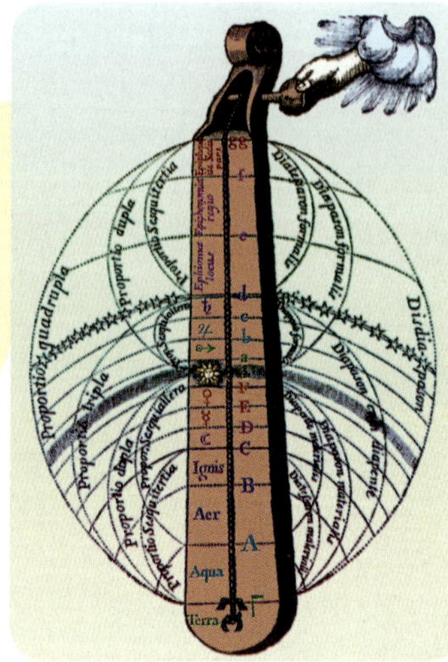

« L'harmonie des sphères » par un mystique de la fin du XVIe siècle. Cette gravure relie les intervalles musicaux à l'Univers de Ptolémée. Une main céleste accorde l'instrument.

Doc. 1 Le monocorde

- Le monocorde est un instrument de musique composé d'une seule corde, tendue sur une table de résonance graduée. En déplaçant un chevalet par rapport aux graduations, on modifie la longueur de la corde vibrante, et donc la hauteur du son. Quand le chevalet est placé au milieu de la corde, par exemple, les deux moitiés de corde sont à l'unisson.
- Cet instrument a servi à l'apprentissage du solfège de l'Antiquité jusqu'au Moyen Âge. L'élève pouvait émettre un intervalle demandé, ou reconnaître celui joué par le maître.

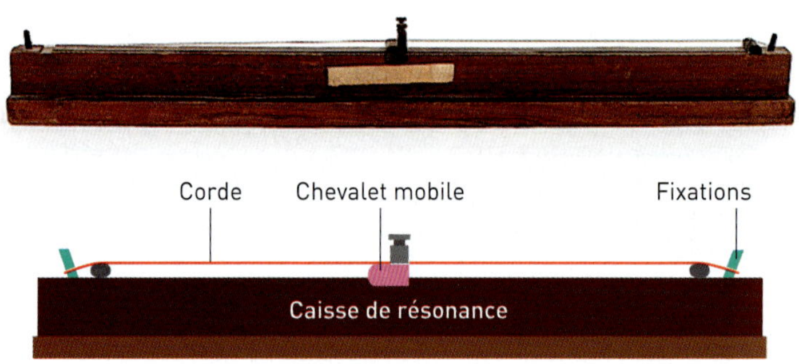

Un monocorde de la fin du XIXe siècle (conservé à l'Académie royale de musique de Londres), et sa représentation schématisée

Doc. 2 La description de Ptolémée

- Grâce au monocorde, Pythagore et ses disciples étudiaient l'harmonie musicale. Pour les pythagoriciens, la musique est d'abord une science avant d'être une pratique. Aucun texte de Pythagore ne nous est parvenu, mais Ptolémée, sept siècles plus tard, décrit l'utilisation du monocorde dans un traité intitulé *Les Harmoniques* :

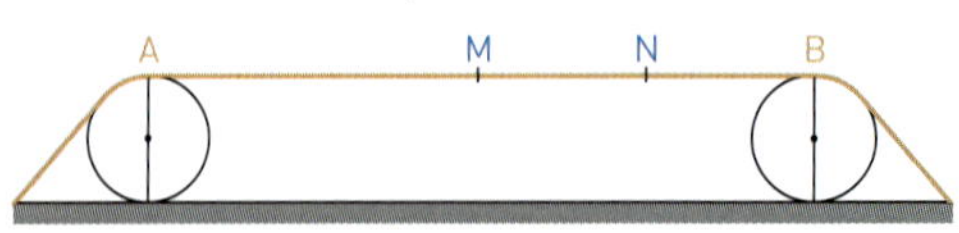

« Nous tendons une corde. C'est aux points A et B qu'il faut prendre les limites du segment qui donnera un son… Appliquons sur la corde une réglette, et portons sur celle-ci la longueur AB. Ensuite, d'abord à la moitié de la longueur totale, soit au point M, puis, d'autre part, à la moitié de cette moitié, soit au point N, nous placerons des chevalets amovibles… Ensuite, quand nous aurons divisé la réglette selon les rapports des consonances, nous découvrirons de façon précise, par déplacement du petit chevalet, les intervalles entre les sons particuliers, intervalles que reconnaîtra notre oreille.
Ainsi, si on donne au segment AM une longueur de 4 unités, le segment MB mesurant, lui, 3 de ces unités, les sons respectifs de ces segments donneront la consonance de quarte. »

Doc. 3 Spectre d'un son de monocorde

- Le spectre d'un son émis par un monocorde est composé :
  > d'une **fréquence fondamentale**, définissant la hauteur du son. Cela correspond à la note jouée. Pythagore a démontré que la fréquence f, et donc la hauteur du son, est inversement proportionnelle à la longueur L de la corde.
  > d'**harmoniques**, de fréquences multiples de la fréquence fondamentale. Leurs amplitudes caractérisent le timbre de l'instrument.

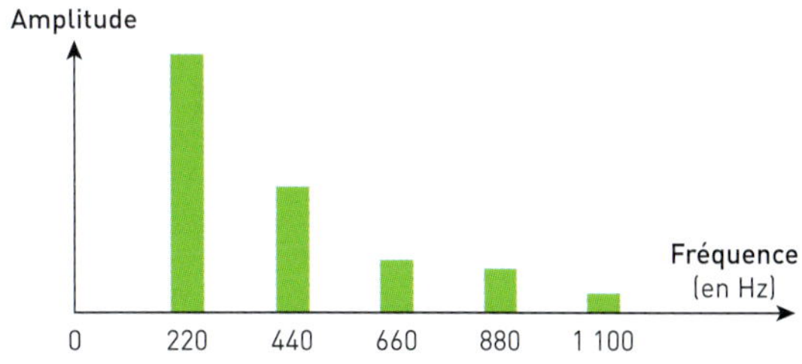

Spectre du monocorde jouant un la_2.

Doc. 4 Un élève à l'étude

À la fin de la Renaissance, le compositeur italien Lodovico Fogliani rédigea plusieurs traités de théorie musicale, dont sa *Musica Theorica* qui est abondamment illustrée.

La gravure reproduite ci-dessous montre un élève jouant du monocorde.

Doc. 5 Des notes qui « s'aiment »

- Comme l'ensemble des sens des êtres humains, l'oreille n'est pas un capteur linéaire, mais logarithmique. Lorsque deux notes sont jouées simultanément, l'oreille est sensible au **rapport des fréquences** de ces notes, et non pas à la différence entre celles-ci ! Ce rapport de deux fréquences définit un **intervalle musical**, qui représente la distance qui sépare les deux notes.
- Le tableau ci-dessous liste les principaux rapports acoustiques simples.

Nom de l'intervalle	Rapport de fréquence
Unisson	1/1
Octave	2/1
Quinte	3/2
Quarte	4/3

L'ensemble de ces intervalles sont **consonants**, c'est-à-dire que leurs notes paraissent harmonieuses à l'oreille. Cette impression s'explique par le fait que ces notes ont des spectres proches. Enfant, Wolfgang Amadeus Mozart les appelait des notes « qui s'aiment » !

Guide de travail

1 Reproduire l'allure du spectre d'un la_2 joué au monocorde (doc. 3), et y ajouter, avec une autre couleur, le spectre d'un la_3 émis par le même instrument.

2 Justifier que cet intervalle la_3/la_2 est consonant (doc. 5). Préciser son nom.

3 Schématiser le monocorde dans la situation décrite par Ptolémée (doc. 2) pour obtenir une quarte.

4 **a.** En considérant que le monocorde entier joue un la_2, déterminer les fréquences des deux parties de la corde représentées dans la question précédente.

b. Vérifier que l'intervalle musical entre ces deux notes est bien une quarte.

5 Déterminer les intervalles pouvant être joués par l'élève représenté sur la gravure du doc. 4.

Synthèse Expliquer pourquoi le monocorde est un outil utile pour étudier le solfège.

Vocabulaire

Solfège Méthode d'apprentissage de la musique, fondée sur des exercices de lecture de notes et d'écoute musicale.
La_2 Le chiffre 2 signifie qu'il s'agit de la note « la » de l'octave 2, de fréquence 220 Hz. Le la_1 a une fréquence de 110 Hz ; le la_3 de 440 Hz.

Objectif général de formation
Comprendre la nature du savoir scientifique et ses méthodes d'élaboration

2 Construire les notes

Dès l'Antiquité, des réflexions furent menées sur le lien entre la hauteur des sons et leur harmonie. Pour écrire de la musique et s'affranchir d'une transmission purement orale des mélodies, il restait néanmoins à créer une échelle de notes, ou gamme.
Objectif Utiliser l'arithmétique pour construire une gamme de notes à partir des principes des pythagoriciens.

Doc. 1 Pythagore à la forge

▸ La légende veut que Pythagore ait découvert le lien entre la musique et les nombres lors d'une promenade. En passant devant une forge, il écouta les marteaux battre le fer et remarqua que lorsque les masses de deux marteaux étaient dans un rapport simple de nombres entiers, les sons émis formaient des accords mélodieux. Il montra en outre que le son produit par un marteau ne dépend que de la masse de celui-ci : plus le marteau est léger, plus le son est aigu et inversement. Pythagore conclut que deux notes sonnent bien si le rapport de leurs fréquences peut s'écrire comme un rapport simple de nombres entiers.

▸ Cette découverte façonne la pensée grecque. Pour les pythagoriciens, seules la quinte et l'octave sont considérées comme consonantes, et donc les nombres 1, 2 et 3 suffisent pour caractériser ces intervalles. Cette simplicité conforte les pythagoriciens dans leur idée que l'Univers est régi par les nombres.

Gravure représentant Pythagore devant une forge, issue d'un traité musical du début du XVIe siècle

Doc. 2 La construction des pythagoriciens

Vidéo — Michel Serres : Pythagore et la musique
Lienmini.fr/Ens-Sci1-09

À l'aide de considérations mathématiques et philosophiques, les pythagoriciens ont construit une gamme composée de sept notes : la **gamme pythagoricienne**, en considérant seulement des quintes. En voici la méthode de construction :

> La note la plus grave de la gamme (note n° 1), ou fondamentale, est choisie arbitrairement. On note sa fréquence f_1.

> On construit alors une deuxième note (note n° 2) en prenant la quinte de la fondamentale. La fréquence de la note n° 2 est donc :

$$f_2 = \frac{3}{2} f_1.$$

> Pour construire une nouvelle note, on prend la quinte de la note précédente. Les fréquences des notes de la gamme doivent être comprises dans l'octave, donc entre f_1 et $2f_1$. Si ce n'est pas le cas, il convient de multiplier ou diviser par 2 autant de fois que nécessaire pour qu'elle se retrouve dans l'octave. Ce procédé est itéré jusqu'à la note n° 6.

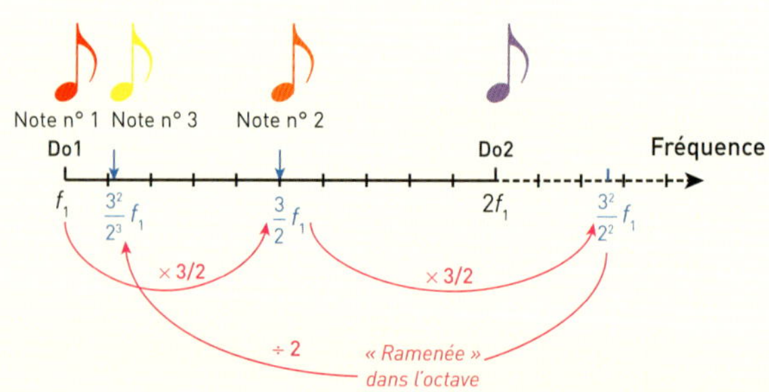

> La dernière note, la note n° 7, est construite en considérant que la note n° 1 est la quinte de la note n° 7, soit :

$$f_1 = \frac{3}{2} f_7.$$

Doc. 3 La quinte du loup

▶ La **gamme pythagoricienne** contient sept notes :

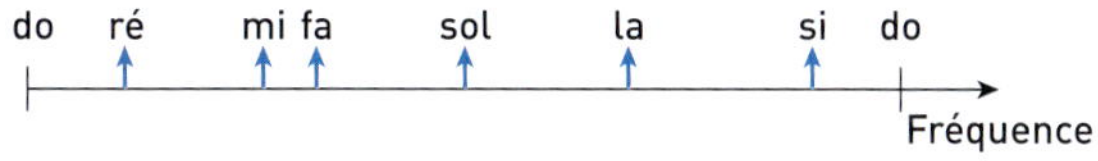

Ce chiffre sept correspond aux sept astres – hormis les étoiles – connus à l'époque. Il est cependant possible de réitérer l'opération consistant à construire une nouvelle note en prenant la quinte de la précédente. Cette construction peut se poursuivre à l'infini, on ne retrouvera jamais la note fondamentale.
En effet, si on considère la dernière note construite (note n° n) et la fondamentale (note n° 1), le rapport de leurs fréquences est toujours de la forme $3^n/2^{n+p}$ où n est le nombre de notes, et p un entier permettant de ramener la note n° n dans l'octave. Ce rapport n'est jamais égal à 1, quelles que soient les valeurs de n et de p (non nulles). Le nombre de notes de la gamme doit donc être fixé arbitrairement. Il est impossible de construire une **gamme parfaite**.

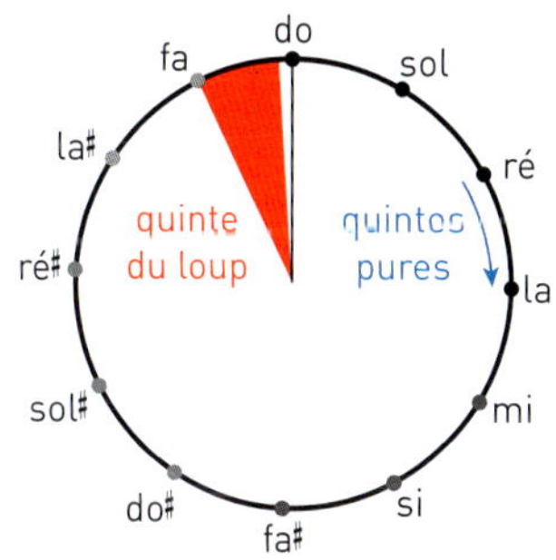

▶ Peut-on mieux faire ? En cherchant des rapports $3^n/2^{n+p}$ proches de 1, on remarque que $3^{12}/2^{19} \approx 1{,}0136$. On peut ainsi choisir de construire une gamme de douze notes.
En partant du *do* comme note fondamentale de fréquence f_1, on trace le cycle des quintes définissant les 12 notes de la gamme. En les plaçant par ordre croissant de fréquences, on obtient la gamme :

do - do♯ - ré - ré♯ - mi - fa - fa♯ - sol - sol♯ - la - la♯ - si - do

Un problème subsiste dans le cycle des quintes. En effet, l'intervalle qui permet de passer de la douzième note fa $\left(\frac{3^{11}}{2^{17}} f_1\right)$ à la note do de l'octave suivante ($2f_1$) n'est pas tout à fait une quinte juste. Son intervalle vaut environ 1,48, et non pas 3/2. La gamme comporte donc 11 quintes parfaitement justes, et une qui est... un peu trop courte !
Cette dernière quinte s'appelle la **quinte du loup**, car même pour une oreille peu exercée, elle fait entendre un battement désagréable qui rappelle le hurlement d'un loup.

Guide de travail

1 Préciser pourquoi, pour les pythagoriciens, seuls les nombres 1, 2 et 3 suffisent pour caractériser des intervalles consonants (doc. 1).

2 À l'aide du doc. 2, recopier et compléter le tableau ci-dessous. Il permet de construire une gamme de sept notes qui ont été placées par ordre croissant de fréquence.

3 Justifier le choix des pythagoriciens de construire une gamme de sept notes (doc. 3).
Pourquoi est-il raisonnable ?

4 **a.** En reprenant la gamme de la question 2, construire, à partir de la note n° 6, une nouvelle note n° 7 bis, puis la comparer avec la note n° 7 déjà trouvée.

b. En suivant le raisonnement du doc. 3, justifier que cette gamme présente un loup.

Synthèse Sachant que le produit de deux nombres pairs est pair et que le produit de deux nombres impairs est impair, justifier qu'il est impossible de construire une gamme parfaite.

Vocabulaire

Gamme Ensemble fini de notes au sein d'une octave.
Battement Modulation périodique d'un signal constitué de la superposition de deux signaux de fréquences proches.

n° de la note	1	3	5	7	2	4	6	1*
Note	do	ré	mi	fa	sol	la	si	do
Fréquence (en Hz)	65,41							130,82
Valeur exacte de f/f_1	1/1							2/1
Valeur approchée de f/f_1	1							2

Activité documentaire

Objectif général de formation
Identifier et mettre en œuvre des pratiques scientifiques

3 Les touches du piano

La gamme que nous utilisons de nos jours a été élaborée à la fin du XVIIe siècle par le musicien et théoricien Andreas Werckmeister. Grâce à ses avantages certains, cette gamme s'est imposée dans la musique occidentale.
Objectif Construire la gamme tempérée pour comprendre la disposition des touches du clavier d'un piano.

Doc. 1 Le piano

Le piano est un instrument à clavier ; les cordes sont frappées par des marteaux actionnés par les touches. Un piano « standard » comprend 88 touches : 36 touches noires, et 52 touches blanches.

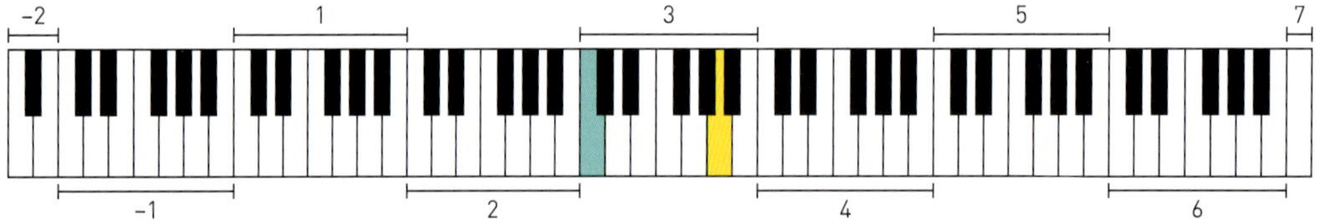

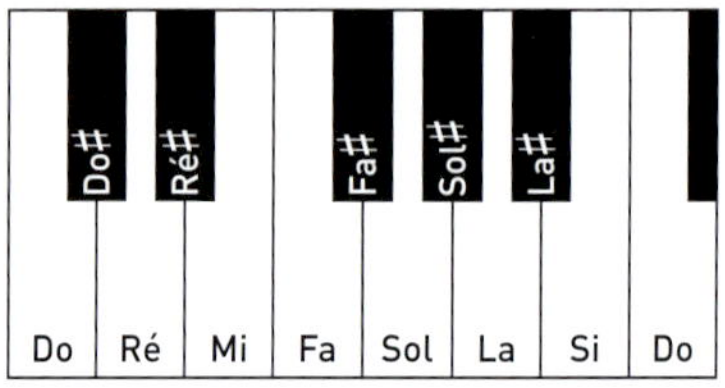

> Les numéros correspondent aux octaves. Le do central est un do_3 (f = 261,626 Hz), en cyan sur la figure. Le la_3 (f = 440 Hz) est en jaune. Les 52 touches blanches correspondent aux sept notes de la gamme diatonique (do, ré, mi, fa, sol, la, si), et les 36 touches noires aux cinq notes restantes (do♯ ou ré♭, ré♯ ou mi♭, fa♯ ou sol♭, sol♯ ou la♭, la♯ ou si♭) nécessaires pour constituer une gamme chromatique.

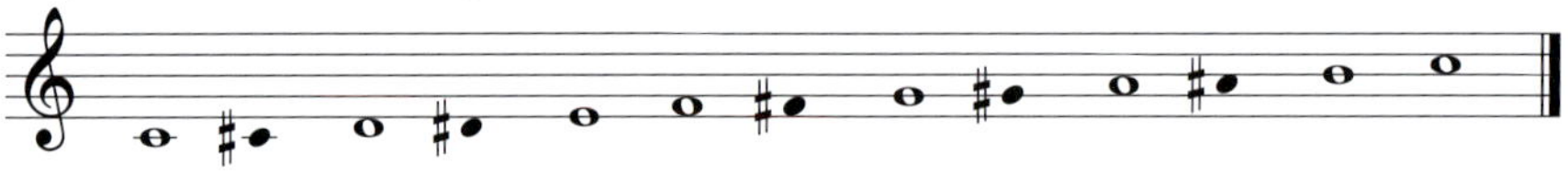

Doc. 2 Analogie entre racines

- **Racine carrée :**
La racine carrée d'un nombre réel positif a est l'unique réel positif b qui lorsqu'il est multiplié par lui-même, donne a.
On a :

$$b \times b = a$$
⇓ notation
$$b^2 = a$$
⇓ manipulation de puissance
$$b = a^{1/2}$$
⇓ notation
$$b = \sqrt{a}$$

Exemple
Si $a = 3$, alors $b = \sqrt{3} \approx 1{,}732...$

- **Racine douzième :**
La racine douzième d'un nombre réel positif a est l'unique réel positif b qui, lorsqu'il est multiplié douze fois par lui-même, donne a. On a :

$$b \times b \times b \times b \times b \times b \times b \times b \times b \times b \times b \times b = a$$
⇓ notation
$$b^{12} = a$$
⇓ manipulation de puissance
$$b = a^{1/12}$$
⇓ notation
$$b = \sqrt[12]{a}$$

Exemple
Si $a = 3$, alors $b = \sqrt[12]{3} \approx 0{,}083...$

Doc. 3 Le clavier bien tempéré

◗ Jusqu'au XVIIe siècle, les gammes utilisées en Occident étaient des **gammes dites de Pythagore** : elles étaient construites à partir d'intervalles consonants s'écrivant comme des fractions de nombres entiers. Toutes ces gammes présentent un inconvénient majeur : l'intervalle entre deux notes d'une octave n'est pas constant. Il est donc impossible de modifier d'un même intervalle la fréquence de toutes les notes d'une œuvre musicale pour la transposer dans une tonalité différente !
Pour remédier à ce problème de transposition, et puisqu'il est impossible de construire une gamme parfaite, le modèle du **tempérament égal** va s'imposer à partir du XVIIIe siècle, sous l'impulsion de musiciens comme J.-S. Bach et J.-P. Rameau. Les intervalles de cette gamme tempérée sont constants, et le cycle des notes se répète avec une périodicité parfaite.

J.-S. Bach proposa la première transposition de l'Histoire avec ses deux recueils « Le clavier bien tempéré » (*Das Wohltemperierte Clavier*).

◗ La **gamme chromatique tempérée** est une gamme musicale composée de douze notes construites de telle sorte que l'on découpe une octave en douze intervalles égaux. On cherche alors un rapport d entre deux notes tel que $d^{12} = 2$. Cet intervalle, le demi-ton chromatique, a pour valeur $d = \sqrt[12]{2} = 2^{1/12}$.

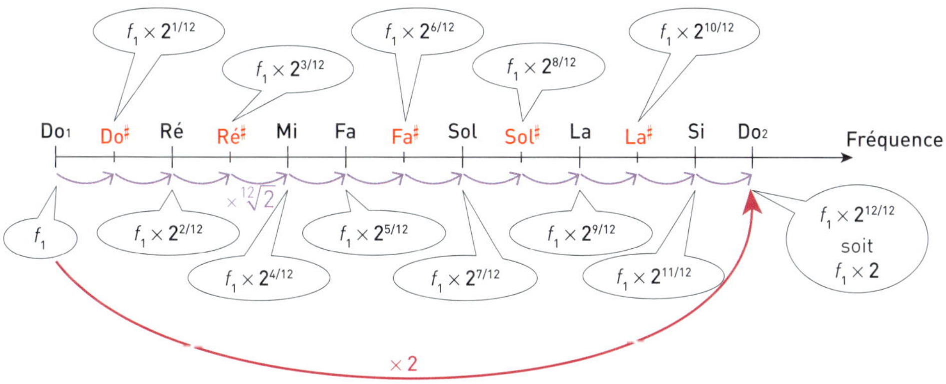

La transposition devient alors très simple, car il suffit de décaler les notes d'un intervalle constant pour retrouver d'autres notes de la gamme. Cependant d est un nombre irrationnel, bien loin de l'idéal pythagoricien des fractions simples. Donc, à l'exception de l'octave, plus aucun des intervalles ne sera consonant et ne sonnera rigoureusement juste…

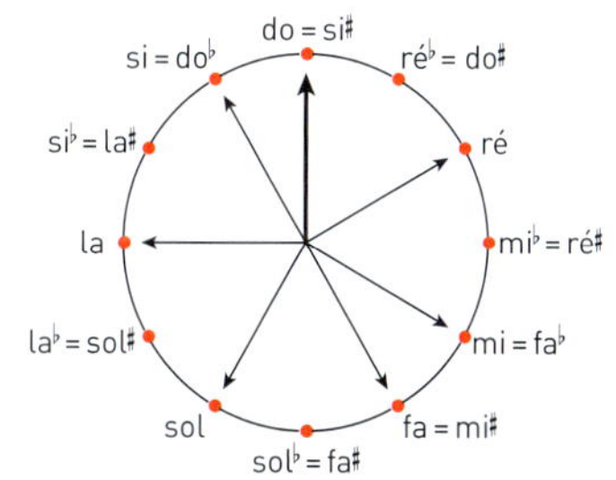

Guide de travail

1 À l'aide de votre calculatrice, écrire la valeur de $\sqrt[12]{2} = 2^{1/12}$ avec 6 chiffres significatifs. On saisira 2^(1/12) à l'aide des touches.

2 Déterminer les fréquences des douze notes de l'octave 3 d'un piano tempéré à l'aide du doc. 3.

3 Justifier que les intervalles comme la quinte (rapport 3/2, par exemple do-sol) ou la tierce (rapport 5/4, par exemple do-mi) ne sont pas tout à fait consonants.

4 Proposer une méthode rapide permettant de calculer la fréquence des touches situées aux extrémités du clavier d'un piano (doc. 1).

Synthèse Décrire les avantages et inconvénients de la gamme tempérée.

Vocabulaire

Nombre irrationnel Nombre réel qui n'est pas rationnel, c'est-à-dire qu'il ne peut pas s'écrire sous la forme d'une fraction a/b, où a et b sont deux entiers relatifs (avec b non nul).

Essentiel

1 Définir des intervalles harmonieux entre deux sons

▸ L'oreille humaine est sensible au **rapport des fréquences** de deux sons.
On définit un **intervalle musical** entre deux sons comme le rapport de leurs fréquences :

$$\text{Intervalle} = \frac{f_2}{f_1}$$

▸ Un intervalle est dit **consonant** s'il peut s'écrire comme une **fraction simple d'entiers naturels** (2/1, 3/2, 4/3, etc.) : les sons produisent alors un effet harmonieux.
Dans le cas contraire, on parle d'intervalle **dissonant**.

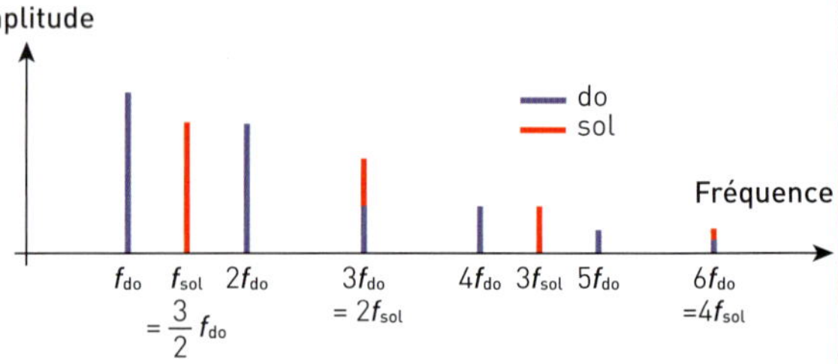

La sensation d'harmonie s'explique par la similitude entre les spectres : le spectre d'un son contient certaines fréquences de l'autre.

▸ **Exemples d'intervalles consonants**

• Deux sons dont les fréquences sont dans le rapport **2/1** correspondent à **une même note, à deux hauteurs différentes**. L'intervalle qui les sépare s'appelle une **octave**.
• Deux sons dont les fréquences sont dans le rapport **3/2** constituent **une quinte**.

Nom de l'intervalle	Rapport de fréquence
Octave	2/1
Quinte	3/2
Quarte	4/3
Tierce	5/4

Quelques intervalles consonants.

Exemple

Dans une chorale mixte qui chante la même ligne musicale, le résultat est harmonieux car hommes et femmes chantent « à l'octave » les uns des autres.

2 Construire des gammes à partir de fractions simples

▸ Une **gamme** est une suite finie de notes réparties sur une octave.

▸ Dans l'Antiquité, la construction des gammes était basée sur des **fractions simples**. En effet, des sons dont les fréquences sont dans ces rapports simples sont consonants.

Pythagore construisant sa gamme.

▸ **Les gammes de Pythagore**

Les **gammes dites de Pythagore** sont basées sur le **cycle des quintes**.
• La démarche est la suivante : on choisit arbitrairement la première note, la fondamentale, de fréquence f_1.
• On définit alors la note suivante en prenant la quinte de la fondamentale $f_2 = \frac{3}{2} f_1$.
• On réitère ce procédé ; si la note construite se trouve en dehors de l'octave, on divise sa fréquence par 2 autant de fois que nécessaire.
• La dernière note est fixée de telle sorte que sa quinte donne la fondamentale.

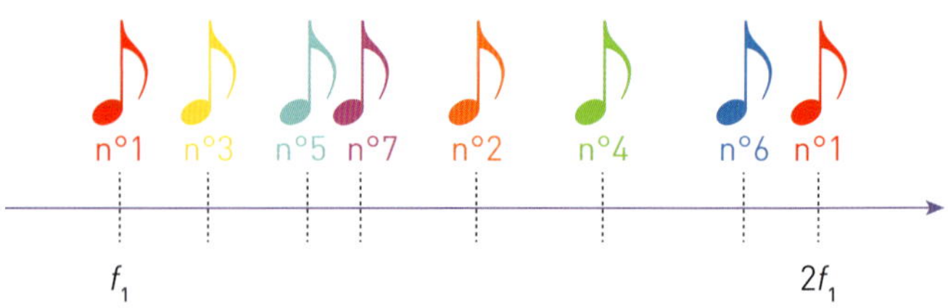

Une gamme de Pythagore à 7 notes

▸ Une gamme de Pythagore est une **gamme à intervalles irréguliers**. Il est donc difficile de transposer une composition musicale dans une autre tonalité sans être pénalisé par des intervalles manquant de justesse.

3 Prouver que le cycle des quintes est infini

- La **construction d'une gamme de Pythagore ne « boucle » jamais** : on ne retrouve jamais une note de fréquence identique ou multiple de la fondamentale. Le nombre de notes de la gamme est donc fixé de façon arbitraire.
- Les gammes à **5, 7 ou 12 notes** rebouclent « presque ».

Exemple

Les pythagoriciens ont choisi une gamme de 7 notes car $3^7 = 2\,187 \approx 2\,048 = 2^{11}$. Il est aussi possible de construire des gammes de 5 ($3^5 = 243 \simeq 256 = 2^8$) ou 12 ($3^{12} = 531\,441 \approx 524\,288 = 2^{19}$).

- Pour les gammes associées, l'identification de la dernière note avec la première impose que l'une des quintes du cycle ne corresponde pas exactement à la fréquence 3/2. Quelle que soit la gamme construite, cette quinte ne sonnera pas juste. Elle évoque le hurlement d'un loup, peu flatteur pour l'oreille mélomane ! On l'appelle la **quinte du loup**.

Exemple

Pour éviter de faire entendre cette quinte du loup, les musiciens s'accordent en choisissant l'endroit où placer le loup dans le cycle des quintes. Généralement, le loup est placé dans un intervalle peu utilisé comme celui du la♭ - mi♭.

4 Construire des gammes à partir de nombres irrationnels

- La connaissance des **nombres irrationnels** a permis, au XVIIe siècle, de construire des gammes à intervalles égaux comme la **gamme tempérée**.
- La gamme tempérée est issue d'un compromis : hormis l'octave, tous les intervalles sont faux. Elle facilite néanmoins la transposition des compositions musicales dans une autre tonalité, et s'est donc progressivement imposée dans la musique occidentale.

Exemple

La difficulté de transposition apparaît avec l'usage des dièses et des bémols. Contrairement à la gamme tempérée, dans une gamme pythagoricienne, le do♯, par exemple, n'a pas la même fréquence que le ré♭.

La gamme tempérée à 12 notes

Cette gamme est obtenue en divisant l'octave en 12 intervalles égaux.

- Pour la construire, on choisit la première note, la fondamentale, de fréquence f_1.
- On passe d'une note à la note suivante en multipliant sa fréquence par un facteur

$$R = 2^{1/12} = \sqrt[12]{2} \approx 1{,}059\,46...$$

- Au bout de douze itérations, on retrouve une note de fréquence double de la fondamentale.

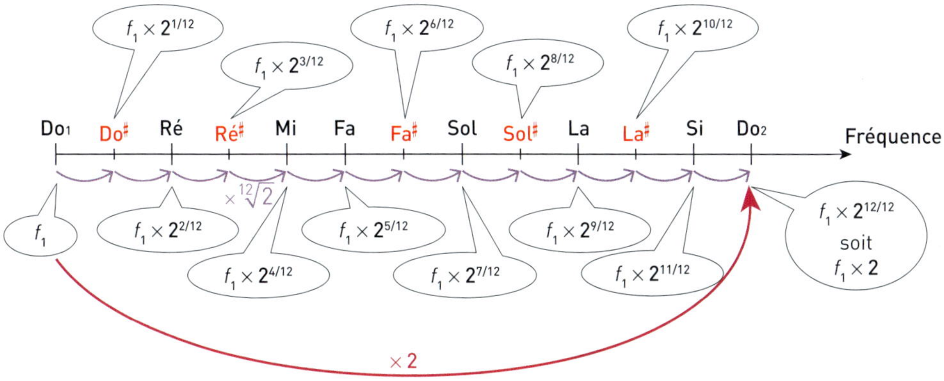

Jouer faux, c'est musical !

Vous chantez faux ? Vous serez chanteur ! Non, sans doute pas. Mais si votre voix n'est pas aussi précise que celle d'un ténor ou d'une soprano, des solutions techniques permettent de maquiller ce défaut. Les logiciels d'auto-tune permettent de recaler les notes que vous chantez sur les douze notes de la gamme les plus proches. Pratique ! Le rap et la techno ont les premiers forcé ce traitement sonore pour en tirer de nouveaux effets (voix robotisée, nasillarde, etc.). Désormais, presque tous les chanteurs l'utilisent. Les ingénieurs du son s'en servent aussi pour rendre la voix plus aiguë ou plus grave, même en concert, afin qu'elle s'harmonise mieux avec les instruments. Mais gare : il est déjà arrivé qu'en plein concert l'auto-tune ne fonctionne plus !

Quelqu'un qui chante faux ? Exemple du film *Marguerite*, Xavier Giannoli, 2015

Combien de notes dans une gamme ? « Sept ! », diront les uns : do, ré, mi, fa, sol, la, si. « Non, douze ! », préciseront les autres : il n'y a pas que des touches blanches sur un piano, mais aussi cinq touches noires par octave, les feintes. Dans cette gamme dite chromatique, les notes divisent l'octave en intervalles de douze « demi-tons » égaux – notre alphabet musical. Mais ne peut-on pas imaginer d'autres notes ? Ne peut-on rien jouer entre un do dièse et un ré ? « Moi, ma gamme compte vingt-quatre notes ! », répondra comme en défi un musicien arabe. C'est que la musique arabe, persane ou turque, divise l'octave en quarts de ton. Cet intervalle peut sembler étrange ou dissonant à un auditeur occidental. Pourtant ces « fausses notes » n'en sont pas, même si elles n'existent pas dans le découpage de notre système musical habituel, qui, depuis le XVIIIe siècle, domine tous les genres, du classique au R&B.

Et si des musiciens se jouaient des règles ! En particulier avec l'idée que certains intervalles devraient être privilégiés parce qu'ils sonneraient plus juste que d'autres. Dès le XIXe siècle, le blues s'est construit sur des notes « bleues ». Ces notes diminuées d'un bémol, contraires aux règles de l'harmonie classique, font entendre que le musicien n'est plus dans cet ordre simple et équilibré. Les jazzmen ont emboîté le pas, allant même jusqu'à pousser des cris ou des grognements (*growl*) avec leurs instruments à vent ! La musique classique moderne et contemporaine, de son côté, n'a cessé d'expérimenter les mille et une manières de dépasser les règles trop limitées du système : atonalité, bruitisme, musique électronique... Avec ses accords dissonants, l'opéra *Tristan et Isolde* (1865) de Richard Wagner, histoire d'un amour impossible, en est le très audacieux point de départ.

Bricoler son piano

En 1948, le compositeur de musique classique John Cage présente seize sonates pour « piano préparé » : des vis, des boulons, des pièces de monnaie, du papier, des chiffons étaient glissées avec plus ou moins de précision sous le couvercle du piano ! On modifiait ainsi la hauteur et la résonance des notes, sans précision mathématique, pour créer des sonorités aussi nouvelles qu'inattendues ! Ce nouvel instrument fut vite adopté par la musique classique contemporaine, mais aussi par des musiciens de rock comme les Velvet Underground ou Brian Eno (producteur de U2, de David Bowie). Pour sortir des sentiers battus, il faut parfois que l'instrument sonne « faux » !

Composer avec des nombres

Une machine achèvera-t-elle la symphonie n°8 de Schubert ? Plusieurs entreprises de différents pays affirment y travailler ! Les technologies d'intelligence artificielle permettent en effet à des ordinateurs d'analyser toute l'œuvre d'un musicien, et même de la comparer à d'autres pour en déceler le style propre. Très utiles à l'étude musicale, ces machines pourraient donc aussi imiter les plus grands compositeurs. Mieux encore, de nombreux chercheurs étudient la capacité des machines à improviser : en jazz, l'improvisation humaine répond à des règles de répétition, d'harmonie, de tension et de détente que des machines semblent pouvoir assimiler.

Concert de Petit Biscuit, 2016

Quelle est la forme mathématique d'une onde sonore ? Aux XVIIe et XVIIIe siècles, cette question controversée n'intéressait pas tant les musiciens que les mathématiciens. Daniel Bernoulli, observant la corde vibrante d'un violon, soutenait alors que ses vibrations étaient sinusoïdales. Certainement pas, répliquait Jean Le Rond d'Alembert, futur co-auteur de l'*Encyclopédie* : les ondes sonores ont de multiples formes. L'équation de d'Alembert a donné leur expression algébrique aux ondes sonores, puis mécaniques, lumineuses, électriques et radio-magnétiques. Mais c'est grâce à Joseph Fourier (1768-1830) que la musique retrouve ses droits. Fourier montre que toute onde sonore complexe est une somme d'ondes sinusoïdales dont on peut analyser le « spectre ». On l'entend bien : chaque instrument a sa propre sonorité, son timbre. C'est parce que la fréquence de la note jouée résonne avec d'autres fréquences, les harmoniques. Et l'on peut toutes les retrouver par des équations mathématiques !

Il devient alors envisageable, inversement, de recréer des sons en synthétisant des fréquences sonores. Beaucoup d'ingénieurs ont participé à l'aventure du son synthétique au XXe siècle, surtout depuis l'invention des transistors électroniques en 1948, reliés sur circuits imprimés dix ans plus tard. Désormais, les ordinateurs sont des instruments de musique à part entière, même sur scène. Ils sont incontournables ! Ils permettent de composer avec des sons nouveaux, de numériser un son pour le réutiliser et le modifier, de jouer depuis un clavier-maître qui dirige l'ordinateur ou d'autres machines, et même d'obtenir des intervalles aussi courts qu'un 16e de ton !

Extrait de L'*Offrande musicale* de Bach

L'*Offrande musicale* de Bach : composition ou calcul ?

Composée à la demande du roi de Prusse Frédéric II, l'*Offrande musicale* (1747) de Jean-Sébastien Bach répond à des règles mathématiques que l'on entend bien dans ses dix « canons ». Le principe du canon est simple : plusieurs instruments jouent ensemble la même mélodie décalée dans le temps. Mais ici, on peut jouer un certain nombre de fois plus vite, plus aigu ou plus grave qu'un autre ! Deux musiciens peuvent même jouer en symétrie, l'un montant vers l'aigu d'autant que l'autre descend et inversement !
Dans le premier canon, dit « du crabe », le deuxième instrument joue la même mélodie que le premier, mais écrite depuis la fin ; les instrumentistes lisent deux fois cette partition ensemble, de gauche à droite puis de droite à gauche !

Apprendre à apprendre

1 **Compléter les cartes mentales suivantes :**

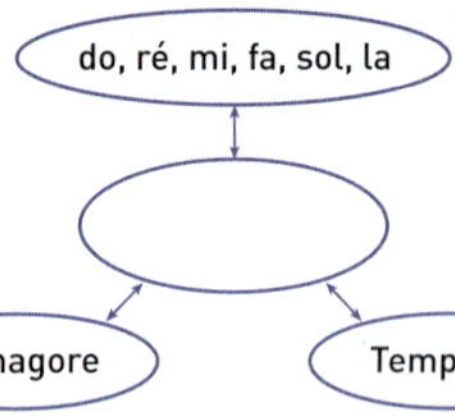

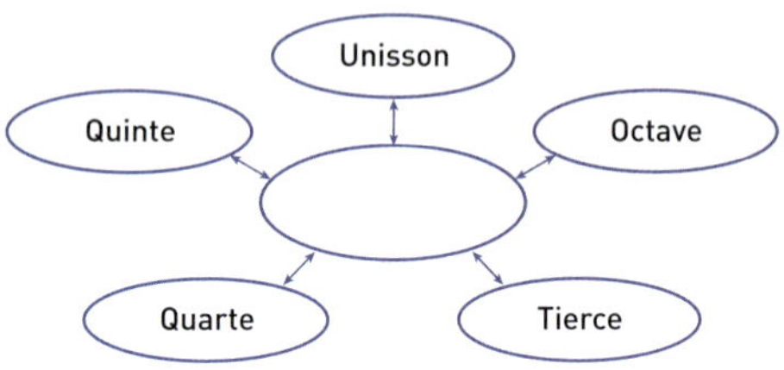

2 **Schématiser la portion de clavier de piano, et ajouter les annotations demandées.**

1. Entourer en rouge les octaves ;
2. Colorier les sept notes de la gamme diatonique (do, ré, mi, fa, sol, la, si) ;
3. Repérer les notes complétant la gamme chromatique à 12 notes.

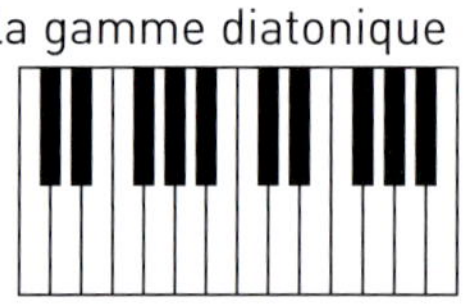

3 **Avec un camarade, installer l'application Phyphox sur deux smartphones, et répondre aux questions suivantes.**

1. À l'aide du générateur de son de l'application (Tone generator), produire deux sons : un son de fréquence 220 Hz et un son de fréquence 440 Hz. Le résultat vous semble-t-il consonant ou dissonant ? Pour quelle raison ?
2. Reproduire l'expérience avec deux sons de fréquences 270 Hz et 440 Hz. Le résultat vous semble-t-il consonant ou dissonant ?
3. Reproduire l'expérience avec deux sons de fréquences 220 Hz et 330 Hz. La note associée à 330 Hz (mi) représente la quinte de la note associée à 220 Hz (la). Le mélange obtenu vous semble-t-il harmonieux ?

4 Définition — Notes et gamme

Formuler une définition d'une gamme musicale à partir des mots suivants : octaves, fini, notes, suite.

5 Devinette — Gamme tempérée

Remettre ces expressions dans l'ordre pour constituer une phrase.

« la gamme tempérée » ; « de découper une octave » ; « en cherchant un rapport *d* » ; « qui permette » ; « en douze intervalles égaux » ; « est construite »

6 Relier les termes — Méli-mélo

Associer les termes à leur définition.

Intervalle •	• Suite de notes dans une octave
Gamme •	• Plus petit intervalle séparant deux notes de même nom
Octave •	• Rapport des fréquences de deux sons
Loup •	• Quinte dissonante

7 QCM — Intervalles

Indiquer la bonne réponse.

1. En musique, une quinte correspond :
a. à une unité de mesure de masse ;
b. un rapport de fréquence de deux sons de 3/2 ;
c. un intervalle de 4/3.
2. Une octave ascendante est associée au nombre :
a. 1 ; b. 2/3 ; c. 2.
3. Si on applique une quinte à la suite d'une quarte (les deux étant ascendantes), on obtient :
a. une quinte ; b. une octave ; c. une tierce.
4. Multiplier une fréquence par $1{,}5^2$, c'est augmenter une note de :
a. une quinte ; b. une quarte ; c. deux quintes.
5. Diviser une fréquence par $(3/2)^5$, c'est abaisser une note de :
a. trois tierces ; b. cinq quintes ; c. une octave.
6. Un intervalle de deux quintes correspond à la fraction :
a. 3/4 ; b. 9/4 ; c. 2/5.
7. La fraction 27/8 est associée à un intervalle de :
a. 2 quartes ; b. 3 quintes ; c. 4 quintes.

8 Devinette — Trois quintes

Retrouver trois quintes dans la gamme de Pythagore suivante.

do_3	$ré_3$	mi_3	fa_3	sol_3	la_3	si_3
260,74	293,33	330	347,65	391,11	440	495

9 Vrai-faux — Tempérament égal

Répondre par vrai ou faux aux affirmations.

1. Les intervalles entre deux notes successives de la gamme tempérée à 12 notes sont constants.
2. L'intervalle entre deux notes successives de la gamme tempérée à 12 notes est de 3/2.
3. Une gamme tempérée présente un loup.
4. La gamme tempérée à 12 notes est définie à l'aide d'un nombre irrationnel.
5. Dans une gamme tempérée, seules les octaves sont justes.

Voir corrigés à la fin du manuel, p. 254

Intervalles consonants et dissonants

10 Octaves audibles

L'oreille humaine perçoit des sons compris entre 20 Hz et 16 kHz.

1. En utilisant la définition de l'octave, déterminer le nombre d'octaves audibles pour l'oreille humaine.
2. Donner l'indice du la dont la fréquence est comprise entre 10 kHz et 15 kHz, sachant que la fréquence du la_0 est de 55 Hz.

11 Chant diphonique

Dans la tradition de certaines cultures musicales, grâce à un placement spécifique du larynx, des lèvres ou de la langue, le chanteur émet en même temps un son grave (le bourdon) et un deuxième son qui correspond aux harmoniques du son de base : il produit ainsi un chant dit « diphonique ».

Dans le style *kargyraa*, originaire de Mongolie, le fondamental a une fréquence de 55 Hz (la_0), et le deuxième son peut correspondre aux 6e, 7e, 8e, 9e, 10e et 12e harmoniques.

1. Préciser les fréquences possibles pour les sons émis en même temps que le bourdon.
2. Donner le nom des notes correspondant aux 6e, 8e et 12e harmoniques.

12 Le nom des intervalles

On donne les fréquences, en Hz, des notes d'une gamme de Pythagore :

do_3	$ré_3$	mi_3	fa_3
260,74	293,33	330	347,65

sol_3	la_3	si_3	do_4
391,11	440	495	521,48

1. Quelle note de la gamme forme l'octave avec le do_3 ? Même question pour la quinte, la quarte et la tierce.
2. En vous aidant de la gamme donnée, proposer une explication de l'origine du nom que l'on donne aux intervalles.
3. Expliquer pourquoi la tierce, contrairement aux autres intervalles, est une consonance imparfaite dans la gamme de Pythagore.

Construction de gammes à partir de fractions simples

13 Gamme pentatonique

La gamme pentatonique est une gamme qui offre une approximation satisfaisante au cycle des quintes. Cette gamme à cinq notes est la gamme « chinoise ». Elle est et a été très répandue du Pérou à la Chine, en passant par l'Écosse.

On rappelle qu'une gamme construite sur le cycle des quintes se retrouve en prenant la note fondamentale et en multipliant sa fréquence par 3/2. Si la fréquence sort de l'octave, on la divise par 2 pour la ramener dans l'octave.

1. On cherche à construire la gamme pentatonique avec le do_3 de fréquence f = 261,626 Hz comme fondamentale.
Construire les fréquences des quatre notes suivantes en utilisant le cycle des quintes.
2. Placer ces fréquences dans le tableau suivant, en les ordonnant par fréquence croissante :

n° de la note	1				
Europe	do	ré	mi	sol	la
Chine	Gong	Shang	Jiao	Zhi	Yu
f_n	261,626				
f_n/f_1	1				

3. En essayant de construire une sixième note, expliquer pourquoi cette gamme n'est pas parfaite.

14 Sonner le clairon

Sur certains instruments à vent qui ne comportent pas de pistons, comme le cor de chasse et le clairon, on obtient la gamme suivante, où l'on relève le rapport des fréquences entre deux notes successives :

do à ré	ré à mi	mi à fa♯	fa♯ à sol
$\frac{9}{8}$	$\frac{10}{9}$	$\frac{11}{10}$	$\frac{12}{11}$

sol à la♭	la♭ à si♭	si♭ à si	si à do
$\frac{13}{12}$	$\frac{14}{13}$	$\frac{15}{14}$	$\frac{16}{15}$

1. Vérifier que la quinte (intervalle entre do et sol) est bien dans une gamme de Pythagore.
2. Vérifier si la tierce (intervalle entre do et mi) est bien dans la gamme naturelle.
3. Déterminer si les intervalles de cette gamme sont égaux.
4. Expliquer la construction de cette gamme.

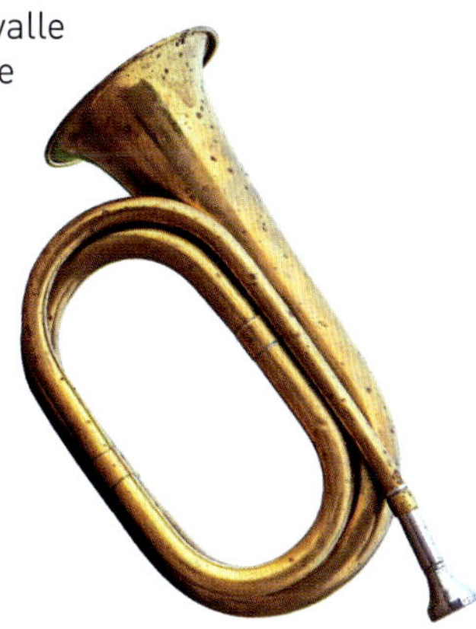

Loup et cycle des quintes

15 Chercher le loup

Lors de la construction d'une gamme pythagoricienne, on obtient toujours une quinte dissonante : la quinte dite « du loup ». En pratique, les musiciens qui accordent leurs instruments sur une gamme pythagoricienne reportent la quinte du loup sur un intervalle peu utilisé. Les intervalles englobant la quinte du loup sonneront faux aussi ; il faut donc soigneusement l'éviter !

On donne la gamme pythagoricienne suivante :

Note	do	do♯	ré	mi♭
Fraction	1	$\frac{2\,187}{2\,048}$	$\frac{9}{8}$	$\frac{32}{27}$
Note	**mi**	**fa**	**fa♯**	**sol**
Fraction	$\frac{81}{64}$	$\frac{4}{3}$	$\frac{729}{512}$	$\frac{3}{2}$
Note	**sol♯**	**la**	**si♭**	**si**
Fraction	$\frac{3^8}{2^{12}}$	$\frac{27}{16}$	$\frac{16}{9}$	$\frac{243}{128}$

• Déterminer où se trouve la quinte du loup dans cette gamme.

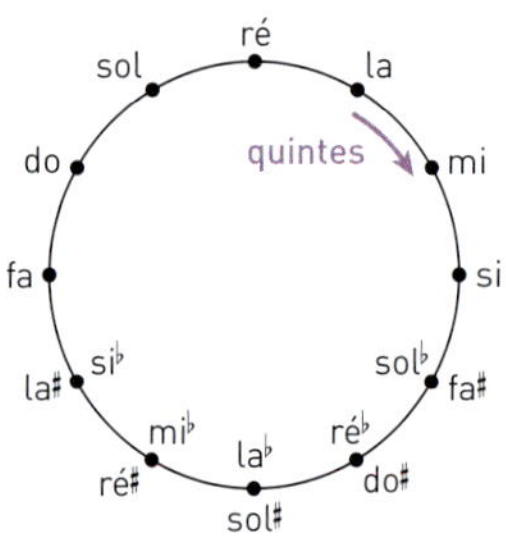

16 La gamme parfaite

On cherche à construire une gamme parfaite en suivant un cycle de quintes. On commence avec une note fondamentale, de fréquence f_1. On trouve la fréquence de la deuxième note de la gamme en prenant la quinte de la première, donc $f_2 = \frac{3}{2}f_1$. On continue le cycle des quintes, et si on sort de l'octave, on divise la fréquence par 2 autant de fois (p) que nécessaire, donc :

$$f_n = \frac{\left(\frac{3}{2}\right)^n f_1}{2^p} = \frac{3^n}{2^{n+p}}f_1.$$

1. Pour que la gamme soit parfaite, il faudrait que $f_n = 2f_1$. Montrer qu'avoir une gamme parfaite revient à avoir $3^k = 2^l$, avec k et l entiers naturels.

2. Un nombre pair p est un nombre entier qui peut s'écrire sous la forme $p = 2a$ avec a entier.

a. Calculer le produit des deux nombres pairs $p = 2a$ et $p' = 2a'$.

b. Montrer que le produit pp' de deux nombres pairs est pair.

3. Un nombre impair i est un nombre entier qui peut s'écrire sous la forme $i = 2a + 1$ avec a entier.

a. Calculer le produit des deux nombres impairs $i = 2a + 1$ et $i' = 2a' + 1$.

b. Montrer que le produit ii' de deux nombres impairs est impair.

4. Conclure sur l'existence d'une gamme parfaite.

Construction de gammes à partir de nombres irrationnels

17 Gamme de Pythagore ou tempérée ?

• Relier les quatre gammes suivantes au cas des gammes de Pythagore ou de la gamme tempérée. Les chiffres correspondent aux fréquences des notes.

	1	2	3	4
Gamme A	65,41	73,59	82,79	87,21
Gamme B	1	$2^{1/6}$	$2^{1/3}$	$2^{5/12}$
Gamme C	1	1,125	1,25	1,3333
Gamme D	1	9/8	81/64	4/3

	5	6	7	8
Gamme A	98,12	110,38	124,18	130,82
Gamme B	$2^{7/12}$	$2^{3/4}$	$2^{11/12}$	2
Gamme C	1,5	1,666	1,875	2
Gamme D	3/2	27/16	243/128	2

18 Touches noires du piano

On considère les notes des touches noires du piano tempéré : fa♯, sol♯, la♯ do♯, ré♯. Les compositeurs occidentaux comme Maurice Ravel ne se sont pas privés d'utiliser ces touches pour composer des musiques d'inspiration orientale et autres « chinoiseries ».

1. En prenant la fréquence f_1 d'un fa♯ comme référence, on obtient la gamme chromatique :

fa♯ – sol – sol♯ – la – la♯ – si – do –
do♯ – ré – ré♯ – mi – fa

Recopier et compléter le tableau suivant :

	fa♯	sol♯	la♯	do♯	ré♯
f/f_1	1	.....	.....	.....	.....
Valeur approchée	.....	.....	.....	.....	.....

2. On donne ci-dessous l'échelle pentatonique (à 5 notes) chinoise. Comparer les deux gammes.

	fa♯	sol♯	la♯	do♯	ré♯
f/f_1	1	9/8	81/64	3/2	27/16
Valeur approchée	1	1,125	1,266	1,5	1,687

3. Expliquer l'observation suivante : en jouant uniquement sur les touches noires du piano, on obtient de la musique avec un « genre chinois ».

Vers le BAC

19 La gamme pythagoricienne

Argumenter — 5 min.

- Combien de notes comporte la gamme pythagoricienne ?
Préciser l'intervalle musical à l'aide duquel elles sont construites.

20 Cordes de guitare

Calculer — 15 min.

Une guitare comporte six cordes accordées sur les notes :

mi_2 – la_2 – $ré_3$ – sol_3 – si_3 – mi_4

- La fréquence du la_2 est égale à 220 Hz. Calculer les fréquences des cinq autres cordes (arrondies au dixième de hertz) dans une gamme au tempérament égal.

Aide : On donne la gamme tempérée à 12 notes : do – do♯ – ré – ré♯ – mi – fa – fa♯ – sol – sol♯ – la – la♯ – si

21 Un même son de cloche

Analyser — 40 min.

Les cloches sont des instruments très simples en apparence ; cependant leur forme doit être soigneusement conçue pour qu'elles produisent le son voulu.

Doc. 1 Neuf cloches géantes à Notre-Dame de Paris

« Neuf cloches d'un à deux mètres de diamètre sont arrivées jeudi, sous les vivats, sur le parvis de Notre-Dame de Paris après avoir quitté dans la matinée la fonderie Cornille Havard de Villedieu-les-Poêles (Manche), a constaté l'AFP.

Marie (6 tonnes de cuivre et d'étain pour un sol♯), Gabriel (4,1 t, la♯), Anne-Geneviève (3,4 t, si), Denis (2,5 t, do♯), Marcel (1,9 t, ré♯), Etienne (1,5 t, fa), Benoît Joseph (1,3 t, fa♯), Maurice (1 t, sol♯) et Jean Marie (782 kg, la♯) sont arrivées peu avant 16 h 30 sur le parvis de Notre-Dame à bord de deux camions grues. »

D'après « Neuf cloches géantes arrivées à Notre-Dame de Paris », *L'Express*, le 31/01/2013.

Doc. 2 D'une cloche à l'autre

« Que se passe-t-il si on applique une homothétie de facteur k à une cloche (ce qui correspond à multiplier le diamètre et l'épaisseur de la cloche par k, et sa masse par k^3) ? Les vibrations d'une cloche étant compliquées, il n'y a pas de relation simple entre le facteur d'homothétie et la fréquence fondamentale de vibration. On en a cependant une approximation grossière en utilisant la loi relative aux cylindres creux : la fréquence fondamentale est proportionnelle au rapport de l'épaisseur sur le diamètre au carré. Pour une homothétie de facteur k, la fréquence est donc divisée par k.

Ainsi, pour obtenir une variation de trois octaves vers le grave, soit une division de la fréquence par huit, on doit multiplier par 512 la masse de la cloche. »

D'après « Sonner comme une cloche », J.-M. Courty et É. Kierlik, *Pour la Science* n° 402 – Avril 2011.

1. Justifier l'affirmation du doc. 2 : « multiplier le diamètre et l'épaisseur de la cloche par k, et sa masse par k^3 ». Pour cela, on pourra assimiler une cloche à un cylindre.
2. Parmi les neuf cloches de Notre-Dame, repérer la cloche émettant le son le plus aigu et celle émettant le son le plus grave.
3. Donner les noms des couples de cloches formant une octave.
4. Les masses de ces cloches formant l'octave vérifient-elles la loi du doc. 2 ?
5. Proposer une critique de l'article de *l'Express*, qui semble suggérer un lien simple entre la note de la cloche et sa masse.

13 Le son, une information à coder

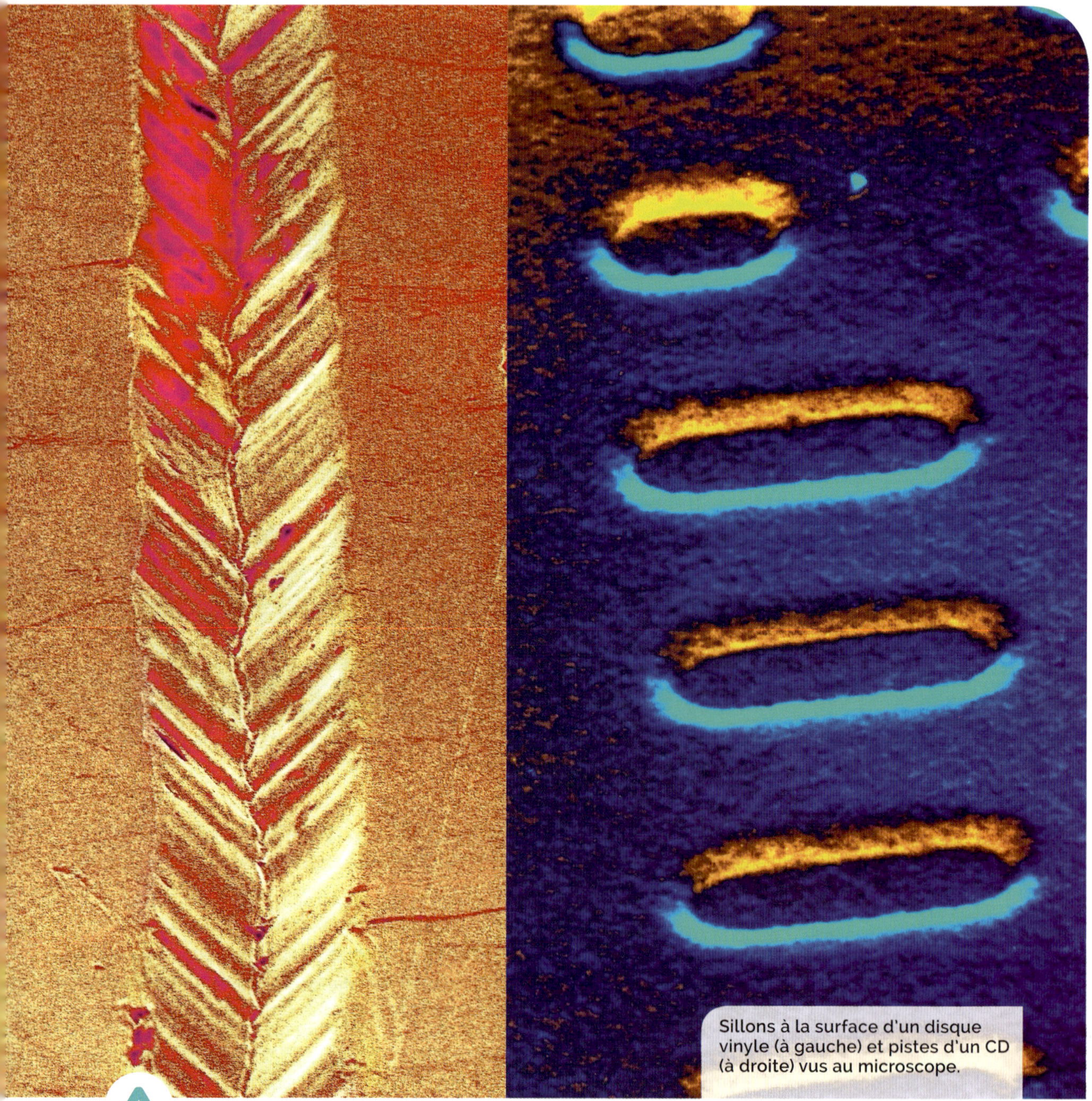

Sillons à la surface d'un disque vinyle (à gauche) et pistes d'un CD (à droite) vus au microscope.

Le disque vinyle enregistre une musique sous forme de reliefs creusés dans les parois de microsillons, tandis que le CD code le son en tout-ou-rien sous forme de creux et bosses.
Certains mélomanes préfèrent écouter un vinyle qu'un CD.
Comment améliorer la qualité d'une numérisation de signaux audio ?

Les logiciels de composition ont démocratisé la création musicale. Une fois la mélodie composée sur ordinateur, le résultat peut être réécouté, modifié, sauvegardé et partagé à loisir.
Pourquoi la dématérialisation de la musique offre toute ces possibilités ?

Attendus du programme	Activités	Parcours d'exercices
Connaître les différences entre un signal analogique et numérique	1 2	2 3 4 10 11
Justifier le choix des paramètres de numérisation d'un son	1 2	5 6 8 12 13 14
Estimer la taille d'un fichier audio	2	1 7 15 16 21
Calculer un taux de compression	3	9 17 18 20
Comparer différents fichiers audios compressés	3	19 22

Activité documentaire

Objectif général de formation
Comprendre la nature du savoir scientifique et ses méthodes d'élaboration

1 Numérisation d'un son et d'une image

Le monde qui nous entoure est perçu de manière analogique : les grandeurs physiques prennent une infinité de valeurs différentes. Mais pour manipuler l'information, mieux vaut adopter une représentation discrète et finie des signaux !

Objectif Faire le lien entre la numérisation d'une image et la numérisation d'un son.

Doc. 1 Numérisation d'une image en noir et blanc

- Lors d'une prise de vue, un appareil photo numérique capte une image physique, caractérisée par l'aspect continu de l'intensité lumineuse. La lumière traverse l'objectif et atteint le capteur de l'appareil. Celui-ci est composé d'un fin réseau de cellules appelées « pixels ». Au niveau de chaque pixel, l'énergie lumineuse reçue génère un signal électrique analogique.
- Dans le cas d'une image numérique en noir et blanc, ce signal électrique est ensuite converti en une valeur : 0 ou 1, en fonction de son amplitude. On obtient un ensemble de valeurs quantifiées de teintes, en un nombre fini de points de l'espace.

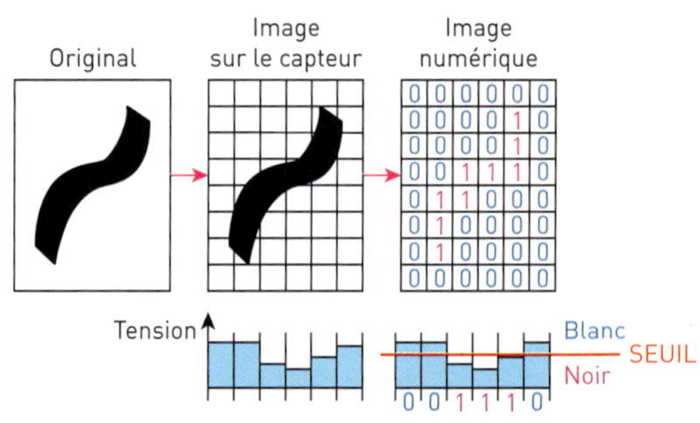

Étapes de la numérisation d'une image en noir et blanc

Doc. 2 Numérisation d'un son

- Le passage d'un signal sonore analogique à un son numérisé se déroule en deux étapes :
  > **Échantillonnage :** on prélève une série de valeurs du signal analogique à intervalles de temps réguliers T_e, la période d'échantillonnage.
  > **Quantification :** on associe à chacune de ces valeurs un nombre binaire, c'est-à-dire une succession de bits.

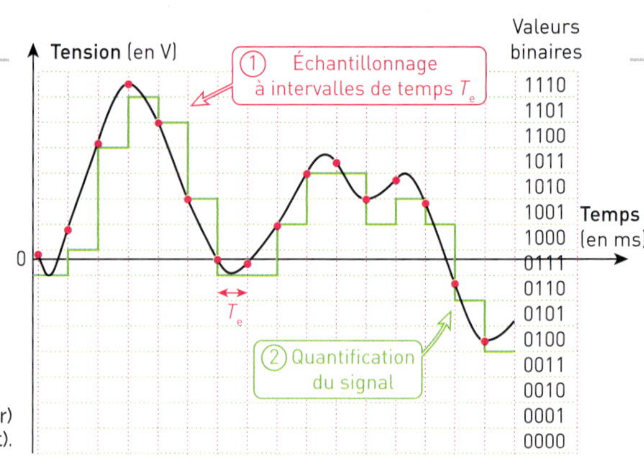

Numérisation du signal analogique (en noir) en signal numérique (en vert).

Guide de travail

Animation — Échantillonnage et bit — Lienmini.fr/Ens-Sci1-31

1 Proposer une analogie entre les étapes de numérisation dans le cas d'une image et dans le cas d'un son.

2 Expliquer comment les étapes de la numérisation aboutissent à une représentation finie de l'information.

3 Déterminer le nombre de bits codant chaque échantillon pour les numérisations présentées dans les docs. 1 et 2.

4 Dessiner l'image numérique observée sur un écran dans le cas de l'exemple du doc. 1.

5 Expliquer comment améliorer les qualités de la numérisation d'une image et d'un son. Préciser la contrainte qui en découle.

Synthèse Expliquer pourquoi le passage de l'analogique au numérique facilite le stockage, le traitement et la transmission de l'information.

Vocabulaire

Bit Unité d'information qui peut prendre deux valeurs.

Valeurs discrètes Les nombres entiers forment une suite de valeurs discontinues, par opposition aux nombres réels qui sont un ensemble continu.

Activité documentaire

Objectif général de formation
Identifier et mettre en œuvre des pratiques scientifiques

2 Qualité d'un son numérisé

Pour enregistrer de la musique sur ordinateur, le logiciel demande de fixer les paramètres de la numérisation du signal sonore.

Objectif Relier le choix des paramètres de numérisation à la taille et qualité d'un fichier audio.

Doc. 1 Le choix de la fréquence d'échantillonnage

- La fréquence d'échantillonnage f_e représente le nombre d'échantillons que l'on prélève, chaque seconde, du signal sonore analogique. Il n'est pas possible d'augmenter indéfiniment sa valeur...
- En 1949, l'ingénieur Claude Shannon, un des pères de la théorie de l'information, montre que pour numériser convenablement un signal, il faut que la fréquence d'échantillonnage soit supérieure à deux fois la fréquence maximale présente sur le spectre du signal à numériser : c'est le **théorème de Shannon**.

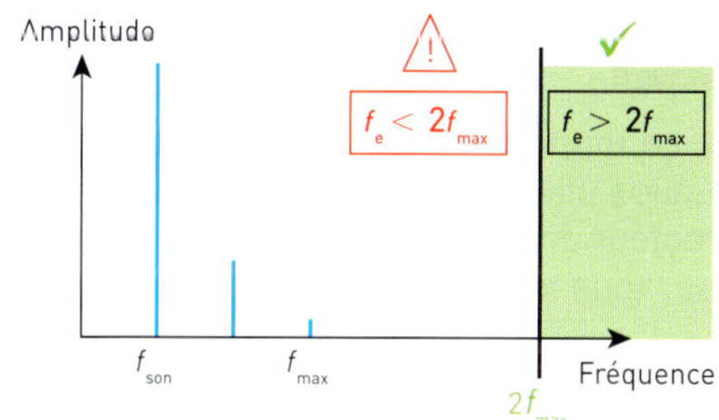

Doc. 2 Le choix du nombre de bits de codage

- Après avoir prélevé des échantillons, il s'agit de discrétiser les valeurs d'amplitude : c'est l'étape de quantification. Pour une conversion du signal sur N bits, 2^N valeurs quantifiées sont accessibles.

> Avec un codage sur 3 bits, on a $2^3 = 8$ valeurs possibles : 000, 001, 010, 011, 100, 101, 110, 111.

> Avec un codage sur 4 bits, on a $2^4 = 16$ valeurs possibles.

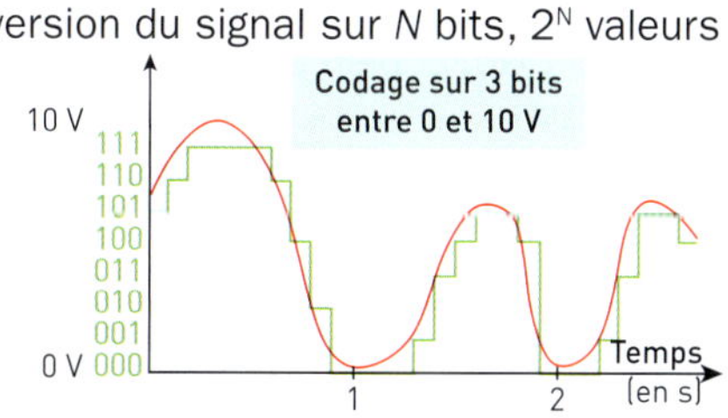

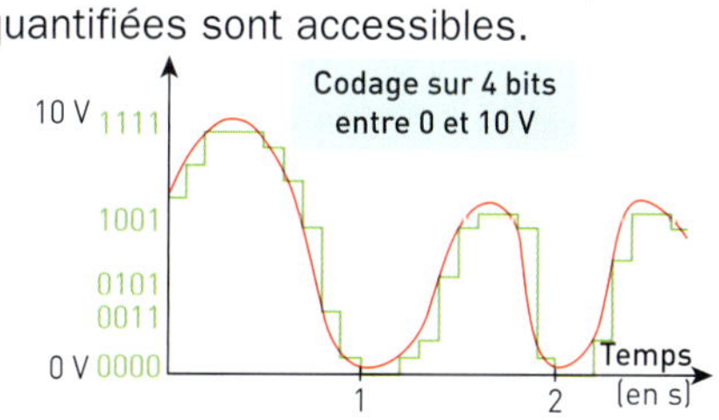

Doc. 3 Taille et format d'un fichier audio

- Sur l'ordinateur, les valeurs quantifiées des échantillons prélevés sont stockées dans un fichier sous forme d'une suite de bits. L'espace que prend le fichier dans la mémoire (sa « taille ») est caractérisé par son nombre de bits. Pour une durée de son enregistré de Δt (en seconde), la taille vérifie : $\textbf{Taille}_{bits} = f_e \times N_{bits} \times \Delta t$ avec f_e fréquence d'échantillonnage (en Hz), et N_{bits} nombre de bits de la quantification.
- Voici quelques formats de fichier audio courants :

	Téléphone	Radio FM	CD	DVD (audio)	DSD
Fréquence d'échantillonnage	8 000 Hz	22 050 Hz	44 100 Hz	96 000 Hz	2 822,4 kHz
Nombre de bits	8 bits	16 bits	16 bits	24 bits	1 bit

Guide de travail

1 Déterminer la fréquence d'échantillonnage dans le cas du signal présenté en doc. 2.

2 Pour les deux codages du doc. 2, déterminer l'écart minimal, en volts, entre deux valeurs différentes.

3 Préciser comment choisir la fréquence d'échantillonnage et le nombre de bits pour obtenir la meilleure représentation numérique d'un son (docs. 1 et 2).

4 Déterminer les tailles de fichiers audio d'une minute dans les cinq formats cités en doc. 3.

5 Conclure sur la qualité sonore des formats du doc. 3 en considérant le théorème de Shannon.

Synthèse Conclure sur les moyens d'améliorer l'enregistrement d'un son.

Objectif général de formation
Identifier et mettre en œuvre des pratiques scientifiques

3 La compression numérique de fichiers audio

Pour réduire la taille des fichiers audio, différents algorithmes mathématiques et astuces de codage sont usuellement mis en œuvre. Pour aller plus loin, il faut accepter de perdre de l'information, et opérer une compression destructive.
Objectif Comprendre l'apport de la psychoacoustique dans les techniques de compression destructive de fichiers audio.

Doc. 1 La saga du mp3

- Le **format mp3** a été développé dans les années 1990 par un groupe de travail réunissant des scientifiques allemands. Leur idée, qui semblait folle à l'époque, était de diviser la taille des fichiers audio par un facteur dix. Mission qu'ils remplirent haut la main après un long travail de codage et de patients réglages sur tous les différents types de musique ! Comment ont-ils fait ?
- Le format mp3 réalise une **compression** dite **destructive** : de l'information est délibérément perdue après les phases d'échantillonnage et de quantification. Bien évidemment, il s'agit de ne pas trop dénaturer le son perçu. De tels algorithmes de compression éliminent donc préférentiellement les informations sonores auxquelles l'auditeur est peu sensible, sans sacrifier pour autant la perception globale de la qualité de la musique.
- À sa sortie, le format mp3 arrive au bon moment, car deux nouveaux outils sont en train de faire leur entrée chez les particuliers : Internet et Windows 95. L'espace de stockage est alors primordial : les disques durs des ordinateurs personnels dépassent rarement 1 Go. Et bien sûr, les internautes naviguent avec un modem dont le débit maximal est seulement de 56 $kbit{\cdot}s^{-1}$... La réduction importante de la taille des données audio est donc une aubaine pour le transfert et le stockage de la musique.
- Ainsi, le format mp3 a rapidement connu une explosion phénoménale. Il se développe essentiellement grâce aux plateformes d'échange de fichiers en « peer-to-peer », comme Napster : tout un chacun s'y procure de la musique rapidement et gratuitement... voire illégalement ! En parallèle, le format mp3 a ouvert la voie à la fabrication de nouveaux baladeurs plus performants, comme le très populaire iPod qui s'est écoulé à plusieurs centaines de millions d'exemplaires.

En vingt ans, le format mp3 a bouleversé notre façon de consommer la musique.

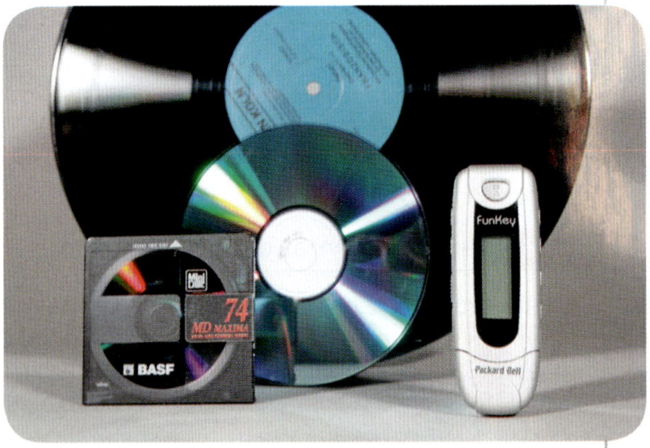

Les supports contiennent toujours plus de musique.

Doc. 2 Compresser un son sans en avoir l'air

- La réduction « avec perte » de la taille d'un fichier audio se fait grâce à différentes techniques.

> Supprimer des bandes de fréquences non audibles ou qui ne participent pas à l'effet sonore final. Pour cela, on applique un filtre qui ne conserve que les fréquences souhaitées sur le spectre du signal. L'encodage en mp3, par exemple, coupe les fréquences au-delà de 11 kHz.

> Transformer un signal stéréo avec deux voies d'enregistrement (voie de droite et voie de gauche) en un signal mono, à une seule voie. Les deux voies sont alors confondues sur le signal obtenu.

> Exploiter le principe des fréquences masquées. Lorsque, dans un groupe de sons de fréquences proches, certains ont un niveau sonore beaucoup plus élevé que d'autres, les sons de niveau sonore faible ne seront pas entendus ; il n'est donc pas nécessaire de les conserver dans le fichier audio.

Doc. 3 Seuil de perception

▶ La plage de perception de l'oreille est conditionnée par la taille du conduit auditif, qui mesure environ 2,5 cm de long chez l'humain.

▶ Ce conduit entre en résonance à 3 500 Hz, et favorise donc la perception des sons autour de cette fréquence. Plus la fréquence d'un son s'en éloigne, plus le niveau sonore doit être élevé pour que le son soit perçu.

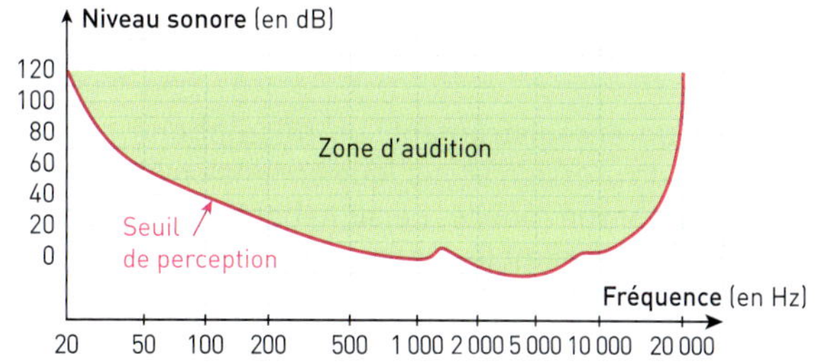

En-deçà d'un certain niveau sonore, appelé seuil de perception, qui dépend de la fréquence, l'être humain ne perçoit pas le son.

Doc. 4 Un son peut en cacher un autre

▶ Un son peut en cacher un autre… Ce phénomène par lequel un son empêche la perception d'un autre son s'appelle l'**effet masque**.
Ainsi, un son grave émis à 400 Hz va rendre plus difficile la perception des sons de fréquences voisines : le seuil d'audibilité s'élève. Dans ce cas, l'effet masque se produit principalement entre 400 Hz et 1 kHz, et la perception est altérée entre 100 Hz et 5 kHz.

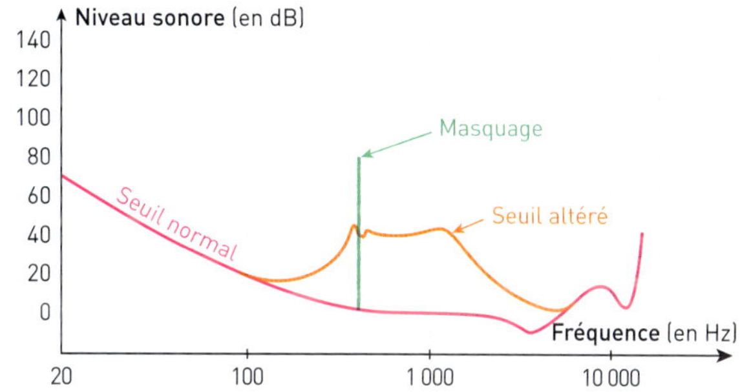

Doc. 5 Taille d'un son compressé en mp3

▶ On enregistre un son d'une minute avec une fréquence d'échantillonnage à 44,1 kHz, sur 16 bits, en stéréo. On compresse ce fichier en mp3 avec différents taux de compression.

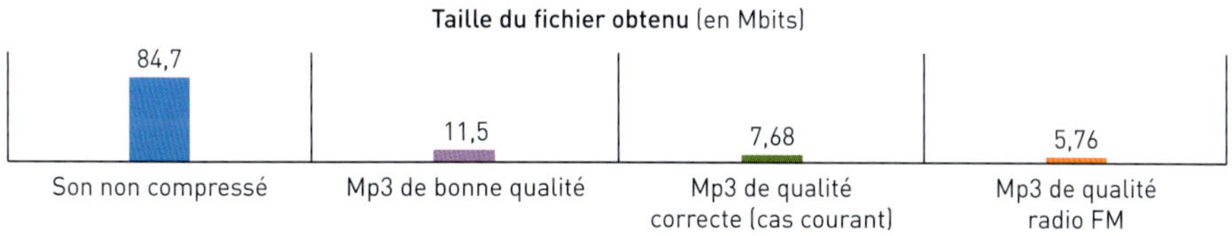

Guide de travail

On définit le **taux de compression** τ comme le gain en taille rapporté à la taille initiale du fichier :

$$\tau = 1 - \frac{\text{Taille fichier compressé}}{\text{Taille fichier initial}} \leqslant 1$$

1 Déterminer les taux de compression de l'encodage mp3 pour les exemples du doc. 5.

2 Déterminer le taux de compression que permet la conversion d'un signal stéréo en signal mono.

3 Expliquer comment les connaissances de psychoacoustique détaillées dans les docs. 3 et 4 sont utilisées par les techniques de compression présentées au doc 2.

4 Expliquer pourquoi les techniques de compression fondées sur la psychoacoustique n'altèrent pas trop la qualité d'un son.

Synthèse Résumer comment l'étude de notre perception des sons permet la compression destructive d'un fichier audio sans trop le dénaturer.

Vocabulaire

Psychoacoustique Étude des rapports entre les perceptions auditives de l'être humain et les sons qui parviennent à ses oreilles.

Essentiel

1 Connaître les différences entre analogique et numérique

- Lors d'un enregistrement, un microphone convertit les variations de pression acoustique en tension électrique grâce à une membrane mobile. Le signal obtenu est **analogique** : il contient un ensemble continu, donc infini, d'informations.
- Au contraire, un signal **numérique** contient un ensemble fini d'informations. Les microprocesseurs des ordinateurs, des smartphones, des objets connectés... manipulent des suites de bits qui prennent deux valeurs : 0 ou 1.
- Aujourd'hui les enregistrements sonores sont en grande majorité numérisés, ce qui facilite leur traitement.
Pour numériser un son, on procède à la **discrétisation** du signal analogique.

La numérisation permet de stocker beaucoup d'information en peu de place.

2 Justifier le choix des paramètres de numérisation d'un son

La **conversion d'un signal analogique en signal numérique** nécessite deux étapes.

1. Échantillonnage

- Des échantillons sont prélevés sur le signal analogique à intervalles de temps réguliers T_e (la **période d'échantillonnage**, en seconde).
- On définit alors la **fréquence d'échantillonnage** $f_e = 1/T_e$, en hertz. Sa valeur correspond au nombre d'échantillons prélevés chaque seconde.

Pour échantillonner correctement un signal, il faut que la **fréquence d'échantillonnage** f_e soit au moins **deux fois supérieure** à la fréquence f_{max} de la dernière harmonique du signal analogique.

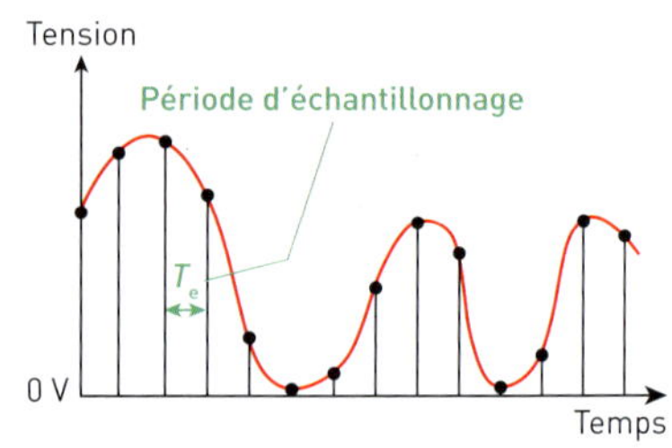

- Plus la fréquence d'échantillonnage est élevée, plus la numérisation est fidèle ; mais plus le fichier audio nécessite un volume de stockage important.

Exemple

Un signal sonore est numérisé par un téléphone avec une fréquence d'échantillonnage de 8 kHz, ce qui correspond au prélèvement de 8 000 échantillons par seconde.

2. Quantification

- Le **nombre de bits** de la conversion analogique-numérique définit le nombre de valeurs quantifiées.

Une conversion sur n bits donne accès à 2^n valeurs quantifiées.

À chaque échantillon prélevé sur le signal, on associe la valeur de l'amplitude quantifiée inférieure la plus proche. On appelle « pas de quantification » l'écart minimal entre deux valeurs.

- Plus la quantification est fine (plus le nombre de bits de la conversion est important), plus la numérisation est fidèle ; mais plus le fichier audio nécessite un volume de stockage important.

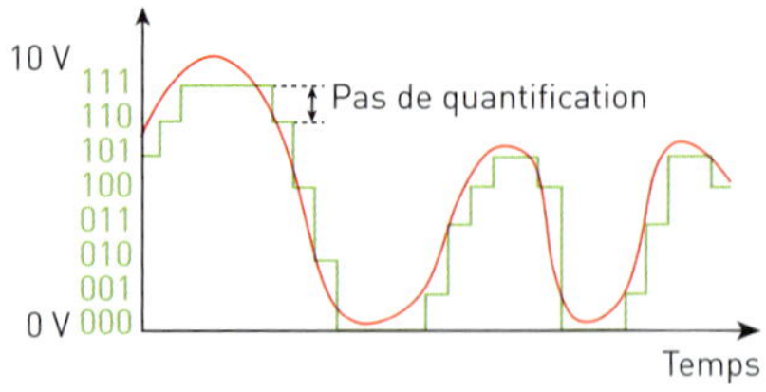

Le codage d'un signal sur 3 bits permet de stocker les échantillons sur 8 valeurs : 000, 001, 010, 011, 100, 101, 110, 111.

Exemple

Un téléphone numérise le signal sonore sur 8 bits. Le signal numérisé peut prendre $2^8 = 256$ valeurs différentes.

3 Estimer la taille d'un fichier audio

▸ La **taille d'un fichier audio** est le nombre de bits nécessaire pour enregistrer un signal audio numérique :

$$\text{Taille}_{\text{bits}} = f_e \times N_{\text{bits}} \times \Delta t \times N_{\text{voies}}$$

avec f_e la fréquence d'échantillonnage ;
Δt la durée d'enregistrement en seconde ;
N_{bits} le nombre de bits caractéristique de la conversion analogique-numérique ;
N_{voies} le nombre de voies (2 en stéréo, 1 en mono).

▸ Conversion entre bits et octets : **1 octet = 8 bits.**
Les fabricants d'appareils de stockage mentionnent usuellement les capacités de leurs appareils en téraoctet (1 To = 10^{12} octets), gigaoctet (1 Go = 10^9 octets) et mégaoctet (1 Mo = 10^6 octets).

Un CD contient 700 Mo d'information : il stocke jusqu'à 66 minutes de musique.

Exemple

L'enregistrement d'une minute de musique, à une fréquence d'échantillonnage de 44 kHz sur 16 bits en stéréo, nécessite $1/8 \times 44\,000 \times 16 \times 60 \times 2 = 10{,}56 \cdot 10^6$ octets, soit 10,56 Mo.

4 Calculer un taux de compression

▸ La transmission et le stockage d'un fichier audio sont facilités par une taille réduite. Des techniques de **compression** sont donc mises en œuvre lors de son enregistrement.

▸ L'efficacité d'une compression s'estime à partir du **taux de compression** τ :

$$\tau = 1 - \frac{\text{Taille fichier compressé}}{\text{Taille fichier initial}} \leqslant 1$$

▸ Plus le taux de compression est élevé, meilleure est la compression, et plus la taille du fichier compressé résultant est réduite.

5 Comparer différents fichiers audio compressés

▸ Il existe une multitude de **formats audio**, exploitant diverses techniques de compression. Le format d'un enregistrement est choisi en fonction des conditions d'écoute, des contraintes de stockage et de la compatibilité avec certains logiciels. La compression s'effectue avec ou sans pertes de données.

▸ Les techniques de **compression « avec perte d'information »**, spécifiques au son, éliminent les informations sonores auxquelles l'oreille est peu sensible.

▸ Voici un tableau comparatif de différents formats audio :

Format	**wave**	**MP3 128 kbits/s mono**	**wma 96 kbits/s mono**	**flac**
Type de compression	Non destructive	Destructive	Destructive	Non destructive
Taux de compression	**0 %**	**0,91 soit 91 %**	**0,93 soit 93 %**	**≈ 0,5 soit 50 %**
Taille d'un fichier (durée d'une minute)	**= 10,56 Mo**	**= 0,96 Mo**	**= 0,72 Mo**	**≈ 5,25 Mo**
Qualité	★★★★★	★★	★	★★★★★
Utilisations	CD	baladeur/streaming	baladeur/radio FM	CD

Le son numérique à travers le temps

En juin 1944, les programmes français de la BBC diffusent la Ve symphonie de Beethoven pour annoncer le débarquement en Normandie. Ce célèbre morceau de musique commence en effet par trois notes courtes, suivies d'une longue – ce qui, dans l'alphabet morse, correspond à la lettre V, comme la victoire !
Ce code est considéré comme l'ancêtre du langage binaire des ordinateurs. En 1945, ce fut d'ailleurs le mathématicien Alan Turing, grand déchiffreur de codes secrets durant la Seconde Guerre mondiale, qui travailla sur le premier projet d'ordinateur au monde.

Le trophée des Grammy Awards

D'où vient l'impression d'ampleur musicale de la chanson « Hello » d'Adèle ? Du « Mur de son » ! Le producteur Greg Kurstin a en effet utilisé cette technique d'enregistrement en studio, commune à beaucoup de hits des années 1960 et 1970. Pour remplir l'espace sonore et faire résonner les différentes lignes mélodiques, toutes sortes d'instruments étaient alors utilisés, tandis que les voix principales étaient doublées par réverbération, et des extraits de sessions antérieures diffusés pendant l'enregistrement pour l'étoffer (*overdub*). À partir des années 1940, la production musicale a en effet évolué, d'un savoir-faire scientifique à un travail de création. Il s'agissait d'abord de restituer le son le plus fidèle possible, sans grésillements ni bruits inutiles. Puis de régler les niveaux sonores pour attirer l'attention sur certains instruments, ou faire, par exemple, qu'une flûte puisse rivaliser avec un orchestre symphonique. Depuis les années 1960, la production musicale est assimilée à une forme d'art. Les producteurs reçoivent même des récompenses pour leur talent, comme les Grammy Awards ou le Mercury Prize !

De nos jours, ce travail est facilité par la numérisation des fichiers musicaux et le développement de logiciels de création musicale. L'*overdub*, par exemple, peut être réalisé sur ordinateur plutôt que dans la cabine d'enregistrement. Contrairement aux bandes magnétiques, les fichiers numériques ne s'abîment pas à force d'être retravaillés, et l'on peut même collaborer en direct de l'autre bout du monde !

Intégrer la dimension du temps

Quelle différence entre « Le bon roi Dagobert » et « Au Clair de la lune » ? « Juste un do », pourrait répondre une machine qui n'analyserait que les notes de musique. C'est qu'il manque un élément fondamental à l'analyse spectrale obtenue par la transformée de Fourier : le temps ! L'ordre des notes est indispensable à la reconnaissance d'une mélodie, ainsi qu'à toute forme de reconnaissance vocale par un ordinateur – qui confondrait sinon, par exemple, « limiter » et « militer » !

Depuis Fourier, différents modèles mathématiques ont permis d'intégrer cette dimension temporelle, le plus courant étant de répéter la même analyse spectrale à intervalles très courts. Cette analyse fréquence-temps peut être représentée sur un sonagramme, couramment utilisé en studio d'enregistrement.

Le son numérique, nouveaux usages

Le chanteur Justin Bieber a été sacré « célébrité la plus puissante au monde » en 2012 par un magazine d'économie américain. Aurait-il connu un tel succès si les plateformes de vidéo et musique en ligne n'avaient pas existé ? Grâce à la numérisation, ces plateformes ont fait connaître des milliers d'artistes sans maison de disques, et permis de diffuser le travail de professionnels à un public sans précédent – à l'image de la chanson *See you again* du rappeur Wiz Kalifa, vue plus de 2,9 milliards de fois dans le monde !

Sorti en 1985, l'album *Brothers in Arms* du groupe Dire Straits bénéficie nettement de l'entrée du rock dans l'ère numérique : c'est le premier album dont les claviers sont arrangés par ordinateur, et l'un des premiers à être enregistré et mixé uniquement en numérique. Sorti sur CD (compact disc), qui existe depuis 1982, il dure un peu plus longtemps que sa version sur disque vinyle. Surtout, grâce à la résolution de 16 bits des CDs, la « dynamique sonore » de l'album, différence de volume entre le son le plus faible et le son le plus fort, est particulièrement large et contrôlée avec finesse : le moindre chuchotement peut être entendu. En moyenne, un vinyle dispose d'une dynamique sonore de 45 à 60 dB, contre environ 96 dB pour un CD.

Mais, depuis le tournant du siècle, une « guerre du volume » (*loudness war*) fait rage : malgré les capacités du CD, ou d'un fichier numérique identique, plusieurs producteurs préfèrent réduire la dynamique pour que la musique sonne plus fort : les instruments sont alors mixés à des niveaux sonores très proches, comme, dans l'album *1989* de Taylor Swift. Les fichiers numériques en sont plus légers, et prennent moins de place dans les serveurs de streaming ou nos smartphones. Face à ce mouvement, qui épargne souvent le vinyle, des mélomanes rappellent que l'oreille devient paresseuse à force de tout entendre au même volume, et invoquent le plaisir d'écouter toutes les nuances sonores de la musique, du pianissimo au fortissimo.

Les sites gratuits de musique et de vidéo en ligne représentent désormais la première source de musique au monde. La qualité de la diffusion n'est pourtant pas au rendez-vous : en plus d'être peu dynamique, le son est très compressé. De son côté, l'économie de la musique par internet progresse, portée par les abonnements à des services de streaming de meilleure qualité. Certains abonnement proposent même un son non-compressé !

Des préférences bien triées

Une fête s'annonce – il faut préparer la liste des morceaux de musique de la soirée. Avant l'utilisation de fichiers numériques, personne n'aurait pu trier d'un coup deux cent morceaux de musique par chanteur, genre ou date de parution. Cette opération, désormais banale, repose sur l'existence de métadonnées textuelles, enregistrées avec les morceaux et permettant de les décrire et de les cataloguer.

Nos ordinateurs savent aussi identifier le tempo d'un morceau, pour élaborer une playlist plus ou moins dansante. Parallèlement, les sites de musique en ligne nous font des suggestions : car l'écoute par internet numérise aussi les comportements et goûts musicaux des utilisateurs !

Exo Version interactive Lienmini.fr/Ens-Sci1-22

Apprendre à apprendre

1 À l'aide du logiciel Audacity, enregistrer un son. Exporter l'audio dans un format non compressé. Mesurer la taille du fichier obtenue. Retrouver cette valeur en considérant les différents paramètres de numérisation qui s'affichent à gauche du signal enregistré.

2 Recopier le schéma suivant et placer les termes suivants : continu, fini, infini, discret.

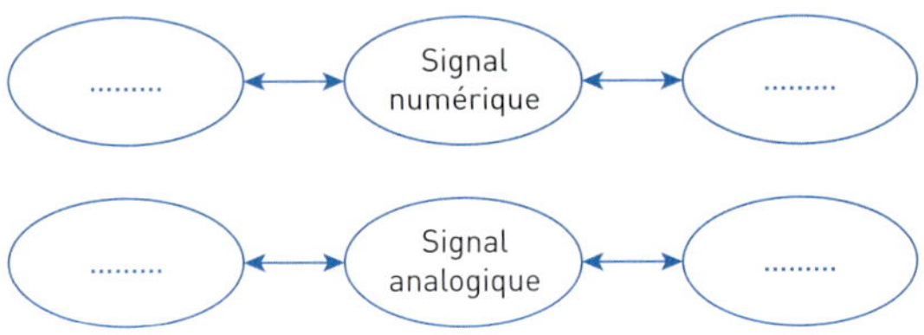

3 Compléter les étapes de la conversion analogique-numérique.

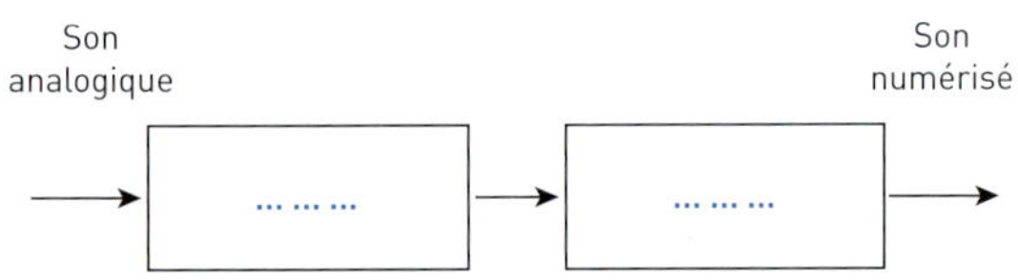

4 Devinette Analogique ou numérique ?

Préciser si le signal est analogique ou numérique.

1.

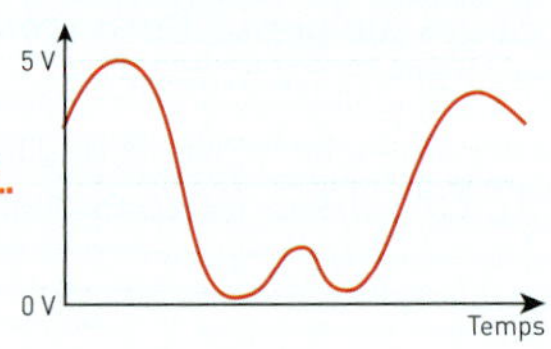

2.

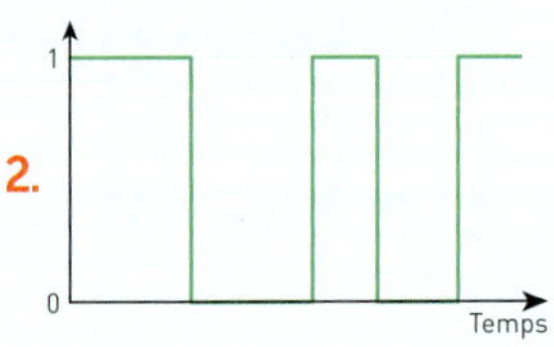

3. Un son diffusé en streaming sur internet.
4. Un son enregistré sur un disque vinyle.
5. L'évolution de la pression en fonction du temps sur la membrane d'un micro.
6. Le son émis par un haut-parleur.
7. Un fichier mp3.
8. 00011100101010101010101001010010.

5 Trouver le bon mot Qualité et numérisation

Choisir les termes qui conviennent.

« Plus la fréquence d'échantillonnage est élevée, plus la période d'échantillonnage est (*grande / petite*), plus le signal numérique est (*proche/éloigné*) du signal analogique. La numérisation est donc (*meilleure/moins bonne*).

Plus le codage s'effectue avec un nombre important de bits, plus le signal numérique est (*proche/éloigné*) du signal analogique. La numérisation est donc (*meilleure/moins bonne*). »

6 QCM Les étapes de la numérisation

Indiquer la bonne réponse.

1. Échantillonner un signal, c'est :

a. Prélever des valeurs du signal analogique à intervalles de temps réguliers.

b. Prélever des valeurs du signal numérique à intervalles de temps réguliers.

c. Associer un nombre binaire à une valeur de l'amplitude du signal analogique.

2. Une fréquence d'échantillonnage de 400 Hz correspond à une période d'échantillonnage de :

a. 2,5 ms ; b. 25.10^{-2} s ; c. 0,25 s.

3. La numérisation du signal présenté se fait sur :

a. 1 bit ;
b. 3 bits ;
c. 8 bits.

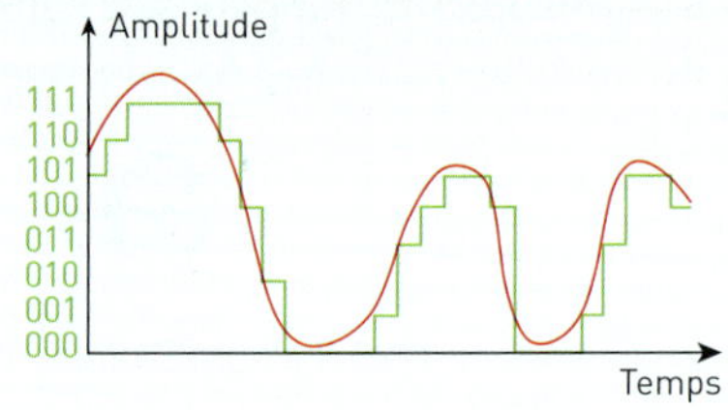

7 Vrai-faux Taille d'un fichier audio

Répondre par vrai ou faux aux affirmations.

1. La taille d'un fichier audio augmente quand la période d'échantillonnage augmente.
2. La taille d'un fichier audio augmente quand le nombre de bits de la conversion analogique-numérique diminue.
3. La taille d'un fichier audio augmente si l'amplitude du signal augmente.
4. La taille d'un fichier audio diminue si le nombre de voies d'enregistrement diminue.
5. La taille d'un fichier audio augmente quand la fréquence du signal augmente.

8 Relier les termes Qualité d'une numérisation

Associer le bon nombre de bits et la fréquence d'échantillonnage correcte aux qualités sonores.

Qualité : DVD, CD, radio numérique, téléphone.
Nombre de bits : 8 bits, 24 bits, 8 bits, 16 bits.
Fréquence : 8 kHz, 44,1 kHz, 48 kHz, 22,5 kHz.

9 Compression destructive

Recopier et compléter le tableau suivant.

Qualité d'écoute	Compression	1 min de son
Son numérisé	Aucune	10,094 Mo
CD audio	.....	1,373 Mo
CD audio limite	.....	915 000 octets
Supportable	93 %	.....
Limite	0,954	.....

Voir corrigés à la fin du manuel, p. 254

Signaux analogique et numérique

10 Boîte à musique

Les boîtes à musique traditionnelles jouent un morceau grâce à un mécanisme constitué d'un ensemble de lames d'acier. Une extrémité de la lame est maintenue fixe, tandis que l'autre est mise en vibration grâce à un cylindre muni de picots.

• Le signal enregistré par une boîte à musique est-il analogique ou numérique ? Justifier.

11 D'un oscilloscope à l'autre

Les lycées sont équipés d'oscilloscopes pour étudier des signaux électriques en travaux pratiques. Il existe deux types d'oscilloscope :

– **Type 1** : un faisceau d'électrons est dévié à l'aide d'un champ électrique produit par la tension électrique que l'on applique aux bornes d'entrée de l'oscilloscope. Ce faisceau percute un écran fluorescent en produisant un spot lumineux.

– **Type 2** : la tension appliquée à l'oscilloscope est convertie en une suite de bits. Le signal peut ensuite être affiché sur l'écran, ou stocké dans la mémoire de l'oscilloscope.

1. Quel type d'oscilloscope est analogique ? Lequel est numérique ? Justifier la réponse.
2. Quel est l'avantage de l'oscilloscope numérique ?

Paramètres de numérisation d'un son

12 Problème de note

Un élève souhaite vérifier la fréquence émise par un diapason ($f = 440$ Hz) à l'aide d'un microphone et d'un logiciel d'acquisition. Cependant tout ne se passe pas comme prévu : lorsque l'élève change la fréquence d'échantillonnage f_e du logiciel, il ne mesure pas la même fréquence.

	f_e (en Hz)	$f_{mesurée}$ (en Hz)
Expérience 1	440	0
Expérience 2	660	220
Expérience 3	880	440
Expérience 4	1000	440

1. Préciser le critère qu'il faut respecter lors d'une numérisation pour réaliser un bon échantillonnage.
2. Pour quelles expériences le logiciel fournit bien la fréquence émise par le diapason ? À l'aide du doc. 3 p. 209, préciser la note correspondante.
3. On cherche à comprendre les valeurs des fréquences mesurées par le logiciel.

a. Tracer le signal émis par le diapason sur quatre périodes. On choisira une amplitude arbitraire pour ce son pur.

b. Sur le graphique, placer les différents échantillons prélevés lors de l'expérience 1.

c. Vérifier alors la valeur de la fréquence fournie par le logiciel.

4. Reprendre la question précédente pour l'expérience 2.

13 Sur les chapeaux de roue

Avec une caméra enregistrant 24 images par seconde, on filme une voiture allant à une vitesse de 130 km·h^{-1}. Le résultat est surprenant : la roue semble tourner en sens inverse !

1. La voiture est équipée de roues de 64 cm de diamètre, qui effectuent 18 tours par seconde. On schématise ci-dessous la rotation d'une roue à intervalles de temps réguliers.

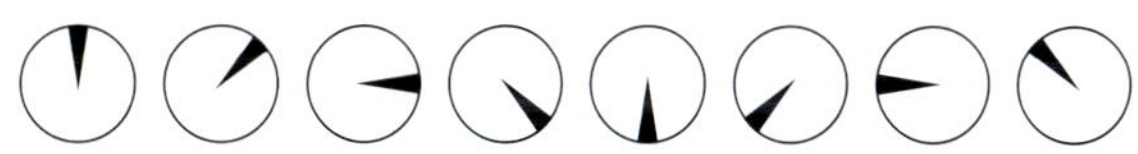

a. Reproduire quatre fois le schéma. Quel intervalle de temps sépare chaque image ?

b. En entourant les images enregistrées par le film, expliquer l'observation.

2. En faisant une analogie entre l'échantillonnage d'un son et la prise de vue d'une scène, indiquer quel critère il faudrait respecter pour que le film rende mieux compte de la réalité.

14 L'erreur de quantification

Un signal analogique peut prendre une infinité de valeurs, contrairement à un signal numérisé. La numérisation n'est donc jamais fidèle ! La différence d'amplitude entre la valeur analogique et son codage est appelée « erreur de quantification ».

On considère une numérisation sur 8 bits avec une haute fréquence d'échantillonnage :

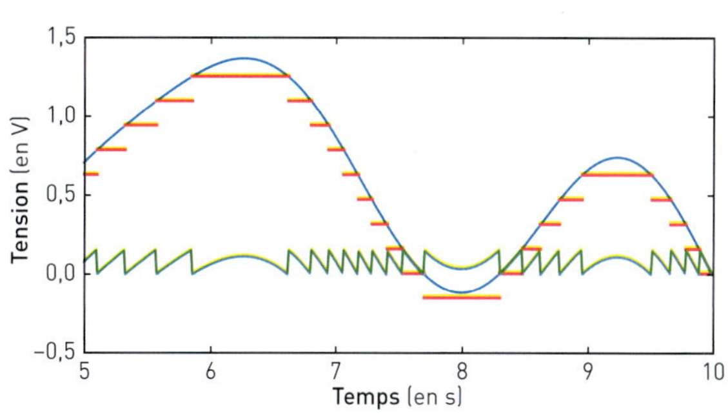

1. Légender chacune des courbes : « erreur de quantification » « signal analogique » « représentation numérique du signal ».
2. Relier la valeur maximale de l'erreur de quantification à la valeur du pas de quantification.
3. Comment diminuer l'erreur de quantification ?

Calcul de la taille d'un fichier audio

15 Débit binaire, 4G ou 5G

Pour évaluer l'efficacité d'un canal de transmission numérique, on calcule son débit binaire, c'est-à-dire la quantité de données numériques transmises par unité de temps. Il s'exprime en bits par seconde (bit·s^{-1}, ou bps). Quelques exemples de débits :

- code Morse : 40 b·s^{-1}
- téléphonie : 64 kb·s^{-1}
- 4G : 1 Gb·s^{-1}
- 5G : 10 à 20 Gb·s^{-1}

1. Expliquer ce que signifie un bit.
2. Dans le cas de la téléphonie, la voix est échantillonnée à une fréquence de 8 kHz et quantifiée sur 8 bits. Retrouver la valeur du débit dans ce cas.
3. Donner une formule permettant de calculer le débit binaire.
4. Quel est l'intérêt de passer de la 4G à la 5G ?

16 Un format à un seul bit !

Le format Direct Stream Digital (DSD) à été lancé à la fin des années 1990 par Sony et Philips. C'est un procédé de stockage numérique d'enregistrement audio de très haute qualité. Il est notamment en concurrence avec le format PCM haute définition, présent sur les DVD audio. Sa technologie consiste en un codage de son à très haute fréquence d'échantillonnage et quantifié sur 1 bit unique. Les conversions analogique-numérique et numérique-analogique sont ainsi simplifiées, ce qui assure une qualité de conversion du signal importante pour un coût de production réduit.

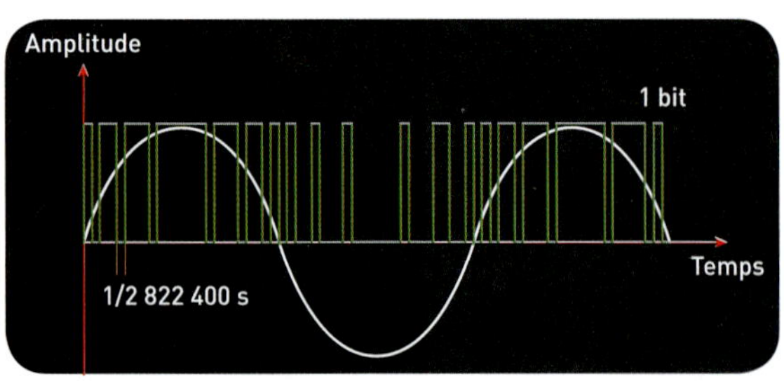

Exemple de codage d'un signal analogique (en blanc) en un signal DSD (en vert).

1. Déterminer la fréquence d'échantillonnage du codage DSD.
2. À l'aide du graphique, justifier la phrase : « Il est quantifié sur 1 bit unique ».
3. Calculer la taille d'un fichier audio stéréo d'une durée de 3 minutes.
4. Quel est le principal intérêt de ce type de codage par rapport à un codage classique ?

Calcul d'un taux de compression

17 Compression DPCM

La compression DPCM est une technique de compression qui sert, dans une forme un peu plus complexe, pour transmettre des sons par téléphone.
On considère un signal sonore échantillonné et quantifié sur 12 bits. La compression DPCM consiste à stocker la première valeur de l'amplitude du signal U_0 (sur 12 bits) ainsi que la différence entre deux valeurs successives $\Delta_{n-1,n}$ sur 8 bits. Les valeurs de l'amplitude du signal sont déduites les unes des autres à partir de la relation :

$$U_n = U_{n-1} + \Delta_{n-1,n}.$$

On donne un exemple de valeurs des tensions, en volts, enregistrées à une fréquence d'échantillonnage f_e = 10 Hz :

13, +1, -2, +2 ,-3, -1, -2, +3, +1, -1, +3

1. Représenter l'évolution de l'amplitude du son enregistré en fonction du temps.
2. S'agit-il d'une compression destructive ? Justifier.
3. Déterminer le taux de compression.
4. Dans quels cas cette compression n'est-elle pas intéressante ?

18 Compression d'un fichier mp3

On enregistre un signal audio mono sur 8 bits avec un ordinateur branché à un microphone. Le logiciel propose de compresser ce fichier au format MP3 pour qu'il prenne, au choix : 4,41, 7,35 ou 11,025 fois moins de place.

1. Calculer les trois taux de compression proposés.
2. Avec le taux de compression maximal, une chanson de 3 minutes occupe 5,76 Mo. Déterminer la fréquence d'échantillonnage du fichier original.
3. Le MP3 est une méthode de compression dite « destructive ». Expliquer ce terme.

Comparaison de fichiers audio compressés

19 Différents formats audio

Lorsque l'on enregistre un son avec le logiciel Audacity, plusieurs formats sont proposés.
Pour les comparer, un même son est enregistré à l'aide du logiciel. Voici la taille du fichier obtenu dans chacun des formats :

Format	.wav	.mp2	.ogg	.flac
Taille (en ko)	152	19,8	13,4	25,9

1. Expliquer comment il est possible d'obtenir des fichiers de taille réduite.
2. Classer les différents formats audio en fonction de la qualité des fichiers compressés.

Vers le BAC

20 Taux de compression

Argumenter — 3 min.

- Définir le taux de compression d'un fichier audio.

21 Paramètres d'enregistrement

Calculer — 10 min.

On enregistre un son sur une durée de 2 minutes avec un logiciel fourni sous Windows. Dans les options d'enregistrement, on choisit le format .wav, sans compression, sur 16 bits et avec une fréquence d'échantillonnage f_e = 44 100 Hz.

1. Rappeler la signification du paramètre fixé à 16 bits, et de la fréquence d'échantillonnage.

2. En regardant les propriétés du fichier enregistré, on obtient la fenêtre suivante. Le son a-t-il été enregistré en mono ou en stéréo ?

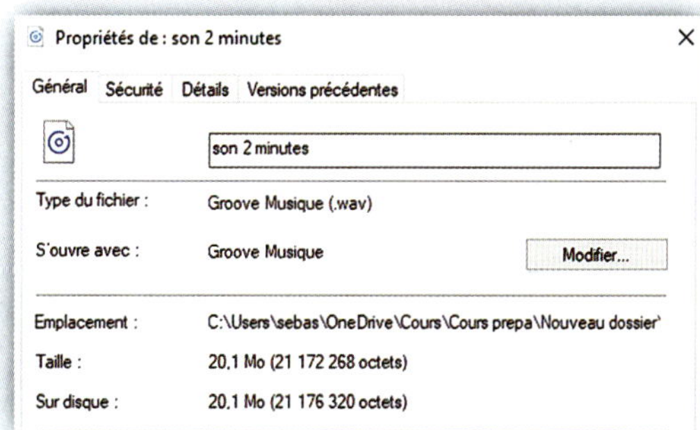

22 Compression de fichier audio grâce à la largeur de bande critique

Analyser — 40 min.

Doc. 1 Des oreilles de lynx !

Grâce au pouvoir séparateur de l'oreille interne et des aires cérébrales dédiées à l'audition, nous sommes capables de discriminer d'infimes différences entre des sons et bruits qui se superposent.

Cette capacité de perception est évidement limitée. En effet, quand on écoute deux sons de fréquences suffisamment proches, l'oreille somme la sensation d'intensité sonore. Cette limite est caractérisée par une largeur de bande critique, notée Δf, qui dépend de la fréquence. L'oreille « fusionne » toutes les informations d'intensité situées dans la bande critique. Cette largeur Δf correspond aussi à l'écartement en fréquences nécessaire pour que deux harmoniques soient distinguées dans le spectre d'un son complexe.

Doc. 2 Écoute de deux sons purs de fréquences proches émis simultanément

- Un cobaye écoute deux sons purs de même niveau sonore (60 dB) et de fréquences f_1 = 950 Hz et f_2 = 1 050 Hz. Il entend un son pur de fréquence $f_{\text{résultante}}$ = 1 000 Hz et de niveau sonore 63 dB.
- Un cobaye écoute deux sons purs de même niveau sonore (60 dB) et de fréquences f_1 = 900 Hz et f_2 = 1 100 Hz. Il entend alors un son complexe, composé des deux fréquences f_1 et f_2, chacune à 60 dB.

Doc. 3 Largeur de bande critique en fonction de la fréquence

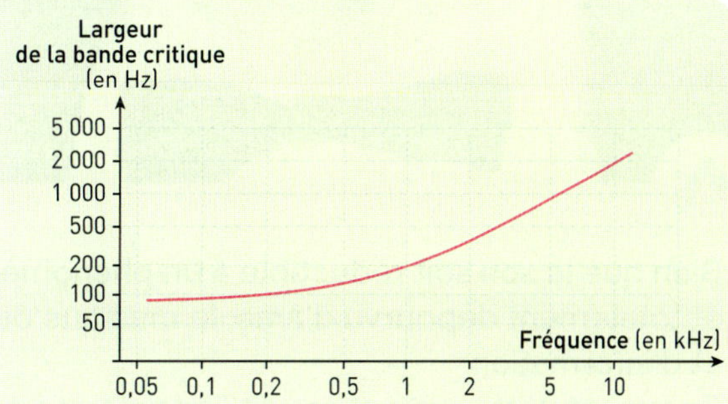

- Expliquer comment exploiter la notion de « largeur de bande critique » pour effectuer la compression destructive d'un fichier audio.

Aide

- Déterminer la largeur de bande critique pour f = 1 000 Hz. Donner la signification de cette valeur.
- Relier cette valeur aux deux exemples du doc. 2.
- Expliquer comment utiliser la largeur de bande critique pour réduire la taille d'un fichier audio, sans altérer la qualité du son écouté.

14 Entendre la musique

Le diapason, qui donne le la, est l'outil de référence du musicien.

Bien que le son soit réductible à un phénomène physique d'origine mécanique et totalement dépourvu d'âme, la musique ou la voix sont source d'émotion et d'information.
Comment notre système auditif transforme-t-il de simples vibrations de l'air en sons que nous apprécions ?

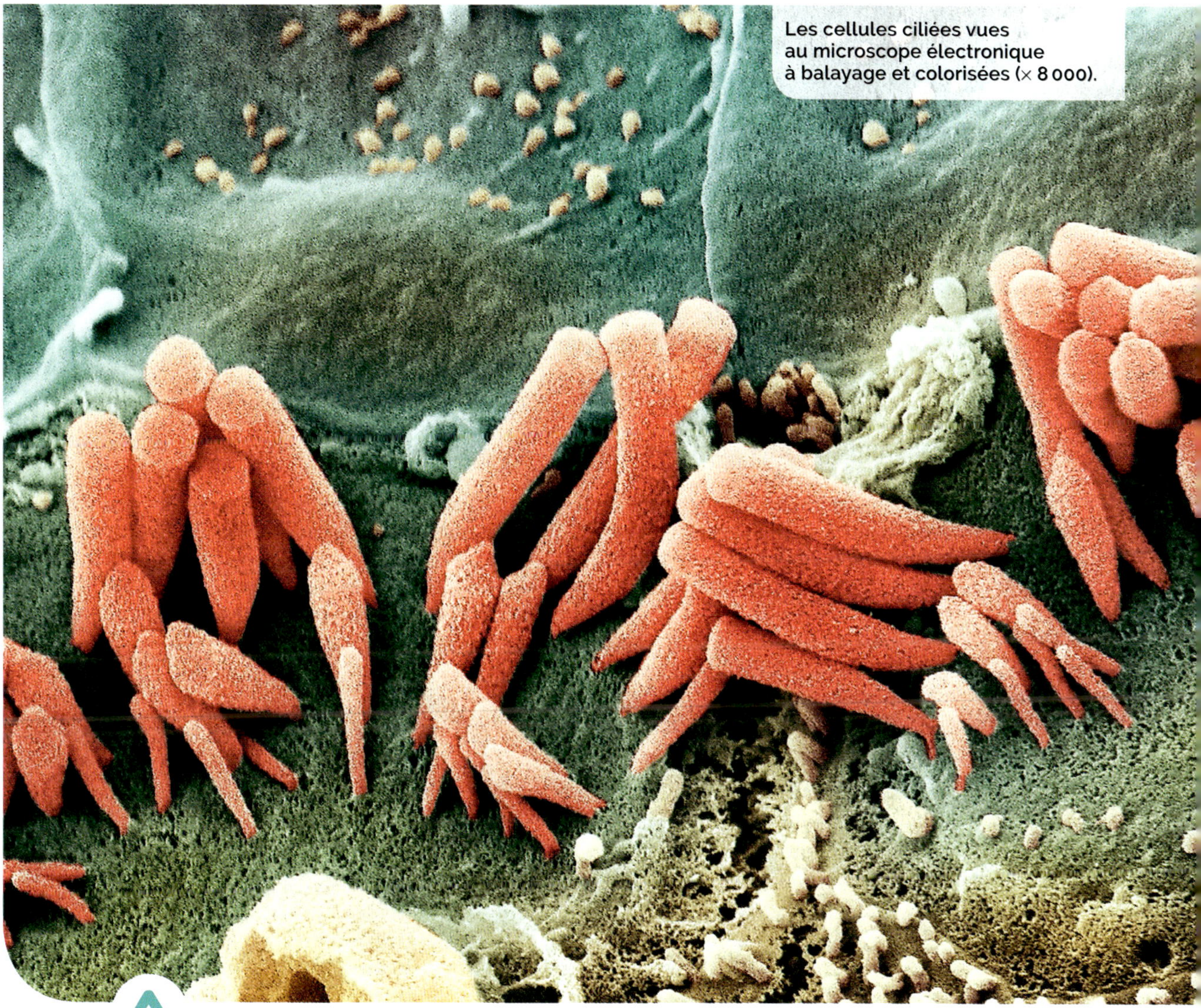

Les cellules ciliées vues au microscope électronique à balayage et colorisées (× 8 000).

La transformation de l'énergie mécanique des sons en énergie bio-électrique est réalisée par les cellules ciliées. Au-delà de 120 dB, la destruction des cellules ciliées entraîne des lésions irréversibles.
Pourquoi et comment devons-nous protéger notre appareil auditif de sons trop forts ?

Attendus du programme	Activités	Parcours d'exercices
Comprendre le rôle de l'oreille dans la réception et la transmission de la vibration sonore	1	1 2 6 7 8 9 10 15 16 17 18 25
Repérer les conditions de la transformation dans l'oreille d'un signal mécanique en signal électrique	2	3 4 19 20 21
Considérer l'importance du cerveau dans le traitement de l'information sonore	3	5 11 12 22 23
Connaître les conséquences sur la santé d'une exposition à des sons de forte intensité	4	7 13 14 24 26 27

Objectif général de formation
Identifier et mettre en œuvre des pratiques scientifiques

1 L'oreille, un récepteur-amplificateur audio

Entendre la musique, c'est avant tout une question d'oreille ! Notre appareil auditif, quand il fonctionne bien, nous renseigne sur la nature du son : aigu ou grave, fort ou faible. Comment captons-nous ces informations ?
Objectif Relier l'organisation de l'oreille externe et de l'oreille moyenne à la réception et à la transmission de la vibration sonore.

Doc. 1 Mesurer l'audition en milieu médical

L'audiométrie consiste à faire écouter successivement des sons dont la fréquence et l'intensité varient. La personne appuie sur un bouton quand elle entend. Le résultat est un audiogramme.

Un individu performant entend des sons de niveaux d'intensité (du niveau sonore) pouvant aller de 0 à 120 dB et de fréquence comprise entre 20 et 20 000 Hz. En-desous de ce seuil, il s'agit d'infrasons et au-dessus, ce sont des ultrasons.

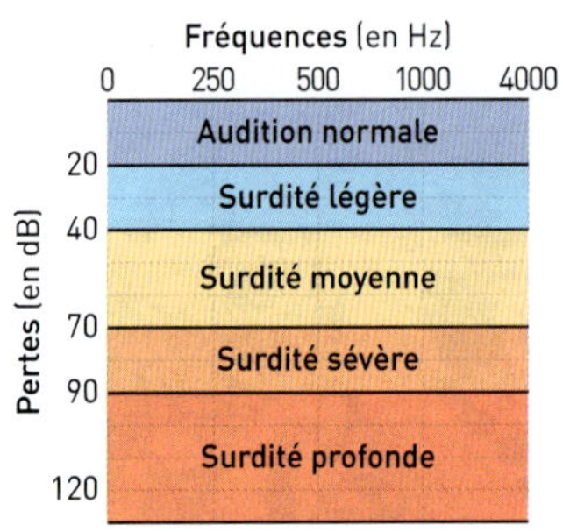

Diagramme des degrés de surdité

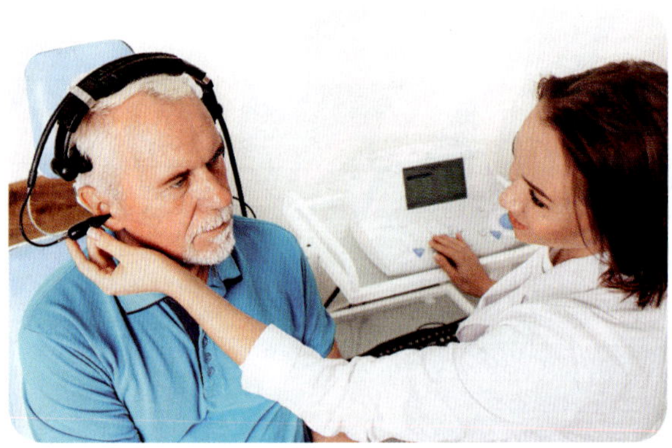

Examen d'audiométrie

L'audition osseuse se fait en mettant directement la source sonore sur le crâne. **L'audition aérienne** s'effectue en plaçant la source sonore à proximité de l'oreille, sans contact direct avec le corps.

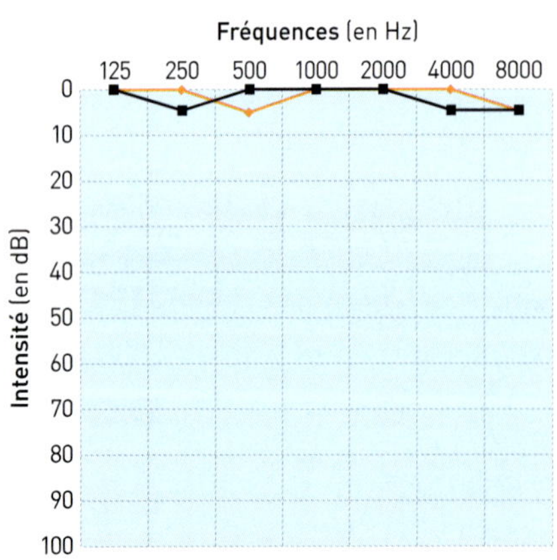

Audiogramme révélant une bonne audition

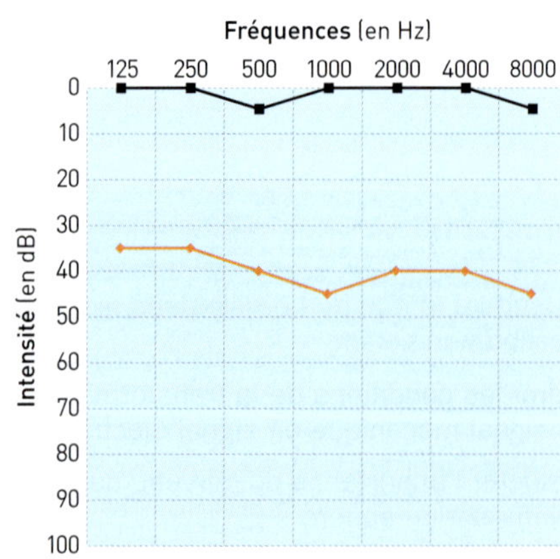

Audiogramme révélant une surdité de transmission

: audition aérienne ; : audition osseuse

Doc. 2 Structure du système auditif humain

▸ L'oreille comprend trois parties distinctes impliquées dans l'audition :
> **partie externe** : pavillon (partie apparente et cartilagineuse de l'oreille) et conduit auditif externe ; collecte et canalise les vibrations de l'air jusqu'au tympan ;
> **partie moyenne** : osselets (marteau, enclume et étrier), les plus petits os de notre corps associés à de minuscules muscles ; transmet les vibrations de la membrane tympanique à l'oreille interne. La trompe d'Eustache relie la caisse du tympan à l'arrière du nez ;
> **partie interne** : cochlée contenant des cellules ciliées ; les vibrations perçues sont transformées en messages électriques envoyés au cerveau.

▸ Quand un son arrive latéralement, l'onde sonore parvient aux deux oreilles avec un certain déphasage, ce qui nous informe de la direction d'où provient le son.

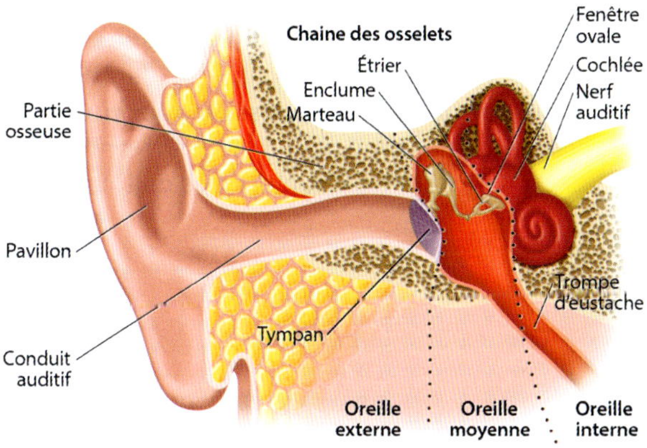

Structure anatomique de l'oreille (échelle x1)

Doc. 3 Un amplificateur de son, l'oreille moyenne

▸ Les vibrations de l'air provoquent les vibrations du tympan, qui déclenchent les vibrations du bloc solide marteau-enclume, puis celles de l'étrier, qui les transmet à l'oreille interne via la fenêtre ovale.

▸ La surface du tympan est d'environ 60 mm² et celle de l'étrier de 3 mm². L'absence de vibration du tympan ou des osselets provoque une surdité de transmission.

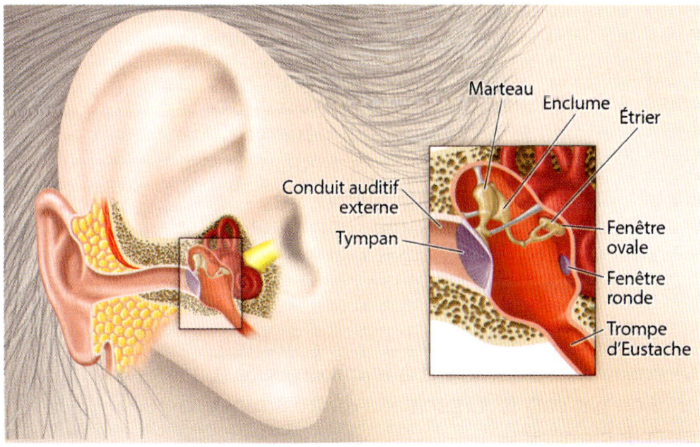

Structure détaillée de l'oreille moyenne

Animation
L'oreille
Lienmini.fr/Ens-Sci1-34

Guide de travail

1 Comparer les audiogrammes (bonne audition et surdité de transmission) (doc. 1).

2 Calculer le rapport entre la surface du tympan et celle de l'étrier. Expliquer l'intérêt d'un tel dispositif pour amplifier l'énergie acoustique collectée (docs. 2 et 3).

3 Expliquer d'où proviennent les différentes surdités de transmission (doc. 3).

Synthèse Construire un tableau pour récapituler les rôles respectifs de l'oreille externe et de l'oreille moyenne.

Vocabulaire

Audiométrie Méthode d'examen quantitatif utilisée pour obtenir des données sur les performances auditives d'une personne.

Objectif général de formation
Identifier et mettre en œuvre des pratiques scientifiques

2 L'oreille interne, un convertisseur de son

L'oreille humaine a une grande capacité pour écouter la musique et discriminer des sons. Nous sommes capables d'identifier près de 3 000 nuances fréquentielles et de localiser la source d'émission du son. Que deviennent les vibrations transmises par l'oreille moyenne quand elles arrivent dans l'oreille interne ?

Objectif Relier la structure des cellules ciliées à la perception du son.

Doc. 1 Que cache la cochlée ?

▸ La cochlée a une forme de tube enroulé (en latin, *cochlea* signifie escargot). Dans la cochlée se trouve l'organe de Corti constitué de cellules sensorielles (cellules ciliées internes, CCI, et cellules ciliées externes, CCE) et de cellules de soutien (cellule de Deiters). Au-dessus de lui se trouve la membrane tectoriale qui flotte dans un liquide.

▸ L'organe de Corti repose sur la membrane basilaire qui est flexible, cinq fois plus large à l'apex qu'à la base, elle-même cent fois plus rigide que l'apex. Quand l'étrier transmet l'onde de pression aux liquides du canal cochléaire, la membrane basilaire se déforme avec un maximum d'amplitude en un lieu qui dépend de la fréquence de la vibration. Si la fréquence est élevée, ce sont les cellules ciliées de la base de la membrane basilaire qui répondent. Si la fréquence est basse, ce sont celles de l'apex. C'est la tonotopie de la cochlée.

▸ Les cellules ciliées portent des touffes de stéréocils micrométriques à leur extrémité (une centaine par cellule, organisées en trois rangées de taille croissante).

Les cils ne sont déplacés que de 0,3 à 20 nm (1 nm correspond à 10^{-7}cm), ce qui est peu, comparé au 500 nm de la cellule ! Mais ils entrent en contact avec la membrane tectoriale et se déforment ce qui provoque l'entrée d'ions dans la cellule et le déclenchement d'un signal électrique.

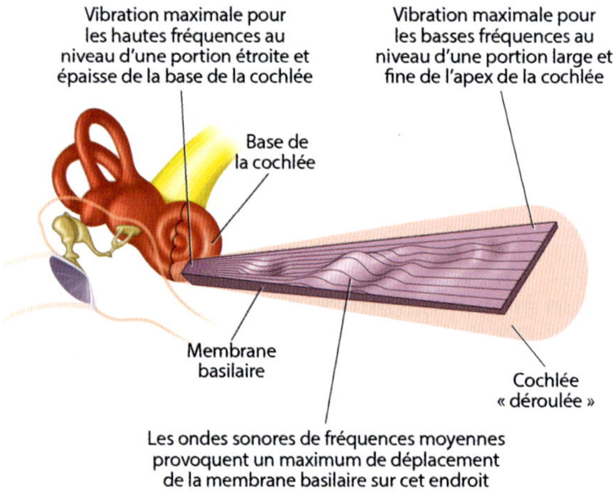

Tonotopie d'une cochlée déroulée

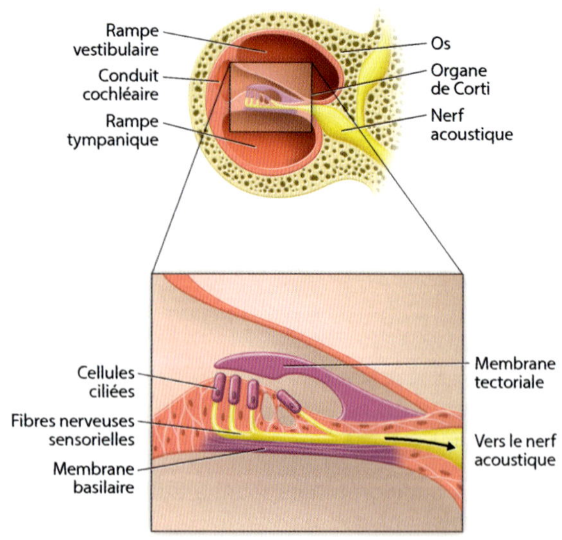

Structure détaillée de l'organe de Corti

Doc. 2 Les cellules ciliées de Corti

La transformation de l'énergie mécanique, les sons, en énergie bio-électrique est réalisée par les cellules ciliées. Le mécanisme de cette transduction est similaire pour les deux types de cellules sensorielles, externes et internes (CCE et CCI). La vibration de la membrane basilaire est à l'origine d'un mouvement de cisaillement entre la membrane basilaire et la membrane tectoriale, provoquant une entrée d'ions dans les cellules et la création d'un message nerveux. Il transmet des informations relatives à :
> la fréquence des vibrations ;
> l'intensité des vibrations ;
> la composition des vibrations ;
> la position de la source sonore dans l'espace.

Cellules ciliées vues au MEB : il existe trois rangées de cellules externes (environ 10 500) et une rangée de cellules internes (environ 3 500) sur toute la longueur de la membrane basilaire (35 mm), de la base au sommet de la cochlée. Vue de surface des cellules ciliées internes (rangée du haut) et des externes (trois rangées du bas).

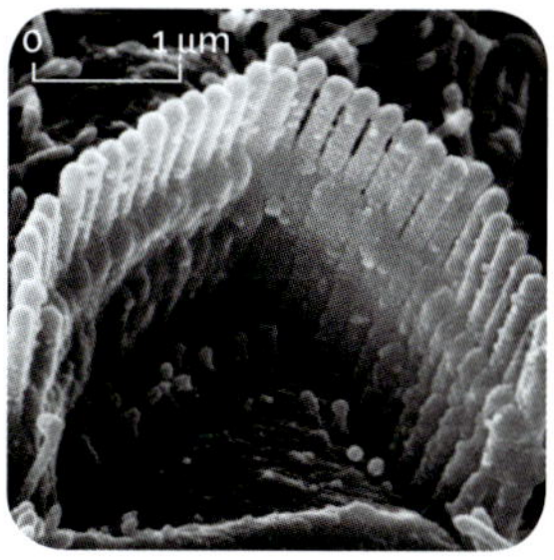

La touffe ciliaire d'une cellule ciliée de la cochlée observée au microscope électronique à balayage. On distingue les trois rangées de stéréocils petits, moyens et grands. La longueur des stéréocils est de l'ordre du micromètre.

Doc. 3 Acoumétrie au diapason

Deux tests utilisent un simple diapason vibrant et sont utiles pour diagnostiquer différentes causes de surdité :

> **Test de Rinne** : Le diapason est placé à 2 cm de l'oreille pour évaluer la conduction aérienne (CA) du son. Le pied du diapason est placé sur la partie latérale du crâne (appelée mastoïde) pour évaluer la conduction osseuse (CO). On compare les durées de la perception du son.

Si CA > CO, il s'agit d'une surdité de perception.
Si CO > CA, il s'agit d'une surdité de transmission.

> **Test de Weber** : Le pied du diapason est placé sur le sommet du crâne (appelé vertex). On recherche une latéralisation du son.

En cas de surdité de perception, le son est latéralisé du côté de l'oreille la moins sourde.
En cas de surdité de transmission, le son est latéralisé du côté de l'oreille la plus sourde.

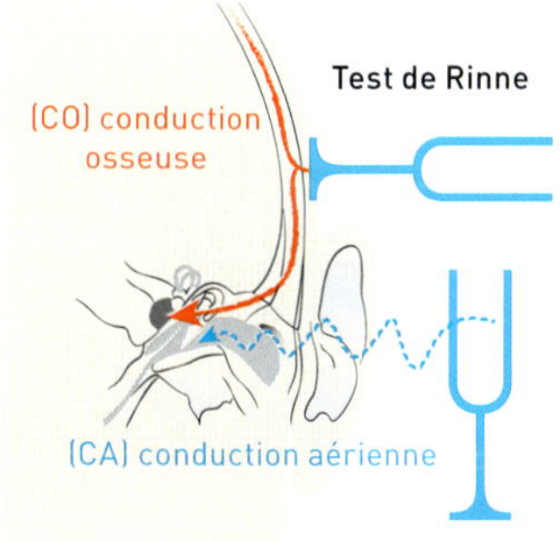

Surdité de transmission : CO > CA

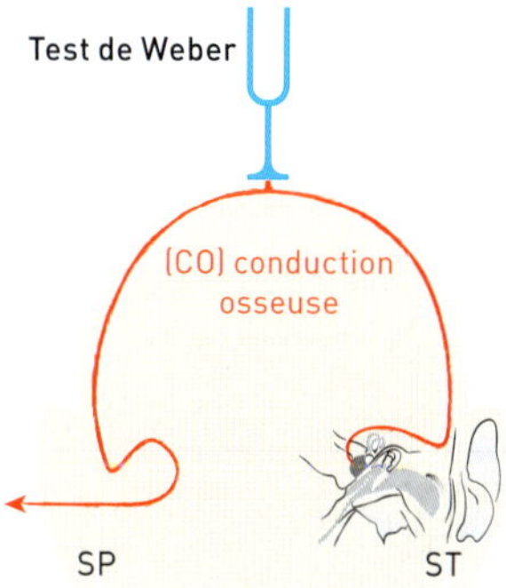

Guide de travail

1 Expliquer comment la cochlée contribue à la perception du son par l'organisme humain (docs. 1 et 2).

2 Décrire le comportement de la membrane basilaire (doc. 1).

3 Expliquer comment surdité de transmission et surdité de perception sont différenciables (doc. 3).

Synthèse Faire un schéma légendé récapitulant la structure et la fonction de l'oreille interne.

Vocabulaire

Acoumétrie Méthode d'examen qualitatif de l'audition permettant de faire un rapide diagnostic, avant de pratiquer un examen audiométrique.

Diapason Instrument métallique émettant un son pur après percussion d'une des branches sur un objet dur et dont l'intensité sonore décroît rapidement.

Objectif général de formation
Identifier et mettre en œuvre des pratiques scientifiques

3 Le rôle du cerveau dans le fonctionnement de l'oreille

Un capteur, seul, sans ordinateur est inefficace. Il en est de même pour l'oreille dont le fonctionnement ne peut être déconnecté du cerveau.

Objectif Interpréter des données d'imagerie cérébrale relatives au traitement de l'information sonore.

Doc. 1 En route vers le cortex cérébral

- Le nerf auditif contient un ensemble de 35 000 fibres (10 par cellule ciliée interne) qui transmettent des informations au cerveau. Après plusieurs relais (tronc cérébral, thalamus), les fibres auditives parviennent au cortex cérébral. Il faut moins de 20 ms pour que les ondes sonores soient transmises au cerveau sous la forme de stimuli nerveux.
- Le cortex auditif primaire, localisé dans le lobe temporal du cerveau, est la première région du cortex cérébral à recevoir un apport auditif. Il est responsable des sensations de hauteur, d'intensité, de localisation et de rythme du son.
- La zone d'association auditive, située autour du cortex auditif primaire, reçoit dans un second temps les messages nerveux. Elle traite ces signaux acoustiques afin qu'ils puissent être distingués comme parole, musique ou bruit.

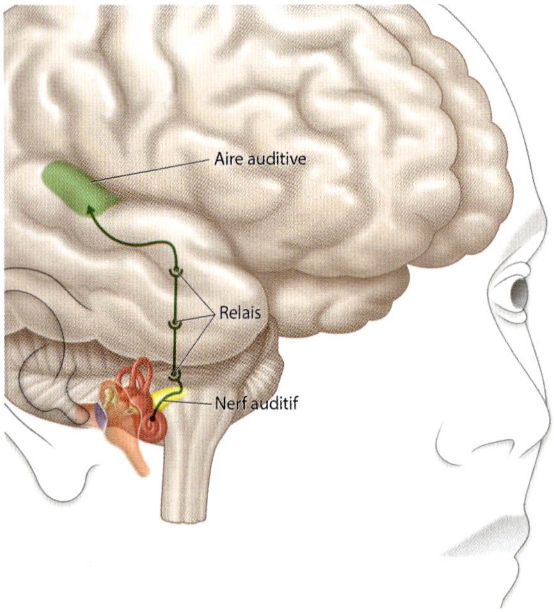

Représentation simplifiée des voies nerveuses auditives. L'information parvenant de l'oreille droite est majoritairement représentée dans l'hémisphère gauche et celle de l'oreille gauche dans l'hémisphère droit

Doc. 2 Tonotopie du cortex auditif primaire

- L'organisation spatiale des fibres cochléaires issues de chaque portion de la membrane basilaire se poursuit jusqu'au cortex, au niveau de l'aire corticale A1 (cortex auditif primaire). De cette façon, la représentation tonotopique de la membrane basilaire est reproduite au niveau du cerveau.

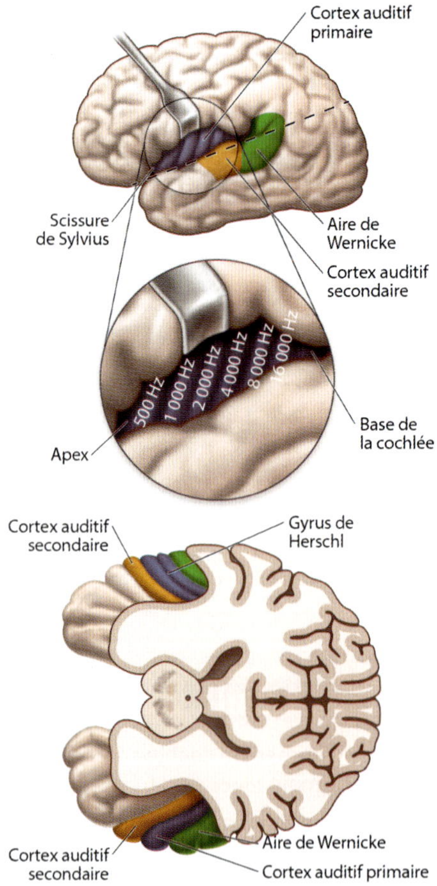

Tonotopie du cortex auditif

Doc. 3 Données d'imagerie cérébrales relatives au traitement de l'information sonore

- Il est désormais possible de savoir quelle musique nous écoutons grâce à l'imagerie cérébrale. Dans une étude publiée le 2 février 2018 dans la revue *Nature*, une équipe internationale de neurobiologistes a démontré la possibilité d'identifier avec précision une musique simplement à partir d'un scan cérébral obtenu par IRMf (Imagerie par Résonance Magnétique fonctionnelle).
- Pour leur étude, les scientifiques se sont principalement concentrés sur le lobe temporal abritant le cortex auditif responsable du traitement des sons.

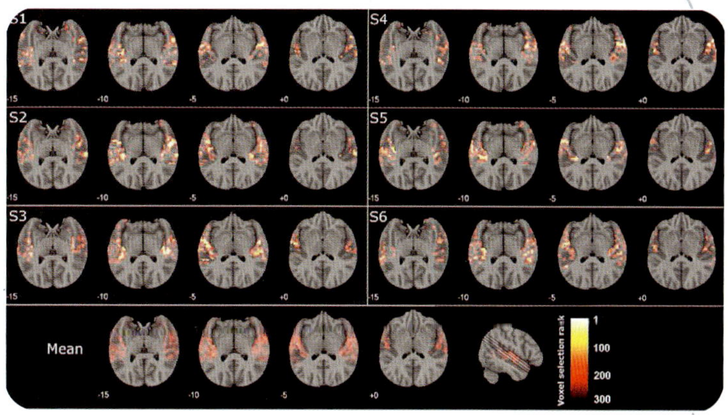

En jaune : forte activité cérébrale
En rouge : faible activité cérébrale

Doc. 4 Magnéto-encéphalographie (MEG)

- La magnétoencéphalographie permet de repérer les champs magnétiques infiniment petits émis par le fonctionnement des neurones.
Grâce à des capteurs extrêmement sensibles, les signaux sont recueillis par un ordinateur qui traite les informations et dresse une carte du cerveau.

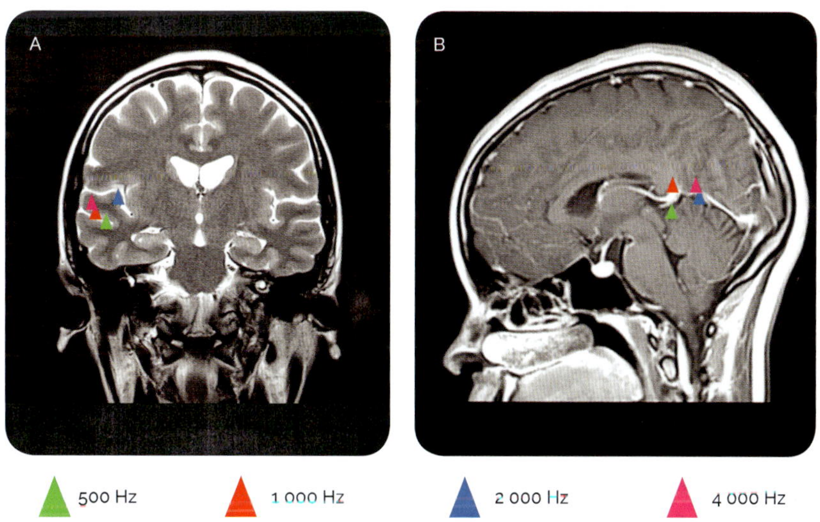

Localisation des sons purs (500, 1 000, 2 000, 4 000 Hz) sur le plan frontal (A) et latéral (B) du cerveau

Guide de travail

1 Relever les informations transmises par le message nerveux provenant de l'oreille (doc. 1).

2 Expliquer l'organisation du cortex auditif primaire (docs. 2 et 4).

3 Expliquer l'importance de l'imagerie cérébrale pour comprendre le traitement de l'information sonore (doc. 3).

Synthèse Résumer sous forme d'un schéma toutes les étapes depuis l'émission du message nerveux auditif jusqu'au cerveau.

Vocabulaire

IRMf Technique d'imagerie mesurant l'activité cérébrale par détection des variations de l'afflux sanguin dans les différentes parties actives du cerveau.

Tonotopie Représentation ordonnée de la fréquence d'un stimulus dans le système auditif.

Activité documentaire

Objectif général de formation
Identifier et comprendre les effets de la science sur les sociétés

4 Les risques auditifs liés aux loisirs musicaux

Le système auditif est souvent très performant, mais aussi particulièrement fragile. L'écoute répétée de musique fortement amplifiée, ou les nuisances sonores liées à certaines professions, relèvent à la fois d'un problème sociologique et de santé publique.

Objectif Relier l'intensité du son au risque encouru par l'oreille.

Doc. 1 Exposition au bruit, intensité et durée

▶ L'écoute d'une musique fortement amplifiée entraîne une perte de l'audition parfois importante et presque toujours définitive. Les récepteurs des fréquences aiguës, placés au début du limaçon, sont très fragiles. Le danger varie en fonction du niveau d'intensité sonore et de la durée d'exposition au bruit, comme les dégâts d'une brûlure dépendent de la durée d'exposition au soleil et de l'intensité du rayonnement (a.).

▶ L'exposition prolongée à des niveaux dépassant 85 à 90 dB mettent en danger l'audition (a.). La sonie mesure la force sonore au sens physiologique. La sensibilité de l'oreille varie selon la fréquence. Un son de fréquence 1 000 Hz et de niveau d'intensité sonore de 40 dB donne la même sensation auditive d'intensité qu'un son de 30 Hz et 90 dB. Les courbes d'isosonie rendent compte de cette caractéristique (b.).
De même, le seuil de douleur est variable en fonction des fréquences, selon une variation similaire avec des pentes bien moindres.

▶ Le son commence à être pénible à partir de 75 décibels (dB) et est dangereux à partir de 85 dB. Or, la douleur auditive n'apparaît qu'à 120 dB. Cela signifie qu'entre 85 et 120 dB, l'oreille est menacée de lésions irréversibles. Pour la protéger, le réflexe stapédien apparaît vers 85 dB ; les muscles de l'oreille moyenne se contractent et augmentent la rigidité du système. Ainsi, toute augmentation du son perçue est atténuée, par exemple une augmentation de 10 dB n'entraînera qu'une transmission majorée de 3 dB vers l'oreille interne.

DURÉE LIMITE D'EXPOSITION (SANS PROTECTION) AVANT DOMMAGES
- De 120 à 140 dB : **Quelques secondes suffisent à provoquer des dégâts irréversibles**
- 107 dB : **1 min/jour**
- 101 dB : **4 min/jour**
- 95 dB : **15 min/jour**
- 92 dB : **30 min/jour**
- 86 dB : **2 h/jour**
- 80 dB : **8 h/jour**

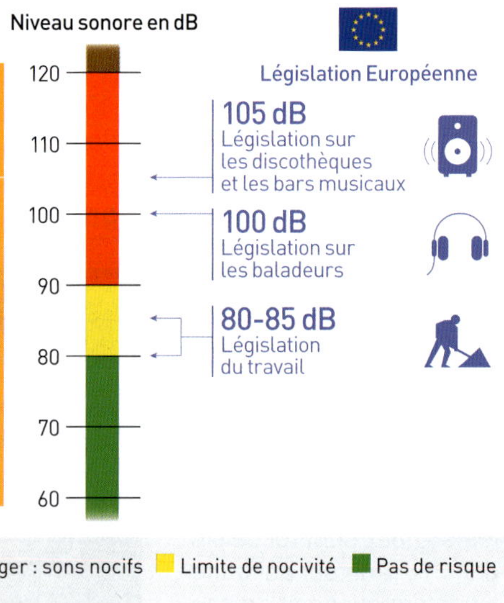

a Risques en fonction du niveau et de la durée d'exposition au bruit

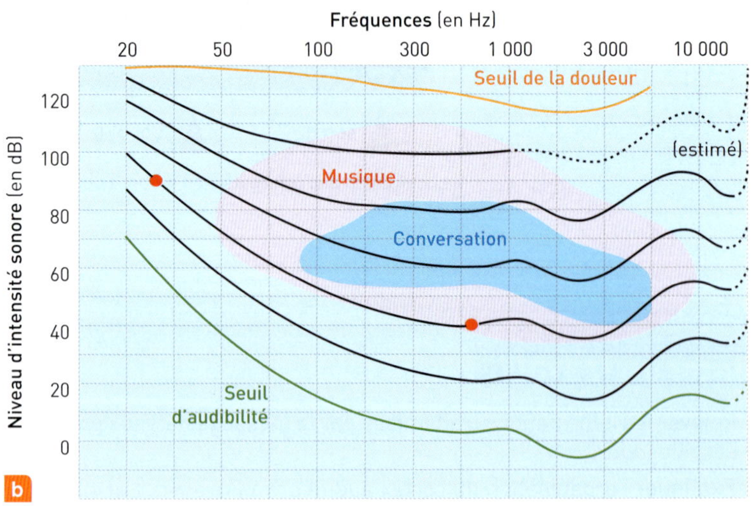

b Courbe d'isosonie

Doc. 2 Audiogramme caractéristique d'une surdité de perception

L'audiogramme permet d'évaluer les pertes auditives associées aux différentes fréquences sur une oreille. Le patient écoute au casque un son sinusoïdal de fréquence donnée dont on fait varier l'intensité (le niveau sonore) : à chaque fois qu'il perçoit un son, il appuie sur un bouton, ce qui permet, en changeant les fréquences, de déterminer oreille par oreille le seuil d'audibilité pour chaque fréquence. La perte d'audition se détermine en comparant cette valeur au seuil d'audibilité normalisé. > Activité 1 Doc. 1

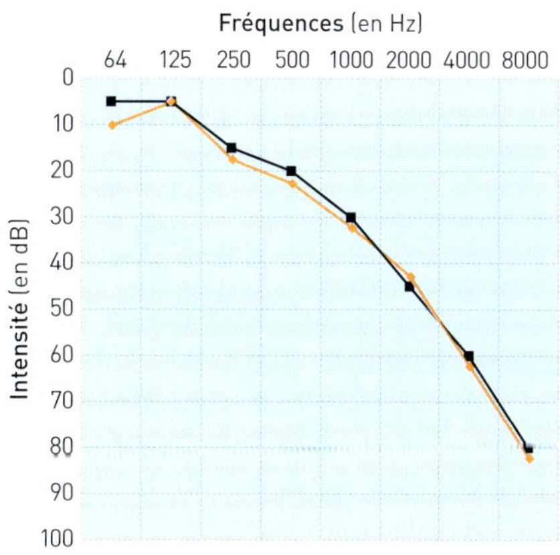

Doc. 3 Dégâts sur les cellules ciliées

Au-delà de 120 dB, la destruction des cellules ciliées et des neurones entraîne des lésions irréversibles. Les conséquences peuvent être de deux ordres :

> **élévations temporaires du seuil d'audition** (*Temporary Threshold Shift*, appelé TTS). Caractérisées par des sifflements, impressions d'oreilles bouchées, elles disparaissent assez rapidement. Cependant, les cellules ciliées externes étant des filaments musculaires susceptibles de se fatiguer, on note des pertes d'élasticité néfastes à la longue.

> **élévations permanentes du seuil d'audition** (*Permanent Threshold Shift*, appelé PTS). La détérioration de ces cils engendre des sifflements autour de certaines fréquences caractéristiques, comme 4 et 6 kHz (aigus). Cette détérioration est irrémédiable et s'amplifie avec le temps, provoquant un vieillissement de l'oreille, et des surdités précoces.

Sur cette photographie de pathologie cochléaire, localisée sur l'organe de Corti dans la cochlée, quelques cellules ciliées externes ont disparu et les touffes ciliées restantes se trouvent désorganisées. En haut, la rangée des cellules ciliées internes a aussi subi quelques dérèglements. Il en résulte pour le patient une perte de sensibilité fréquentielle.

Guide de travail

1 Noter les deux facteurs principaux qui influencent les dommages de l'exposition au bruit (doc. 1).

2 Décrire les caractéristiques d'un audiogramme montrant une surdité de perception (doc. 2).

3 Indiquer les conséquences d'une exposition aux nuisances sonores sur l'appareil auditif (doc. 3).

Synthèse Expliquer pourquoi le niveau d'intensité sonore est un problème de santé publique.

Vocabulaire

Courbe d'isosonie Courbe d'égale sensation auditive représentant le niveau de pression acoustique en fonction de la fréquence du son. La plus grande sensibilité se situe entre 1 000 et 1 500 Hz.

Essentiel

1 Comprendre le rôle de l'oreille dans la réception et la transmission de la vibration sonore

▶ Les humains entendent des sons de niveaux d'intensité approximativement compris entre 0 et 120 dB et de fréquences situées entre 20 et 20 000 Hz. Ces caractéristiques sont liées à la structure de l'appareil auditif et à son fonctionnement.

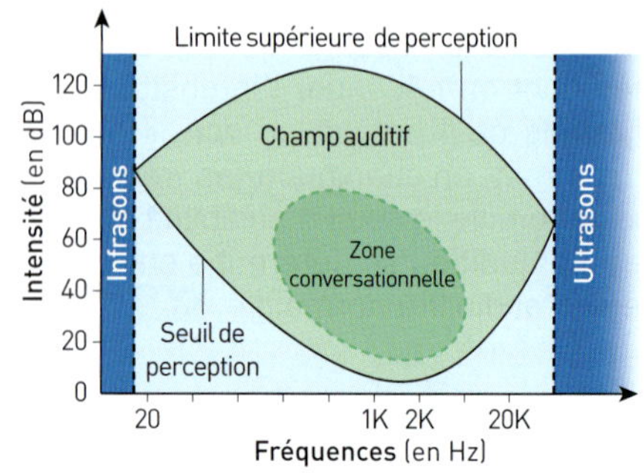

Diagramme du champ auditif humain

▶ L'oreille externe est constituée du pavillon, du conduit auditif et de la paroi externe du tympan. Elle capte et canalise les ondes sonores aériennes provenant du milieu extérieur vers l'oreille moyenne.
Le tympan, situé à la frontière entre l'oreille externe et l'oreille moyenne, est une membrane capable de vibrer. Elle fait bouger les osselets (marteau, enclume, étrier) qui transforment le son (alors sous la forme de vibrations aériennes) en vibrations solidiennes (ou vibrations mécaniques) jusqu'à l'oreille interne.

▶ La fonction physiologique de l'appareil auditif est triple :
> **réception** par l'oreille externe (pavillon, conduit auditif externe et paroi externe du tympan) ;
> **transmission** par l'oreille moyenne (tympan, osselets, fenêtres et cochlée) ;
> **perception** par l'oreille interne (cellules ciliées) et le nerf auditif aboutissant au cerveau (aires corticales auditives).

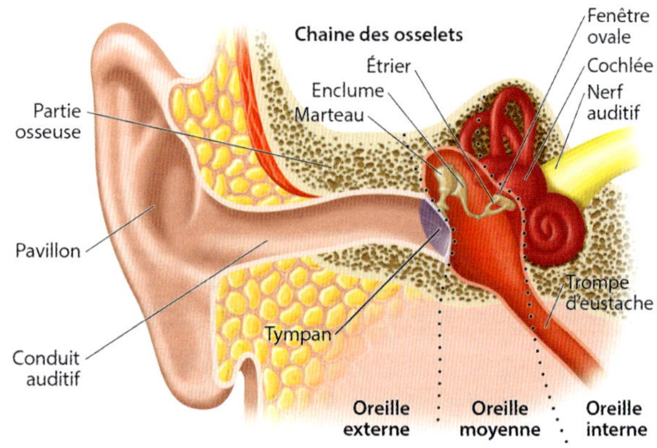

Structure anatomique de l'oreille

2 Repérer les conditions de la transformation dans l'oreille d'un signal mécanique en signal électrique

▶ La région de l'oreille interne qui intervient dans l'audition est la cochlée. Elle comporte trois cavités remplies de liquide, dont le conduit cochléaire. Les vibrations de l'étrier sur la fenêtre ovale créent des ondes de pression qui se propagent dans les liquides de la cochlée.

▶ La membrane basilaire, constituant le plancher de ce conduit, est le siège d'ondulations d'origine vibratoire. Elle supporte les cellules sensorielles auditives de Corti (ou cellules ciliées) qui sont soumises à des déplacements relatifs par rapport à la membrane tectoriale fixe. Les cellules ciliées entrent alors en résonance avec les vibrations reçues et les traduisent en un message nerveux qui se dirige vers le cerveau.

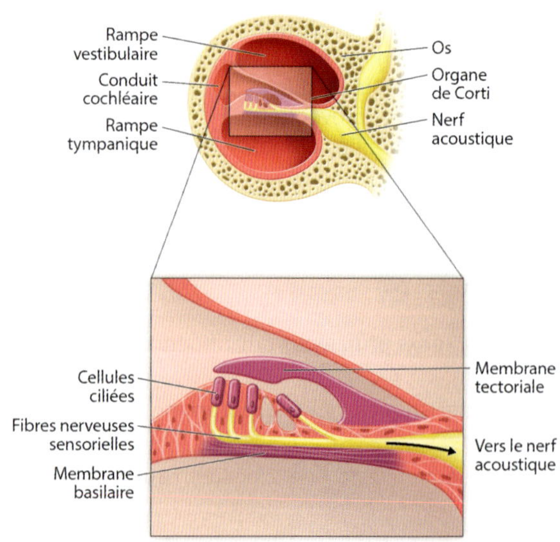

Organe de Corti au sein de la cochlée

3 Considérer l'importance du cerveau dans le traitement de l'information sonore

- Des aires cérébrales spécialisées reçoivent les messages nerveux auditifs. Certains permettent, après apprentissage, l'interprétation de l'univers sonore (parole, voix, musique, etc.).
- Le cerveau construit donc une sorte de représentation mentale de l'environnement sonore, à la fois en termes acoustiques (niveau et spectre du signal) et spatiaux (détermination du lieu d'émission).

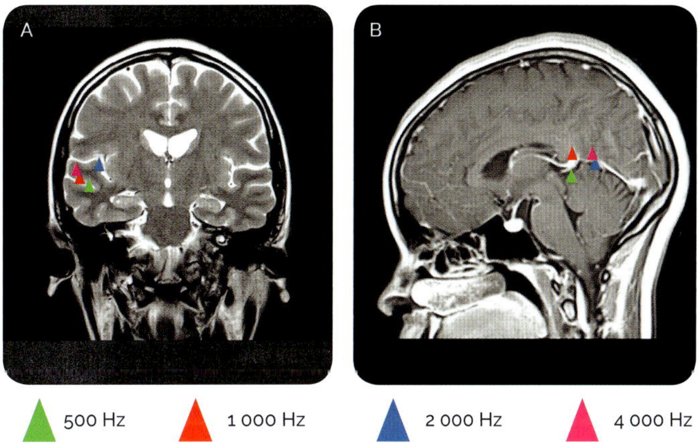

Magnéto-encéphalographie (MEG) : localisation des sons purs chez le sujet normo-entendant
Localisation des sons purs (500, 1 000, 2 000, 4 000 Hz) sur le plan frontal (A) et latéral (B) du cerveau.

4 Connaître les conséquences sur la santé d'une exposition à des sons de forte intensité

- Les problèmes auditifs sont principalement dûs au vieillissement naturel. Mais ils peuvent aussi être dûs à une exposition à des bruits de trop forte intensité.
- Le réflexe stapédien apparaît vers 85 dB ; les muscles de l'oreille moyenne vont se contracter pour protéger la cochlée et diminuer la fatigue auditive. Au-delà de 120 dB, la destruction des cellules ciliées et des neurones entraîne des dégâts irréversibles, à l'origine d'acouphènes (sifflements) et d'hyperacousie (bourdonnement), et peuvent même causer une surdité.

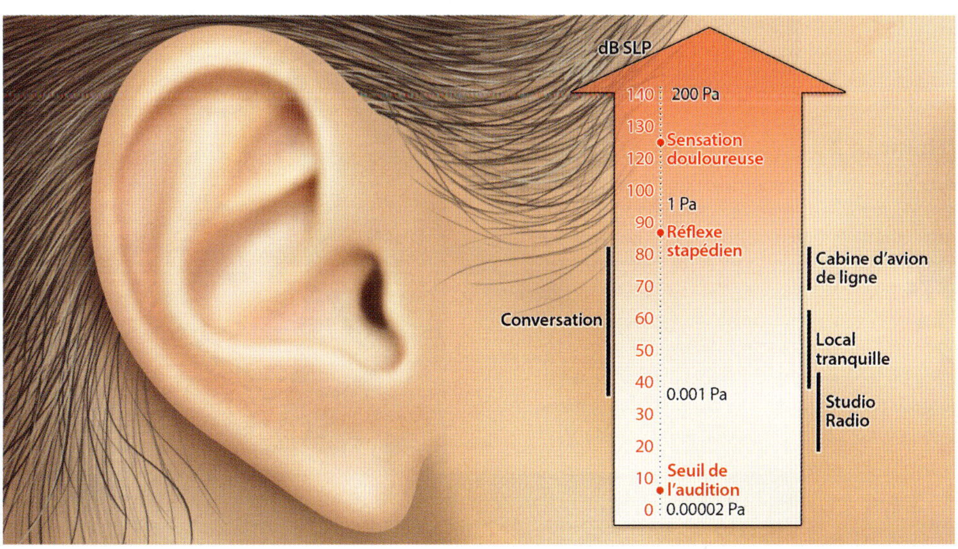

Risques en fonction du niveau sonore de certaines activités

SCIENCES EN PERSPECTIVE

Et nos oreilles dans tout ça ?

Être sourd et faire de la musique paraît impossible et pourtant, cela n'a pas empêché Ludwig van Beethoven (1770-1827) de devenir un des plus grands compositeurs de musique classique. Comprenant à 31 ans que sa surdité irait de mal en pis, il connut d'abord le désespoir et se retira à la campagne, où il écrivit même son testament : « alors que j'étais né avec un tempérament fougueux, plein de vie, prédisposé même aux distractions offertes par la société, j'ai dû tôt m'isoler, mener ma vie dans la solitude. » C'est finalement l'art qui sauve Beethoven : il s'engage avec force et passion dans la composition, et livre ses plus grands chefs d'œuvre après cette crise ! L'*Ode à la Joie*, composée en 1823, est plus tard devenue l'hymne officiel européen.

Deux enfants sourds dialoguant grâce à la langue des signes

Selon l'Organisation mondiale de la santé (OMS), plus de 5 % de la population mondiale, souffre d'une déficience auditive handicapante. Les causes sont multiples : hérédité, complications à la naissance, maladies infectieuses, effets secondaires de certains médicaments, bruit excessif, vieillesse...

En France, l'augmentation des troubles auditifs a longtemps été liée à celle de la population vieillissante : plus de la majorité des personnes âgées ont des déficiences auditives. Mais elle concerne maintenant aussi les adolescents et les jeunes adultes : 10 % des moins de 25 ans souffrent d'une perte auditive sévère et plus des trois quarts ont déjà perçu des acouphènes (bourdonnements, sifflements).

Les comportements individuels de cette tranche d'âge sont en cause : écouter de la musique dans ses écouteurs est un plaisir, mais le faire trop longtemps, à un volume trop élevé, cause des troubles auditifs souvent irréversibles ! De jeunes adultes ressentent des pertes d'audition dans les fréquences graves, liées aux basses puissantes de leurs morceaux préférés – ce qui était jusque-là rare dans la vie courante. Nous pouvons éviter de mettre en danger notre santé auditive !

Améliorer l'Homme ?

Les oiseaux sourds ne le sont que pour quelques semaines : s'ils perdent leurs cellules ciliées après un traumatisme sonore, les cellules qui les soutenaient dans la cochlée se divisent pour en former de nouvelles ! La découverte de cette régénération spontanée suscite de formidables espoirs en recherche médicale : de nombreuses équipes étudient les processus génétiques à l'œuvre, pour peut-être les appliquer à l'Homme.
C'est une recherche de longue haleine : l'Homme augmenté, doué d'oreilles à toute épreuve, n'est pas pour demain – mais la thérapie génique pourrait un jour faire disparaître la surdité !

Le bruit, un son qui dérange

Quel tintamarre chez Sénèque ! Dans sa 56e lettre à son ami Lucilius, le philosophe décrit son environnement quotidien : « j'habite juste au-dessus d'un bain. Imagine tout ce que le gosier humain peut produire de sons antipathiques [...] ajoutes-y un querelleur, un filou pris sur le fait, un chanteur qui trouve que, dans le bain, sa voix a plus de charme. » Sénèque se plaint-il de ne pas s'entendre penser ? Non, la vraie tranquillité est intérieure : « tout ce vacarme ne me trouble pas plus que le bruit des flots ou d'une chute d'eau. [...] »

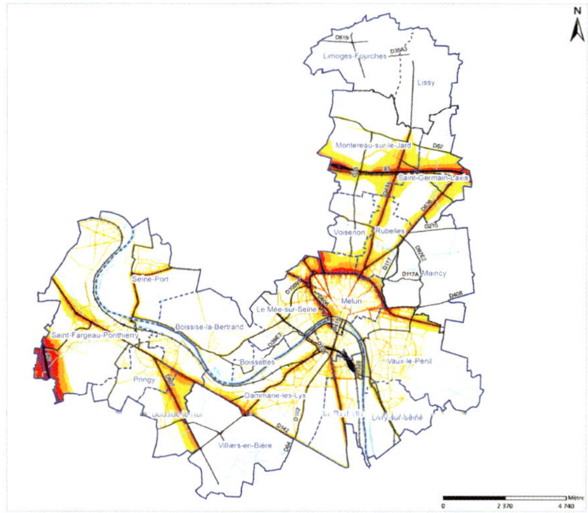

Carte des bruits routiers à Melun, 2017

Certains bruits, même très forts, ne nous dérangent pas... parce que nous ne les entendons même pas ! Au mieux, l'oreille humaine perçoit les fréquences de sons situés entre 20 Hz et 20 kHz – les autres ne peuvent donc pas constituer une nuisance sonore ! Qui plus est, notre capacité d'audition s'atténue avec le temps : les plus âgés ne perçoivent pas certaines fréquences que les jeunes entendent. Ceux-ci peuvent donc régler leur téléphone pour que leurs parents ne l'entendent pas sonner ! Inversement, des boutiques se sont équipés de « repoussoirs » anti-jeunes, dispositifs qui émettent un son continu devant la vitrine, à un volume insupportable pour ceux qui l'entendent !

Quelles que soient les fréquences d'un bruit, celui-ci peut être nuisible s'il est trop fort et subi trop longtemps. Il peut causer des troubles auditifs, mais pas seulement : il détourne aussi l'attention, limite la capacité de concentration moyenne, et peut être source d'anxiété, d'irritabilité, de troubles du sommeil, de fatigue chronique, jusqu'à des maladies cardiovasculaires comme l'hypertension ou l'infarctus du myocarde. Le bruit, ce n'est pas qu'une nuisance : c'est un enjeu de santé publique !

Pour y répondre, des mesures de prévention collective s'imposent. Mais leur contenu ne va pas de soi. Désormais, les lieux accueillant du public (salles de concert, cinéma, etc.) ne doivent pas dépasser 102 dB(A) et 118 dB(C) pour les fortes impulsions et les basses fréquences. De nombreux médecins soulignent le danger de s'exposer plus d'une heure sans protection auditive à plus de 100 dB(A) ! Au travail, des mesures de protection sont obligatoires au-delà de 80 dB(A). Dans la rue et en plein air, des cartes de bruit, accessibles à tous, élaborées avec des acousticiens, permettent de connaître le niveau de pollution sonore et de définir avec les acteurs publics les meilleures orientations stratégiques pour le réduire à moins de 65 dB(A), par exemple par la réduction des engins motorisés ou la construction de murs anti-bruits.

Et la nature, alors ?

Des biologistes américains ont récemment découvert que le bruit des activités humaines multiplie de deux à dix fois celui de la nature dans plus de la moitié de l'immense territoire des réserves naturelles des États-Unis ! Ces zones protégées ont pourtant été créées pour préserver la nature de toute nuisance humaine...
Conséquence : le chant d'un oiseau n'y porte plus à cent mètres mais à cinquante voire dix, ce qui réduit sa capacité de reproduction.
Les animaux y vivent davantage la nuit ou évitent certaines zones, où les pollens et graines ne sont plus disséminés.
Le bruit suffit donc à redessiner un paysage naturel !

Exo Version interactive
Lienmini.fr/Ens-Sci1-23

Apprendre à apprendre

1 **Nommer les trois parties essentielles de l'oreille et les organes qu'elles contiennent.**

2 **À partir de la page « L'essentiel », retrouver le lien entre la structure anatomique et la fonction des différentes parties de l'appareil auditif.**

3 **Rechercher l'étymologie du mot cochlée.**

4 **Indiquer à quoi correspondent les numéros et les lettres du schéma simplifié de l'oreille ci-dessous.**

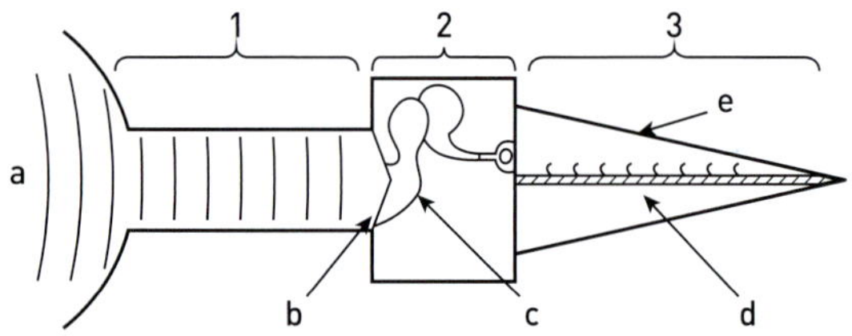

5 **Expliquer quel rôle joue le cerveau dans l'appréciation de la musique.**

6 Texte à trous — Le rôle des osselets

Recopier et compléter avec les mots suivants : tympan, interne, marteau, enclume, étrier.

Les osselets, nommés ....., ..., ... transforment une vibration aérienne d'un son provenant du ....., en vibrations solidiennes, puis en vibrations liquides qui se propagent dans l'oreille ..... .

7 Texte à trous — À la bonne fréquence

Recopier et compléter la phrase suivante.

Les ondes acoustiques perçues par l'oreille sont celles dont la fréquence est comprise entre ..... Hz et ..... Hz. En dessous, on parle d'..... et au-dessus d'..... .

8 QCM — Structure de l'oreille externe

Indiquer la bonne réponse.

L'oreille externe est formée du conduit auditif et du :
1. vestibule. 2. pavillon. 3. papillon.

9 Trouver le bon mot — L'oreille moyenne

Choisir le terme qui convient pour compléter la phrase suivante.

On distingue (*trois/quatre*) parties dans l'oreille, dont l'oreille moyenne qui est une cavité communiquant avec le pharynx par la (*trompe moustache/d'Eustache*) et comprenant une chaîne de (*trois/quatre*) osselets articulés qui amplifient et transmettent les vibrations du (*tambour/tympan*) à la fenêtre (*ronde/ovale*).

10 Relier les termes — Partage des rôles

Recopier et relier chaque partie de l'oreille à la fonction qu'elle réalise.

Oreille externe •	• Transmission du son
Oreille moyenne •	• Perception du son
Oreille interne •	• Collecte du son

11 Vrai-Faux — Cartographie du cerveau

Répondre par vrai et faux aux affirmations suivantes :

1. Les messages nerveux auditifs sont traités partout dans le cerveau.
2. Le lobe frontal du cerveau abrite l'aire auditive primaire.
3. L'imagerie cérébrale permet de mettre en évidence le traitement de l'information sonore.

12 Vrai-Faux — Fonctionnement des aires auditives

Répondre par vrai et faux aux affirmations.

1. Le cerveau construit une sorte de représentation mentale de l'environnement sonore.
2. La tonotopie de la lame basilaire de la cochlée se retrouve au niveau du cortex auditif primaire.
3. Lors de l'écoute d'une musique, il est possible d'observer le fonctionnement simultané de plusieurs aires du cerveau.

13 QCM — Écoute autorisée

Indiquer la bonne réponse.

Pendant combien de temps par jour peut-on écouter sans risque un baladeur dont le niveau maximum autorisé est 100 dB ?
1. Toute la journée.
2. 30 min par jour à moitié de volume.

14 QCM — Baissez le son !

Indiquer les bonnes réponses.

Au-dessus de quel niveau sonore l'oreille humaine risque-t-elle d'être endommagée ?
1. 85 dB.
2. 110 dB.
3. 130 dB.

Voir corrigés à la fin du manuel, p. 254

Réception et transmission de la vibration sonore

15 L'exostose du surfeur

L'exostose correspond à la formation d'os dans le conduit auditif externe pouvant provoquer une rétention d'eau entre la masse osseuse et le tympan, à l'origine d'otites externes très douloureuses. C'est une réaction de défense de l'organisme contre une agression extérieure (eau froide, vague) qui touche principalement les surfeurs, les kayakistes et les triathlètes. Le seul traitement est la chirurgie. L'utilisation de bouchons d'oreille est une solution efficace pour la prévention.

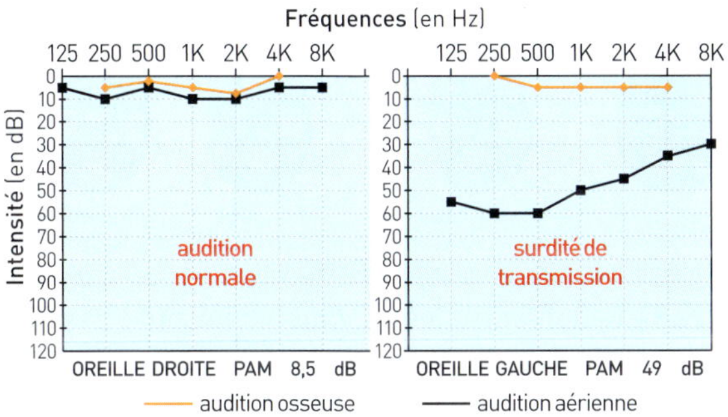

PAM signifie Perte auditive moyenne
Audiogramme d'une personne atteinte d'exostose sévère

1. Décrire l'exostose en dégageant les principaux aspects de la maladie.
2. Indiquer ce que met en évidence l'audiogramme de cette personne ?

16 Les oreilles du loup

Les loups ont des oreilles mobiles. Ils peuvent entendre des sons jusqu'à une distance d'environ 10 km. Ils perçoivent des fréquences aiguës inaudibles à l'oreille humaine supérieures à 20 kHz.

- Indiquer ce qui permet au loup d'entendre mieux que l'Homme.

17 Le chat, redoutable prédateur

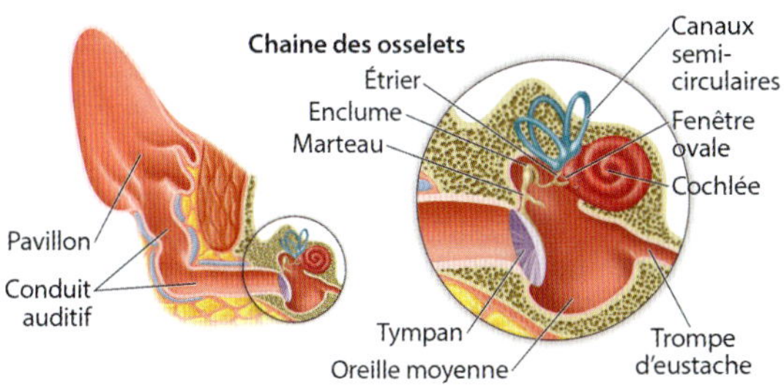

Schéma de l'anatomie de l'oreille du chat

- Comparer les caractéristiques anatomiques des appareils auditifs de l'être humain et du chat.

18 La perception stéréophonique

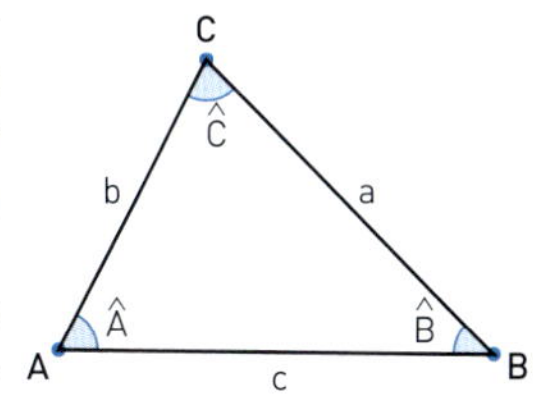

La perception stéréophonique, ou binaurale, permet à un auditeur de localiser la provenance d'un son dans son environnement. On considère le triangle quelconque dont la base correspond à la distance entre les deux oreilles AB = 0,3 m et le 3e sommet C correspondant à la source sonore. On donne la mesure des angles de la base $\widehat{A} = 60{,}5°$, et de $\widehat{B} = 119°$.

1. À l'aide de la loi des sinus, calculer les distances entre les oreilles A et B par rapport à la source C.
2. Sachant que le son se propage à la vitesse de $330\ m \cdot s^{-1}$, calculer l'écart de réception entre les deux oreilles (exprimer le résultat en ms).

Données

Dans le triangle ABC, la loi des sinus s'exprime ainsi : $\dfrac{a}{\sin\widehat{A}} = \dfrac{b}{\sin\widehat{B}} = \dfrac{c}{\sin\widehat{C}}$.

Transformation d'un signal mécanique en signal électrique

19 La sensibilité de l'oreille humaine

La sensibilité de l'oreille est la capacité à entendre un son. Elle dépend du niveau d'intensité sonore de la source, et de la fréquence du son.
Une ligne isosonique, est le lieu des points provoquant la même sensation d'intensité sonore pour l'oreille humaine.

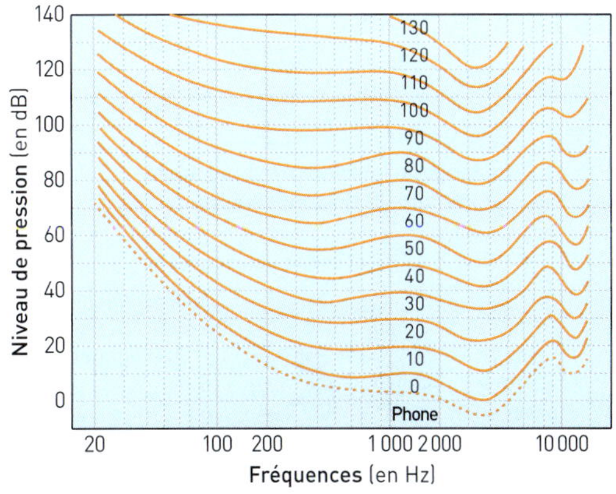

1. Repérer la courbe de niveau 0 correspondant au minimum audible et celle correspondant au seuil de douleur.
2. Indiquer la fréquence pour laquelle la sensibilité de l'oreille est maximale. S'agit-il de sons graves ou aigus ?
3. On considère deux sons de même niveau sonore de 80 dB, l'un de fréquence 50 Hz et l'autre de fréquence 100 Hz, déterminer graphiquement pour chaque son le niveau sonore perçu par l'oreille.
4. Parmi ces deux sons, préciser celui qui sera perçu avec le plus d'intensité par l'oreille.

20 L'oreille du serpent

Les serpents ne sont pas sourds ! Ils ont une oreille interne avec une cochlée fonctionnelle. Ils utilisent leur mâchoire inférieure posée sur le sol pour détecter les infimes vibrations du sable provoquées par le passage de leurs proies.

• Comparer « l'oreille » du serpent à celle de l'Homme à l'aide d'un tableau.

21 On s'entraîne

L'aptitude à discerner des petits écarts de fréquence sonore (résolution fréquentielle) se révèle optimale autour de 1 500 Hz ; elle est alors de 0,25 % en moyenne chez un sujet un peu expérimenté.

1. Calculer l'intervalle centré sur la valeur 1 500 Hz à plus ou moins 0,25 %.
2. À quel pourcentage d'un ton à tempérament égal cet intervalle correspond-il ? >Chapitre 12, Activité 3

L'importance du cerveau dans le traitement de l'information sonore

22 Des hallucinations auditives

La paracousie, hallucination auditive ou hallucination sonore, est une forme d'hallucination impliquant une perception sonore sans aucun stimulus.

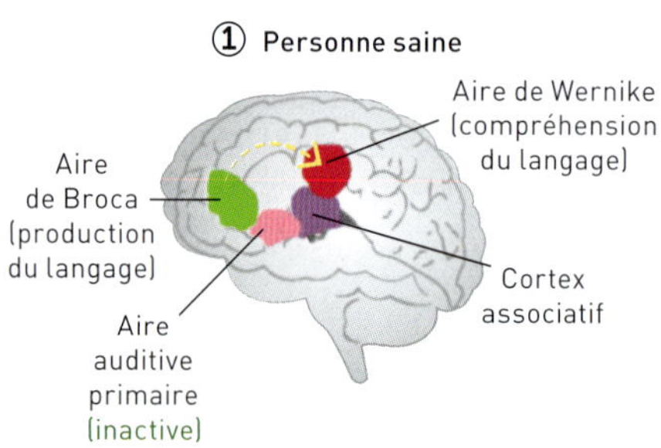

Le langage intérieur n'est pas traité comme un discours entendu

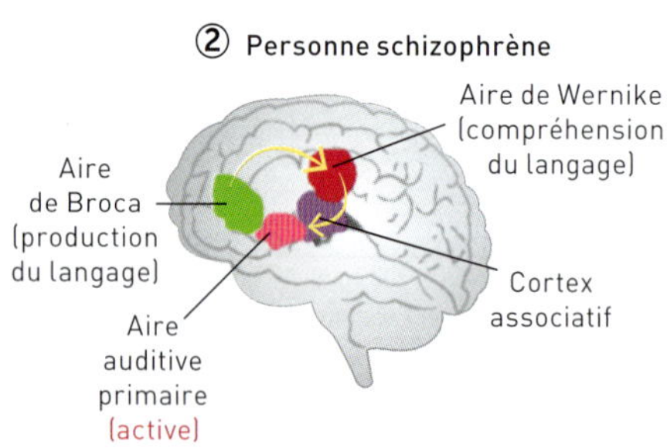

Le langage intérieur est traité comme un discours entendu

Relations entre les aires auditives pour une personne saine et une personne schizophrène

• Comparer l'origine des hallucinations auditives dans le cas d'une personne saine et dans le cas d'une personne avec pathologie mentale.

23 Langage et musique

Les messages nerveux sensitifs qui arrivent dans le cortex auditif sont traités par plusieurs aires du cerveau notamment celles du langage et de la vision. Les scientifiques observent l'activité du cerveau par IRM pour les expériences suivantes : écouter l'enregistrement d'une histoire avec et sans musique associée. Ils mettent en évidence une différence dans le traitement de l'information par les deux hémisphères : l'un gère la formulation et la compréhension du sens des mots et des phrases ; l'autre perçoit la connotation émotionnelle des mots et les autres sons.

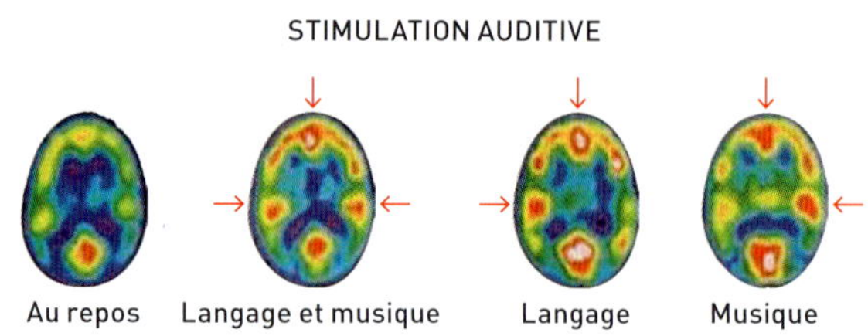

Images IRM

1. Faire le lien entre les conditions d'écoute et l'activation des zones du cerveau. >Activité 3, p.242-243
2. En déduire le rôle de chaque hémisphère dans la compréhension du message audio.

Conséquence des sons de forte intensité sur la santé

24 Des acouphènes ?

En Europe, environ 10 % de la population souffre d'acouphènes. Ce peut être la conséquence d'une exposition répétée à des sources sonores trop intenses, et parfois à des problèmes plus larges de santé.

		Au début des troubles		
		Supportables (en %)	Insupportables (en %)	Total (en %)
Après prise en charge et traitement	Supportables (en %)	27	.....	45
	Insupportables (en %)	.....	14	.....
	Disparus (en %)	9	.....	.....
	Total (en%)	60	.....	100

1. Recopier et compléter le tableau statistique relatif à la perception des acouphènes.
2. Calculer le nombre de personnes françaises souffrant encore d'acouphènes, après traitement.
3. Que pensez-vous de ce résultat ? Argumenter.

Données

La population française compte 67 millions d'habitants.

Vers le BAC

25 Structure et fonction de l'oreille

Argumenter — 20 min.

• L'air qui vibre ne se conçoit comme musique que parce que notre oreille l'entend et que notre cerveau le perçoit comme telle.
Comment l'oreille permet-elle de recevoir, transmettre et convertir cette vibration sonore ?

26 Concert en plein air

Calculer — 20 min.

Niveau sonore de divers instruments à 3 m, en plein air
Si le son n'est pas réfléchi ou diffracté, le niveau sonore perd 6 dB à chaque fois que l'on double la distance.

Clarinette	86 dB
Piano	94 dB
Grosse Caisse	113 dB

1. Calculer le niveau sonore pour une clarinette à 6 m, puis à 12 m.
2. Sachant qu'un risque de lésions apparaît à partir de 90 dB, à quelle distance doit-on se placer pour écouter une grosse caisse ?

27 Dose de son et concert

Analyser — 30 min.

En raison des développements technologiques, l'écoute de la musique à un niveau sonore élevé est devenue fréquente et le risque de perte d'acuité auditive est aujourd'hui un véritable problème de santé publique.

Doc. 1 Réglementation du niveau sonore

Après un concert, certaines personnes se plaignent de sifflements dans l'oreille (d'acouphènes) ou de troubles de l'audition qui disparaissent le plus souvent après quelques jours de repos auditif. À long terme ces effets peuvent devenir permanents et l'audition dégradée de manière irréversible.

C'est pour cela que le niveau sonore pour les établissements diffusant de la musique est réglementé à 102 dB (décret 98-11443 dit « lieux musicaux »). Le niveau des baladeurs est limité à 100 dB, mais ce niveau peut facilement être amplifié par les écouteurs.

Doc. 2 Doses de son par semaine

La dose moyenne de son tolérable correspond au temps d'exposition à un niveau sonore donné. Au-delà de cette dose, des lésions peuvent survenir progressivement et définitivement. Les doses de son s'additionnent. Il ne faut pas dépasser une dose de son par semaine.

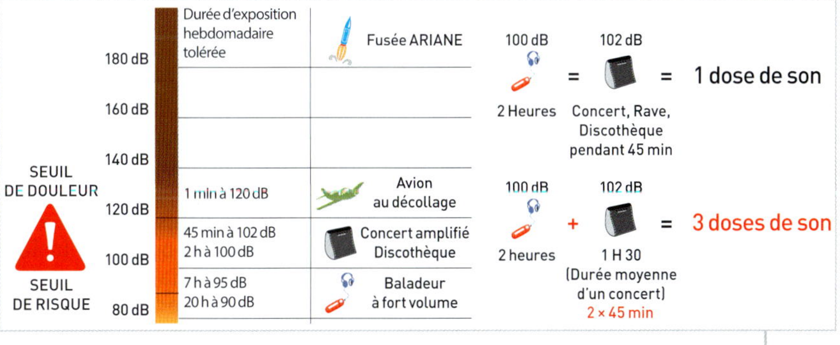

Doc. 3 L'atténuation du bruit par des bouchons d'oreille en fonction des fréquences

De plus en plus, à l'entrée des festivals de musique, des discothèques, etc., des bouchons d'oreille en mousse sont proposés gratuitement.

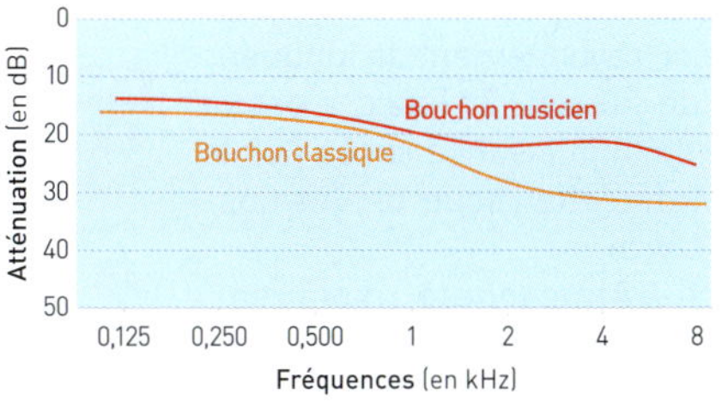

• À partir des documents et de vos connaissances personnelles, indiquez, en les justifiant, vos recommandations pour profiter d'un concert en plein air sans risques auditifs, tout en gardant intacte la qualité du son.

Corrigés de Se tester

CHAPITRE 1

4 1. Noyaux. 2. Étoiles. 3. Supernova. 4. Éléments radioactifs. 5. Le carbone 14. 6. Constante.
5 1. b 2. b 3. c 4. b
6 1. b 2. c
7 1. Faux. 2. Vrai. 3. Vrai.
8 3
9 1. b 2. b 3. a
10 3

CHAPITRE 2

4 3 ; 5 ; 2 ; 1 ; 4.
5 1. a 2. a
6 Cubique face centrée : 1, 3 et 6. Cubique simple : 2, 4 et 5.
7 1. Vrai. 2. Faux. 3. Faux. 4. Faux. 5. Vrai. 6. Vrai.

CHAPITRE 3

5 Mitochondrie-Micromètre ; Cœur-Centimètre ; Oxygène-Angström ; Femme-Mètre ; Glucose-Nanomètre ; Cellule-œuf-Millimètre.
6 2 **7** 3 **8** 3 **9** 1
10 1. électronique ; l'ultrastructure. 2. organites ; électronique.
11 1.Vrai. 2. Faux. 3. Vrai.
12 1. Faux. 2. Vrai. 3. Faux.
13 1. Faux. 2. Vrai. 3. Faux.

CHAPITRE 4

4 1. Faux. 2. Vrai. 3. Faux
5 1. a 2. b
6 1
7 1. Faux. 2. Faux. 3. Vrai.
8 1. Vrai. 2. Faux. 3. Vrai. 4. Vrai
9 3
10 1. a 2. c 3. b et d

CHAPITRE 5

5 1. Faux, cela dépend également de sa taille.
2. Faux, Vénus étant plus grosse, elle reçoit plus de puissance solaire.
3. Vrai.
4. Faux, elle dépend aussi de sa taille
6 3
7 diminue ; augmente.
8 1. diffusée 2. 30% ; 70% 3. élevé ; faible.
9 1. Vrai. 2. Vrai. 3. Faux, la couche d'ozone (stratosphère) est responsable de l'absorption des UV. 4. Vrai.
10 1. Faux, rayonnement de longueur d'onde de 10 μm. 2. Faux, c'est la somme de la puissance reçue par le Soleil et de celle reçue de l'atmosphère. 3. Vrai.
11 Soleil→Atmosphère : solaires ; Soleil→Sol : solaires ; Atmosphère→Espace : solaires et IR ; Atmosphère→Sol : IR ; Sol→Atmosphère : IR ; Sol→Espace : solaires et IR.

CHAPITRE 6

5 1
6 1. Vrai. 2. Faux. 3. Faux. 4. Faux.
7 1. Faux. 2. Faux. 3. Vrai. 4. Vrai.
8 1. Vrai. 2. Faux. 3. Vrai.
9 3
10 1. chimique ; photosynthèse.
2. organique ; minérale.
3. organiques ; chimique.
11 3
12 1. organique ; du carbone. 2. lentement ; forte.

CHAPITRE 7

5 3 **6** 1 **7** 3 **8** 2
9 1. aliments ; ATP. 2. l'énergie ; cellulaire. 3. La puissance.
10 1. Faux. 2. Faux. 3. Vrai.
11 1. Vrai. 2. Vrai. 3. Faux. 4. Faux.
12 1

CHAPITRE 8

4 1. Faux. 2. Faux. 3. Faux. 4. Faux.
5 1. Faux. 2. Vrai. 3. Vrai. 4. Faux.
6 1. Vrai. 2. Vrai. 3. Faux. 4. Faux
7 1. b 2. a
8 2 **9** 1 **10** 3

CHAPITRE 9

5 2, 3 et 4.
6 1. Faux, l'âge réel de la Terre n'a été connu qu'au milieu du XXe siècle. 2. Faux, Darwin a utilisé des méthodes de datation relative ne permettant pas d'avoir un âge absolu de la Terre. 3. Vrai. 4. Faux, Kelvin a pu débattre de l'âge de la Terre avec Darwin mais pas Patterson.
7 Buffon, temps de refroidissement et stratigraphie ; Rutherford, radioactivité ; Kelvin, temps de refroidissement ; Darwin, évolution biologique et stratigraphie.
8 1. Faux, la datation absolue suffit à connaître l'âge précis de la Terre. 2. Vrai. 3. Faux, la datation au Rb/Sr permet de déterminer l'âge de la Terre. 4. Faux, l'étude du temps de refroidissement de la Terre n'est pas une méthode de datation relative.
9 2 et 3.
10 2 et 3.

CHAPITRE 10

4 Caméra fixe/sol – Terrestre ; Caméra fixe/étoile – Héliocentrique ; Caméra fixe sur Terre – Géocentrique.
5 2
6 la Terre tourne sur elle-même.
7 1. Vrai. 2. Faux. 3. Faux. 4. Vrai.
8 Face sombre – Moitié [...] plongée dans l'obscurité
Face cachée – Partie [...] qui ne peut être observée depuis la Terre.
Face éclairée – Moitié [...] éclairée par le Soleil
Face visible – Partie [...] toujours orientée vers la Terre
9 1. Faux. 2. Vrai. 3. Vrai. 4. Faux.
10 1 et b ; 2 et c ; 3 et a.

CHAPITRE 11

5 1. Faux. 2. Vrai. 3. Vrai. 4. Vrai. 5. Faux.
6 Son pur et ② ; son complexe et ①
7 sinusoïdales ; sinusoïdaux.
8 Fréquence fondamentale : 1 ; Harmoniques : 2 à 11.
9 petite ; grave ; grande ; aigu.
10 P en W ; I en W.m^{-2} ; S en m^2.
11 N_0+3 dB; I_0×4 ; N0+9 dB ; I_0×16.

CHAPITRE 12

4 Une gamme est une **suite fini** de **notes** sur une **octave**.
5 La gamme tempérée est construite en cherchant un rapport d qui permette de découper une octave en douze intervalles égaux.
6 Intervalle – Rapport des fréquences ; Gamme – Suite de notes ; Octave – Plus petit intervalle ; Loup – Quinte dissonante.
7 1. b 2. c 3. b 4. c 5. b 6. b 7. b
8 do$_3$-sol$_3$; ré$_3$-la$_3$; mi$_3$-si$_3$.
9 1. Vrai. 2. Faux. 3. Faux. 4. Vrai. 5. Vrai.

CHAPITRE 13

4 Analogique : 1, 4, 5, 6. Numérique : 2, 3, 7, 8.
5 petite ; proche ; meilleure. proche ; meilleure.
6 1. a 2. a 3. b
7 1. Faux. 2. Faux. 3. Faux. 4. Vrai. 5. Faux.
8 DVD : 24 bits, 48 kHz ; CD : 16 bits, 44,1 kHz ; radio : 8 bits, 22,5 kHz, téléphone : 8 bits, 8 kHz.
9 CD audio : 86% ; CD limite : 91% ; Supportable : 707 ko ; Limite : 464 ko.

CHAPITRE 14

6 marteau ; enclume ; étrier ; tympan ; interne.
7 20 ; 20 000. infrasons ; ultrasons.
8 2
9 trois ; trompe d'Eustache ; trois ; tympan ; ovale.
10 Oreille externe – Collecte du son ; Oreille moyenne – Transmission du son ; Oreille interne – Perception du son.
11 1. Faux. 2. Faux. 3. Vrai.
12 1. Vrai. 2. Vrai. 3. Vrai.
13 2 **14** 1

Index des notions

Crédits photographiques

Couverture : Shutterstock ; Photo12/Alamy ; Getty images ; NASA/SDO – Rabat avant : NASA/ESA ; NASA / SPL - Science Photo Library / Biosphoto ; egal/Istockphoto ; NASA ; Adobestock ; Henrik Sorensen/Getty Images ; Steve Gschmeissner/SPL/Cosmos ; Laguna Design / SPL - Science Photo Library / Biosphoto ; Corsin Battaglia, Philipp Aebi, Swiss National Science Foundation ; C.Lunau/SPL - p. 8 : NASA, ESA/Hubble and the Hubble Heritage Team - p. 9 : Grotte Chauvet 2/Patrick Aventurier - p. 10 : Collections École polytechnique (Palaiseau) ; Collections École polytechnique (Palaiseau) ; akg-images / Universal Images Group - p. 12 : NASA Goddard - p. 13 : NASA Goddard - p. 15 : Getty Images ; iStock / Getty Images Plus ; iStock / Getty Images Plus ; iStock / Getty Images Plus - p. 20 : ESA/Herschel/PACS/MESS Key Programme Supernova Remnant Team ; NASA, ESA and Allison Loll/Jeff Hester Arizona State University ; Getty Images - p. 21 : Musée Curie (coll. ACJC) ; Selva/Leemage - p. 24 : Thedore Gray / Visuals Unlimited / SPL - Science Photo Library / Biosphoto - p. 25 : Çatalhöyük/droits réservés - p. 26 : Shutterstock - p. 27 : John Cancalosi / Biosphoto - p. 28 : JP Gallerand - p. 29 : Adobestock ; Nicolas Salviat ; Dirk Wiersma/SPL/COSMOS ; Nicolas Salviat ; iStock/Getty Images Plus ; Nicolas Salviat - p. 30 : Alexey Kljatov/Shutterstock ; Adobestock ; Aurélien Jeanney - Maison Tangible - p. 31 : Adobestock ; Adobestock ; Getty Images - p. 32 : Shutterstock ; Alchemist-hp/ Wikipedia - p. 33 : istock/Getty Images - p. 34 : Shutterstock ; 09-2016 Mirai-eRally FR01/Toyota - p. 36 : iStock/Getty Images Plus ; Nicolas Salviat ; Getty Images - p. 38 : droits réservés ; RCSB PDB/www.rcsb.org/H.M. Berman et al. (2000) Nucleic Acids Research, 28: 235-242 - p. 39 : The University of Central Lancashire ; Photo12/Alamy - p. 40 : Shutterstock ; Shutterstock ; Shutterstock - p. 41 : Michel Daudon ; Josep Maria Barres/iStock/Getty Images Plus ; Dirk Wiersma/SPL/COSMOS ; Nicolas Salviat - p. 42 : Shutterstock ; Shutterstock ; Ken Lucas/Visuals Unlimited/Getty Images ; Astrid & Hanns-Frieder Michler/SPL/COSMOS - p. 43 : Kenneth G. Libbrecht - p. 44 : Photograph by Yousuf Karsh, Camera Press, Londres - p. 45 : Dennis Kunkel Microscopy / SPL - Science Photo Library / Biosphoto - p. 46 : Leeuwenhoek with his microscope. Oil painting by Ernest Board. Credit: Wellcome Collection. CC BY ; Universal History Archive/UIG / Bridgeman Images ; World History Archive / Aurimages ; Rita Greer ; SSPL/Science Museum/Leemage ; Copper engraving from Robert Hooke's 'Micrographia,' 1665. / Granger / Bridgeman Images - p. 47 : Granger / Bridgeman Images ; Granger / Bridgeman Images ; Wellcome Collection. CC BY ; Conservatoire National des Arts et Métiers/Aisa/Leemage ; akg-images ; Painting by Robert Thom, c. 1955 / Droits réservés / Everett Collection / Bridgeman Images ; akg-images / Interfoto / Bildarchiv Hansmann ; Library of congress - p. 48 : Borut Furlan / WaterFrame - Agence / Biosphoto ; Stéphane Vitzthum / Biosphoto ; Getty Images - p. 49 : CTµ/UCBL/ISM ; Power and Syred / SPL - Science Photo Library / Biosphoto ; Peter Eaton/ Requimte/University of Porto/Visuals Unlimited,Inc./Science Photo Library/Bisophoto ; Corsin Battaglia, Philipp Aebi, Swiss National Science Foundation ; Javier Larrea/ agefotostock/Getty Images - p. 52 : NIBSC/SPL/COSMOS ; Don W Fawcett/Science source/Getty Images - p. 54 : SSPL/Science Museum/Leemage ; Hervé Conge/ISM ; Photo Researchers / Don W. Fawcett / Biosphoto - p. 56 : Bridgeman Images ; Institut Pasteur/Andreas Kühbacher, Edith Gouin, Jason Mercer, Mario Emmenlauer, Christophe Dehio, Pascale Cossart et Javier Pizarro-Cerda - p. 57 : Dr Robert Markus ; Audrey Dussutour / CRCA / CNRS Photothèque - p. 58 : Getty Images - p. 59 : Wellcome Collection. CC BY ; Hervé Conge/ISM ; Getty Images ; Dominique Voisin / Naturimages - p. 60 : Dr Tony Brain / SPL - Science Photo Library / Biosphoto ; AMI IMAGES/ SPL/PHANIE - p. 61 : Hervé Conge ; Johannes Lieder/ISM - p. 64 : Getty Images - p. 65 : Shutterstock - p. 66 : Shutterstock ; Philippe Geluck - p. 67 : NASA ; ESA/ATG medialab - p. 68 : Markus Altmann/Getty Images - p. 69 : Nasa ; Eckhard Slawik/S.P.L./COSMOS ; B&S.Fletcher/Novapix - p. 70 : University of Wisconsin-Madison Space Science and Engineering Center - p. 71 : Getty Images - p. 73 : Regina Valkenborgh/tous droits réservés - p. 76 : Underwood Archives/Leemage ; LLNL - p. 77 : Nasa/ Novapix/Leemage ; Jean-Marc Perigaud/Only World/Only France - p. 79 : iStock/Getty Images Plus - p. 80 : Shutterstock - p. 82 : Matthieu Colin / hemis.fr - p. 83 : NASA Goddard Space Flight Center Image by Reto Stöckli - p. 84 : Nasa - p. 85 : Xavier Horgues - p. 90 : Frédéric Maigrot/REA - p. 94 : NASA Goddard ; Getty Images - p. 95 : Claudio Santana/AFP ; Getty Images - p. 97 : Nasa - p. 100 : Shutterstock - p. 101 : Photo12/Alamy - p. 102 : NASA ; NASA Goddard - p. 104 : Paras Tewari/EyeEm/Getty Images - p. 105 : Science & Society Picture Library/Getty Images - p. 107 : Shutterstock ; Getty Images - p. 108 : Shutterstock ; Shutterstock ; collections Museum d'histoire naturelle du Havre/ photo Christophe Livonnen - p. 112 : AMI IMAGES/SPL/COSMOS ; Antoine Devouard / LookatSciences - p. 113 : NASA ; ESA/ATG medialab - p. 115 : Idix - p. 116 : American Chemical Society. - p. 117 : Adobestock ; Shutterstock - p. 118 : Thermographie Vivante - p. 119 : Getty Images - p. 122 : iStock/Getty Images Plus ; Thermographie vivante ; Thermographie vivante - p. 128 : Olivier Morin/AFP ; Adobestock - p. 129 : iStock/Getty Images Plus ; Getty Images - p. 130 : Shutterstock - p. 131 : Getty Images ; Embr Labs Inc - p. 136 : Shutterstock - p. 137 : Musée des Beaux-Arts de Montréal/Christine Guest - p. 138 : Photo Ann Ronan/ Heritage Images/Scala, Florence ; Adobestock - p. 139 : Musei Capitolini, Rome, Italy / Ghigo Roli / Bridgeman Images - p. 140 : Mohamed Barakat/EyeEm/Getty Images ; Isadora/Leemage - p. 142 : Musée des arts et métiers-Cnam, Paris/photo Sylvain Pelly ; Coll. Jonas/KHARBINE-TAPABOR - p. 143 : D.Nardeau – Ville de Lieusaint ; Dominique Decobecq - p. 144 : Getty Images - p. 145 : Hero Images/Getty Images - p. 148 : Costa / Bridgeman Images ; Laboratoire national de métrologie et d'essais - p. 149 : droits réservés - p. 151 : Shutterstock ; Shutterstock - p. 154 : Josse/Leemage - p. 155 : Universal History Archive / Getty Images ; Photo12/Alamy ; John Valley, University of Wisconsin- Madison - p. 156 : droits réservés ; North Wind Picture/Leemage ; BnF - p. 157 : akg-images /Science Photo Library/ Emilio Segre Visual Archives/ American Institute of Physics ; Granger Coll NY / Aurimages ; Photo12/Alamy ; Courtesy of the Archives, California Institute of Technology - p. 160 : Juniors / Biosphoto - p. 161 : Erik Simonsen/Getty Images - p. 163 : Richard Bizley / SPL - Science Photo Library / Biosphoto - p. 164 : Shutterstock ; CNES/ESA/D.Ducros/Rosetta/MPS for OSIRIS Team MPS/UPD/LAM/IAA/SSO/INTA/UPM/DASP/IDA - p. 165 : Shutterstock ; akg-images/Bodleian Museum/Oxford University Images/SPL - p. 166 : Dictionnaire classique des sciences naturelles de Pierre Auguste Joseph Drapiez et Bory de Saint-Vincent - p. 167 : Philippe Bousseaud / Biosphoto - p. 168 : akg-images / Paul D Stewart/Science Photo Library - p. 170 : Private Collection / Bridgeman Images - p. 171 : Shutterstock - p. 172 : RMN-Grand Palais (musée du Louvre) / Hervé Lewandowski ; akg-images / Science Source - p. 173 : Costa/Leemage - p. 174 : Lijuan Guo Photography/Getty Images ; Anne Joudiou/Photo12 - p. 176 : Adobestock - p. 178 : Shutterstock ; NASA Goddard ; Planétarium Rio Tinto (Marc Jobin)/Espace pour la vie - p. 182 : CNES/ESA/Arianespace/Optique Vidéo CSG, 2016 ; Antonio M. Rosario/ Getty Images - p. 183 : NASA ; NASA/JPL/USGS - p. 184 : Shutterstock - p. 186 : Shutterstock ; Shutterstock - p. 188 : NASA Goddard - p. 190 : Shutterstock - p. 191 : Passionnément (1999), Piotr Kowalski / Adagp, Paris, 2019 - p. 192 : Mosquito MK4/Compound Security System ; Collection privée/Bianchetti/Leemage - p. 194 : Dave King/Getty Images ; Adobestock - p. 197 : iStock / Getty Images Plus - p. 200 : BnF ; U.S. Navy/ZUMAWire/ZUMAPRESS.com/Rea - p. 201 : Grant Faint/Getty Images ; BnF - p. 202 : Sébastien Gruat - p. 203 : Silver Screen Collection/Getty Images - p. 204 : Shutterstock ; iStock / Getty Images Plus - p. 205 : Don Arnold/WireImages/ GettyImages - p. 206 : Bianchetti/Leemage - p. 207 : David Redfern/Getty Images - p. 208 : Photo12/Alamy ; Royal Academy of Music, London, UK / Bridgeman Images - p. 209 : Luisa Ricciarini / Bridgeman Images - p. 210 : Collection privée/Costa/Leemage - p. 211 : Ben Queenborough/Getty Images - p. 212 : C Squared Studios/Getty Images - p. 213 : PVDE / Bridgeman Images - p. 214 : Private Collection / Tarker / Bridgeman Images - p. 216 : Prod DB © L. Horricks - Fidélité Films / DR ; John Cage, preparing a piano Courtesy of the John Cage Trust - p. 217 : Paul Charbit/Gamma-Rapho/Getty Images - p. 219 : Shutterstock - p. 221 : Jack Taylor/EyeEm/Getty Images ; Thesupermat/Wikipedia/Creative Commons - p. 222 : Susumu Nishinaga/SPL/Cosmos ; Derek Berwin/The Image Bank/Getty Images - p. 223 : Shutterstock - p. 224 : Shutterstock - p. 226 : collection Ulrich Baumgarten/Getty Images - p. 229 : Shutterstock - p. 230 : The Recording Academy® ; collection privée/AKG Images - p. 231 : Dmytro Behma/Getty Images ; Getty Images - p. 233 : iStock / Getty Images Plus ; Getty Images - p. 234 : iStock / Getty Images Plus - p. 235 : iStock / Getty Images Plus - p. 236 : Olix Wirtinger/Corbis/VCG/Getty Images - p. 237 : Steve Gschmeissner/SPL/Cosmos - p. 238 : iStock / Getty Images Plus - p. 241 : Inserm/Lenoir, Marc ; Inserm/ Marc Lenoir - p. 243 : Scientific Reports ; Shutterstock ; Science source/Phanie - p. 245 : Inserm/Marc lenoir - p. 247 : Shutterstock ; Science source/Phanie - p. 248 : Hugh Sitton/Getty Images ; Paul Marto/EyeEm/Getty Images - p. 249 : IGN ; Babak Tafreshi/National Geographic Image Collection/Getty Images - p. 251 : Shutterstock – rabat arrière : iStock / Getty Images Plus ; SPL/Biosphoto ; Shutterstock ; Mauricio Anton / SPL / Cosmos ; Xijun Ni/Chinese Academy of Sciences ; SPL - Science Photo Library / Biosphoto ; Jon Arnold Images/ hemis.fr

Couverture Primo&Primo
Création maquette intérieure Primo&Primo
Mise en pages et schémas Nord-compo
Iconographie Sandrine Fournié
Illustrations Charles Boistier, Aurélie Bordenave (p. 6-7 ; 62-63 ; 134-135 ; 188-189)
Sylvie Dessert et Aurore Mathon
Responsable d'édition Adrien Fuchs
Édition Laurence Denis et François Edom
Numérique Lucile Collin
Cartographie PAO Magnard

Certifié PEFC
Ce produit est issu de forêts gérées durablement et de sources contrôlées.
PEFC 10-31-2722
pefc-france.org

Achevé d'imprimer en août 2019 en France par Clerc
Dépôt légal : avril 2019 – N° d'éditeur : 2019-0357

IMPRIM'VERT
Votre imprimeur agit pour l'environnement